2020 年 1 月 24 日，三元区领导班子紧急召开新冠疫情防控会议，部署疫情防控工作

2020 年 1 月 27 日，三元区莘口镇蓬坑村发现两例新冠肺炎确诊病例后，三元区采取紧急措施，对蓬坑村道路进行封闭管理，同时为了保障村民生活，在卡口点为村民传递食品

2020 年 1 月 31 日，三元区加强疫情防控工作，图为志愿者张贴值守点标志

2020 年 2 月 2 日，三元区对三明动车站过往旅客进行体温检测

2020 年 2 月 3 日，三元区疫情防控人员在三明南高速口，对过往的车辆及人员进行防疫检测

2020 年 2 月，三元区政府为防止疫情防控期间菜价上涨，要求各商业超市保持物价平稳、供应充足

2020 年 2 月 8 日，三元区委领导深入企业第一线，了解复工复产以及疫情防控情况

2020 年 2 月 8 日，三元区莘口镇蓬坑村疫情防控解封后，村民们回归正常生活

2020 年 2 月 10 日，三元区加大抗击新冠疫情力度，要求各工业园区企业做好疫情防控。图为名佑公司大门外的体温检测点

2020 年 8 月 11 日，三元区开展红杏商场环境整治

2020 年 8 月 18 日，三明市三元区行政服务中心举行整体启用揭牌仪式

2020 年 10 月 20 日，三元区东霞幼儿园一分园开园

2020 年 10 月，三元区开展老旧小区立面改造。图为三元区步行街改造

2020 年 11 月 6 日，三明市第十六届林业博览会上的三元展厅

2020 年，三元区中村乡开展积分制乡村治理。图为 12 月 10 日评出的米洋村最美庭院代表合影

2020 年 12 月 19 日，三明·美好生活家园授牌仪式暨天福幸福基金启动仪式举行

2020年4月30日，中央电视台记者到三元区岩前镇万寿岩古人类文化遗址采访

2020年6月3日，“红色三明故事宣讲会三元专场”举办

2020 年 7 月 13 日，三元区中村乡大培坑村红军博物馆开馆

2020 年 9 月 5 日，三元区 “夜三明” 百姓大舞台演出活动拉开序幕

2020 年 9 月 10 日，三元区在万寿岩古人类文化遗址开展庆祝教师节活动

2020 年 9 月 20 日，三元区岩前镇举办第三届农民趣味运动会

2020年9月22日，三元区岩前镇开展岩下花海科普日活动

2020年9月22日，三元区岩前镇举办岩下花海科普日活动，图为机器人表演

2020年10月23日，三元区举办夜读活动，培养孩子们的阅读兴趣

2020 年 10 月 28 日，福建省全民终身学习活动暨“三明学院阳岩社区阅读点”揭牌仪式举行

2020 年 11 月 8 日，福建科普作家协会到三元区岩前镇万寿岩遗址博物馆，举行福建省科普创作基地揭牌仪式

2020 年 11 月 22 日，三元区在岩前万寿岩古人类文化遗址前，举办民俗荟活动

目 录

重要报告

纪 实

大事记

区情总貌

中共三元区委

三元区人民代表大会

三元区人民政府

政协三元区委员会

纪委监委

民主党派 工商联

群众团体

法 治

军 事

应急管理

自然资源 生态环境

经济管理

金 融

农业农村

林 业

工业与经济开发区

商贸服务业

城乡建设　交通运输

教育 科技

文体 旅游

卫生 健康

社会民生

乡镇 街道

附 录

重要文件及调研报告选编

索 引

重要报告

中共三元区委常委会工作报告

——在区委九届十二次全体会议上关于区委常委会工作的报告

中共三元区委书记 杨国昕

（2020年12月29日）

现在，我受区委常委会委托，向全会报告工作。

区委九届九次全会以来，面对国内外深刻复杂形势特别是突如其来的新冠肺炎疫情，在党中央和省委、市委的坚强领导下，区委常委会以习近平新时代中国特色社会主义思想为指导，全面贯彻党的十九大和十九届二中、三中、四中、五中全会精神，紧紧围绕统筹推进“五位一体”总体布局和协调推进“四个全面”战略布局，坚持稳中求进工作总基调，坚持新发展理念，统筹推进疫情防控和经济社会发展工作，全方位推动高质量发展超越，动员全区上下增强“四个意识”、坚定“四个自信”、做到“两个维护”，扎实做好“六稳”工作、全面落实“六保”任务，以开展“项目提速年”“服务提升年”“干部提振年”活动为抓手，做实“四篇文章”、推进“四个着力”、深化“五比五晒”，争当市区发展排头兵，加快新时代新三元建设。

预计2020年全区生产总值249.7亿元，同比增长4.5%；第三产业增加值83.5亿元，增长4.8%；规模以上工业增加值同比增长2.5%；农业总产值22.45亿元，同比增长4%；全社会固定资产投资同比增长5.5%；社会消费品零售总额69.6亿元，同比增长1.5%；地方级一般预算收入4.68亿元，同比增长2%；城镇居民、农村居民可支配收入分别同比增长5%、6.5%，全区政治、经济、文化、社会、生态文明和党的建设取得新成效。

重点做了以下工作：

一、深入学习贯彻习近平总书记重要讲话重要指示批示精神和党的十九届五中全会精神。区委常委会牢记习近平总书记的嘱托和期望，一以贯之践行习近平新时代中国特色社会主义思想，始终与中央、省委、市委思想一致、信念一致、目标一致、行动一致。一是学习干事热潮迭起。坚决推动巩固深化“不忘初心、牢记使命”主题教育成果各项任务，通过召开常委会传达、中心组集体学习、组建区委宣讲团广泛宣讲以及开设“万寿岩讲坛”等，推动党的十九届五中全会精神“六进”，全年专题学习研讨31场次，“学习强国”平台刊发优秀稿件

96篇，区乡村讲师团获得全市基层理论宣讲先进集体称号。深入贯彻《中国共产党宣传工作条例》，落实“四个纳入”要求，推进全区意识形态工作责任制落实落细落小。二是全面贯彻上级决策部署。召开区委九届十一次全会，贯彻习近平总书记对福建、三明和三元工作重要讲话重要指示批示精神及省委十届十次、市委九届十三次全会部署要求，并结合三元实际，制定出台《关于落实区委九届十一次全会精神全方位推动高质量发展超越的第一批细化配套文件》，重点推动科技创新、优化产业结构等11个方面重点工作；召开区委九届十二次全会，贯彻党的十九届五中全会和省委十届十一次、市委九届十四次全会精神，审议《中共三元区委关于制定三元区国民经济和社会发展第十四个五年规划和二〇三五年远景目标的建议》，推动上级决策部署在三元落地生根、开花结果。三是坚持“两统筹”。慎始如终抓实疫情防控，摸排发现全市首例新冠肺炎确诊病例，第一时间组织全区344个基层党组织和6400余名党员投入抗疫，抽调9名干部派驻厦门口岸参与疫情防控轮值，2个核酸检测实验室投入使用，基本具备7天内实现辖区常住人口全员核酸检测能力。“管住人、用好人、温暖人”的疫情防控做法在全省视频会上作交流发言，“两统筹、两兼顾”工作得到国务院指导组充分肯定，莘口镇获评省抗击疫情先进集体。推动经济运行持续稳定恢复，拟定“一企一策”复工方案，提前研判疫情对企业复工复产造成的影响，落实援企稳岗政策，汇天药业等3家企业转产口罩等防护物资，2月21日在全市率先实现160家规上工业企业全部复工，上半年“五比五晒”成绩获新高，位居小组第一。四是服务保障好“三明实践”主题采访活动。11月23日-27日，中央和省级媒体集中采访团深入开展“三明实践”主题采访活动。12月16日起，在中央经济工作会议窗口期，各大媒体在主要栏目、重要版面连续聚焦报道“三明实践”。其中，中央广播电视总台《新闻联播》《老工业基地的新发展之路》《画好山水画走好生态富民路》，人民日报《群众的笑脸最美》《善用改革开新局》，新华社《三明答卷——习近平新时代中国特色社会主义思想福建三明践行记》，光明日报报告文学《一心一意是三明》等聚焦我区做实“万寿岩+”文章、发展循环经济、办好民生实事3方面专题报道。全区广大干部群众通过多种形式收听收看宣传报道，深切感受到习近平总书记深厚的人民情怀，激发了听党话、感党恩、跟党走的政治热情和创业激情。

二、以“项目提速、服务提升、干部提振”推动“项目攻坚年”取得实效。落实工作项目化、项目责任化，把“项目提速、服务提升、干部提振”活动作为全方位推动高质量发展超越、深化“五比五晒”的主抓手，扎实开展“项目攻坚年”活动。一是以“项目提速”夯实发展基础。谋划争取上，抓住政策窗口期，完善“每月一储备一通报”制度，健全“每季一评审”，提升项目获批率，谋划“十四五”项目269个（总投资830.75亿元），组织申报拟列入国家、省上“十四五”规划项目29个（总投资279.76亿元）；聚焦中央新一轮苏区振兴措施，向上争取资金8.03亿元，比增28.59%，申报获批专项债券资金6.91亿元。招商引资上，坚持以商招商、产业链招商，开展招商引资“冲刺50天”竞赛活动，建立三元招商微信小程序，区主要领导多次带队招商。全区开展各类招商活动245场次，新签约项目184个（总投资255.19亿）、落地开工120个（总投资139.52亿），场次和项目数分别比增185%、328%、200%；疫情期间“云签约”引进安美奇铝业外资项目，经验做法在中央苏区三明讲坛作专题报告。项目推进上，紧盯71个“项目攻坚年”和48个“五个十”重大项目，建立四套班子成员一竿子插到底的服务机制、责任机制，全区新增“五个一批”项目190个，总投资423.36亿元。其中，27个省、市重点项目完成投资26亿元，超年度计划26.6个百分点，三钢三化电子级氟化氢、三明学院艺术实训大楼等45个项目建成投产或投入使用。二是以“服务提升”营造发展环境。提升审批效率，以新行政服务中心启用为契机，深化七个“+”政务服务模式，总结提升“四路并进”、容缺审批等服务机制，各类审批服务事项办理法定时限合计压缩至1652个工作日，仅为法定时限的13.7%，安美奇含氟铝钛硼等一批重点项目提前开工落地。保障发展要素，深化“访企业、解难题、促六稳”专项行动，建立三级领导企业挂包服务制度，探索“两检一评”工作机制，协调解决厦钨新能源消防验收等企业难题108个；落实园区体制机制改革，开展“亩均论英雄”竞赛活动和“五未”土地清理，盘活闲置低效土地104亩，完成市里下达两批共1380.1亩“批而未供”土地处置。“一企一策”帮扶，围绕“扩面、提质、增效”，新签订“一企一策”企业8家，率先实现省级龙头企业和“专精特新”企业全覆盖。金氟化工等3家企业获评2020年省科技小巨人领军企业，丰润化工等7家企业入选省级以上高新技术企业，“高性能特大型锰钢圆锥破碎机衬板关键技术研究及应用”项目获评省科学技术进步三等奖。三是以“干部提振”坚定发展信心。突出正向激励，对在“五比五晒”“依法和谐征迁”等重点工作中实绩突出的干部及时予以表彰，今年共表彰奖励88人，其中记功35名，嘉奖53名；对任职时间长、一贯表现好的82名科级干部分批晋升职级，让干好干坏、干多干少不一样。突出培养选拔，注重党外干部、女干部和年轻干部的结构性培养使用，多形式、多载体开展“比学赶超+”活动，在疫情防控、项目攻坚、征地拆迁等急难险重一线考察识别干部，共提拔重用一线实绩突出的干部33名、35岁左右的年轻干部及女干部22人。突出严管厚爱，组织召开“抢战机献战策出战果”、城市社区干部等4场干部交流座谈会，180余名基层干部建言献策；拓宽事业单位干部成长渠道，10名年轻事业干部调任交流党政机关，区直事业单位公开选聘11名基层一线事业干部。

三、推动“中心城区、荆东、万寿岩-格氏栲、市区饮用水源地”片区协同发展。坚持将“四大片区”作为全方位推动高质量发展超越的主战场、主阵地，建立“一套人马、一个方案、一批项目”工作机制，完善“四大片区”协同发展格局。一是中心城区共建共享。征迁为民，开展“比学赶超·2020征迁冲刺50天”活动，完成土地征收1161.17亩、房屋征收767户，白沙旧改剩余地块等一批项目完成扫尾清零，东霞—富兴堡地块、台溪坂地块成片开发方案获批。创城惠民，开展创城网格竞赛活动，紧盯城市“五难”实施创城十大攻坚项目，共新增停车位580个、完成公厕改造11座、农贸市场改造4个，助力三明市蝉联全国文明城市，完成省级文明城区考评。城为民享，南部新城加快推进，沁园春、文璟院、太阳岛等楼盘供不应求，全区商品房销售面积33.21万平方米，同比增长16.25%。实施“城市双修”项目16个，探索有偿建渣清运消纳和生活垃圾分类试点，城管执法队伍整编下沉，红旗新村、地质队及周边等一批老旧小区微改造加快推进。二是荆东片区一年变样。认真贯彻落实市委关于推进荆东片区规划建设的部署要求，坚持“区校主导、国企运作、自求平衡”模式，会同三明学院、省一建组成“扁平化”工作专班，采取“三次容缺”、联审联办方式，推动三明学院实验幼儿园等7个项目提前5个月开工，534国道槐林至荆东段提前2个月通车，提前1个月超额44%完成778亩土地征迁，城东乡撤乡并街提前2个月完成，化解历时7年的荆西红酒小镇遗留问题，中央苏区（三明）大学生科创园首批5家企业有实质进展。三是万寿岩—格氏栲片区成形成势。抓住习近平总书记批示保护万寿岩20周年契机，对接21家主流媒体、130余家主流网站集中报道万寿岩200多篇，人民日报头版头条报道《万寿岩“新生”》，中央广播电视总台《新闻联播》头条报道《万寿岩旧石器时代遗址保护纪实》。推动万寿岩-格氏栲文旅康养带建设，调动各类要素汇聚万寿岩，争取到政策资金1000万元、地方政府专项债1.3亿元，聚焦保护、研究、利用3方面先行确定实施项目62个，栲林学社、岩下花海、野人部落等一批项目投入使用。与北京大学考古文博学院、中国科学院古脊椎动物与古人类研究所等知名院所签订共建协议，举办“月主题、周专场”“万寿岩文化旅游节”“与万寿岩同框”等活动。万寿岩文旅小镇升格国家AAAA级景区、格氏栲获评国家首批森林康养基地，万寿岩遗址博物馆晋级国家三级博物馆。四是市区饮用水源地着力破题。发挥饮用水源地生态优势，坚持生态保护和高质量发展。加快推进水库水体生态修复四期及林分修复项目，实施生物多样性及生态系统质量提升工程，建设70亩生态缓冲带，完成水源涵养林种植1100亩；与市郊林场合作探索“林票制”改革，统一经营山林、土地，盘活林地资源850亩。注册7个大类70个小类“中村·水源福地”商标，“万寿岩红茶”在上海国际茶文化旅游博览会获“中国名优茶”红茶类金奖。

四、坚决打好精准脱贫、污染防治、防范化解重大风险三大攻坚战，着力保障和改善民生。立足辖区“四多四少”问题突出现状，坚持以人民为中心，将85%以上公共预算支出用于民生事业，着力解决群众的操心事、烦心事，不断增强人民群众的获得感、幸福感、安全感。一是打好三大攻坚战。巩固脱贫攻坚成果，与龙文区山海协作对口帮扶，贫困户年人均收入超过1.5万元，年增长率全市第一，贫困村村财收入稳定超过22万元/年，《吴阁墩：“自找苦吃”换来幸福甘甜》被省纪委监委编入《脱贫攻坚日记》，中村“扶贫资金池”做法在《海峡通讯》刊发推广；设立城市困难家庭精准帮扶中心，推广运用“困难家庭精准帮扶云平台”，实现帮扶工作“掌上办”“指尖办”。打好污染防治攻坚战，推进养殖排污权机制体制改革试点，生态综合管护模式被省生态环境厅批示推广，辖区主要流域水质优良比例、环境空气质量优良比例均达100%，中央、省环保督察反馈问题基本销号，西际村、东牙溪饮用水源、东牙溪小流域入选《中国绿都·最氧三明》电视专栏“十佳”名录。紧盯防范化解金融风险，推行“一月一行一专场”政银企对接机制，建立金融机构季度考核财政性存款奖存制度，共开展对接活动10场、与7家市级行签订战略合作协议，辖区信贷规模同比增长17.12%；化解不良贷款1.94亿元，不良贷款率0.57%，全市最低。二是实施乡村振兴战略。优化农业产业结构，市场化开发“万寿岩”富硒公共品牌，培育富硒农产品26个，“西际蜜橘”被评为“全国名特优新”农产品，高山、忠山、米洋入选省级一村一品示范村；推进“一革命五行动”，编制18个重点村村庄规划，新建农村公厕12座、污水处理设施32座，绿化村庄560亩，完善“村收集、镇转运、区处理”的长效管理机制，实现行政村公厕全覆盖、污水处理覆盖率超70%，张坑、乌龙、楼源入选国家森林乡村，西际村获评“全国文明村镇”。三是补齐民生短板。教育上，统筹推进新东霞小学等8个市区教育补短板项目，着力实施本级教育项目9个，新增学位2480个，公办园覆盖率提升至59.18%；医疗上，推进医防融合改革，建设区域医疗卫生信息化系统，慢病积分制管理、医防融合示范点建设、健康宣教等走在全市前列，市医防协同融合暨疾控机构改革工作现场会在岩前召开；养老上，高标准建设楼源村等6个农村幸福院，创新打造城关街道长者食堂，“乐龄家园”医养结合服务站增至9个，不断增加和优化养老服务供给，养老精准扩面任务超额完成；交通上，国道534槐林至荆东、国道205台江连接线、岩前至星桥中桥等4个项目建成通车，新开通农村客运班线6条，实现辖区农村客运行政村全覆盖。四是完善社会治理体系。维护社会稳定。深化扫黑除恶专项行动，打掉涉黑组织1个，涉恶集团1个，涉恶团伙1个；查处涉黑涉恶腐败、“保护伞”、失职失责案件21件21人，给予党纪政务处分18人，通报批评2人。实现连续34年无森林火灾，在全省森林防灭火指挥长培训班上作经验交流。禁毒工作深入推进，平安“三率”省、市排名大幅上升。强化基层治理创新。以综治网格为平台，全面推行“五必知五必访五必做”基层治理工作法，打造新时代三元版“枫桥经验”，做法获中央政法委《长安》杂志、《福建政法》刊发推广；全面推行党建引领“枫桥式”平安和谐小区创建，探索实施标准、基本、保障3类小区“自治包”。加强政法队伍建设。三元公安白沙派出所先后被评为全国首批“枫桥式公安派出所”、福建省第三届十大法治人物；三元法院莘口法庭先后获评全省、全国优秀法庭；富兴堡司法所被评为全国先进司法所。

五、全面落实新时代党的建设总要求，推动全面从严治党向纵深发展。深化落实省委“五抓五看”“八个坚定不移”具体部署，坚决扛起全面从严治党政治责任、主体责任、第一责任，一刻不放松全面推进新时代党的建设。一是加强党的全面领导。区委常委会认真贯彻《中国共产党地方委员会工作条例》，定期听取区人大常委会、区政府、区政协和区法院、区检察院党组工作汇报，密切与各民主党派、工商联和无党派代表人士的联系，始终坚持党对武装、群团、民族、宗教等工作的领导，大力发展社会主义民主政治，不断巩固生动活泼、安定团结的政治局面。召开区委常委班子成员述责述廉会和乡镇（街道）党（工）委书记抓基层党建述职评议会议，开展全面从严治党主体责任落实情况检查、全面从严治党集体约谈等，推动责任落细落小落实。学习贯彻习近平法治思想，积极推动《民法典》学习宣传和贯彻落实，推进全面依法治区各项工作。二是夯实基层基础。深化“平时工作法”“居民夜谈会”等经验做法，培育农村“万寿岩-格氏栲”、城市“近邻”、非公企业“红色引擎”三条党建示范带，“红色管家”“居民夜谈会”做法分别在《八闽快讯》《福建组工信息》刊发。建强基层党建队伍，“一村一策”筹备村级组织换届选举，储备村级后备干部175人，选派村党支部书记助理51人，聘用三明学院优秀大学生党员26名担任党建协理员。三是持之以恒正风肃纪。严格落实中央八项规定精神，始终保持惩治腐败高压态势，紧盯疫情防控和经济社会发展中存在的“四风”问题。2020年新立案45件46人，对 1人采取留置措施，给予党纪政务处分42人，消除乡街纪（工）委“零自办”；查处形式主义、官僚主义问题6起10人，给予警告处分1人，责令检查1人；运用“四种形态”处理111人次，其中前三种形态占比达到90.99%，抓早抓小成为常态。发挥巡察利剑作用，常规巡察6批25个单位，提级巡察3个重点村级组织，专项巡察“回头看”3个乡镇和7个建档立卡贫困村，实现九届区委巡察全覆盖。严格把握“三个区分开来”的要求，为9名受到不实举报的干部及时澄清正名。

在看到成绩的同时，我们更清醒地认识到三元发展还存在着许多困难和不足：全区经济总量仍然偏小，综合实力仍处于全省中下水平，支撑发展的大项目、好项目不多，增长后劲不足；财政收入基础比较薄弱、保运转与求发展的矛盾依然突出；产业结构转型升级缓慢，传统产业比重过大且多处于产业链的中低端；城市集聚力不足，整体面貌较为滞后，基础配套薄弱，还无法充分满足人民群众对美好生活日益增长的追求，等等。对这些问题，区委常委会将高度重视，按照中央和省委省政府、市委市政府的决策部署，奋发图强，补短扬长，全力做实“四篇文章”、推进“四个着力”、深化“五比五晒”，加快推进新时代新三元建设。

三元区政府工作报告

.2020年12月30日在三明市三元区第九届人民代表大会第五次会议上

三明市三元区人民政府区长 廖卫国

各位代表：

现在，我代表区人民政府向大会报告政府工作，请连同《三明市三元区国民经济和社会发展第十四个五年规划和二〇三五年远景目标纲要（草案）》一并审议，并请区政协委员和其他列席人员提出意见。

一、2020年工作回顾和“十三五”发展成就

2020年，区政府在市委、市政府和区委的坚强领导下，牢牢把握“项目提速”“服务提升”“干部提振”工作主题，积极应对各种风险挑战，统筹新冠肺炎疫情防控和经济社会发展，全力做好“六稳”工作、落实“六保”任务，全区经济发展好于预期，社会大局保持稳定，民生事业繁荣发展。初步预计，全区生产总值249.7亿元，增长4.5%；其中，第三产业增加值83.5亿元，增长4.8%。农业总产值22.45亿元，增长4%；规模以上工业增加值增长2.5%；固定资产投资增长5.5%；社会消费品零售总额69.6亿元，增长1.5%；地方一般公共预算收入4.68亿元，增长2%；城镇居民人均可支配收入43270元，增长5%；农村居民人均可支配收入22370元，增长6.5%；节能减排年度任务全面完成。

特别要向大会报告的是：

——疫情防控、复工复产得到肯定。发现全市首例新冠肺炎确诊病例，第一时间组织全区上下投入抗疫，“管住人、用好人、温暖人”的疫情防控做法在全省作交流发言；2月21日在全市率先实现规上工业企业全部复工；“两统筹、两兼顾”工作得到国务院指导组充分肯定，莘口镇获评省抗击疫情先进集体。

——项目落地、企业帮扶富有成效。克服疫情困难，采取“云签约”[1]引进安美奇铝业外资项目并落地开工，经验做法在中央苏区三明讲坛作专题报告。新签订“一企一策”企业8家，实现对省级龙头企业和“专精特新”[2]企业全覆盖；建立“一月一行一专场”政银企对接机制，辖区信贷规模比增17.12%，不良贷款率全市最低。

——改革创新、担当作为蔚然成风。提前2个月完成城东乡行政区划调整，被市委林书记批示为担当作为的典型案例；“比学赶超·百日攻坚大会战”取得丰硕战果，荆东片区产教融合项目推进有力，历时7年的荆西红酒小镇遗留问题得到有效化解。

——文化旅游、森林康养深入人心。万寿岩旧石器时代遗址保护纪实在《新闻联播》头条报道，对接21家主流媒体、130余家主流网站集中报道万寿岩200多篇。万寿岩文旅小镇升格国家AAAA级景区、格氏栲获评国家首批森林康养基地，万寿岩遗址博物馆晋级国家三级博物馆。

——基层治理、社会服务创新推进。“五必知五必访五必做”[3]新时代三元版枫桥经验在《长

安》杂志上发表；全市乡镇生态综合管护模式推广现场会在莘口镇召开，环保基层网格化创新工作得到省环保厅肯定；“12345”便民服务中心群众满意率达99.5%，“e三明”注册率居全市首位。

一年来，主要工作和成效是：

（一）强实体、保增长，稳住了发展势头。全年新增规上工业企业11家，主导产业主营业务收入占工业总量的53%。认定省级以上高新技术企业7家，“高性能特大型锰钢圆锥破碎机衬板关键技术研究及应用”项目获评省科学技术进步三等奖。培育富硒产品26个，初步形成了我区富硒农业产业的发展格局。“万寿岩红茶”在上海国际茶文化旅游博览会获“中国名优茶”红茶类金奖，“西际蜜橘”被评为“全国名特优新”农产品。冷链物流建设加快推进，鲜活农产品流通效率提高10%以上。万寿岩穴营暨三元民俗荟活动上新浪热搜榜，总曝光量突破2亿。组织参加“乐购三明”直播节、“美食嘉年华”等活动，带动各类商贸企业参与线上线下促销活动，促进优秀产品“走出去”。

（二）聚动能、优环境，增强了区域活力。“五比五晒”加速，27个省市级重点项目完成投资26亿元，毅君关键零部件等11个新项目开工建设，牲畜屠宰冷链物流等10个项目建成。积极“走出去、引进来”，新增悦淳新材料有机胺中间体等签约项目75个，台氟科技等31个项目落地。引资引智并重，与三明学院在荆东工业园挂牌成立中央苏区（三明）大学生科创园。强化平台支撑，完成黄砂园规划环评修编工作，开展“亩均论英雄”竞赛活动和“五未”[4]土地清理，新开发用地142亩，盘活闲置低效土地104亩，完成共1380.1亩“批而未供”土地处置。

（三）强功能、提品质，刷新了城乡面貌。国道534槐林至荆东、国道205台江连接线建成通车。实施“依法和谐征迁”项目18个，完成土地征收716亩、房屋征收746户，白沙旧改剩余地块等一批项目完成扫尾清零。加快荆东片区开发，将市区南大门从东霞富兴堡向南拓展延伸6公里，盘活槐林片区、荆西片区近3000亩。实施“城市双修”和“五难”攻坚，新增停车位580个、完成公厕改造11座、农贸市场改造4个，红旗新村、地质队及周边等一批老旧小区微改造加快推进。完善“148”文明城区创建长效机制，顺利通过全国文明城市和省级文明城区考评迎检。推进农村人居环境整治，新建农村公厕12座、污水处理设施32座，绿化村庄560亩。格氏栲至上沙地、岩前至星桥中桥等项目建成通车。编制西际等省级乡村振兴试点“多规合一”村庄规划，张坑、乌龙、楼源入选国家森林乡村，西际村获评“全国文明村镇”。污染防治纵深推进，中央、省委环保督察反馈问题基本销号。辖区主要流域水质优良比例、环境空气质量优良比例均达100%。西际村、东牙溪饮用水源、东牙溪小流域入选《中国绿都·最氧三明》电视专栏“十佳”名录。

（四）抓弱项、补短板，增进了民生福祉。脱贫攻坚成效牢固。全区已脱贫贫困户人均可支配收入稳定超过8000元，已摘帽的7个贫困村村财收入稳定超过20万元/年，推广运用“困难家庭精准帮扶云平台”，实现帮扶工作“掌上办”“指尖办”。公共服务能力提升。民生支出占财政支出比重85.3%。全区城镇新增就业1501人，城镇登记失业率低至2.5%。统筹推进新东霞小学等8个新建、扩建的应急补短板教育项目建设，新增学位2480个，公办园覆盖率提升至59.18%，义务教育事业发展质量综合各项指标位于全省前列。在全市最早开展医防融合示范点建设，创新推行慢病积分制管理和“你点我讲”健康宣教模式，形成医防协同一体化健康管理模式。区乡村三级退役军人服务保障体系实现全覆盖。第七次全国人口普查顺利推进。《三元年鉴》《三元区志》首次公开出版发行。安全稳定底线牢固。深入开展矿山、危险化学品等行业领域安全生产专项整治，安全风险管控责任和隐患分色治理工作有效落实，安全生产态势总体平稳。聚焦“六清”[5]行动，全力打赢扫黑除恶专项斗争决胜战，破获“打伞破网”案件21起，禁毒工作深入推进，平安“三率”明显提高。与此同时，国防动员、民族宗教、外事侨务、信访、人防等工作继续加强，气象、档案、工青妇、红十字会等工作健康发展。

（五）守法治、强治理，提升了行政效能。自身建设加强。巩固深化“不忘初心、牢记使命”主题教育成果各项任务落地见效。自觉接受区人大、区政协监督，人大代表建议、政协提案办复率均为100%。认真履行全面从严治党“一岗双责”，落实审计监督，查处了一批懒政怠政和不作为乱作为问题。基层基础夯实。落实基层减负，区本级精简督查事项27%、会议16%；注重正向激励，多层次多角度开展各类表彰评选，形成干事创业良好氛围。政务效能提升。行政服务中心投入使用，“三集中、三到位、一站式”目标要求有效落实。各类审批服务事项办理法定时限合计压缩至1652个工作日，压缩率达86.5%，控制在法定时限的13.5%，位于全省前列。创新建立“两检一评”[6]机制，纾解毅君机械竣工验收、厦钨新能源消防验收等企业难题。

各位代表！今年，面对突如其来的新冠肺炎疫情，我们坚持把人民生命安全和身体健康放在第一位，在中央省市的坚强领导下，区应对新冠肺炎疫情工作领导小组强化部署、高位推动，全体干部放弃春节休息、尽心尽责，社会各界全力支持支援、众志成城，常态防控措施扎实有效，疫情防控取得了阶段性的重大胜利。在此，我代表区人民政府，向全区干部群众，特别是坚守岗位、逆行而上的广大医务人员、公安干警、基层干部、志愿者和慷慨相助的各界人士，致以衷心的感谢和崇高的敬意！

各位代表！2020年各项工作的奋力推进，各项主要目标任务的基本完成，标志着我区“十三五”规划实现圆满收官。回顾过去的五年，我们战胜了前所未有的困难和风险，经受住了严峻的挑战和考验，办成了许多打基础的实事、利长远的大事、补短板的难事，全方位高质量发展超越迈出了坚实步伐，为全面建设社会主义现代化国家奠定了扎实基础。

这五年，是经济实力快速攀升的五年。尽管在“十三五”期末，受新冠肺炎疫情影响，全区经济社会经受了前所未有的冲击，一些经济指标增速放缓，但总体上达到了预期目标。2020年地区生产总值达到249.7亿元，完成规划目标的124.9%；人均GDP12.1万元，完成规划目标的118.6%；地方级一般公共预算收入年均增长2.9%；居民人均可支配收入年均增长8.5%。

这五年，是产业调整彰显成效的五年。积极推进农业品牌产业化基地建设，“万寿岩”公共农业品牌快速打响。传统产业通过技术改造，生产能力、创新能力得到普遍提高。新兴产业快速发展，氟硅新材料产业异军突起，产值年均增长20%。文旅康养产业朝气蓬勃，万寿岩国家考古遗址公园等一批项目建成投入使用。

这五年，是城市品位提质上档的五年。南龙铁路建成通车，“两横五纵”“两枢纽七互通”交通格局初显雏形。海西商贸城、东霞永嘉天地、御江首府项目加快建设，现代化南部新城初具规模，并不断向南前进。实施“城市双修”，加快道路白改黑、老旧小区微改造、“三供一业”提升、拆墙透绿景观改造及夜景工程改造，中心城区的面貌焕然一新。东霞社区、群二社区荣获“全国综合减灾示范社区”称号；实现全国文明城市“三连冠”，初步实现了“城市让人民生活更加美好”的愿景。

这五年，是生态环境深刻变化的五年。创新森林资源管护机制，连续34年无森林火灾，全区森林覆盖率从78.66%升至79.23%，位居全国前列。落实企业环境信用评价、年度审核和公示制度。推行环境责任保险，建立了工业园区整体投保机制。突出“生态、生产、生活”管控，打造“河湖长制”升级版，小流域水质均达III类标准以上。城区环境质量优良天数比例达98%以上，主要污染物排放总量完成控制目标。

这五年，是改革开放取得重大突破的五年。全面完成农村集体产权制度改革、农村土地确权登记颁证工作。深化农村金融改革，“福林贷”“金穗快农贷”等金融产品大力推广。推进林业改革，完成国有林场改革，推行重点区位商品林赎买、林票改革。深化基础教育改革，试行“总校制”办学机制。“三医联动”、总医院医联体建设等改革成果不断巩固提升，深化和拓展医改“三明经验”，医养结合服务新模式“乐龄家园”得到广泛赞誉。全方位拓展对外开放合作领域，白炭黑出口至全球50多个国家，主动融入闽西南经济协作区，招商引资取得重大突破。

这五年，是民生保障大为改善的五年。深化国家扶贫改革试验区建设，7个贫困村，103户、207人脱贫攻坚全面完成。教育短板加快补齐，累计新增学位5540个。公共卫生服务体系日趋完善，建成区卫生服务综合大楼等一批卫生项目，乡、镇（街道）中医馆实现全覆盖。城乡养老服务体系日益完善，养老服务设施覆盖率达90%以上。全民参保计划加快推进，养老保险精准扩面工作走在全市前列。持续深化国家级公共文化服务体系示范区创建活动，忠山、龙安入选中国传统村落。

各位代表！“十三五”时期，全区经济社会发展取得显著成就，是市委、市政府和区委正确领导的结果，饱含了各位代表、各位委员的智慧和贡献，凝聚着全区人民的信心和力量。在此，我代表区人民政府，向全区广大干部群众，向人大代表和政协委员、民主党派、工商联、无党派人士、各人民团体、新的社会阶层人士及社会各界人士、离退休老同志，向积极发挥作用的驻区单位、驻区部队、武警官兵，向关心支持三元发展的港澳台同胞、海外侨胞、国际友人，表示衷心的感谢！

在肯定成绩的同时，必须清醒地认识到，我区正处于经济结构深度调整、新旧动能加速转换的攻坚期，经济社会发展仍然存在不少问题和短板。国际新冠肺炎疫情持续蔓延，常态化疫情防控任重道远；经济总量不大、质量不高，传统产业占比过大，战略性新兴产业占比偏低，三产短板突出；城市面貌有待改善，公共服务水平有待提升；少数党员干部不担当、不作为问题依然存在，等等。对此，我们将直面问题，采取有效措施认真解决。

二、2035年远景目标及“十四五”时期目标任务

“十四五”时期是开启全面建设社会主义现代化国家新征程、向第二个百年奋斗目标进军的第一个五年，也是推进新三元建设的关键五年。根据区委九届十二次全会通过的《中共三明市三元区委关于制定国民经济和社会发展第十四个五年规划和二〇三五年远景目标的建议》，区政府组织编制了《三明市三元区国民经济和社会发展第十四个五年规划和二〇三五年远景目标纲要（草案）》（以下简称《纲要》）。《纲要》总结了“十三五”规划的实施情况，分析了“十四五”时期发展机遇和挑战，提出了2035年远景目标和“十四五”时期经济社会发展的指导思想、主要目标、重点任务。

2035年远景目标：即到二〇三五年我国基本实现社会主义现代化之时，我区全方位高质量发展超越各项目标努力达到省市平均水平，实现局部领先。

“十四五”时期指导思想：高举中国特色社会主义伟大旗帜，深入贯彻党的十九大和十九届二中、三中、四中、五中全会精神，坚持以马克思列宁主义、毛泽东思想、邓小平理论、“三个代表”重要思想、科学发展观、习近平新时代中国特色社会主义思想为指导，深入学习贯彻习近平总书记重要讲话重要指示批示精神，全面贯彻党的基本理论、基本路线、基本方略，紧紧围绕统筹推进经济建设、政治建设、文化建设、社会建设、生态文明建设的总体布局和协调推进全面建设社会主义现代化国家、全面深化改革、全面依法治国、全面从严治党的战略布局，坚持经济建设中心、发展第一要务，坚定不移贯彻创新、协调、绿色、开放、共享的新发展理念，坚持稳中求进工作总基调，以全方位推动高质量发展超越为主题，以深化供给侧结构性改革为主线，以改革创新为根本动力，以满足人民日益增长的美好生活需要为根本目的，持续做实做足“四篇文章”、推进“四个着力”、深化“五比五晒”，在构建新发展格局、全方位推动高质量发展超越上展现更大作为，在推进区域治理现代化上实现更大突破，实现经济行稳致远、社会安定和谐，为谱写全面建设社会主义现代化新征程三元篇章开好局、起好步。

“十四五”时期主要目标：锚定二〇三五年远景目标，综合考虑我区发展基础、发展趋势和发展条件，坚持目标导向和问题导向相结合，坚持守正和创新相统一，今后五年经济社会发展要努力实现以下目标，在全方位推动高质量发展超越上迈出重要步伐。

——经济实力上再上新台阶。坚持新发展理念，经济总量占全市比重有所提高。经济结构更加优化，科技创新贡献率明显提升，机械制造、新材料、食品加工等主导产业总体竞争力显著提升，产业基础高级化、产业链现代化水平明显提高，一产、三产短板加快补齐。中心城区辐射带动作用不断增强，乡村振兴、新型城镇化发展同步推进，城乡一体化和区域协调发展的新格局基本形成。

——改革开放迈出新步伐。社会主义市场经济体制更加完善，重点领域和关键环节改革取得新突破，打造一批全省、全市的改革排头兵和试验田。制度性交易成本显著降低，营商环境持续优化，市场主体活力更加迸发。对台交流和闽西南合作更加密切，开放型经济发展水平全面提高，利用外资和进出口贸易规模不断提升。

——社会文明程度得到新提升。深入开展以“全国文明城市”和“省级文明城区”为统揽的群众性精神文明创建活动，人民思想道德素质、科学文化素质和身心健康素质明显提高，社会主义核心价值观深入人心。持续打响红色文化、古人类文化等地域文化品牌，公共文化服务体系和文化产业体系更加健全，人民精神文化生活日益丰富，三元文化软实力、对外知名度进一步增强。

——生态文明建设取得新进步。“两山”理论实践创新基地建设取得重大进展，生态文明制度体系更加完善。绿色发展导向全面树立，绿色生活方式加快形成，节能减排力度不断加大，资源能源利用效率、污染防治能力显著提升，大气、水、生态环境质量继续位列全市前茅，生态安全屏障更加牢固，城乡人居环境明显改善。

——民生福祉达到新水平。实现更加充分更高质量就业，居民收入增长与经济增长保持同步，中等收入群体比例明显提升，脱贫成果巩固拓展，乡村振兴战略全面推进。基本公共服务均等化水平稳步提高，教育、医疗、养老、托育、城乡基础设施等领域短板明显改善，全民受教育程度不断提升，多层次社会保障体系更加健全，卫生健康体系更加完善。

——治理体系实现新优化。社会主义民主法治更加健全，社会公平正义进一步彰显，政府职能加快转变，行政体系更加完善，行政效率和公信力显著提升，社会治理水平特别是基层治理水平明显提高，防范化解重大风险体制机制不断健全，突发公共事件应急能力显著增强，自然灾害防御水平明显提升，发展安全保障更加有力，军民融合深度发展格局加快形成，平安三元开创新局面。

三、2021年主要任务安排

2021年，是中国共产党建党100周年，是“十四五”规划开局之年。做好今年的工作，意义深远。政府工作的总体思路是：以习近平新时代中国特色社会主义思想为指导，全面贯彻党的十九大和十九届二中、三中、四中、五中全会精神，以及中央和省市经济工作会议精神，坚持党的全面领导，坚持稳中求进工作总基调，坚持新发展理念，坚持以深化供给侧结构性改革为主线，持续做实做足“四篇文章”、推进“四个着力”、深化“五比五晒”，实施“生态美三元、工业强三元、满意在三元”发展战略，全方位推动高质量发展超越，奋力推进新时代新三元建设。

经济社会发展的主要预期目标是：地区生产总值增长7.5%以上；地方公共预算收入增长2%；固定资产投资增长8%；出口总值增长5%，实际利用外资3000万元；农业总产值增长4%；规模以上工业增加值增长8.5%；社会消费品零售总额增长8%；城镇、农村居民人均可支配收入分别增长7%和8.5%；单位生产总值二氧化碳排放控制在市下达范围内；完成能源消耗总量及强度“双控”任务和主要污染物减排年度任务。围绕上述目标要求，重点抓好五个方面工作：

（一）以技术创新为动力，打造现代产业集聚区。坚持抓创新、育龙头、补链条、建平台、保要素，建成主业突出、特色鲜明、核心竞争力强的现代产业集聚区。

加大科技创新。实施创新驱动战略，加大全社会研发投入，发挥企业在科技创新中的主体作用，力争全区R&D经费支出[7]增长高于20%。加大企业研发政策支持力度，力争年内完成技改项目25个，确保技改增速和技改投资占工业固投比例均达35%以上，新增高新技术企业2家以上。认真落实科技特派员制度，拓展服务领域。打通产学研通道，用好全市“6+1”产业创新平台[8]、中关村“一园区、一基地”[9]平台，支持中央苏区（三明）大学生科创园快速健康发展。

做强支柱产业。通过技改扩能、靠大联强等措施，推动绿色食品、机械制造、建筑等产业“老树发新枝”。打造“健康、方便、安全”食品产业体系，着力推进名佑肉制品扩建项目，建设名成肉类加工中心。支持毅君机械、东南缸套等龙头企业发展壮大，培育一批“专精特新”企业，开工建设年产5万吨特钢铝带板、年产20万件金属部件智能生产线。建立新兴产业“链长制”，落实好《三明市氟新材料发展规划》，加快新材料、生物医药等新兴产业集聚发展。瞄准高端、突出特色，依托“三农”、元福、汇天等龙头企业，谋划实施一批潜力足、优势大、有吸引力的优质项目，推动悦淳有机胺、台氟含氟精细化工等项目早日开工建设。

做实平台支撑。坚持“产城融合”，推进公共服务向园区覆盖，增强园区承载力。建成道路4000米、污水管道1300米等路网、管网配套工程，力争完成280亩土地收储任务和1530平方米标准化厂房建设，为项目入驻提供保障。树立“亩产论英雄”的导向，完善并及时兑现园区企业入驻政策，让投资者更加放心、更有信心。调整完善智能机械装备产业园产业政策，力争上半年完成首动区建设。

（二）以项目落地为支撑，争作发展超越先行区。深化“五比五晒”，以项目落地论英雄，依靠项目建设扩大有效投资，培育新的经济增长点，对冲经济下行风险，推动经济高质量发展超越。

推动基建项目再发力。紧盯传统“铁公基”项目不放松。力争年内建成兴泉铁路、莆炎高速三元段及其连接线项目，确保国道534官洋坑至黄砂段改线通车，启动国道534至荆西段路面改造工程、溪源溪楼源段生态水系提升改造项目。抢抓国家支持新基建的政策机遇，系统谋划、有序推进一批新基建项目，培育经济新模式，“抢滩”发展新领域。结合智慧交通、智慧停车、智慧城管，推动一批智慧城市项目建设，加快中小学教育信息化项目建设，支持“互联网+大健康”建设，为居民提供线上线下一体化、精准化、个性化的综合康养服务方案。

推动产业项目早见效。完善“五个一批”项目推进机制，全力破解项目建设瓶颈制约，细化服务，落实责任，实施区级以上重点项目89个。力促安美医药中间体、和立电子气生产等31个项目按计划开工；罗氏肉制品深加工、吉兴高性能竹基纤维复合材料生产等39个项目年内建成或部分建成。特别是要全力抓好研一氟新材料、安辰超微纯电子新材料等重点产业项目建设，作为全年经济工作的重中之重，力争尽早开工建设。

推动招商项目落实地。把开放招商作为补齐项目短板、实现经济转型的重要抓手，全方位加大“走出去、引进来”的力度。落实“招商地图工作法”[10]，精心制定全年招商计划，摸清全区地块、楼宇、企业上下游链接需求等招商要素，聚焦长三角、珠三角等重点区域，分团分期组织外出招商和区内招商活动，切实做到带着目的出去，带着成果回来，每一次招商实打实、不落空。培养一批专家型招商人才，加强与专业招商机构的合作，力促在“招大引强”上实现新突破，力争全年新引进项目50个、总投资80亿元以上。

（三）以新型和统筹为主题，争作新型城镇化示范区。以人的城镇化为核心，以城乡一体化发展为导向，瞄准问题补短板，力促空间布局更加优化，城乡发展日益协调。

让城市更具品质。认真落实《三明市国土空间总体规划(2020—2035年)》，加快实现“多规”融合。完善“政企合作”开发机制，凝聚全区合力，开展组团式、连片征迁活动，实施征迁项目15个，确保全年征地拆迁1300亩以上，为城市民生改善和经济发展赢得综合效益。推进南部新城开发，加快建设御江首府、太阳岛、文璟院及台溪坂开发，提升南部新城核心区城市面貌。有序推进规划总面积8.5平方公里的富兴堡—槐林—荆东—荆西协同开发，加快建设荆东产教融合新城，建设文化创意园，培育城市文创精神，提升城市气质。

让乡村更加富美。做强农业产业。围绕“保粮食能源安全”，坚守耕地红线，加强农业面源污染治理，全面完成3.56万亩的粮食生产任务。提升特色现代农业发展水平，以生态、品牌和休闲农业为着力点，大力培育本地职业菜农、果农和庭院经济业主，加强“西际蜜橘”“万寿岩富硒农产品”“富硒火焰参”品牌运作，以西际为中心创建市级农业产业园，进一步建好“归园田居”等主题生态农业休闲园。做靓乡村环境。认真落实农村村民住宅规划建设管理工作机制，打好农村人居环境整治硬仗，统筹抓好“一革命五行动”，建好“四好”农村道路。规范乡村治理。探索建立自治、法治、德治相结合的乡村治理体系，稳步推进村级组织换届工作。常态化开展乡风文明行动，破除农村陈规陋习和不良风气，培育文明乡风、良好家风、淳朴民风。

让消费更加活跃。建设便捷物流。大力发展工业物流、农产品与食品冷链物流，建成兄弟物流产业园、农牧产品物流中心等项目。繁荣夜间消费。聚焦年轻消费群体，着力在“一河两岸”建设夜间经济聚集区和夜市经济繁荣区，加快推进三元文化长廊、“月光美食广场”等项目，培育夜间经济新业态。扩大商贸消费。围绕打造高品位城市商圈，支持三元步行街等提档升级，引入特色餐饮、时尚消费、文创娱乐等行业“老字号”“潮流店”，不断丰富城市业态。激发新兴消费。紧跟“网红经济”“平台经济”潮流，鼓励党员领导干部带头做“网红推销员”，通过“乐购三明”直播节等平台，高频展现三元特色人文禀赋、优势产业。

（四）以绿色发展为导向，打造生态文明样板区。牢记“绿水青山就是无价之宝”的嘱托，坚定不移走以生态优先、绿色发展为导向的高质量发展新路，以机制创新推动保护有效，全力打造生态文明样板区。

持续推进生态建设。以更高标准、更大力度、更实举措推进生态文明建设，强化绿色发展的刚性约束。夯实生态基础，完成造林绿化1.6万亩以上，统筹推进山上山下、城市乡村造林绿化美化，突出抓好“两沿一环一线”[11]森林景观提升工程，大力推行林票制改革，推广“福林贷”等系列普惠林业金融产品，壮大发展新型林业经营主体，为群众创造“多彩”生态福利。加强饮用水源地保护，推动市区饮用水源地生态涵养区成为市区“大氧吧”和“后花园”。创新生态文明制度建设，推行排污权、用能权有偿使用和交易制度，坚决落实《三明市生态环境损害赔偿制度改革实施方案》，推进

“绿水青山就是金山银山”实践创新基地建设申报工作。

守住生态环境底线。持续推进中央、省委生态环境保护督察反馈问题及信访件整改工作，确保整改到位，问题不反弹、不回潮。持续打好蓝天碧水净土保卫战，确保PM2.5年均值控制在24微克/立方米以内，空气质量优良天数达99%以上。严格落实河湖长制，切实保障群众饮用水安全，确保出境断面水质达标。持续实施土壤污染防治行动计划，强化污染地块开发利用过程联动监管。加强环保基础设施建设，加快推进垃圾焚烧发电厂二期项目建设，组建区域监测中心站，为生态环境监督提供有力技术支撑。

发展绿色生态产业。抓好水稻、蔬菜、水果、茶叶、薯类等富硒农产品基地建设，鼓励全区适宜地区种植发展富硒农产品，加快建设万亩优质富硒米生产基地和10万羽鸡肉蛋生产基地，注册“三元西际蜜橘”地理标志商标，新创一批富硒农业产品品牌，推动富硒农业高质量发展。加快实施万寿岩-格氏栲旅游基础设施建设项目，优化提升万寿岩国家考古遗址公园、“万寿岩文旅小镇”国家AAAA级景区、格氏栲国家森林康养基地品质，筹备好第44届世界遗产大会现场考察，推动万寿岩遗址保护传承利用创新性发展，进一步提升万寿岩对外影响力和综合带动力。坚持“以二带一促三”，促进全竹产业链发展。深入推进“省笋竹精深加工示范县”建设，积极对接浙江、上海等地国内著名竹精深加工企业，建成润竹户外装配式竹屋生产项目。

（五）以人民满意为标准，打造新时代文明实践区。始终坚持以人民为中心，集中力量做好普惠性、基础性、兜底性民生建设，不断为人民群众打造有质感的幸福。

打响“满意在三元”品牌。围绕庆祝建党100周年，大力弘扬社会主义核心价值观，巩固提升文明城市创建成果，深化网格竞赛常态化工作，积极迎接国家卫生城市总评。持续推动“五难”专项治理攻坚，加快实现市区生活垃圾分类全覆盖，基本建成工业南路城市停车场项目，改造公厕7座、市场5个，完成崇宁南等5条背街小巷提升改造，持续补齐城市功能短板。抓好新时代文明实践志愿服务工作，扩大陈金刚学雷锋志愿服务品牌影响力，推动新时代文明实践中心试点工作扩面提质。

健全民生保障体系。严格落实“四个不摘”[12]，建立健全稳定脱贫长效机制和贫困检测预警机制，有效防止已脱贫和低收入人口返贫。坚持稳就业，落实好创新创业扶持政策，重点做好高校毕业生、农民工、就业困难人员、退役军人等群体就业创业工作，确保城镇登记失业率低于3.5%。落实全民参保计划，完善城乡低保救助、临时救助、分类施保和减退帮扶措施，不断提升多层次社会保障水平。完善养老护理体系，提升敬老院和社区日间照料中心等养老机构保障能力。持续完善农村留守儿童、妇女、老年人关爱服务体系。

全面发展社会事业。唱响“风展红旗·如画三明”品牌，实施红色文化保护、传承和弘扬“六个一”工程[13]，多种形式宣传血战深坑岭等革命故事，争取更多苏区政策项目落地三元。全面贯彻《退役军人保障法》，维护退役军人合法权益。继续做好总校制办学改革，基本实现人员交流、资源共享、教研同台、考核同步的目标。持续抓好教育补短板工作，推进陈景润实小富兴校区、三明一中初中部等一批教育项目建设，新增学位6700个以上，切实解决城区学校“大班额”问题。慎终如始抓好常态化疫情防控，认真落实疾控机构改革，积极构建医防协同融合的健康服务新体系。优化完善街道社区卫生服务中心设置和建设，加快实施医养结合提升改造工程。推进“互联网+医疗健康”，实施智慧健康医疗工程，确保基层医疗卫生机构远程医疗覆盖达100%。加大医疗应急保障物资储备，全面落实基层卫生专业人才激励机制改革措施，推动基层防控能力全面提升。

提升社会综合治理能力。常态化推进扫黑除恶专项斗争，持续开展平安“三率”攻坚战，深化“五必知五必访五必做”，建设更高水平的平安三元。打造全方位禁毒工作模式，不断夯实禁毒基础，提升禁毒宣传影响力。继续优化接访下访和包案制度，常态化开展“四门四访”[14]，有效化解一批信访积案。严格落实安全生产主体责任，深入开展安全生产专项整治三年行动和安全隐患大排查大整治，做好防汛防台风、森林防火等工作，提升防灾减灾救灾能力。守牢食品药品安全底线，保证人民群众“舌尖上的安全”。建立健全突发事件应急处置协调联动机制，加快应急队伍建设、应急物资储备，做到关键时刻调得出、用得上。推动国防动员、国防教育、国家安全和人民防空工作再上新水平。强化与各民主党派、工商联、无党派人士、新的社会阶层人士联系，支持工会、共青团、妇联等群团组织发挥更大作用，做好民族宗教、侨务、统计、供销、档案、史志等工作。

四、努力建设人民满意的服务型政府

面对发展新征程、群众新期待，我们必须加快政府职能转变，深入推进作风建设，不断提升政府治理能力和服务水平，更好地为改革发展服务、为人民群众服务、为市场主体服务，努力建设人民满意的服务型政府。

加强政治建设。深入贯彻习近平新时代中国特色社会主义思想，切实增强“四个意识”、坚定“四个自信”、做到“两个维护”，在思想上政治上行动上同以习近平同志为核心的党中央保持高度一致。严守党的政治纪律和政治规矩，加强政府系统党的建设，坚持把党的领导贯穿政府工作全过程，把区委决策部署转化为政府抓落实的具体行动，做到政治过硬、执行有力。

推进依法行政。加强法治政府建设，启动“八五”普法，把依法行政贯穿于政府工作各个领域、各个环节。建立健全重大事项集体决策制度、政府法律顾问制度、经济顾问制度和权责清单制度，推动政府工作规范化、科学化、法治化运行。自觉接受人大法律监督、政协民主监督和社会舆论监督，严格执行重大事项向区人大常委会报告和区政协通报制度，强化政务公开，切实让权力在阳光下运行。

提高行政效能。深化“放管服”改革，落实“七个+”服务体系[15]，提升“互联网+政务服务”水平，大力推行“四路并进”“两检一评”改革，实现“一窗受理、分流转办、限时办结、统一反馈”，全面压缩审批时限、简化办事流程。持续开展“访企业、解难题、促‘六稳’”专项行动，梳理惠企政策兑现服务指南，确保惠企政策有效落实，打造惠企便民的营商环境。健全完善正向激励、容错纠错机制，鼓励在重点领域和关键环节探索实施一批突破性、引领性改革举措，持续激活市场主体创新创业创造能力。

坚持廉洁从政。深入推进政府系统党风廉政建设和反腐败斗争，严格落实中央八项规定及实施细则精神，持之以恒正风肃纪。健全廉政风险防控机制，加大重大政策措施落实情况跟踪审计力度，严控“三公”经费支出。加强招投标、政府采购、征地拆迁等重点领域和关键环节的监管，严肃查处损害群众利益的不正之风和腐败问题，以实际成效树立政府良好形象。

各位代表，初心激励前行，使命担当在肩。让我们更加紧密地团结在以习近平同志为核心的党中央周围，在市委、市政府和区委的坚强领导下，只争朝夕、不负韶华，砥砺奋进、真抓实干，在全面建设社会主义现代化新征程中谱写三元华章，为建党100周年献礼！

名词解释

[1]“云签约”：运用网络视频会议形式进行线上签约。

[2]“专精特新”：具有“专业化、精细化、特色化、新颖化”特征的工业中小企业，企业规模符合国家《中小企业划型标准》（工信部联企业〔2011〕300号）的规定。

[3]“五必知五必访五必做”：平安建设“五必知”、特殊人群“五必访”、维护稳定“五必做”，即“平安‘三率’必知、矛盾纠纷必知、风险隐患必知、流动人口必知、困难家庭必知”“刑释社矫人员必防、涉毒人员必访、精神障碍患者必访、老上访户必访、重点青少年必访”“化解矛盾纠纷的事必做、预防违法犯罪的事必做、消除安全隐患的事必做、为民排忧解难的事必做、弘扬社会正气的事必做”。

[4]“五未”：批而未供、供而未用、用而未建、建而未投、投而未达标。

[5]“六清”行动：开展“线索清仓”“逃犯清零”“案件清结”“伞网清除”“黑财清底”“行业清源”行动。

[6]“两检一评”：“两检”即建筑工程消防质量检测和建筑工程安全质量鉴定检测，“一评”即按照已形成的建设布局，委托专业技术部门做建筑方案变更设计，经审查并公示后重新核发《建设工程规划许可证》，在“两检”结果均符合消防安全的前提下，组织自然资源、住建、消防、应急等行业主管部门进行综合评估，确定形成专项验收与五部门联合总验的实施意见。

[7]R&D经费支出：研究与试验发展经费支出，指统计年度内全社会实际用于基础研究、应用研究和试验发展的经费支出。

[8]“6＋1”产业创新平台：“6”指“机械科学研究总院海西（福建）分院、三明市氟化工产业技术研究院、福建永安永清石墨烯研究院、三明市新

能源产业技术研究院、中国医药工业研究总院三明分院、三明市农业科学研究院”，“1”指“北京石墨烯研究院福建产学研协同创新中心”。

[9]“一园区、一基地”：“一园区”为三明中关村科技园，“一基地”为三明中关村科技园产业基地，基地包括三明经开区、金沙园、永安石墨园。

[10]“招商地图工作法”：运用信息化、数字化技术手段，在招商地图上综合展现产业空间布局、重点产业链群发展情况以及创新资源、要素保障等产业生态信息，作为做好产业精准招商的重要指引。

[11]“两沿一环一线”：沿路森林景观带、沿江森林景观带、环城森林景观带、国家森林步道沿线。

[12]“四个不摘”：摘帽不摘责任、摘帽不摘政策、摘帽不摘帮扶、摘帽不摘监管。

[13]“六个一”工程：实施一批红色文化保护传承项目、挖掘一批红色文化史料成果、建设一个红色文化传播平台、创作一批红色文化文艺精品、培育一个红色文化旅游品牌、落实一个红色文化工作机制。

[14]“四门四访”：开门接访、进门约访、登门走访、上门回访。

[15]“七个+”服务体系：坚持便民惠企＋招商引资、“窗口”＋“后台”、站点＋网格、线下＋线上、各司其职＋联审联办、职能转变＋担当作为、桥梁纽带＋民生民心。

2020年12月30日，三明市三元区第九届人民代表大会第五次会议召开

纪 实

万寿岩的前身今世

从炸药包下抢救回来的万寿岩，是中国悠久历史文化的见证，保护好万寿岩，是对社会共同记忆和利益的保护，也是对优秀传统文化的传承。

“北有周口店，南有万寿岩。”万寿岩是华东地区第一个洞穴类型的旧石器时代早期文化遗址。

从18万年前的刀耕火种，到21世纪的当代文明，这块土地有一种生生不息的力量，一直在流淌着从古到今的文化血脉……如今，它已被列为第二批国家考古遗址公园，成为穿越时空而熠熠生辉的三明文化之光，成为广大民众引以为豪的城市名片。不少熟知万寿岩遗址的人都感叹她是幸运的遗址，她有着特殊的身世和非同一般的成长经历。

今天，我们来一起解密她的前身今世。

万寿岩遗址位于福建省三明市三元区岩前镇本点西北约800米处，距三明市区约30千米。万寿岩遗址因分布于万寿岩山体不同高程的多处洞穴内而得名，是我国华南地区迄今为止发现最早的旧石器时代洞穴类型遗址，由船帆洞、灵峰洞、龙津洞等遗址组成，年代横跨18.5万年、10万年、5万—3万年。

遗址所处的万寿岩是一座石灰岩孤峰，原本她与背后的群山相连，长期的剥蚀使其分离，成了独立于群山之前的突兀山体。关于“万寿岩”名称的由来，其实有着两段历史传说。一说，有神仙挑山填海，经岩前落下两座山岩，其中一座后人以万年不低、永远存在之意称之为万寿岩；另一说，有孝子罗有福为母求寿，神鞭赶卧龙山至此，后人更山名为“望寿岩”因“望”与“万”谐音，故称万寿岩。虽是传说，但这也体现了当地百姓的“寿”“孝”文化由来已久。

据明正德《归化县志》记载，从宋代开始，万寿岩凡景致处多有寺庙，僧庐或梅斋、石寨点缀其间，更有历代文人墨客览胜诗文为其增色添彩，因而成为一处闻名遐迩的风景名胜之地。据《永安县志》记载，两宋时期，万寿园归永安管辖。万寿岩以东有气势恢宏的石门，万寿岩以南还建有梅斋书院，据县志记载，宋代著名理学家朱熹、杨时、罗从彦等先贤都曾先后到此讲学诵经，并留下诗文墨宝，流传千古。

20世纪80年代之前，中国旧石器时代遗址或地点大部分都是在北方发现，福建等东南沿海地区几乎为零。三明地处闽西北，和万寿岩一样的喀斯特地貌石灰岩溶洞很多，但很奇怪竟然没有发现一处古人类遗址或旧石器时代地点。为此，20世纪80年代，福建省组织力量对全省溶洞进行过两次专题调查，三明地区是重点。在两次调查中，文物工作者在万寿岩的溶洞中，发现了宋元时期的崖刻、碑刻等文物和一些哺乳动物的化石。但发现了哺乳动物化石不一定代表就是发现了古人类遗址，除非进行考古发掘发现有与哺乳动物化石伴存的石器或人骨化石等古人类遗存。但那时的万寿岩，因为富含炼钢所需的材料，已经被三钢买断并进行开采，主动考古发掘是不现实的，也是不可能的。

三钢对万寿岩山体的长期开采渐渐与当地老百姓日常生产生活等活动产生冲突而引发一系列的问题。到了20世纪90年代末，村民中有五位饱读诗书的离退休教师，抱着最后的一线希望，自称"五老叟"，以保护洞内碑刻、寺庙遗存等"文物"为由要求三钢停止开采，先后代表村民家、省文物行政主管部门。为解决矛盾，经三明市政府协调，由三钢出资八万块钱，请文物部门在一个月内对灵峰洞内"寺庙文物遗址"进行考古发掘，看看有没有保护价值，如果没有价值就不能影响三钢生产、影响经济建设。1999年9月20日开始，福建省博物馆、三明市文管办和三明市博物馆联合组成发掘队，戴着安全帽，在炮声中正式对灵峰洞进行第一次正式考古发掘。由于20世纪80年代两次溶洞调查都在船帆洞发现了哺乳动物化石，趁这次机会，考古队也分出力量对船帆洞也进行了考古发掘。结果，这一发掘为洞穴遗址的保存提供了坚实保障，考古队不仅分别在灵峰洞和船帆洞发现大量哺乳动物化石和石制品，还在船帆洞内发掘出人工石铺地面等重要的史前遗存。

2000年1月1日，时任代省长习近平作出重要批示，明确指出：保护历史文物是国家法律赋予每个人的责任，也是实施可持续发展战略的重要内容。万寿岩旧石器时代洞穴一直作为不可再生的珍贵历史文物，不仅属于我们，也属于后代子孙，任何个人和单位都不能为了谋取眼前或局部利益而破坏全社会和后代的利益。他要求，"三明市政府立即采取有效的安全防范措施，加强对洞穴遗址群的保护；协调、帮助三明钢铁厂尽快在异地选定新采矿点，做到保护文物和发展生产两不误"。同时，决定由省财政拨款50万元，用于遗址群的考古发掘和保护工作。

时隔不到一个月，1月25日，时任福建省省长习近平在省人大常委会《关于依法保护三明万寿岩旧石器时代洞穴遗址的意见》上再次批示："省政府高度重视三明古代遗址保护，已于去年底专题协商，做出初步保护安排。请省文化和旅游厅进一步提出全面保护规划和意见。"为落实好习近平的批示精神，三明市委、市政府和三钢集团立即采取实际行动，至此，万寿岩遗址在炮声隆隆中幸运地保存了下来。

2000年，三明市采取有效的安全防范措施，加强对洞穴遗址群的保护；同年5月，三明市将万寿岩遗址列为市级文物保护单位，此后短短1年内，实现了从市保到省保、国保单位的三级跳。2001年8月被评为"2000年度全国十大考古新发现"。2004年至2005年，万寿岩遗址又进行了两次考古发掘，再次发现了一批重要遗迹，并出土了大量哺乳动物化石和人工石制品。2006年，国家文物局将其列为"十一五"全国百项大遗址保护项目之一，也是国家文物局"十二五""十三五"保护大遗址之一；同年，三明市投资近千万元兴建了福建省唯一的旧石器遗址专题博物馆。

2013年年初，三明市委、市政府决定将建设万寿岩国家考古遗址公园，作为贯彻习近平同志重要批示的具体体现，展开了新一轮的遗址保护与利用工作；同年12月，万寿岩遗址被列入国家考古遗址公园立项名单。2017年，万寿岩遗址入选第三批国家考古遗址公园，成为福建省目前唯一的国家考古遗址公园。2019年6月，万寿岩国家考古遗址公园正式开园。

20年来，三明市牢记习近平总书记嘱托，遗址的保护工作不断推进。当地委托中国文化遗产研究院编制总体保护规划，并在2017年以地方立法的形式出台《三明市万寿岩遗址保护条例》。同时，三明市依照规划，已陆续完成遗址展示、遗址博物馆建设、交通设施完善、环境整治等工作，园区周边的植被覆盖率超过75%。此外，还特地将矿产开采的遗址一并保留了下来。

今年以来，以习近平总书记批示保护万寿岩20周年为新起点，万寿岩遗址所在地三元区以争创万寿岩文旅小镇AAAA级景区为目标，从4个方面14项重点工作，谋划生成43个项目。远古文化广场及远古文化交流中心、古人类起源与仿真远古生物雕塑群、古人类生产生活互动体验园、万寿岩至格氏栲路网提升改造等重点项目正加快推进中，文旅融合活力不断显现。

如今，走进园区，湖光山色，绿草如茵，碧水、青山、溶洞、田园、古文化在这里交融相汇。一个集遗址展示、科普教育、学术研究和生态旅游于一体，以考古特色为主题的遗址公园已经成为展示当地历史、进行文化交流的重要窗口。每年前来万寿岩遗址研究学习的参观者都能达到近8万人次，同时还有俄罗斯、韩国、美国、日本等多国的专家前来进行学术交流和考察。

（三元区融媒体中心综合整理）

让历史文物“活起来”

既要保护历史文物，又要保障经济发展，如何坚持原则、坚决保护？怎样实事求是、开发利用？20年前，时任福建省代省长的习近平同志，对万寿岩遗址两次批示，采取措施将文物抢救出来、整体保护，成为处理文物保护与利用问题的一个生动样本。

文物承载文明与文化，维系着民族精神与时代价值，理应依法受到保护。被业界誉为“南方周口店”的福建三明万寿岩旧石器时代遗址，曾获评2000年度“全国十大考古新发现”，把古人类在福建生活的历史提前至约18.5万年前。珍贵历史文物“不仅属于我们，也属于后代子孙”。对于事关全局利益与长远发展的文物保护，切不能只算经济账、眼前账、局部账，任何个人和单位都不能为了谋取眼前或局部利益而破坏全社会和后代的利益。正如习近平同志当年批示所要求的，“必须认真妥善地加以保护”。

具体的文物保护工作，确实常常与地方推进经济发展存在一定矛盾，有的可能“耽误”矿产开采，有的可能“妨碍”土地资源盘活，有的还可能“影响”工业园区建设。据测算，叫停万寿岩矿体开采，对企业造成经济损失有6000多万元。这可不是一笔小钱，直接关系到企业效益与区域发展。然而，经济发展可以转型，文物资源不能再生。历史文物一经破坏，便难以修复，损失无法计量。所以，在处理文物保护与经济发展关系上，保护永远是第一位的，来不得半点含糊。

人们常说，文物保护是“功在当代、利在千秋”。其实，“利”同样在“眼前”。在加强保护前提下对历史文物进行科学开发和利用，完全能兼顾社会效益与经济效益。一方面，相比文物的单一与脆弱，经济建设所需资源禀赋，大都具有不同程度的可替代性，下功夫去寻找去改变去升级，总会有解决办法和出路。另一方面，文物保护不等于单向度付出、投入。万寿岩遗址如今已建成国家考古遗址公园，是独树一帜的遗迹展示、教育与研究基地，按文化旅游融合思路去开发，同样产生一定的经济效益，有利于化解资金压力、创造新的增长点。不为短期利益蒙蔽，算大账、长远账，完全能够做到“文物保护和发展生产两不误”。

从这个意义上讲，历史文物的保护与利用，是一体两面的辩证关系。前半篇文章讲保护，是“让文物活下去”；后半篇文章谈利用，就是“让文物活起来”。保护是利用的前提，保护好才能利用好；利用是保护的拓展，利用好是为了更好保护文物、传播文化，更有效提升文物保护意识。近年来各地博物馆借助网络“走出去”，历史文化景区开展研学旅行、体验旅游，文创产品蓬勃兴起，都是文物保护与利用相得益彰的成功案例。把“文物保护与利用”通篇文章写精彩，必须精准把握好舍与得、破与立的关系，该关停的影响保护的发展项目必须坚决叫停，该拓展的价值利用项目一定要积极推进。

习近平总书记多次强调，文化自信是更基础、更广泛、更深厚的自信，是更基本、更深沉、更持久的力量。保护文物是历史赋予我们的文化使命，锻造文化自信是时代赋予我们的神圣职责。全社会共同努力，在保护和利用文物中激发穿越时空、直击人心的文化力量，一定能留住文化之根、守住历史之脉，为实现中华民族伟大复兴的中国梦凝魂聚力。

（作者：《人民日报》周人杰）

万寿岩“新生”

“面纱”从洞口缓缓揭开。

福建省博物馆退休职工陈子文须发已白，手指前方：“就在左上角的那片探方下，我们第一次发现人工石铺地面。”石铺地面来自4万年前。洞穴里居住的古人类搬来砾石，铺地防湿。“室内装修”遗迹留存至今，世所鲜见。更为久远的人类印记在同一座山里被发现——人类在福建的活动历史因此被提前至距今约18.5万年。

福建省三明市三元区岩前镇岩前村，1999年的那次考古发现，让万寿岩露出“面纱”一角，引起广泛关注。

与此同时，作为三明钢铁厂（以下简称“三钢”）的石灰岩矿基地，用于开矿的炸药正不断蚕食万寿岩山体。陈子文带队的考古发掘始终与爆破声相伴，声声刺耳。“任何个人和单位都不能为了谋取眼前或局部利益而破坏全社会和后代的利益。”2000年1月，时任福建省代省长习近平同志作出批示。万寿岩从开矿的炸药包下被抢救出来，并得以整体保护，20年后，这里是福建省唯一的国家考古遗址公园。专家评价，万寿岩遗址的光彩重焕，是正确处理经济发展和文物保护关系的生动样本和经典案例。

发 现

三明多山，岩前盆地却是少有的平坦处。万寿岩孤峰兀立，尤显挺拔。不同人眼中，这座石灰岩山体，有着不同的价值。“三钢”眼中，这是周边难得的一座露天矿山。石灰岩是炼钢熔炉剂的重要原料，而万寿岩的石灰岩储量，仅地上部分就多达6000万吨，且品质极佳。开矿始于20世纪70年代，企业不仅购得了万寿岩周边地块采矿权，还为此专门修了一条30多千米的公路，连通厂区。岩前村村民眼中，万寿岩悠远神奇，不容侵犯。一处名为灵峰洞的洞穴，还存留着古时观音庙的遗迹，年代大约可追溯至宋代。三明市文物管理委员会办公室主任、当时在市博物馆工作的余生富眼中，万寿岩另有一种神秘。1989年，三明市开展溶洞调查，余生富是调查组成员之一，“在万寿岩的溶洞里，我们发现了一些动物化石，可以确定距今1万年以上。”年复一年的采矿爆破声中，万寿岩日渐“瘦身”。半山腰的灵峰洞，洞口已被削去了2/3。焦急的村民四处奔走，并与采矿方直接对峙。他们还进入万寿岩挖掘，清理出一些宋代晚期的瓷片。1998年底，当地村民以保护文物为由撰写呼吁书，多方呈送。1999年，三明市的经济总量不过217亿元，而万寿岩采矿一旦停摆，将给“三钢”造成6000余万元的经济损失。当时分管文物保护工作的三明市原副市长严凤英，态度鲜明：“有文物，根据文物法必须保护；没有文物，就不能阻拦‘三钢’合法采矿。”1999年9月，经国家文物局批准，一支由福建省博物馆、三明市文物管理委员会办公室、三明市博物馆联合组成的考古队，开始对万寿岩遗址进行抢救性考古发掘。陈子文担任领队，“三钢”则为考古队提供经费，双方约定，考古期限为一个月。

“真有一种限期破案的感觉。”陈子文笑说。

先从灵峰洞入手，几天下来收获甚少。随后转战山下船帆洞，下挖1米多，遇到生土层，队员们心里愈发没底。“生土层就是没有人类活动过的地层。”陈子文回忆：“对于旷野类型的遗址来说，一般挖到生土层就算结束了。可洞穴考古不同，什么奇迹都有可能发生，我们没有放弃。”继续发掘，往下1.7米，石铺地面显露。

石铺地面约120平方米，砾石加工痕迹明显。洞口方向，一条水槽紧挨，亦有清晰的外力加工痕迹，作排水之用。伴出的哺乳动物化石，涵盖巨貘等10余种，均属万年之前的灭绝种。经初步分析，石铺地面很可能是古人类为防湿防潮而进行的“室内装修”遗迹。

“就像抱了个大金娃娃”，陈子文说当时的感受，“这肯定是一处旧石器时代的洞穴遗址！”

转 机

万寿岩似乎迎来了命运转折的曙光。

考古队员们兴奋异常，他们明白此间的分量——彼时的旧石器时代遗址版图上，福建尚是空白。船帆洞的重大发现，很可能将是福建考古的首次突破。严凤英却异常谨慎。

她感受到的是沉甸甸的责任。“这么重要的文物，如果保不下来，我难辞其咎。”她坚持，“一定要找来全国最权威的专家，拿出最有说服力的论证。”北上“借脑”！包括中国科学院古脊椎与古人类研究所在内的多批权威专家被请至万寿岩，现场辨认，反复论证。

为保险起见，陈子文挑选一批石器赶赴北京，登门拜访国内考古界泰斗贾兰坡先生。当时，已过鲐背之年的贾老一件件鉴别，郑重写下个人意见：“这个遗址很重要，必须保护！”

在专家们的鼓励下，考古队员重返灵峰洞，发掘出70多件年代更为久远的人工石器——根据铀系法测定，大约距今18.5万年。

万寿岩遗址的价值坐标，日渐清晰。

灵峰洞内遗迹显示，古人类在洞穴内的活动年代距今18万至20万年，属于旧石器时代早期，它把人类在福建的活动历史大大提前，也弥补了福建省内多年来旧石器时代考古的空白；船帆洞内的人工石铺地面，距今4万年，呈现出古人类为改善自身居住环境而进行的努力。

“在一座山体上发现了多时期的旧石器文化洞穴遗址，国内罕有。”福建省文物局原局长郑国珍，把万寿岩遗址称为“跨越20万年的人类共同家园”。

然而，矛盾依然尖锐。

“三明缺铁少煤，‘三钢’在这里选址的最大优势就是石灰岩，要是停止开采，石灰岩矿哪里找？之前数千万投资的损失怎么办？”

“可不可以只保留船帆洞和灵峰洞，允许在其他部分山体继续采矿？”考古队与“三钢”约定的期限已过，爆破采矿继续。炸药的巨大轰鸣声中，万寿岩依然命运未卜。

2000年1月，时任福建省代省长的习近平同志作出批示，明确提出整体保护万寿岩的4点意见，并强调：“万寿岩旧石器时代洞穴遗址作为不可再生的珍贵文物资源，不仅属于我们，也属于后代子孙，任何个人和单位都不能为了谋取眼前或局部利益而破坏全社会和后代的利益。”

批示一锤定音。

“三钢”随即停采，在省政府协调下另选矿址。三钢集团党委书记、董事长黎立璋坦言：“当时，一些同志确实有点想不通。另选矿址不但要增加运输成本，矿的品质也难以保证。可仔细领会批示精神，在当前和长远、局部和全局利益之间考量，我们坚决服从。”

此后，万寿岩遗址获评2000年度“全国十大考古新发现”，并迅速跻身全国重点文物保护单位。曾任中国科学院古脊椎动物与古人类研究所研究员的张森水评价，万寿岩遗址能得到有效保护，“是如何处理好文物保护和生产之间矛盾的好例证”。

保 护

余生富参加了20年前的那场抢救性发掘，此后的工作轨迹便一直与万寿岩紧紧交织。他见证了万寿岩的“新生”。

站在灵峰洞洞口眺望，余生富努力还原万寿岩刚被保下时的模样：采矿虽已停止，山脚下石灰岩破碎车间里作业仍在进行，粉尘弥漫。

洞穴里的状况同样不乐观。多年采矿致使岩层开裂，一到雨季，船帆洞便成“水帘洞”，水患侵蚀下，人工石铺地面险象环生。

保护该从哪儿破题？

“根据习近平总书记当年的批示精神，我们决定从编制保护规划入手。”余生富介绍，2002年，三明市委托中国文化遗产研究院编制《福建省三明万寿岩旧石器时代遗址总体保护规划》，“针对旧石器遗址作保护规划，当时在全国都不多见。”这份高起点的保护规划，成为万寿岩的“新生”蓝图。

划定保护红线，成立保护机构，实施文保工程，开展环境修复……重归静好的万寿岩遗址自此被小心呵护。比如，余生富就几乎很少为钱的事情发过愁——三明市财力并不雄厚，但只要是万寿岩需要的文保项目，都能顺利得到各级资金的支持。

制度“护航”的思路一直延续。2001年，三明市制定了保护万寿岩遗址的政府规章。2017年，市人大常委会又以地方立法的形式出台《三明市万寿岩遗址保护条例》。“这是三明获得地方立法权后制定出台的第二部地方性法规。”余生富说。

也并非没有困惑。

开展第三期文保工程时，余生富就曾遭遇当地村民的诘问：“保护万寿岩对我们有什么好处？”话虽质朴，却给他不小触动：“遗址保护不应只是

'自娱自乐'，怎么让成果与大家共享？"

趁着国家启动考古遗址公园建设的契机，万寿岩随即加入申报方阵，并在2017年底成为福建省首个国家考古遗址公园。“考古遗址公园就是要以考古科学为依托，让遗址信息和价值可触摸、可分享。”在郑国珍看来，如何让文物“活”起来，万寿岩应有更大作为。

2019年6月，万寿岩国家考古遗址公园正式开园。徜徉园区，满目苍翠。游客可以在人工石铺地面前遐想古人类生活劳作的场景，也可以在遗址博物馆的声光电影中感受古人类生活的自然生态。三明市综合实践学校老师朱艳芳，如今每周都要带着学生来万寿岩研学。“船帆洞的地面为什么要铺上石头？”“人工石器是用来做什么的？”实地探秘，打开一扇扇知识之窗，学生们的叩问穿越万年。

“生态美了，人气旺了，村民们在周边办起农家乐和休闲产业，腰包也更鼓了。”岩前村老村支书王源河与当地村民，正深切体会到万寿岩给他们带来的另一种前景。

多样化的体验还在不断丰富。“在保护的前提下，突出万寿岩的史前文化特色，让更多人了解万寿岩。”三明市文旅局局长廖荣华说。

“重温总书记当年的批示，我们既深受启发，也感到责任重大。如何在继续保护好万寿岩遗址的同时做好这后半篇文章，如何让我们的决策真正经得起历史和群众检验，都是今后需要反复考量的方向。”三明市委主要负责同志说。

（作者：《人民日报》蒋升阳 颜珂）

大事记

1月

10日，市公安局三元分局在市税务稽查一局配合下，打掉一个特大虚开增值税专用发票犯罪团伙，抓获犯罪嫌疑人13名。

13日，三元区见义勇为工作协会完成陈礼统见义勇为行为的确认，并将见义勇为行为确认书颁发给陈礼统。2000年7月，陈礼统在福清市乌仔底水库深水区救起一名落水者。

21日，三元区执行新冠疫情“日报告”“零报告”制度，每日汇总辖区内医疗机构发热患者、疑似病例和确诊病例信息，做到应查尽查。

22日，三元区领导带队，分4组深入各乡镇、街道开展专项督查，重点检查各地疫情防控工作责任及各项防控措施落实情况。

23日，三元区莘口镇在人员摸底排查中，发现蓬坑村有一名湖北返乡人员出现感冒发热后，立即按规定将患者转诊至三明市中西结合医院观察治疗。

24日，福建省卫生健康委确认三元区1例输入性新型冠状病毒感染的肺炎疑似病例。同日，成立以区委区政府主要领导为组长的领导小组，下设防控救治、监督检查等7个专项工作组，统筹协调全区新型冠状病毒肺炎疫情防控工作。

27日，三元区市场监管局召开超市民生物质价格管控约谈会，要求经营者认真遵守《中华人民共和国价格法》等法律法规。

28日，三元区摸排湖北（武汉）返元人员391人，全部建档造册，跟踪监控管理140人。接听咨询电话90余个，接受咨询投诉16件，回应群众关切问题80余个。检查各类宾馆公共场所39家、医疗机构20家，发放监督意见书22份。

29日，三元区宣传市区两级防控指挥部1号令、累计发送短信22万条，张贴宣传资料8000余份。同日，三元区首批50只口罩专用垃圾桶“上岗”。

30日，三明市物流行业协会、兄弟物流股份有限公司、三元区工商业联合会总商会等社会各界人士向三元区红十字会捐款30万元。收到社会各界人士捐款及口罩、消毒液、护目镜、防护服等医疗防护物资超200万元。同日，莘口镇所辖各街区、主干道悬挂疫情防控警示横幅96条、宣传海报128幅；发放宣传单计1万余份。

2月

3日，三元区应对新型冠状病毒肺炎疫情工作指挥部发布（第4号）令“关于进一步做好异地来元人员健康管理工作的通告”。同日，三元区人民法院、区人民检察院、三元公安分局发布《关于依法严厉打击疫情防控期间相关违法犯罪行为的通告》。

5日，三元区普遍实行小区封闭式管理，严格实行凭证通行制度，街道社区（村）发动320名楼幢长，逐梯设置登记处，同时以小区为单位设置63个出入口关卡。同日，三元区人民法院发布“关于应对新型冠状病毒肺炎疫情司法支持辖区中小企业共渡难关十条措施”。

6日，三元区莘口镇蓬坑村顺利通过为期14天的医学观察。三元区对全体村民进行健康检查，并对全村进行消杀。

10日，三元区台江工业园的汇天药业医用口罩生产线复工复产，员工到岗率超98%，其医用口罩生产车间由原生产青霉素的无菌车间改建而成。“三农”新材料、丰润化工、盛达化工、金氟化工、金牛水泥等14家规模以上实体企业也相继复工复产。

13日，中共三元区委、三元区人民政府发布“关于表彰2019年度纳税先进企业的决定”。

15日，三元区应对新型冠状病毒感染的肺炎疫情工作指挥部，发布第9号令《关于推迟2020年春季学期开学的通告》。

19日，三元区召开推进疫情防控和复工复产工作专题会，统筹推进全区疫情防控和复工复产工作。

25日，三元区开展金融助力抗“疫”专项行动，为企业复工复产提供金融保障。

3月

5日，三元区召开脱贫攻坚工作专题会。

11日，三明市统配福建汇天生物药业有限公司生产的首批10万只医用口罩交付给三元区政府。

16日，三元区人民政府与工商银行三明分行举办以“普惠助力 银企共赢”为主题的2020年政银企综合金融服务对接会。

同日，“三元格氏栲森林康养基地”入选国家森林康养基地（第一批）名单。

20日，福建三化元福新材料有限公司年产5万吨电子级氟化氢一期项目开始试生产。

24日，中国共产党三明市三元区委员会召开全体会议，审议通过《城东乡行政区划调整实施方案》。

4月

9日，《人民日报》、新华社、中央人民广播电台、《光明日报》、《经济日报》、《中国日报》、中新社等中央媒体，《福建日报》、福建省广播影视集团、三明市融媒体中心等省、市媒体记者走进三明市三元区岩前镇万寿岩遗址，集中采访万寿岩遗址保护工作。

10日，三元区人民政府与福建三明林业学校签订森林康养产业合作框架协议。

15日，三元区第九次妇女代表大会召开。

16日，三元区召开沙溪源水环境生态治理工作召开专题推进会议。

17日，福建三钢三化氟化氢项目，一期年产2.5万吨电子级氟化氢生产线开始试生产，产能达75%。

24日，三元区人民政府通过远程视频“连线”安美奇铝业（中国）有限公司，完成年产1万吨铝钛硼、4000吨合金金属生产建设项目的“云签约”。

25日，三明吉口循环经济产业园的超纯微电子新材料项目开工建设。

26日，三元区岩前镇岩前村被福建省文化和旅游厅确定为2020年基层综合文化服务中心省级优秀示范点。

5月

1日，三元区首届“森林乐活节”在莘口镇曹源村栲林花海开幕。

9日，三明金三元农业科技有限公司在三元区中村乡米洋村种植的20公顷火焰蓼被中国中医药科学研究院授予“富硒火焰蓼产学研示范基地”“五进科普教育基地”。

17日，《人民日报》头版头条刊发《万寿岩“新生”》、人民论坛栏目刊出《让历史文物“活起来”》文章。央视《新闻联播》头条刊播《抢救回来的史前家园——福建万寿岩旧石器时代遗址保护纪实》。

18日，《光明日报》刊发文章《万寿岩遗址保护：守住中华文明的远古记忆》及评论员文章《保护文物功在当代、利在千秋》。

20日，三元西际蜜橘被农业农村部农产品质量安全中心列入全国名特优新农产品名录。

25日，中国地质大学教授、博士生导师李长安带领相关专家到万寿岩“会诊”溶洞漏水问题。

6月

5日，三元区8个乡镇（街道）近5天降雨均超过100毫米，全区平均降雨量104毫米，其中莘口162毫米、岩前吉口148毫米、城关122毫米、中村109毫米。

13日，三明市公交公司驾驶员孙黎平荣获“全国交通运输系统劳动模范”称号。孙黎平13年来坚守在火车站至三元区后溪村线公交线路上。

14日，三元区开展第四个“文化和自然遗产日”保护日活动，在万寿岩国家考古遗址公园开展“神奇大遗址•魅力万寿岩”系列主题活动启动仪式。

22日，三元区召开万寿岩遗址文旅融合项目建设推进会。

27日，三元区庆祝“中国共产党成立99周年·万寿岩诗歌朗诵会”在岩前镇万寿岩国家考古遗址公园举行。

30日，国道534线槐林至荆东段项目主线竣工通车。

7月

1日，三元区人民政府与三明学院校地战略合作协议签订仪式在万寿岩国家考古遗址公园举行。

7日，三元区举行20个项目集中开竣工仪式。项目总投资43.2亿元。

8日，《福建省人民政府关于三明市三元区城东乡行政区划调整的批复》下发，同意撤销三元区城东乡，下辖的7个建制村按就近原则并入毗邻的街道。其中，城东村并入城关街道，白沙、台江村并入白沙街道，城南、村头村并入富兴堡街道，荆西、荆东村并入荆西街道。

17日，三元区人民政府与中国银行三明分行签订战略合作协议。中国银行三明分行将三元区作为重要战略合作伙伴和业务发展的重点支持区域。

18日，三元区暑期研学活动启动仪式暨“青春护雏　点亮未来”亲子活动在万寿岩国家考古遗址公园举行。

21日，三元区政协八届十九次常委会会议召开，围绕“万寿岩—格氏栲文旅康养带建设”进行协商议政。

27日，三元区委召开区委全面依法治区委员会第一次会议。会议审议通过《中共三元区委全面依法治区委员会2020年工作要点（送审稿）》。

8月

12日，三元区人民政府分别与市投资发展集团有限公司、市城市建设发展集团有限公司就国有企业退休人员移交三元区所辖街道（乡镇）、社区（村），实行社会化管理事宜签订协议。本次移交协议涉及市投资发展集团有限公司退休人员367名，退休人员人事档案367份。

18日，三元区人民政府与中国工商银行三明分行签订战略合作协议。5家企业与中国工商银行三明三元支行签订15亿元银企合作意向。

19日，三元区行政服务中心（二期）搬迁改造工程完工，三元区行政服务中心整体启用。

30日，新东霞小学建设完工。该校占地面积23440平方米，总建筑面积19862平方米，学校可以开设48个教学班，新增1050个学位。

9月

1日，新建的三元区第三实验小学A幢教学楼开班上课。该校用地面积约1.73公顷，总建筑面积17072平方米，项目总投资1.2亿元。

10日，三元区中小学、幼儿园围绕“立德树人奋进担当，教育脱贫托举希望”主题，举行“庆祝教师节　代言万寿岩”主题暨庆祝第36个教师节活动。

11日，中共三元区委九届十一次全会召开。

12日，三元区举办2020年“金秋助学·光彩圆梦”捐助仪式，现场为42名大学生发放15.3万元助学金。

13日，第27届上海国际茶文化旅游博览会全国名优茶评选活动揭晓。三明市八度茶叶有限公司选送的万寿岩红茶获金奖。

22日，三明市暨三元区全国科普日启动仪式在岩前镇举行。

同日，2020年福建省“运动健身进万家”系列赛事活动全民健身百村行（三明三元站）暨三元区第三届农民趣味运动会系列活动在岩前镇举行。

23日，位于三明市妇幼保健院旁的烈士墓，迁移到三明市富兴城市公益性公墓英烈园（三明市殡仪馆后山）。

24日，三元区人民政府与三明学院共建中央苏区（三明）大学生科创园揭牌仪式在三元区举行。

10月

10日，“三明蜜橘”橘王

争霸赛暨三元区“中国农民丰收节”“橘颂三元”活动在三元区西际村举行。

15日，三元区人民政府与兴业银行三明分行签署战略合作协议。4家企业签订10亿元的合作意向。

17日，由三元区委宣传部、区社科联联合主办的“决胜全面小康 决战脱贫攻坚”2020年三元区社会科学普及宣传周在腾飞广场正式启动。

25日，三元区举办“垃圾分类 环卫先行”环卫工人作业技能竞赛，庆祝福建省第25届环卫工人节。

28日，三明学院在岩前镇举行2020年福建省全民终身学习活动暨“三明学院阳岩社区阅读点”揭牌。三明学院图书馆与岩前镇合作共建，配备有歌德电子借阅机1台和图书500册。

11月

5日，第十六届林博会三元区专场——“栲养自然”主题活动，在三元格氏栲国家森林康养基地举行。

9日，兴泉铁路三元站主体结构正式封顶。车站总建筑面积为2998.9平方米，建筑高度17.2米，最高聚集人数400人。

15日，三元区莘口镇获中共福建省委、省人民政府颁发的“福建省抗击新冠肺炎疫情先进集体”称号。

17日，三元区实验幼儿园项目建设进入内装阶段。三元区实验幼儿园项目用地4050平方米，设置9个班，可新增学位270个。

18日，三元区人民法院莘口人民法庭被最高人民法院授予“全国法院人民法庭工作先进集体”荣誉称号。

20日，三元区的企业——福建好多多商贸集团有限公司获“全国商贸流通服务业先进集体”称号。

22日，三元万寿岩穴营暨三元民俗荟活动在万寿岩国家考古遗址公园落幕。活动围绕“研学万寿岩 对话古人类”这一主题，开展系列研学考古活动。

23日，由《人民日报》、新华社、中央广播电视总台等19家中央媒体和省级媒体180余名记者组成的采访团，在三明开展为期一周的集中采访活动。

28日，天福集团三明·美好生活家园项目向三明市第十二中学捐赠20万元助学基金。

12月

4日，三元区政协八届二十次常委会会议召开，围绕“三元区‘十四五’规划编制建议”开展专题协商。

15日，三元区召开工会第二届二次全委（扩大）会议。

16日，《人民日报》、新华社、中央广播电视总台、《求是》杂志、《光明日报》等各大央媒及澎湃新闻、《现代快报》、《南方都市报》等各大媒体纷纷推出多形式、多角度、多层次的关于“三明实践”主题报道。

19日，中国特色住房合作研究中心试点项目——三明·美好生活家园授牌仪式暨幸福基金发布会在三元区隆重举行。

23日，中国科学院院士、中国科学院地质与地球物理研究所研究员刘嘉麒带领专家组到万寿岩开展调研指导。

29日，中国共产党三元区第九届委员会第十二次全体会议召开。

30日，三元区第九届人民代表大会第五次会议开幕，召开第一次全体会议。

同日，三元区政协八届五次会议开幕，127名政协委员参加开幕式及第一次全体会议。

31日，三元区政协八届五次会议举行第二次全体会议，会议应到委员143名，出席会议114名。

（凌汉荣）

区情总貌

基本情况

【建置沿革】　1939年（民国28年），从沙县划出设立三元特种区。1940年（民国29年），增划毗邻的沙县、明溪、永安县部分地方设置三元县，三元镇改称三民镇。1949年新中国成立三元县设梅列、莘口、居阳3个区公所，三民镇属三元县梅列区公所管辖。1954年，三民镇改称城关镇，仍属梅列区公所管辖。1956年，三元、明溪两县合并，各取冠首一字，故称三明县；1959年2月，成立三明人民公社，1963年，与明溪县分开建置，改称三明市，隶属三明专员公署；1970年地辖三明市下属城区办事处与陈大、岩前、莘口、中村4个公社管委会和荆西镇政府。1983年4月，经国务院批准，撤销三明地区行政公署，原地辖三明市改为省辖市，设置市辖县级三元行政区。2020年6月，三元区城东乡撤分，并入相关街道。

【政区划分】　2020年，三元区辖2个镇（岩前、莘口），1个省级经济开发区（三元经济开发区），1个乡（中村乡），4个街道办事处（城关、白沙、富兴堡、荆西），23个社区居委会（红印山、复康、崇宁、凤岗、芙蓉、建新、新亭、新龙、下洋、台江、长安、白沙、桃源、群一、桥西、群二、富兴、富文、新南、东霞、永兴、荆西、荆东），51个村民委员会（岩前、吉口、乌龙、下寨、星桥、增坊、横坑、白叶坑、欧坑、眉山、富源、忠山、楼源、曹源、黄砂、莘口、沙阳、柳城、西际、高山、龙泉、蓬坑、炉洋、清溪、后溪、中央溪、中村、白水、回瑶、南坑、埔头城、居阳、松阳、前村、张坑、米洋、筠竹、大焙坑、吉峰、杜水、蕉坑、坑源、顶太、草洋、城东、城南、白沙、台江、村头、荆东、荆西）3个农场（吉口、溪口、牛岭）。

【区划人口】　2020年，三元区户籍人口136678人，常住人口211228人。人口自然增长率0.03‰。

自然环境

【地理位置及面积】　三元区位于三明市区西南部，地处福建省西北部的武夷山脉和中部戴云山脉之间的沙溪河谷梅列盆地之南，北纬26°01′—26°25′，东经117°19′—117°45′，东北与梅列区相连，西南与永安市毗邻，西北与明溪县相接，东南与大田县接壤。东西宽约48千米，南北长35千米，1983年总面积811平方千米。2000年勘界总面积800.23平方千米，2020年不变。

【自然资源】　2020年，三元区主要树种有160余科、1100余种。拥有被誉为“世界之最”“凤毛麟角”的格氏栲自然原始林112.33公顷，是世界上发现的最大的格氏栲天然纯林区。三元林区分布有三尖杉、喜树、葛根、金银花、草珊瑚、砂仁、黄连、七叶一枝花、金线莲等珍贵中药植物上百种，草珊瑚种植基地被中国中药协会种植养殖专业委员会认定为“优质地道药材基地”。三元区盛产木材、毛竹、笋干、柑橘、茶叶、烟叶等农副产品和红菇、香菇、姬松茸、木耳等多种食用菌。三元莘口是闽笋“玉兰片”的主产区。中晚熟温州蜜橘获国家农牧渔业部优质果品奖。引进美国优质烤烟，以其上乘的质量深受外商青睐。三元境内有昆虫、鱼类、两栖类、爬行类、鸟类、哺乳类各种野生动物。

【矿产资源】 三元区矿产丰富。划定岩前、星桥、柳城、台江、荆西、莘口、溪口7处矿业开发基地；开发矿山49处，其中建筑砂砾20处、黏土5处、石灰岩4处、石材7处、煤2处、石英石1处、萤石3处、铁2处、高岭土2处、钾长石1处、矿泉1处、温泉1处。

【水源情况】 三元区生态环境优越。境内多山地、丘陵、盆地，水源丰富，沙溪干流在境内长49.1千米，流域面积1172平方千米。流域面积100平方千米以上的一级支流有5条，具有落差大、源短流急的特点，建成中型水库2座，小（1）型水库2座，小（2）型水库11座。

【电力情况】 2020年，三元区有35千伏变电站4个，110千伏变电站3个，220千伏变电站2个，供电满足城乡人民生活和工农业生产需求。

（凌汉荣）

气候

【概况】 2020年，三元区气候属中亚热带季风气候，兼具大陆性和海洋性气候特点。2020年，年平均气温21.0℃，年平均降雨量1409.2毫米。年平均日照时数1692小时。气象灾害总体较轻。年平均气温异常偏高、降水偏少、日照时数正常。冬季温度异常偏高日照偏多，早春季日照偏多，雨季气温异常偏高，秋季气温显著偏高，降水异常偏少日照异常偏多，其余正常。

注：冬季（2019年12月至2020年2月）、早春季（2020年3—4月）、雨季（2020年5—6月）、夏季（2020年7—9月）、秋季（2020年10—11月），年度（2020年1—12月）。

【气温】 2020年，三元区平均气温21.0℃，比常年平均偏高1.4℃，属异常偏高。极端最低气温-0.5℃，出现在12月31日，极端最高气温39.6℃，出现在7月22日。

【降水】 2020年，三元区降水量1409.2毫米，比历年平均值偏少15.4%，属偏少。降水主要集中在雨季（420.0毫米）、早春季（412.9毫米）、夏季（384.0毫米）。全年降水量≥0.1毫米的雨日141天，其中暴雨日数4天。

2020年三元平均气温一览表

表1

单位：℃

季节 / 站名	冬季(上年12月至本年2月)			早春季(3—4月)			雨季(5—6月)			夏季(7—9月)			秋季(10—11月)			2020年全年		
	平均气温	异常度	评价	平均气温	异常度	评价	平均气温	异常度	评价	平均气温	异常度	评价	平均气温	异常度	评价	平均气温	异常度	评价
三元	12.8	2.2	异常偏高	17.1	0	正常	27	4.1	异常偏高	28	1.2	偏高	20.4	2	异常偏高	21	3.1	异常偏高

2020年三元降水一览表

表2

季节 / 站名	冬季(上年12月至本年2月)			早春季(3—4月)			雨季(5—6月)			夏季(7—9月)			秋季(10—11月)			2020年全年		
	降水（毫米）	距平百分率（%）	评价	降水（毫米）	距平百分率（%）	评价	降水（毫米）	距平百分率（%）	评价	降水（毫米）	距平百分率（%）	评价	降水（毫米）	距平百分率（%）	评价	降水（毫米）	距平百分率（%）	评价
三元	165.3	-36.1	偏少	412.9	9.3	正常	420	-21.8	偏少	384	-10.2	偏少	2.3	-98	异常偏少	1409.2	-15.4	偏少

2020年三元日照时数一览表

表3　　单位：小时

季节/站名	冬季(上年12月至本年2月)			早春季(3—4月)			雨季(5—6月)			夏季(7—9月)			秋季(10—11月)			2020年全年		
	日照	异常度	评价	日照	异常度	评价	日照	异常度	评价	日照	异常度	评价	日照	异常度	评价	日照	异常度	评价
三元	409.3	1.7	偏多	224	1.4	偏多	308.7	1	正常	531.2	-0.5	正常	308.1	0.6	正常	1692	0.7	正常

【日照】　2020年，三元区日照时数为1692小时，与常年平均相比偏多119小时。

【暴雨】　2020年，三元区暴雨过程4次，分别为3月12日、5月18日、8月27日、9月8日，造成不同程度的影响。

【干旱】　2020年，三元区出现夏秋冬连旱，全区出现中等强度以上气象干旱，对农业生产、水库蓄水、居民生活用水等造成不同程度的影响。

【高温】　2020年，三元区副热带高压强度偏强，多次出现高温过程，气温≥35℃高温日数为71天，为1961年以来排名第一，其中气温≥37℃高温日数达32天。7月11日至8月10日连续31天出现气温≥35℃高温天气，8月12—25日再次出现连续14天气温≥35℃高温天气，以7月22日39.6℃为最高。

（刘　玉）

经济社会发展

【概况】　2020年，三元区实现地区生产总值247.43亿元，居全市第4位，同比增长3.9%。其中，第一产业增加值13.15亿元，增长4.0%；第二产业增加值147.55亿元，增长4.7%；第三产业增加值86.72亿元，增长2.5%。三次产业对GDP增长的贡献率分别为4.59%、73.5%和21.91%。

【经济增长】　2020年，三元区农林牧渔实现总产值22.49亿元，同比增长4%。规模以上工业企业总产值同比增长7.7%。规模以上工业增加值同比增长3.3%。固定资产投资（不含农户）同比增长3.6%。建筑业总产值111.1亿元，同比增长15.7%。2020年，三元区实际利用外资（验资口径）2890万元。

【社会消费】　2020年，三元区社会消费品零售总额76.51亿元，居全市第4位，同比增长-5.3%。限上批发业销售额211.14亿元，同比增长7.9%。

【财政收入与支出】　2020年，三元区地方公共财政收入5.14亿元，同比增长11.9%，居全市第1位。公共财政支出11.79亿元，同比增长4.31%。城镇居民人均可支配收入42615元，同比增长3.4%，农村居民可支配收入22268元，同比增长6.0%。

【规划编制】　2020年，三元区制定《三明市三元区国民经济和社会发展第十四个五年规划和二〇三五年远景目标纲要》形成初稿，多次通过政务网发至区直所有单位和各乡镇、街道征求意见。11月，根据中央“十四五”规划建议精神进行调整章节排序、增加内容等修编工作，并组织召开由区直党群口、政府口等各单位和各乡镇参加的“十四五”规划征求意见专题座谈会，广泛征求意见。纲要征求意见第八稿呈报区处级以上领导、部分人大代表、政协委员审阅。按照有关法定程序，纲要已通过区政府常务会审议、区委常委会审定，提请区两会审查。

【重点项目】　2020年，三元区12个被列入省级重点建设项目，总投资41.43亿元，累计完成投资15.73亿元，占年度投资计划的114.7%；27个市级重点项目，累计完成投资25.43亿元，占年度计划的115.2%。全区48个“五个十”重大项目进展顺利项目40个，进展一般项目8个。其中，10个在建项目累计完成投资24.04亿元，完成年度计划的121.2%；6个增资项目累计完成投资2.54亿元，占年度投资计划的129.7%；4个前期项目均已开工建设；10个重大招商项目累计完成投资1.1亿元，占年度投资计划的30%；18个重大征迁项目完成征迁项目16个，占总任务数的88.8%。区六大领域重点项目112个，总投资293.69亿元，年度计划投资58.29亿元，累计完成投资54.03亿元，占年度计划投资的92.68%。

（黄　姗）

中共三元区委

综述

【主题教育】 2020年，中共三元区委深化“不忘初心、牢记使命”主题教育成果，组建区委宣讲团广泛宣讲以及开设《万寿岩讲坛》等，推动中共十九届五中全会精神“六进”，全年专题学习研讨31场次，“学习强国”平台刊发优秀稿件96篇，区乡村讲师团获得全市基层理论宣讲先进集体称号。中共三元区委召开区委九届十一次全会，贯彻习近平总书记对福建、三明和三元工作重要讲话重要指示批示精神及省委十届十次、市委九届十三次全会部署要求，制定出台《关于落实区委九届十一次全会精神全方位推动高质量发展超越的第一批细化配套文件》，重点推动科技创新、优化产业结构等11个方面重点工作；召开区委九届十二次全会，贯彻中共十九届五中全会和省委十届十一次、市委九届十四次全会精神，审议《中共三元区委关于制定三元区国民经济和社会发展第十四个五年规划和二〇三五年远景目标的建议》。

【落实中央八项规定】 2020年，中共三元区委落实中央八项规定精神，紧盯疫情防控和经济社会发展中存在的“四风”问题。新立案45件46人，对1人采取留置措施，给予党纪政务处分42人，消除乡街纪（工）委“零自办”；查处形式主义、官僚主义问题6起10人，给予警告处分1人，责令检查1人；运用“四种形态”处理111人次，其中前三种形态占比达到90.99%。

【常规巡察】 2020年，中共三元区委常规巡察6批25个单位，提级巡察3个重点村级组织，专项巡察“回头看”3个乡镇和7个建档立卡贫困村，实现九届区委巡察全覆盖。严格把握“三个区分开来”的要求，为9名受到不实举报的干部及时澄清正名。

【服务“三明实践”主题采访】 2020年，中共三元区委服务中央和省级媒体集中采访团，开展“三明实践”主题采访活动。在中央经济工作会议窗口期，各大媒体在主要栏目、重要版面连续聚焦报道“三明实践”。中央广播电视总台《新闻联播》从《老工业基地的新发展之路》《画好山水画 走好生态富民路》《人民日报》《群众的笑脸最美》《善用改革开新局》、新华社从《三明答卷——习近平新时代中国特色社会主义思想福建三明践行记》、《光明日报》从报告文学《一心一意是三明》等聚焦三元区做实“万寿岩”文章、发展循环经济、办好民生实事三方面进行专题报道。

重要会议及常委会会议

【区委九届十次会议】 5月26日，三元区委在区政府十楼会议室召开区委九届十次会议，会期半天，研究审议三元区行政区划调整工作。全会由区委常委会主持。会议审议通过了《三元区人民政府关于三元区行政区划调整的请示》，原则同意撤销三元区、梅列区，设立新的三元区，以原三元区、梅列区的行政区域界线为新的三元区的行政区域界线，以原三元区、梅列区的辖域为新的三元区的辖域。新的三元区人民政府驻列东街道新市北路836号。

【区委九届十一次会议】　9月11日，三元区委九届十一次会议召开，区委书记杨国昕向全会作报告，就《中共三元区委关于深入学习贯彻习近平总书记重要指示批示精神，全方位推动高质量发展超越的决定（讨论稿）》作说明。会议审议通过《中共三元区委关于深入学习贯彻习近平总书记重要指示批示精神，全方位推动高质量发展超越的决定（草案）》《中国共产党三明市三元区第九届委员会第十一次全体会议决议（草案）》。

【区委九届十二次会议】　12月29日，三元区委九届十二次会议召开。区委书记杨国昕代表区委常委会向全会报告工作；就《中共三元区委关于制定三元区国民经济和社会发展第十四个五年规划和二〇三五年远景目标的建议（讨论稿）》作说明。会议审议通过《中共三元区委关于制定三元区国民经济和社会发展第十四个五年规划和二〇三五年远景目标的建议（草案）》《中国共产党三明市三元区第九届委员会第十二次全体会议决议（草案）》。

【区委常委会会议】

1月8日下午，区委书记杨国昕主持召开区委常委会会议，研究省委巡视二组巡视三元区反馈意见整改落实情况，审议《关于进一步提高村干部待遇和社区服务群众专项经费保障的建议方案（送审稿）》。

1月16日下午，区委书记杨国昕主持召开区委常委会会议，听取区委常委班子成员述责述廉报告并开展节前廉政集体谈话。

1月18日上午，区委书记杨国昕主持召开全区“不忘初心、牢记使命”主题教育总结会和“冲刺50天，征迁大攻坚”年终督导会。

1月21日下午，区委书记杨国昕主持召开区委常委会会议，传达学习中央、省、市纪委全会和《市委以黄建平案件开展警示教育备忘录》精神，审议区纪委全会工作报告及《关于企业发展“服务提升年”活动实施方案（送审稿）》《关于开展“项目提速年”实施方案（送审稿）》《关于开展“干部提振年”实施方案（送审稿）》《三元区荆东片区规划建设方案（送审稿）》，并就全区综治平安建设、生态环境保护工作、2019年度纳税先进企业和区委有关人事工作进行认真研究部署。

1月24日下午，区委书记杨国昕主持召开区委常委会会议，听取全区新型冠状病毒肺炎防控工作情况汇报，研究部署下阶段工作。

1月29日上午，区委书记杨国昕主持召开乡镇（街道）党（工）委书记政治谈话会。

1月31日，区委书记杨国昕主持召开区委常委会会议，传达学习习近平总书记在中央政治局常委会上的重要讲话精神和《中共福建省委关于坚决贯彻落实习近平总书记重要指示精神、加强党的领导、为打赢疫情防控阻击战提供坚强政治保证的通知》以及市委常委会会议2020年纪要5号、6号、7号文件精神，审议《三元区重点人群健康管理服务工作方案（第一版）的通知（送审稿）》和《三元区新型冠状病毒肺炎疫情社会面防控工作方案（第一版）的通知（送审稿）》，并对当前疫情防控工作进行再部署。

2月12日上午，区委书记杨国昕主持召开区委常委会会议，传达学习习近平总书记关于疫情防控工作和在十九届中央政治局第十九次集体学习时的重要讲话精神，以及《中共中央、国务院关于营造更好发展环境支持民营企业改革发展的意见》《中国共产党国有企业基层组织工作条例》《中国共产党党和国家机关基层组织工作条例》《于伟国对科学做好疫情防控工作提出要求》等文件精神，研究2019年度“五比五晒”项目竞赛活动考评和2019年度工作绩效考评，城东乡行政区划调整，全国劳动模范推荐人选和省五一劳动奖状、省工人（五一）先锋号推荐单位，省五一劳动奖章推荐人选等有关事宜，审议《关于开展2019年度“五比五晒”项目竞赛活动奖励工作的通知（送审稿）》。

2月14日上午，区委书记杨国昕主持召开区委常委会会议，研究推荐市2019年度“五比五晒”项目竞赛活动奖励人选。

3月2日上午，区委书记杨国昕主持召开区委常委会会议，传达贯彻全国、全省、全市宣传部长工作会精神，并就区2019年度“五比五晒”项目竞赛活动奖励人选和2019年度乡镇街道和部门单位党政领导平安建设（综治工作）责任书落实情况进行认真研究。

3月9日上午，区委书记杨国

昕主持召开区委常委会会议，推荐新时代新三明百名担当作为青年先进评选表彰奖励人选和区委有关人事工作进行认真研究。

3月10日晚，区委书记杨国昕主持召开区委常委会会议，传达学习习近平总书记批示指示精神，省委办公厅、省政府办公厅《关于全面开展安全生产隐患大排查大整治的通知》文件精神和省委、市委安全生产工作会议精神。

3月12日上午，区委书记杨国昕主持召开区委常委会会议，传达学习贯彻中纪委关于安徽省高级人民法院原党组书记、院长张坚严重违纪违法案的通报文件精神和中央、省、市政法工作会，全国、全省、全市统战部长工作会，全国、全省、全市组织部长工作会议精神，并就区委常委会2020年工作要点和区政协2020年协商工作计划进行认真研究。

3月24日上午，区委书记杨国昕主持召开区委全会。随后召开区委常委会会议，传达学习《党委（党组）落实全面从严治党主体责任规定》精神，审议《乡镇（街道）机构改革总体方案（送审稿）》《乡镇（街道）机构改革实施方案（送审稿）》《三元区进一步做好重点产业项目招商工作方案（送审稿）》《三元区精神文明创建活动管理办法（送审稿）》《规范文明单位文明奖金发放的实施办法（送审稿）》，并就推荐2019年度市区“依法和谐征迁”行动市级表彰先进团体和先进个人有关事宜进行认真研究。

4月2日上午，区委书记杨国昕主持召开区委常委会会议，传达学习全国全省网信办主任和全市网信工作会议精神，审议《2020年三元区“五比五晒”暨“项目攻坚年”活动方案（送审稿）》和区领导挂钩“五个十”重大项目推进机制，听取区委巡察工作情况汇报，并就省委巡视整改有关工作和区委有关人事工作进行认真研究。

4月26日上午，区委书记杨国昕主持召开区委一季度经济形势分析会暨“五比五晒”推进会。

4月27日下午，区委书记杨国昕主持召开区委常委会会议，传达学习习近平总书记、李克强总理对安全生产作出的重要指示批示和全国安全生产电视电话会议精神，全国、全省抓党建促决战决胜脱贫攻坚电视电话会议精神，通报中央对张志南涉嫌严重违纪违法进行纪律审查、监察调查的决定和中央纪委关于姜国文严重违纪违法问题及其教训警示，审议《三元区审计局2020年度统一组织实施的审计项目计划（送审稿）》，并就区委有关人事工作进行认真研究。

5月8日上午，区委书记杨国昕主持区委常委（扩大）会议，受市委市政府委托，市委副书记王进足、市政府党组成员陈瑞喜莅会作市区行政区划调整工作进展说明和动员部署。

5月13日上午，区委书记杨国昕主持召开全区深入学习贯彻落实习近平总书记重要讲话重要指示精神情况通报暨部署会。

5月25日上午，区委书记杨国昕主持召开区委常委会会议，传达贯彻全国、省、市基层党建工作重点任务推进会议精神，全国、省、市扫黑除恶专项斗争有关会议精神，全国巡视工作会议暨十九届中央第五轮巡视动员部署会和全省巡视巡察工作会议暨十届省委第八轮巡视动员部署会精神，研究审议《关于明晰区乡职责规范“属地管理”的意见（试行）》（送审稿）和《关于明晰区乡职责规范“属地管理”八个配套文件（送审稿）》《三元区人民政府关于提请审议三元区行政区划调整的议案（草案）》，并就脱贫攻坚、三元区委有关人事工作进行认真研究。

5月26日上午，区委书记杨国昕主持召开区委九届十次全会。

6月4日上午，区委书记杨国昕主持召开区委常委会会议，审议《2020年度三元区绩效管理工作方案（送审稿）》、《三元区激励性绩效奖金发放办法（试行）》（送审稿），推荐2019年度e三明建设工作嘉奖人选、2020年省优秀教师和优秀教育工作者人选，并就区委有关人事工作进行认真研究。

6月18日上午，区委书记杨国昕主持召开区委常委会会议，传达贯彻习近平总书记重要批示精神、省委有关通知精神和省委宣传思想工作领导小组关于贯彻落实《中国共产党宣传工作条例》会议精神，听取党政领导生态环境保护目标责任书推进情况，推荐全市“金融服务保障突出贡献奖”嘉奖人选、省三八红旗手人选，并就区2019年度依法和谐征迁先进个人及先进团队表彰名单、2020年三元区区直机关事业单位公开选聘工作人员、区委有关人事工作等进行认真研究。

6月23日上午，区委书记杨国昕主持城东乡行政区划调整宣布大会。

7月7日上午，区委书记杨国昕主持召开区委常委会会议，研究全区禁毒有关工作。

7月10日下午，区委书记杨国昕主持召开区委常委会会议，传达贯彻市“项目攻坚年”现场交流推进活动总结会、市城建重点项目推进会、市级存量土地工作和土地收储三年规划落实情况专题会精神及2020年全市对台工作会议精神，传达学习中办、国办《关于全面加强危险化学品安全生产工作的意见》精神，研究审议《三元区残疾人联合会改革实施方案（送审稿）》。

7月27日下午，区委书记杨国昕主持召开区委常委会会议，传达学习习近平总书记在中央政治局第二十一次集体学习时重要讲话精神、《加强干部“八小时之外”管理监督工作暂行办法》、市纪委监委扫黑除恶专项斗争蹲点调研有关精神、《中国共产党基层组织选举工作条例》；传达贯彻中央和省领导对禁毒工作重要指示批示精神，全省脱贫攻坚工作会、全市脱贫攻坚集体约谈会和全市乡村振兴现场推进会精神及全国、省、市扫黑除恶有关会议精神；研究审议《关于落实全面从严治党主体责任清单（送审稿）》和《中共三元区全面依法治区委员会2020年工作要点（送审稿）》，并对排查整顿农村发展党员违规违纪问题工作和全面依法治区有关工作进行认真研究。

7月31日上午，区委书记杨国昕主持召开区委上半年经济形势分析暨“五比五晒”“项目攻坚年”活动推进会。

8月25日上午，区委书记杨国昕主持召开区委常委会会议，研究推荐2019—2020学年市区教育补短板应急项目建设表现突出的集体和个人，研究区2020年上半年“五比五晒”及“项目攻坚年”活动奖励人选，并对区委有关人事工作进行认真研究。

9月9日下午，区委书记杨国昕主持召开区委常委会会议，传达学习市委常委、三明军分区政委徐林森到三元调研讲话精神，听取区人武部工作情况汇报，并就区退役军人事务局提请解决的有关问题进行认真研究。

9月11日上午，区委常委会主持召开区委九届十一次全会，区委书记杨国昕代表区委常委会向全会作报告。

9月28日下午，区委书记杨国昕主持召开区委常委会会议，传达贯彻《全国扫黑办特派督导三明反馈问题整改方案》和全市扫黑除恶专项斗争“行业清源”推进会精神，听取全区人居环境整治工作、乡镇（街道）建立信访工作联席会议机制、全区安全生产等工作情况汇报，推荐市2017—2019年河湖长制中表现突出给予奖励的差额人选，研究区2019年度激励性绩效表现优异干部职工奖励人选，并对区委有关人事工作进行认真研究。

10月3日下午，召开三元区委三季度经济形势分析暨“五比五晒”“项目攻坚年”推进会。

10月28日下午，区委书记杨国昕主持召开区委常委会会议，传达贯彻《全国扫黑办特派督导三明反馈问题整改方案》和全市扫黑除恶专项斗争“行业清源”推进会精神，听取全区人居环境整治工作、乡镇（街道）建立信访工作联席会议机制、全区安全生产等工作情况汇报，推荐市2017—2019年河湖长制中表现突出给予奖励的差额人选，研究区2019年度激励性绩效表现优异干部职工奖励人选，并对区委有关人事工作进行认真研究。

11月3日上午，区委书记杨国昕主持召开区委常委会会议，传达学习党的十九届五中全会精神，按照省、市会议要求，研究三元区学习贯彻工作安排。

11月17日下午，区委书记杨国昕主持召开区委常委会会议，研究区委区政府近期重点工作，听取当前三元区意识形态领域工作情况，传达省、市宣传文化系统学习宣传贯彻十九届五中全会会议和全国、省、市扫黑除恶专项斗争有关会议精神，研究加强新时代三元区城乡社区警务工作有关事项，审议《三元区人民政府顾问团组建实施方案》，研究推荐拟上报全国、省、市先进个人、先进单位候选人（单位），并就区委有关人事工作和干部违纪有关事宜进行认真研究。

11月19日晚，区委书记杨国昕主持召开区委常委会会议，推荐上报创建全国文明城市（2018—2020年度）工作中表现突出给予及时奖励的集体和个人。

12月2日上午，区委书记杨国昕主持召开区委常委会会议，研究区委区政府近期重点工作，审议排查整顿农村发展党员违规违纪问题工作有关事项，研究区九届人大五次、区政协八届五次会议和摄制红色题材电影《血战深坑岭》有关事项，推荐在创建全国文明城市（2018-2020年度）工作中表现突出的社区（村）和社区（村）工作者人员名单。

12月8日下午，区委书记杨国昕主持召开区委常委会会议，研究部分区委常委分工调整，推荐增补市第十届政协委员人选，研究成立三元区邮政业安全中心有关事项。

12月16日下午，区委书记杨国昕主持召开区委常委会会议，研究区委区政府近期重点工作，开展扫黑除恶案件警示教育，传达学习严禁领导干部干预司法有关文件规定，研究推荐全省政法委系统先进集体候选单位和先进工作者候选人。

12月28日上午，传达贯彻省委十届十一次全会、省委经济工作会议和市委九届十四次全会精神，研究召开三元区委九届十二次全会和区第七次归侨侨眷代表大会有关事宜，研究调整党政领导挂包化解信访积案有关事宜。

12月29日上午，区委书记杨国昕主持召开区委常委会会议，审议区人大常委会、区政府、区政协常委会、区法院、区检察院工作报告，审议2020年预算执行和2021年预算草案情况报告、2020年国民经济和社会发展计划执行情况与2021年国民经济和社会发展计划草案，审议国民经济和社会发展第十四个五年规划和2035年远景目标纲要，并就区委有关人事工作和干部违纪有关事宜进行认真研究。随后，召开区委九届十二次全会。

12月29日至31日，三元区人大九届五次会议和区政协八届五次会议召开，区委书记杨国昕参加。

（吴锦生、陈晓兰）

经济发展

【生产总值】 2020年，三元区生产总值247.43亿元，同比增长3.9%；第三产业增加值86.72亿元，增长2.5%；规模以上工业增加值同比增长3.3%；农业总产值22.49亿元，同比增长4.0%；全社会固定资产投资同比增长6.1%；地方级一般预算收入5.14亿元，同比增长11.9%；城镇居民、农村居民可支配收入分别同比增长3.4%、6.0%。

【疫情防控】 2020年，发现全市首个新冠肺炎确诊病例后，中共三元区委第一时间组织全区344个基层党组织和6400余名党员投入抗疫，抽调9名干部派驻厦门口岸参与疫情防控轮值，2个核酸检测实验室投入使用，基本具备7天内实现辖区常住人口全员核酸检测能力。莘口镇获评省抗击疫情先进集体。

【“一企一策”复工方案】 2020年，中共三元区委提前研判疫情对企业复工复产造成的影响，落实援企稳岗政策，汇天药业等3家企业转产口罩等防护物资，2月21日在全市率先实现160家规上工业企业全部复工，上半年“五比五晒”成绩获新高，位居所在区县小组第一。

【项目提速】 2020年，中共三元区委抓住政策窗口期，完善“每月一储备一通报”制度，健全“每季一评审”，提升项目获批率，谋划“十四五”项目269个（总投资830.75亿元），组织申报拟列入国家、省上“十四五”规划项目29个（总投资279.76亿元）；聚焦中央新一轮苏区振兴措施，向上争取资金8.03亿元，同比增长28.59%，申报获批专项债券资金6.91亿元。

【招商引资】 2020年，中共三元区委坚持以商招商、产业链招商，开展招商引资“冲刺50天”竞赛活动，建立三元招商微信小程序，区主要领导多次带队招商。全区开展各类招商活动236场次，新签约项目163个（总投资324.37亿元）、落地开工120个（总投资176.56亿元），分别同比增长172%、316%、200%；疫情防控期间“云签约”引进安美奇铝业外资项目。

【项目推进】 2020年，中共三元区委紧盯71个“项目攻坚年”和48个“五个十”重大项目，建立四套班子成员一竿子插到底的服务机制、责任机制，全区新增“五个一批”项目190个，总投资423.36亿元。其中，27个省、市重点项目完成投资26亿元，超年度计划26.6个百分点，三钢三化电子级氟化氢、三明学院艺术实训大楼等45个项目建成投产或投入使用。

【营造发展环境】 2020年，中共三元区委以新行政服务中心启用为契机，深化七个“+”政务服务模式，总结提升“四路并进”、容缺审批等服务机制，各类审批服务事项办理法定时限合计压缩至1652个工作日，仅为法定时限的13.7%，安美奇含氟铝钛硼等一批重点项目提前开工落地。

【保障发展要素】 2020年，中共三元区委深化“访企业、解难题、促六稳”专项行动，建立三级领导企业挂包服务制度，探索“两检一评”工作机制，协调解决厦钨新能源消防验收等企业难题108个；落实园区体制机制改革，开展“亩均论英雄”竞赛活动和“五未”土地清理，盘活闲置低效土地6.93公顷，完成市里下达两批92.07公顷“批而未供”土地处置。

【“一企一策”帮扶】　2020年，中共三元区委围绕“扩面、提质、增效”，新签订“一企一策”企业8家，率先实现省级龙头企业和“专精特新”企业全覆盖。金氟化工等3家企业获评2020年省科技小巨人领军企业，丰润化工等7家企业入选省级以上高新技术企业，“高性能特大型锰钢圆锥破碎机衬板关键技术研究及应用”项目获省科学技术进步三等奖。

人才选拔

【干部激励】　2020年，中共三元区委以“干部提振”坚定发展信心。突出正向激励，对在“五比五晒”“依法和谐征迁”等重点工作中实绩突出的干部及时予以激励，2020年表彰奖励88人，其中记功35名，嘉奖53名；对表现突出的82名干部分批晋升职级。

【培养选拔】　2020年，中共三元区委注重党外干部、女干部和年轻干部的结构性培养使用，多形式、多载体开展“比学赶超+”活动，在疫情防控、项目攻坚、征地拆迁等急难险重一线考察识别干部，提拔重用一线实绩突出的干部33名、35岁左右的年轻干部及女干部22人。

【干部交流座谈】　2020年，中共三元区委组织召开“抢战机献战策出战果”、城市社区干部等4场干部交流座谈会，180余名基层干部建言献策；拓宽事业单位干部成长渠道，10名年轻事业干部调任交流党政机关，区直事业单位公开选聘11名基层一线事业干部。

城区建设

【城区共建共享】　2020年，中共三元区委开展“比学赶超·2020征迁冲刺50天”活动，完成土地征收77.41公顷、房屋征收767户，白沙旧改剩余地块等一批项目完成扫尾清零，东霞—富兴堡地块、台溪坂地块成片开发方案获批。

【创城惠民】　2020年，中共三元区委开展创城网格竞赛活动，紧盯城市“五难”实施创城十大攻坚项目，新增停车位580个、完成公厕改造11座、农贸市场改造4个，助力三明市蝉联全国文明城市，完成省级文明城区考评。

【城为民享】　2020年，中共三元区委推进南部新城建设，沁园春、文璟院、太阳岛等楼盘供不应求，全区商品房销售面积33.21万平方米，同比增长16.25%。实施“城市双修”项目16个，探索有偿建渣清运消纳和生活垃圾分类试点，城管执法队伍整编下沉。加快红旗新村、地质队及周边等一批老旧小区微改造。

【荆东片区规划建设】　2020年，中共三元区委贯彻落实市委关于推进荆东片区规划建设的部署要求，坚持“区校主导、国企运作、自求平衡”模式，会同三明学院、省一建组成“扁平化”工作专班，采取“三次容缺”、联审联办方式，推动三明学院实验幼儿园等7个项目提前5个月开工，534国道槐林至荆东段提前2个月通车，提前1个月超额44%完成51.87公顷土地征迁，城东乡撤乡并街提前2个月完成，化解历时7年的荆西红酒小镇遗留问题，中央苏区（三明）大学生科创园首批5家企业有实质进展。

山林水体建设

【万寿岩—格氏栲片区建设】　2020年，中共三元区委抓住习近平批示保护万寿岩20周年契机，对接21家主流媒体、130余家主流网站集中报道万寿岩200多篇，《人民日报》头版头条报道《万寿岩“新生”》，中央广播电视总台《新闻联播》头条报道《万寿岩旧石器时代遗址保护纪实》。推动万寿岩—格氏栲文旅康养带建设，调动各类要素汇聚万寿岩，争取到政策资金1000万元、地方政府专项债1.3亿元，聚焦保护、研究、利用3个方面先行确定实施项目62个，栲林学社、岩下花海、野人部落等一批项目投入使用。

【森林康养基地建设】　2020年，中共三元区委与北京大学考古文博学院、中国科学院古脊椎动物与古人类研究所等知名院所签订共建协议，举办“月主题、周专场”“万寿岩文化旅游节”“与万寿岩同框”等活动。万寿岩文旅小镇升格为国家AAAA级景区，格氏栲获评国家首批森林康养基地，万寿岩遗址博物馆晋级国家三级博物馆。

【推进水体生态修复】　2020年，中共三元区委推进水库水体生态修复四期及林分修复项目，实施生物多样性及生态系统质量提升工程，建设4.67公顷生态缓冲带，完成水源涵养林种植73.33公顷。

【“林票制”改革】 2020年，中共三元区委与市郊林场合作探索“林票制”改革，统一经营山林、土地，盘活林地资源56.67公顷。注册七大类70个小类“中村·水源福地”商标，“万寿岩红茶”在上海国际茶文化旅游博览会获“中国名优茶”红茶类金奖。

【防治污染】 2020年，中共三元区委推进养殖排污权机制体制改革试点，生态综合管护模式被省生态环境厅批示推广，辖区主要流域水质优良比例、环境空气质量优良比例均达100%，中央、省环保督察反馈问题基本销号，西际村、东牙溪饮用水源、东牙溪小流域入选《中国绿都·最氧三明》电视专栏“十佳”名录。

【森林防火】 2020年，三元区实现连续34年无森林火灾，在全省森林防灭火指挥长培训班上作经验交流。禁毒工作深入推进，平安“三率”省、市排名大幅上升。

脱贫攻坚

【精准脱贫】 2020年，中共三元区委着力保障和改善民生。立足辖区“四多四少”问题突出现状，坚持以人民为中心，将85%以上公共预算支出用于民生事业，着力解决群众的操心事、烦心事。

【对口帮扶】 2020年，中共三元区委与漳州市龙文区山海社区协作对口帮扶，贫困户年人均收入超过1.5万元，贫困村村财收入稳定超过22万元/年，《吴阁墩：“自找苦吃”换来幸福甘甜》被省纪委监委编入《脱贫攻坚日记》，中村“扶贫资金池”做法在《海峡通讯》刊发推广；设立城市困难家庭精准帮扶中心，推广运用“困难家庭精准帮扶云平台”，实现帮扶工作“掌上办”“指尖办”。

【乡村振兴】 2020年，中共三元区委优化农业产业结构，市场化开发“万寿岩”富硒公共品牌，培育富硒农产品26个，“西际蜜橘”被评为“全国名特优新”农产品，高山、忠山、米洋入选省级一村一品示范村；推进“一革命五行动”，编制18个重点村村庄规划，新建农村公厕12座、污水处理设施32座，绿化村庄37.33公顷，完善“村收集、镇转运、区处理”的长效管理机制，实现建制村公厕全覆盖、污水处理覆盖率超70%，张坑、乌龙、楼源入选国家森林乡村，西际村获评“全国文明村镇”。

社会民生

【化解金融风险】 2020年，中共三元区委推行“一月一行一专场”政银企对接机制，建立金融机构季度考核财政性存款奖存制度，开展对接活动10场、与7家市级行签订战略合作协议，辖区信贷规模同比增长17.12%；化解不良贷款1.94亿元，不良贷款率0.57%，全市最低。

【教育补短板】 2020年，中共三元区委推进新东霞小学等8个市区教育补短板项目，着力实施本级教育项目9个，新增学位2480个，公办幼儿园覆盖率提升至59.18%。

【医防融合改革】 2020年，中共三元区委建设区域医疗卫生信息化系统，慢病积分制管理、医防融合示范点建设、健康宣教等走在全市前列，市医防协同融合暨疾控机构改革工作现场会在岩前召开。

【“乐龄家园”医养结合】 2020年，中共三元区委高标准建设楼源村等6个农村幸福院，创新打造城关街道长者食堂，“乐龄家园”医养结合服务站增至9个，不断增加和优化养老服务供给，养老精准扩面任务超额完成。

【农村客运全覆盖】 2020年，三元区国道534槐林至荆东、国道205台江连接线、岩前至星桥中桥等4个项目建成通车，新开通农村客运班线6条，实现辖区农村客运建制村全覆盖。

【扫黑除恶】 2020年，中共三元区委深化扫黑除恶专项行动，打掉涉黑组织1个，涉恶集团1个，涉恶团伙1个；查处涉黑涉恶腐败、“保护伞”、失职失责案件21件21人，给予党纪政务处分18人，通报批评2人。

队伍建设

【基层治理创新】 2020年，中共三元区委以综治网格为平台，全面推行“五必知五必访五必做”基层治理工作法，打造新时代三元版“枫桥经验”，做法被中央政法委《长安》杂志、《福建政法》刊发推广；全面推行党建引领“枫桥式”平安和谐小区创建，探索实施标准、基本、保障3类小区“自治包”。

【政法队伍建设】 2020年，三元公安白沙派出所先后被评为全国首批“枫桥式公安派出所”、福建省第三届十大法治人物；三元法院莘口法庭先后获评全省、全国优秀法庭；富兴堡司法所被评为全国先进司法所。

【述责述廉】 2020年，中共三元区委召开区委常委班子成员述责述廉会和乡镇（街道）党（工）委书记抓基层党建述职评议会议，开展全面从严治党主体责任落实情况检查、全面从严治党集体约谈等，推动责任落细落小落实。学习贯彻习近平法治思想，推动《中华人民共和国民法典》学习宣传和贯彻落实，推进全面依法治区各项工作。

【夯实基层基础】 2020年，中共三元区委深化“平时工作法”“居民夜谈会”等经验做法，培育农村“万寿岩—格氏栲”、城市“近邻”、非公企业“红色引擎”三条党建示范带，“红色管家”“居民夜谈会”做法分别在《八闽快讯》《福建组工信息》刊发。建强基层党建队伍，“一村一策”筹备村级组织换届选举，储备村级后备干部175人，选派村党支部书记助理51人，聘用三明学院优秀大学生党员26名担任党建协理员。

（吴锦生）

区委办公室

【概况】 2020年，三元区委办公室严格落实党内政治生活，有效推进组织建设。组织召集支部“三会一课”和党日活动34次，廉政教育10次。发挥协调效能，保障全区重要会议、重要活动、重要接待的统筹安排、有效对接和圆满完成。办理来往公文1600余件；承办省市各项工作检查、领导调研等重要活动和会议180余场；接收办理涉密电报、密传材料、明电450余份。

【抓迎检促整改】 2020年，三元区委办公室坚持党管意识形态原则，将分析研判意识形态领域情况纳入重要议事日程，时刻教育全办人员自觉抵制不良思潮，辨析突出问题。做实“四篇文章”、深化“五比五晒”、推进“四个着力”，协调“项目提速、服务提升、干部提振”的活动开展。

【以文辅政】 2020年，三元区委办公室从全局的高度和领导的角度去站位思考，以推动政令畅通、决策落实为出发点和落脚点，注重发挥文字材料把方向、议大事、谋全局的作用，围绕区委重要会议和重大活动起草领导讲话、汇报材料等140余篇。

【信息服务】 2020年，三元区委办公室强化调查研究和信息服务，为党委决策提供准确、全面、翔实的情况和富有针对性、操作性、可行性的多个决策建议方案。2020年，共编发《三元快讯》等各类期刊96期，向省、市报送信息660余条，被省上采用21条。

督查工作

【日常督查】 2020年，三元区委办公室抓好领导批示件、重要会议精神等各级决策部署贯彻落实，每月跟踪掌握乡街、部门工作进展，共对上反馈督办事项41件，办理落实省市主要领导批示件30份，办结率100%。

【专项督查】 2020年，三元区委办公室结合“比学赶超·征迁冲刺50天”“百日攻坚大会战”等专项行动，共印发督查通报63期，开展疫情防控、文旅康养、创城、依法和谐征迁等专项督查，跟踪掌握工作进展，提高督查工作实效性。

【片区督查】 2020年，三元区委办公室针对区委确立的“四大片区协同发展”工作思路，由区委办副主任分别挂包四大片区，对接片区项目进展，协调解决“卡脖子”问题，推动片区加快发展。

（吴锦生）

台港澳工作

【概况】 2020年，三元区委台港澳办认真学习贯彻习近平总书记关于对台工作的重要论述和对福建工作的重要讲话重要指示批示精神，按照2020年省市对台工作部署，围绕服务台胞台企和三元经济高质量发展，加强对台港澳合作与交流，促进协同发展。

【协助台商土地流转】 2020年，三元区委台港澳办主动与台企三明保绿金农业有限公司对接合作，通过协助台商完成村内土地流转，以村委会的名义向农户租田，服务台商土地流转，同时免费提供近300平方米的办公场所、仓库、宿舍给工作人员使用，给台商提供便利等，围绕发展特色现代农业为主导，在杜水村建造台湾蔬果花卉农园，提升优势产业合作优势。

【深化两岸民间交流】 2020年，三元区委台港澳办深化与台湾的民间交流，促进两岸文化认同。筹备开闽文化项目，于11月22日会同岩前王氏宗亲在岩前镇开展“闽王颂典”仪式活动，推进两岸文化认同。

【申报海峡两岸考古交流基地】 2020年，三元区委台港澳办利用海峡两岸同根同源、根脉相连的考古印证和海内外开闽王氏“开闽第一站”的民间认同，依托万寿岩—格氏栲文旅康养带申报融合示范点，并向国台办申请海峡两岸考古交流基地。

【办理“首来族”财政补助】 2020年，三元区委台港澳办落实福建省财政厅、福建省人民政府台湾事务办公室《关于对邀请未来过大陆的台湾同胞有关经费补助事项的通知》文件精神，办理“首来族”财政补助。

【疫情防控涉台工作】 2020年，三元区委台港澳办做好疫情防控涉台工作。在新冠肺炎疫情防控中，区台港澳办全力支持台企保经营、稳发展。主动联系台企台商，宣传疫情防控措施及帮扶纾困政策，通过宣传引导，帮助台企台商了解政策。

【纠纷排查化解】 2020年，三元区委台港澳办开展涉台矛盾纠纷排查化解工作，妥善调处各类台商台胞投诉求助案件，维护全区涉台大局稳定。2020年6月，妥善调处辖区一名台胞与他人的纠纷。

【用足惠台政策】 2020年，三元区委台港澳办用好用足惠台政策，落实台胞台企同等待遇。区委召开区委常委会，传达贯彻省市对台工作会议精神，要求全区各部门确保惠台措施在三元区的贯彻落实。由区委台湾工作领导小组统领66条实施意见在全区的贯彻实施；区委台湾工作领导小组办公室(设在区委台港澳办)和区发改局负责组织协调，并牵头组成相关部门的联系会议制度，畅通政府与台企台胞、部门与部门、地方与省市的沟通联系。

【走访辖区台企】 2020年，三元区委台港澳办协调解决66条实施意见在贯彻执行中出现的困难和问题，推动66条实施意见在三元区的贯彻落实。所有涉及的责任单位积极与省、市对应部门沟通联系，并通过走访辖区台企，宣传各项优惠措施，推动台商台胞知悉、掌握、会用各项优惠政策。10月22日，区台港澳办组织2名台胞台企代表参加惠台政策措施宣讲活动。

【加强元港澳交流合作】 2020年，三元区委台港澳办加强元港澳交流合作，助推港澳经贸往来。三明学院2020年保荐13位优秀毕业生参加澳门科技大学硕士研究生面试。加强与港澳企业的交流合作，促进本地企业发掘商机，助力三元区经济发展，加大力度促进与港澳地区经贸往来。香港泉州鲤城同乡总会，组织部分企业人士到三元区考察了解文旅、工业、城市综合体等项目招商情况。

（杨晓兰）

组织工作

【概况】 2020年，三元区有基层党组织380个，党支部344个，党员7417人。结合干部年度考核工作，对考核优秀及近三年连续评为优秀的公务员进行嘉奖和记三等功奖励，嘉奖干部184人，记三等功19人；对在“五比五晒”“依法和谐征迁”等重点工作中实绩突出的干部及时予以正向激励。表彰奖励88人，其中记功35名，嘉奖53名，并先后2批次通报表扬在疫情防控中表现突出的14个党组织和52名党员。

【基层治理方面】 2020年，三元区委组织部构建“区、乡镇（街道）、村（社区）、网格”四级联动服务群众工作格局，突出“六个在平时”，深入基层网格访民情、听民声、解民忧。疫情防控期间，组织全区1300多名党员干部第一时间下沉到387个社区网格，迅速转化为基层工作力量，参与防控摸排和值班值守。

【党组织全覆盖】 2020年，三元区委组织部聚焦解决小区物业管理失范、监督缺位、治理失衡等问题，探索实施“红色管家”工程，打造“红色阵地”，组建83个小区党支部、下派44名党建指导员，实现党的组织和工作全覆盖；做细“红色议事”，建立民情收集、议事协商、联动共治三项机制；深化“红色服务”，发挥志愿服务队、在职党员、社会力量三方作用，构建党组织引领、社会参与、共治共享的城市社区治理新格局。

【“居民夜谈会”制度】 2020年，三元区委组织部针对群众诉求渠道不畅通、党群关系不密切等问题，探索建立“居民夜谈会”制度，利用居民夜晚闲暇时间组织座谈、漫谈，搭建党群干群互动交流新平台，创新城市基层治理模式，打通服务群众“最后一公里”。2020年，全区召开夜谈会118场，参与居民2200余人次。相关经验做法在《八闽快讯》《福建组工信息》刊发。

【基层党建工作】 2020年，三元区委组织部按照“典型带动、连点成线、以线带面”的工作思路，将岩前、忠山、曹源等6个党建基础好、产业项目多的村作为创建对象，突出党建引领，策划生成17个项目53个具体举措，指派专门领导挂包跟进具体项目，实现组织共建、区域共治、资源共享，推动全区农村党建工作整体提升。坚持以“近邻党建”为牵引，将小区按照封闭式、半开放式、开放式进行分类，分别以左岸名都小区、三化五村小区、东霞小区为试点，投入党建经费100万元。

【“两新”组织党建工作】 2020年，三元区委组织部打造“红色引擎”示范带。深入推进“两新”组织提质扩面集中攻坚行动，重点围绕“强党建促发展”，积极打造明海鑫、名佑食品、美年大健康、吉星竹业等非公党建示范点。围绕抓实“两个覆盖”，共清理、撤并“空壳”党组织4个，理顺党组织关系6个，新建“两新”党组织3个，选派党建指导员153人。

【干部队伍建设】 2020年，三元区委组织部针对三元区行政编制少、事业干部承担较多工作任务的实际，积极拓宽事业单位干部成长渠道，对10名年轻事业干部予以调任交流党政机关任职，11名基层一线事业干部通过公开遴选到区直事业单位工作。

【干部培养锻炼】 2020年，三元区委组织部突出干部培养锻炼，抽调39名干部参与到区重点项目、文明创城、和谐征迁等一线攻坚锻炼，组织培训1000余名干部参加十九届四中全会、防汛抗旱、脱贫攻坚等专题培训班，坚持在疫情防控、项目攻坚、征地拆迁等急难险重一线近距离考察了解干部现实表现，提拔重用一线实绩突出的干部33名。

【用好人才政策】 2020年，三元区委组织部立足三元区产业发展需求和资源优势，用好用足省、市人才政策措施，精准引进一批产业紧缺急需的高层次人才，特别是新能源、氟硅新材料、机械铸造、生物制药等重点产业的专业人才。

【培育本土人才】 2020年，三元区委组织部结合省、市新一轮人才政策制定，进一步改进和完善区人才政策，对标人才发展目标和现状短板，适当调整和增加人才补助项目及补助金额。大力推广人才工作“1+N”一站式协调服务工作机制，坚持引进人才和培育本土人才并重，在政策上给予本土人才支持鼓励，开展三元区优秀人才评选活动。

（刘再前）

宣传教育

【概况】 2020年，三元区委宣传部完成福建省县级融媒体中心建设验收工作。打造定向专题约稿工作机制，在“三元之窗”增设“三元视讯”栏目，入驻新福建APP等新媒体平台，实现“两微两网两号”“一次采集、多元生成、全媒体传播”一体化运行格局。围绕市委“四篇文章”、“四张名片”、三明市首届网络文化节及区委“项目提速”“服务提升”“干部提振”年活动等开展宣传。2020年，中央主流媒体刊播涉三元区新闻稿件140多条，省、市级媒体800多条。

【抗疫宣传】 2020年，三元区委宣传部做好抗击新冠肺炎疫情宣传，“三元之窗”官方微博参与“福建战疫”话题讨论活动，获该话题贡献榜官微全省第6名的成绩。

【配合专题采访】 2020年，三元区委宣传部配合做好中央媒体“三明实践”集中采访涉三元篇章、万寿岩专题采访等。先后组织、宣传东南亚国家华裔学生万寿岩寻根，引导华悦文化科技有限公司制作《万寿岩历险记》动漫，并在三明电视台播放。将万寿岩宣传融入“城市名片游我说”宣讲活动总篇及“绿色三明篇”当中，收集整理诗歌200余首。

【首届网络文化节】 2020年，三元区委宣传部结合三明市首届网络文化节，开展三元区关于三明城市“四张名片”摄影及短视频大赛，评选优秀摄影作品7幅，短视频5个，入选作品在林博会三元分会场和市艺术馆展出。

【三元苏区写生行】 2020年，三元区委宣传部组织“风展红旗如画——全国名家三元苏区写生行”活动，编印画册并展出。拍摄并在福建电视台旅游频道播出《遇见新三元》宣传片4期；推送《我从山中来 希望花开早》等《小康来敲门》专题片4期；编纂《风展红旗如画——三元区红色故事》1000册。

【文化事业】 2020年，三元区委宣传部文化事业项目5个，项目总投资为4.591亿元，当年投资任务1.72亿元，其中续建项目2个、新开工项目3个。充分利用重大节庆、传统节日、集市墟日、周末舞台等时间，通过“半台戏”“流动舞台”“百姓大舞台”及文化科技卫生“三下乡”等各种形式，广泛开展文艺进社区、进乡村、进企业、进学校、进敬老院等系列文艺演出活动170余场。

【举办各种活动】 2020年，三元区委宣传部免费举办美术、书法（少儿书法、中老年常年书法）、长笛、古琴、二胡、电子琴、瑜伽、形体、舞蹈(含少儿舞拉丁舞、成人舞蹈)等各类培训班，受训人员达3000多人次。组织开展福建省全民健身运动会新年登高活动、三明市2020年夏季围棋定级定段赛、庆祝中国农民丰收节2020年福建省“运动健身进万家”“万寿岩杯”全民健身百村行等19场赛事活动，计1万人参与，5万人次参观。

【提升旅游品牌】 2020年，三元区委宣传部提升旅游品牌建设，岩前万寿文旅小镇被评为国家AAAA级旅游景区，重点围绕“万寿岩—格氏栲”文旅康养带开发建设，建设远古文化交流中心、岩下花海、鱼塘溪龙鳞坝、野人部落等一系列旅游项目。

【志愿者服务】 2020年，三元区委宣传部深化志愿服务工作，市区两级联合申报的日月星志愿服务驿站被评为全国“四个一百”项目，“剃头匠志愿服务队”队长邓斌和三明学院教师雷晓宁被评选为省第四批“五星级志愿者”，2020年开展志愿服务活动4420余次，参与人数达3.5万余人次。

【评选道德模范】 2020年，三元区委宣传部开展“我推荐、我评议身边好人”主题班会观摩课、道德模范·身边好人故事会及巡讲等学习宣传活动90多场次，受教育达5300多人次。三元区陈家勤、陈礼统、冯爱萍等3人分别获评“福建好人榜”。

【意识形态工作】 2020年，三元区委宣传部贯彻落实中央和省委、市委关于意识形态工作责任制的部署要求，严格落实意识形态“211”工作制度，区委常委会研究意识形态工作6次。

【网络生态专项治理】 2020年，三元区委宣传部开展“清朗”行动、规范全区公职人员网络行为专项整治等工作，进一步压实网络意识形态责任。

【组建宣讲团】 2020年，三元区委宣传部组建区委中共十九届五中全会精神宣讲团。抓好“学习强国”平台运用，在平台刊发优秀稿件96篇（条）。对接市委宣传部、市社科联和三明学院马列主义社会科学院开展“万寿岩+新思想”和“万寿岩+两山理论”研究，发表论文《万寿岩遗址保护探究》《习近平万寿岩批示的理论底蕴和实践拓展研究》调研报告。

【专题讲座】 2020年，三元区委宣传部深化领导干部学习，组织区委理论学习中心组专题学习研讨、专题讲座31场次。创新方式，连线中央苏区三明讲坛，结合“苏区政策对接”组织相关部门开展业务交流；开设《万寿岩讲坛》丰富中心组学习研讨形式。明确要求各基层党（工）委（党组）紧盯理论武装，每年至少安排一次意识形态工作专题学习。

【首期万寿岩讲坛】 2020年，三元区委宣传部开展首期万寿岩讲坛，邀请福州大学建筑学院乡村文化遗产研究中心主任、教授、文博研究员李建军作《永恒辉煌的万寿岩》讲座，全区200余名领导干部到会听讲。

【法治政府讲座】 2020年，三元区委宣传部邀请省司法厅法治调研处副处长黄丽云到三元区作“《民法典》视域下的法治政府建设”专题讲座，全区200余名领导干部到会听讲。

（黄泽宇）

精神文明建设

【概况】 2020年，三元区入选2018—2020年度省级文明城区候选名单，区委文明办入选2018—2020年度省级文明单位候选名单。健全完善“148”创城长效工作机制（一个精神：“众志成城、主动作为、勇于担当、务实创新”的创城精神。四项制度：健全创城领导机制、工作机制、投入机制和考核机制。八项机制：社区共建机制、志愿服务机制、市容监管机制、文明交通机制、环卫保洁机制、基础完善机制、整治“五小”机制、督查落实机制），坚持区委书记、区长亲自部署创城工作，四套班子领导开展“步行查创城，骑行看文明”活动，三元区上下主动融入战区制城市管理网格百日竞赛，全面推行“两单一表”工作落实制。

【提高城市形象美誉度】 2020年，三元区精神文明办公室着力突破三元老城区的硬伤，一方面大力推进老旧社区微改造、主次干道“白改黑”、农贸市场改造提升等工程，补齐城市短板；另一方面坚持抓征迁建新城，实施西江滨路、三明动车站、荆东片区等开发建设。

【提升城市管理精准度】 2020年，三元区精神文明办公室巩固提升二级环卫改革成果，实施“市容秩序整治零点行动、建筑垃圾零落地、城市管理（环卫）智慧平台”，提升文明创建精准度。

【加强文明单位创建管理】 2020年，三元区精神文明办公室修订《三元区精神文明创建活动管理办法》，规范各级各类单位精神文明创建工作，区税务局、莘口镇西际村获评国家级文明单位和文明村。开展以“满意在三明 文明同行战疫情”为主题的精神文明教育活动，将工作情况纳入精神文明创建测评体系和评价标准，作为评选、推荐各类精神文明建设先进的重要依据。推动各级各类文明单位参与到“清沟行动 助力创城”“步行查创城、骑行看文明”和爱国卫生运动等各项精神文明创建活动。组织开展市级、区级文明单位（校园、村镇、社区）2020年总评工作。

诚信建设

【“诚信三元”建设】 2020年，三元区精神文明办公室深化“诚信三元”建设，开展电信网络诈骗、互联网虚假信息、金融领域失信等19项诚信缺失突出问题专项治理工作，建立治理成效月报制度，及时梳理总结治理举措，推动治理工作取得成效。

【建立惩戒失信平台】 2020年，三元区精神文明办公室落实《三元区建立联合惩戒失信平台实施方案》，加强各部门间的诚信信息互通共享和相互支撑，逐步构建多部门、跨区域、跨行业的守信联合激励和失信联合惩戒的工作格局。

【表彰诚信建设】 2020年，三元区精神文明办公室加快诚信建设制度化建设，三元街荣获省文明委授予的“诚信经营示范街区”称号；三明市毅君机械铸造有限公司董事长谢秀凤荣获全省“诚信工作标兵”称号；三元区诚信促进会、三元区人民法院、三明市毅君机械铸造有限公司获省诚信促进会第六届全省“诚信工作先进单位”荣誉称号。

主题实践活动

【主题教育实践活动】 2020年，三元区精神文明办公室下发《三元区2020年开展“扣好人生第一粒扣子”主题教育实践活动实施方案》，利用清明、“六一”、“七一”、国庆等时间节点，广泛开展革命传统教育。清明节期间，开展“网上祭英烈”主题活动，组织三元区18000多名师生登录专题网页，开展线上学习革命历史和英雄事迹，向先贤先烈献花，抒写感言寄语，引导未成年人学习党史国史、红色文化和英雄事迹。“七一”期间，由三元区青少年校外活动中心举办2020年三明市“童心向党”歌咏展演活动，本次展演活动结合疫情防控和学校实际，采用线上播放的形式，为学生搭建唱响时代旋律的舞台。

【“向国旗敬礼 向英雄致敬”活动】 2020年，三元区精神文明办公室在三元区白沙小学举行三明市2020年“向国旗敬礼 向英雄致敬”主题活动，庆祝新中国成立71周年，致敬最美“逆行者”，并组织三元区17900多名学生开展网上签名寄语活动。各学校在校门口悬挂五星红旗，利用电子显示屏刊播国庆宣传标语，大力营造浓厚的节日氛围。

【“四张名片”教育】 2020年，三元区精神文明办公室把“四张名片”教育内容纳入校本课程，紧扣红色三明、工业三明、绿色三明、文明三明主题，通过主题班会、团队会、家长会等形式，持续推进宣传红色三明“六个一”活动，组织红色故事宣讲比赛36场次，进一步加大三明（三元）红色文化宣传教育。岩前中心小学和莘口中心小学成立小小讲解员队伍，深入西际村等红色文化基地开展讲解活动。

【学校少年宫顺利运转】 2020年，三元区精神文明办公室根据《福建省财政厅 中共福建省委文明办 福建省教育厅关于提前下达2020年中央专项彩票公益金支持乡村学校少年宫项目资金的通知》《三明市乡村学校少年宫建设任务督查标准》，督促岩前、莘口、中村、星桥4所小学乡村学校少年宫对标落实，并会同教育局、财政局等对乡村学校少年宫运行开展指导工作，确保项目经费合理使用，活动规范开展。

【巩固馆校衔接】 2020年，三元区精神文明办公室利用辖区内资源确立三明林业学校教学林场、三明市综合实践基地等5个研学、劳动实践基地，组织1万多名学生参加劳动实践活动。三元区星桥中心小学厨艺、园艺项目和三元区中村中心小学兰花种植项目入选福建省首批百个中小学劳动教育实践特色项目。

心理健康与社区关怀

【心理健康辅导站】 2020年，三元区精神文明办公室在疫情防控期间，利用微信公众号平台送心理防疫自助手册7次，开展“用心护航、用爱复学”专项活动，开通心理援助热线进行一对一辅导，帮助师生及时调整心态，开展《面对疫情，如何照顾我们的心灵》等线上防疫心理讲座18次。“5·25”全国大中小学生心理健康日，三元区未成年人心理健康辅导站携手郑玲名师工作室开展“疫后复学”心理健康教育送课下乡活动。中高考期间，开展“轻松备考·12355与你同行”活动，开通3条“减压热线”。

【社区平台教育】 2020年，三元区精神文明办公室依托“四点半学校”，通过学业辅导、心理支持、娱乐游戏、素质拓展等方式，帮助未成年人提高学习能力、缓解学习压力、拓展知识面，启发养成良好的学习生活习惯。在原“四点半学校”项目的基础上，推出群二社区“十二点半学校”作为三元区试点提升工作。群二社区“十二点半学校”在开学之际，开展“爱心助力，童心抗疫”主题绘画活动。东霞社区“四点半学校”以辅导学生作业为主，学生完成作业之余，可以在图书室看书，或是到活动室玩跳棋、五子棋等，也可以在户外进行户外拓展。

校园文化

【公共文化服务进校园】 2020年，三元区精神文明办公室继续开展“公共文化服务校园行”活动。邀请三元区教育系统法律顾问团成员和法制副校长等专家进校园开设专题法律知识讲座，邀请市禁毒办主任阮明宝开展毒品预防教育师资培训，96人参加培训会。三明四中邀请三明一中副校长李祖鸿举办主题为“为什么是林建斌——习惯比聪明更重要”的家庭教育讲座，八年级家长代表参加该讲座，七年级、九年级学生家长线上参与讲座直播。三明学院附小三元分校开展“家长百家讲坛”活动。

【文明校园创建】 2020年，三元区精神文明办公室围绕“六个好”的标准，极力引导，强化管理，三元区各中小学校文明校园创建的参与率达100%。开展垃圾分类童谣比赛，收集220多篇，评选出优秀作品70多篇，编撰一本垃圾分类优秀童谣书。通过校园童谣为载体，以“三个学会”“两个讲究”为内容，引导学生学会使用礼貌用语、学会礼让、学会感恩，讲究节约、讲究公德，争做文明小学生和文明小市民。三元区东霞小学开展“讲文明，改陋习，争做文明人，共创文明城”主题教育。

【师德师风建设】 2020年，三元区精神文明办公室举办“风展红旗如画”红色故事宣讲比赛、教师暑期政治理论学习培训班、三元教育好故事宣讲活动，计2万多人次参与，通过宣传极大调动师生参与文明校园创建积极性。举行“讲好三元教育好故事”宣讲报告会，优秀教师分别就先进事迹和先进集体事迹进行集中宣讲。

【校园文化阵地建设】 2020年，三元区精神文明办公室在校园正面墙体醒目位置设置党的教育方针的永久性标语，在教学楼走廊、教师办公室和班级教室张贴24字社会主义核心价值观挂图。开展校园文化先进校创建活动，打造一批高水平的校园文化品牌，三元区24所中小学、幼儿园均建设成富有特色的“一校一品”校园文化主题。加强电子屏、宣传栏、走廊壁报等校园文化阵地和体育设施建设。合理规划18个校内宣传栏，并开辟“文明校园”创建专栏，围绕“社会主义核心价值观”、中国梦等主题，定时更新更换宣传内容。

文明新风倡导

【优化社会文化市场】 2020年，三元区精神文明办公室把“护苗”行动作为“扫黄打非”进基层的重点任务，着重开展“扫黄打非”“校园周边整治”等专项行动执法检查，出动人员70多人次，办理案件2起。检查中小学校园周边销售图书的经营场所12家，查缴非法出版物3种10册，没收违规发行出版物8种52册，查处1起未经批准、擅自从事出版物发行的行政案件。

【持续推进“好人建设”】 2020年，三元区精神文明办公室开展“我推荐、我评议身边好人”主题班会观摩课、道德模范·身边好人故事会及巡讲等学习宣传活动90多场次，受教育达5300多人次。三元区陈家勤、陈礼统、冯爱萍等3人分别获评“福建好人榜”“2020年2—7月助人为乐”“敬业奉献好人”。

【深化志愿服务】 2020年，三元区精神文明办公室推动各乡街实现一所一站建设，深化志愿服务工作。“剃头匠志愿服务队”队长邓斌和三明学院雷晓宁老师被评选为省第四批“五星级志愿者”。结合创城工作，志愿者投入环境卫生整治、社区保洁活动、帮困助残、便民利民等志愿者服务活动，累计开展“清沟”“文明劝导”等活动4420余次，参与人数达3.5万余人次，慰问贫困户2300户，做好事实事2250件。先后推出“朵妈讲故事”系列活动，为孩子们科普新冠肺炎防范知识；在各校园中推出向防疫一线最美“逆行者”致敬线上主题班（队）会课。

【倡导文明新风】 2020年，三元区精神文明办公室结合“我们的节日”系列主题活动，发放《三明市市民文明公约》、《不放烟花爆竹》倡议书、《文明市民手册》等宣传单2.6万余张；在疫情防控期间发挥党员干部先锋模范作用，开展带头不操办、缓办婚丧喜庆等事宜，累计取消或延期婚事85起，从快从简办理丧事43起，制止、劝导或主动放弃不办其他喜庆事项186起，发布严禁“带彩打牌”各类信息160条次、标语110条次，发放各类宣传资料3200余份。在街道、社区显著位置悬挂横幅和刊播LED屏60余处。

志愿者服务

【志愿者服务制度化】 2020年，三元区精神文明办公室组织相关部门依托“日月星志愿服务驿站”和“学雷锋志愿服务站（点）”开展爱国卫生运动、“三率”宣传、法律援助等便民利民的志愿服务活动。围绕新冠肺炎疫情防控工作要求，组织辖区志愿者进社区（村）、上街头等开展“戴口罩，不聚集”等系列志愿服务活动，并号召机关干部志愿者与挂点社区（村）开展疫情防控结对活动。

【社区文明引导员】 2020年，三元区精神文明办公室聘请16名公共文明引导员，增设29名社区文明引导员，在主要交通路口、斑马线、车站、社区等，劝导交通和公共场所不文明行为。进一步落实国务院《志愿服务条例》和中央文明委《关于推进志愿服务制度化的意见》的精神，并持续推广使用“志愿三明”信息系统平台。

【注册志愿者队伍】 2020年，三元区在新系统“志愿三明”平台注册志愿者人数已达1.02万余人，创建志愿服务队伍285支，开展各类志愿服务4520多场次，志愿服务时长达52100余小时，新增邓斌、雷晓宁2名省级五星级志愿者，新增三明市硕士法官志愿服务队1个省级最佳志愿服务组织，合计培育省级典型8个。

（陈水华）

统战工作

【概况】 2020年，中共三元区委统战部获得区“五比五晒”三等奖。中共三元区委统战部把握大团结大联合主题，持续在统一战线成员中开展以“不忘初心、牢记使命”为主题的理想信念教育，在宗教场所开展创建“和谐寺观教堂”和“四进”活动，不断巩固共同思想政治基础。

【统战政策法规宣传】 2020年，中共三元区委统战部组织开展“统战政策法规宣传月”活动，先后在莘口镇、岩前镇和挂点群一社区、忠山村等地开展《中华人民共和国宪法》《宗教事务条例》《中华人民共和国归侨侨眷权益保护法》等法律法规宣传，发放法律法规手册2100余份，发放挂历、纸巾、厨具等宣传物品1200余份。

【疫情阻击】 2020年，中共三元区委统战部在新冠肺炎疫情发生后，第一时间向全区统一战线成员发出号召共克时艰，各民主党派、民营企业、宗教界人士、新的社会阶层人士和海外侨胞等积极响应，为打赢疫情阻击战献计出力，捐赠善款和物资400余万元。

【巡察整改工作】 2020年，市委交叉巡察二组对中共三元区委统战部开展巡察。向中共三元区委统战部反馈巡察意见，指出4个方面14个问题，并提出整改要求。中共三元区委统战部领导班子针对反馈的14个问题制定整改措施41条，已全部完成整改。根据监督执纪“四种形态”要求，对存在工作不认真、不负责，形式主义、官僚主义问题的干部进行批评教育，计6人（次），集体约谈1次7人；同时梳理各项制度25项，修改完善10项，清退违规领取的出差补贴1717.3元。

【信息调研】 2020年，中共三元区委统战部上报统战信息200余条，单独或综合采用30余条。其中《八闽快讯》采用1篇、省委统战部采用21条，区委区政府网站、微信公众号采用20余条。开展统战调研和理论研究，组织和引导统战干部和统一战线成员围绕区委中心工作、社会民生问题开展调研，完成调研文章9篇。

【参与社会公益】 2020年，中共三元区委统战部引导党外知识分子和新的社会阶层人士参与社会公益，在桥西社区组织义务献血活动，有50多人报名参加。三元区新的社会阶层人士联谊会文化交流基地“三元里”挂牌三明市新的社会阶层人士联谊会文化教育交流基地，成为市新阶联五个实践创新基地之一。

【政策法规宣传】 2020年，中共三元区委统战部组织全区统一战线成员和有关单位，在岩前镇开展2020年“同心同行·助力乡村振兴”社会服务暨政策法规宣传活动。活动内容涵盖民法、侨法、宗教事务、妇女权益、劳动保障、平安“三率”和秋冬季疫情防控等政策法规宣传，提供义诊、义剪、农技咨询、法律咨询等服务，开展应急救护演练，组织辖区6家企业进行岗位招聘。活动现场发放各类政策法规宣传册、宣传单900余份；赠送红枣、板蓝根、抽纸、厨具、挂历等600余份。

【区委统一战线工作领导小组会】 2020年3月12日，三元区召开区委常委会暨区委统一战线工作领导小组会议，传达贯彻全国、全省、全市统战部长会议精神，安排部署2020年统战工作。区委书记杨国昕主持会议并讲话。强调注重政治引领，引导统一战线成员进一步增强“四个意识”、坚定“四个自信”、做到“两个维护”，破解统战领域重难点问题，不断巩固共同思想政治基础。凝聚合力，发挥民宗、侨务、工商联和商会组织作用，加强与民营经济、党外代表人士、新的社会阶层人士、留学归国人员和无党派人士交流联系，宣传党的政策和重大部署，凝聚起各界各阶层人士智慧力量。

【区委统战工作会议】 2020年3月20日，三元区统战工作会议在区政府十楼会议室召开。会议传达学习全国、全省、全市统战部长会议精神，及省委、市委常委有关会议精神，对2019年三元区统战工作进行回顾，部署2020年重点工作。会上，部长王秀文强调三点意见：要聚焦中心，主动作为，不断凸显统一战线优势；要凝心聚力，不负韶华，推动统战工作提质增效；要建强队伍，转变作风，展现统战干部良好形象。

【民主党派座谈会】 2020年4月28日，三元区召开2020年民主党派座谈会。区委常委、统战部部长王秀文、区政府副区长张庚豫出席会议。会上，张庚豫向各民主党派基层委员会通报三元区“五比五晒”推进高质量发展工作情况，各民主党派交流各自特色工作和下一步打算，对区委、区政府工作提出意见和建议。王秀文指出，各民主党派要进一步提高政治站位，增强“四个意识”、坚定“四个自信”、坚决做到“两个维护”。

【宗教政策法规暨统战信息培训】 2020年10月30日上午，三元区委统战部举办宗教政策法规暨统战信息工作培训会。全区统一战线工作领导小组、宗教工作领导小组成员单位、各乡镇（街道）领导干部、统战委员、信息员、区各民主党派基层委员会信息员、区委统战部全体干部等80余人参加。

【美国福建联合总会送温暖】 2020年3月26日，由美国福建联合总会常务副主席、驻闽办事处主任庄淑好发起的“送温暖献爱心”活动第59站走进三元区残联，与来自三元盲人协会的十几位盲人朋友座谈交流，并送上价值2万余元的慰问品（50副高级进口墨镜）。

【“爱心助侨”活动】 2020年5月18日，致公党福建省委专职副主委吴棉国一行6人到三元区岩前镇白叶坑村开展对口帮扶和“爱心助侨”活动，三明市委统战部副部长邓源明、三元区委统战部部长王秀文陪同。吴棉国一行深入白叶坑村慰问建档立卡贫困户和困难户家中，送上慰问金和大米、食用油、面干等生活物资。

【宗教活动场所执法检查】 2020年9月27日，省民宗厅经济处副处长李瑛一行到三元区宗教活动场所圆通寺检查指导工作。省民宗厅检查组重点围绕宗教活动场所消防设施配备情况、疫情防控落实情况、场所改扩建情况、场所活动情况、场所“四进”情况、内部管理等方面进行检查，并听取圆通寺住持释明志法师及三元区宗教活动场所管理相关情况汇报。

【挂包帮扶贫困村】 2020年，中共三元区委统战部实施“百企帮百村”精准扶贫行动，签订《三元区“百企帮百村”企村结对帮扶协议书》，23家工商联企业挂包帮扶贫困村18个、74名民营企业家挂包帮扶贫困户78户，综合运用产业扶贫、智力扶贫、捐赠扶贫等方式参与脱贫攻坚。挂点忠山村获评省级乡村振兴实绩突出村。

【金秋助学】 2020年，中共三元区委统战部开展“助力脱贫攻坚、三元统战在行动”和“金秋助学·光彩圆梦”主题活动，先后慰问建档立卡贫困户104人，为辖区42名大学生捐赠助学金15.3万元，为忠山小学建立“玫好书屋”，捐赠图书和文体用品等3.3万元。

【扶贫帮困归侨侨眷】 2020年，中共三元区委统战部开展扶贫帮困。在春节、元旦期间开展关怀慰问活动，慰问困难归侨侨眷20人次1.7万元。对疫情防控时期的涉侨特殊困难群体，给予“六稳”“六保”帮扶服务，发放帮扶补助0.66万元。

（黄宗祥）

机构编制与管理

【概况】 2020年，中共三元区委机构编制委员会办公室落实《三元区机构改革实施方案》，牵头区直各有关部门和乡镇街道开展权责清单重新梳理工作，促进规范履职，认真做好乡镇（街道）机构改革、综合行政执法体制改革等工作。本年度，区委机构编制委员会办公室被三元区委、三元区人民政府评为“2020年平安先进单位”，在2020年度全区绩效考评中获优秀等次。

【权责清单梳理情况】 2020年，三元区直22个部门梳理权责事项2832项，其中行政许可169项，行政处罚1032项，行政强制47项，行政征收12项，行政征用3项，行政监督检查377项，行政确认34项，行政裁决8项，行政给付12项，行政奖励26项，其他行政权力187项，公共服务事项105项，其他权责事项817项，内部审批3项。各部门重新梳理的权责清单均已行文印发并对外公布。

【机构编制概况】 2020年，三元区机构设置基本情况：三元区行政事业机构计231个，其中党委工作机关11个，人大常委会工作机构8个，政府工作部门22个，政协工作机构5个，政府派出机构2个，群团机关12个，乡镇街道7个，事业单位164个（其中，参照公务员管理事业单位26家）。2020年，行政事业编制基本情况：三元区核定行政编制总数为498名（政法专项编制33名），实有在编人员444名（政法机关在编人员28名），其中

7个乡镇街道核定行政编制129名，实有在编119名；核定事业编制总数为2653名（群团机关事业编制32名），实有在编人员2245名（群团机关在编人员23名），其中26家参公事业单位核定事业编制168名，实有在编人员112名；机关工勤人员事业编制32名（人退编收，编制逐步核销），实有在编人员30名。2020年，事业单位经费方式情况：全区有164个事业单位，核定事业编制总数为2621名，其中财政核拨事业单位144家，核定编制2371名，实有在编2047名；财政核补事业单位6家，核定编制81名，实有在编68名；经费自给事业单位14家，核定事业编制196名，实有在编107名。

【乡镇（街道）机构改革】 2020年，三元区委机构编制委员会办公室按照省、市关于乡镇（街道）机构改革相关文件精神，《三元区各乡镇（街道）机构改革实施方案》于7月21日正式印发实施，此次乡镇街道改革，按照优化协同高效的原则，结合三元区实际，乡镇设置6个党政内设机构、街道设置4个党政内设机构，每个乡镇街道统一设置3个副科级事业机构。

【综合行政执法体制改革】 2020年，三元区委机构编制委员会办公室按照市级统一部署，市区只设一个执法层级。市本级设置市场监督、生态环境保护、农业、文化市场、交通运输领域5支综合行政执法队伍，区级不再承担相关执法责任，不再保留相关执法队伍。此次综合行政执法体制改革中，上收区农业、文化市场、交通运输等领域事业编制计32名，在编在岗人员18名一并上收。

【森林公安管理体制改革】 2020年，三元区委机构编制委员会办公室落实省、市关于森林公安管理体制改革的要求，三元森林公安政法专项编制26名，及在编人员23名划归市公安局三元分局管理。

【中小学教师“县管校聘”体制改革】 2020年，三元区委机构编制委员会办公室推进中小学教师“县管校聘”管理体制改革，完善“总量控制、统筹城乡、结构调整、有增有减”的教职工编制管理机制，2020年区委编办核定2020—2021学年三元区中小学及幼儿园教职工总编制1486名。

【规范“属地管理”工作机制】 2020年，三元区委机构编制委员会办公室依据市级文件精神，三元区制定印发《关于明晰区乡职责规范“属地管理”的意见（试行）》和《明晰区乡职责规范“属地管理”八个配套文件》，将部门间职责不明晰事项梳理细化为7个类别、53项具体事项，编制“属地管理”事项责任清单。

【派驻机构的统一组织和统筹协调】 2020年，三元区委机构编制委员会办公室建立乡镇（街道）统筹区直派驻机构人员力量的工作机制，全区7个乡镇（街道）在全市率先开展“乡呼县应”工作，强化乡镇街道对区直部门派驻机构的统一组织和统筹协调，构建“边界清晰、权责一致、联动顺畅”的区乡关系。建立区级职能部门向乡镇（街道）交办事项准入制度，促进政府职能转变，减轻乡镇（街道）工作负担。各乡镇（街道）累计呼叫区级相关部门22次，涉及11个事项。

【机构编制严控与保障需求相结合】 2020年，三元区委机构编制委员会办公室保障新招考公务员用编需求9名，教育系统2020年补充新教师用编需求112名，军属安置用编需求1名，退役士兵安置用编需求1名，区属事业单位招考用编需求33名，区直事业单位面向乡镇（街道）选聘工作人员用编需求12名。核准2021年教育系统招聘用编计划114名，核准2021年卫健系统紧缺专业招聘用编计划9名。督促存在超编的区直单位加快消化超编人员进程，确保行政编制不突破中央核定的总额、事业编制不突破2012年年底总量、机关工勤人员编制只减不增。

【各类人员编制的监督与管理】 2020年，三元区委机构编制委员会办公室加强编制日常管理。严格执行机构编制管理各项制度，加强对各类人员编制的监督与管理，优化人员结构，确保人员编制、领导职数和实有人员数据信息及时更新、准确无误。区委编办办理人员编制审核手续659人次。

【登记管理服务标准化】 2020年，三元区委机构编制委员会办公室落实事业单位登记管理服务标准化，清理已撤销未注销登记事业单位。做好机关事业单位统一社会信用代码赋码管理工作。注重落实协调配合机制。加强与相关职能部门的协调配合，加强对事业单位法人证书使用的监督检查，提高对法人证书使用的监管水平。全年完成事业单位法人年度报告公示169家，办理事业单位法人设立登记5家，事业单位法人变更登记80家，事业单位法人注销登记5家。

（陈　文）

机关党建

【概况】　2020年，三元区直机关党工委直属1个机关党委、2个党总支、53个党支部、745名党员。其中，预备党员14名，占1.87%，女党员257名，占34.49%，大学专科以上学历616名，占82.68%，35岁以下163名，占21.87%。

【理论学习】　2020年，区直机关党工委采取理论学习中心组学习、读书班、专题研讨等方式，常态化组织机关党员干部学习党章、选编、摘编等书目及《习近平在福建》《习近平在厦门》《习近平在福州》等系列采访实录，不断提高党员干部理论素养。

【红色教育】　2020年，三元区直机关党工委结合庆祝建党99周年，扎实开展“5+X”系列活动，充分发挥三元红色资源优势，组织1000多名机关党员干部重走红色遗址、听取红色故事、接受红色教育、重温入党誓词。

【党建调研】　2020年，三元区直机关党工委围绕“学懂弄通做实习近平新时代中国特色社会主义思想”、“开展亮灯行动、创建模范机关”、健全和完善机关党的建设高质量发展等12个方面开展课题调研活动，组织机关各党组织结合本系统、本单位的实际情况深入开展调研活动，撰写党建调研文章。三元区委宣传部党支部调研报告《增强意识形态的凝聚力和引领力》、三元区市场监督管理局第一党支部《整治形式主义、官僚主义，完善密切联系群众制度的实践与思考》、三元区委组织部党支部《推进新时代机关党的建设高质量发展研究》获得市机关党建重点课题三等奖。

【亮灯行动】　2020年，三元区直机关党工委围绕“项目提速年、服务提升年、干部提振年”，率先在直属机关党组织中开展“亮灯行动”，进一步引导直属机关党组织和广大党员干部做好“三个表率”，做到“两个维护”，有效解决机关党建“两张皮”“灯下黑”问题，激励机关党员干部主动担当作为，为做实“四篇文章”、推进“四个着力”、深化“五比五晒”，推动新时代新三元建设提供坚强组织保证。组织开展“党员先锋岗”创建活动，在面向服务基层和群众的科室、窗口设立13个集体和14名个人“党员先锋岗”。

【机关党建考评】　2020年，三元区直机关党工委持续深化“月提醒、季督导、年考评”机关党建工作督导工作机制，建立健全党建督导员制度，组织开展季度机关党建工作督导及落实“平时工作法”、机关党建“亮灯行动”专项督查，发出问题反馈清单40余份、50余条。

【党员活动日】　2020年，三元区直机关党工委常态化开展主题党日活动。发动机关党员以“唱响‘风展红旗如画’品牌、迎接建党99周年”“文明劝导、共享文明”“清沟行动、助力创城”等为主题，开展民情收集、政策宣传、文明创建等志愿服务。

【聚焦服务发展】　2020年，三元区直机关党工委组织机关党组织参与打赢疫情防控阻击战，发挥战斗堡垒作用。第一时间紧急转拨区管党费7.5万元专款专用于区卫健局、交通运输局开展疫情防控及购买防疫物资。机关党员累计捐款5.03万元。同时，根据直属各党组织单位挂点社区分布情况，建立7个区直机关挂点社区疫情防控临时党小组，及时统筹社区防疫工作。对在防疫一线表现突出、符合条件的2名申请人及时发展为入党积极分子

（郑伟铭）

老干部管理

【概况】　2020年，中共三元区委老干部局服务管理对象36人，其中离休干部13人（机关7人，事业单位1个，企业5人），“5·12”退休干部5人（机关3人，事业单位2人），原任处级退休干部18人。年内“5·12”退休干部去世1人。

【落实老干部政治待遇】　2020年，三元区委老干部局坚持阅文、政治学习、情况通报、参加重要会议和重大活动制度。引导广大离退休干部加强线上学习，通过关注使用中组部老干部局“离退休干部工作”“福建离退休干部”“中共三明市委老干部局”三个微信公众号，按照“录入数据真实准确，不漏一人，不错一项”的标准，完成“福建省离退休干部信息管理系统”数据建立及完善工作。

【加强老干部网上学习】　2020年，三元区委老干部局安装使用“福建老干部”、学习强国等网上

学习平台，以信息化手段为离退休党员学习教育提供便利服务。全年共组织离退休老干部和老干部工作者收看“党的十九届五中全会辅导报告”等全国离退休干部网上专题报告会3场，“学习贯彻《中华人民共和国民法典》”等全省离退休干部线上学习报告会4场。对于身体不便的老党员，将学习资料采用上门或邮寄的方式送到老党员手中，送出学习资料42份。

【为老干部办实事】 2020年，三元区委老干部局在全区开展“五督五比”活动，即督责任落实，比尽责；督义务履行，比尽孝；督就近服务，比联动；督个性服务，比满意；督精准服务，比成效。通过活动推动精准服务各项举措落到实处。

【“一对一”精准帮扶】 2020年，三元区委老干部局完善离退休老干部联系服务制度，实施“一对一”精准帮扶，坚持走访慰问制度，在春节、“七一”、重阳节等重要节日，走访慰问离退休老干部、生活困难老干部、无工作遗偶等，给他们送去组织的关怀和温暖。对于生病住院的老干部，及时进行探望。全年走访慰问离退休老干部150人次，发放慰问金3万余元，为5名90周岁和95周岁以上离休干部送上鸡蛋、长寿面等生日贺礼。

【做好老干部疫情防控】 2020年，三元区在疫情防控工作中，向每一位离退休老干部发放20个口罩，做好老干部安全防护工作。通过区委老干部局工作、区离退休党支部等微信群，发布疫情防控《倡议书》，转发权威信息，传达区委、区政府工作督查通报，宣传科学防疫知识，引导老干部以积极心态和科学举措应对疫情。进一步提升医疗平台服务水平，为离退休干部提供拿（送）药、体检、在线解答、健康跟踪等服务。

【开展主题活动】 2020年，三元区委老干部局通过开展“四讲四做”正能量活动（讲好“红色故事”，做红色三元的传承者；讲好“工业故事”，做工业三元的支持者；讲好“山水故事”，做绿色三元的宣传者；讲好“文明故事”，做文明三元的践行者），引导广大离退休干部在服务大局中提升站位、在求真务实中提质增效、在开拓进取中激发活力，进一步突出老干部工作为党和人民事业增添正能量的价值取向。

【庆祝建党99周年系列活动】 2020年，三元区全区有10个离退休党支部（临时党支部），区委老干部局组织开展庆祝建党99周年系列活动，集中学习《习近平在厦门》《习近平在宁德》《习近平在福州》《习近平在福建》等系列采访实录，组织老党员谈心得、谈体会、谈收获，引导老党员更好的理解掌握习近平新时代中国特色社会主义精神内涵。组织老干部进园区、入企业、看项目，宣传工业产业优势、招商引资政策，引导老同志话发展、凝思路、提建议，为三元发展献计献策。

【脱贫攻坚座谈会】 2020年，三元区委老干部局组织召开“我看脱贫攻坚新成就”座谈会，让老党员认真学习习近平总书记关于脱贫攻坚战略思想，畅谈十八大以来党中央关于打赢脱贫攻坚战的重大举措、重大成就，引导农业农村部门的退休干部，继续发挥专业技术特长，进村入户服务指导，协助贫困群众真脱贫、脱真贫、不返贫。

【老年大学工作】 2020年，三元区委老干部局老年大学加大网络教学培训力度，做好学员疫情防控期间的心理疏导，做到“停课不停学、停课不停服务”，2020年12月，三元区老年大学通过“福建省达标老年大学”验收。

【离退休干部党建】 2020年3月，三元区委老干部局在全区离退休干部党组织中开展向示范党支部学习的“一学两促”活动即学习示范党支部，促进离退休干部党支部工作有新的提升、促进离退休干部党建工作有新的发展。通过对标挖潜，加快比学赶超，三元税务局退休干部党支部、三元法院退休干部党支部申报2020年第二批市级离退休干部示范党支部。2020年1月，中共三明市三元区公安分局退休民警支部委员会、中共三明市三元区富兴堡街道富文社区离退休临时支部委员会、中共三明市三元区富兴堡街道富兴社区离退休临时支部委员会被评为全市“五讲六有”示范党支部。

【“老党员之家”建设】 2020年，三元区委老干部局将“一学两促”活动与培育“六有五好”老党员工作室、加强“老党员之家”建设相互结合，相互助力，做好“融合发展”文章，下好党建“一盘棋”。全区成立7个“老党员工作室”，并统一悬挂标识标牌，对工作室性质定位、功能作用和服务内容进行明确。

【开展防疫宣传活动】 2020年，三元区委老干部局开展新型冠状病毒肺炎防控工作，全体工作人员除参加南方酒店等区防控点值班工作外，深入挂点村（居）开展防疫宣传活动，在挂点的�竹村、清溪村、白沙社区、富兴社区与村（社区）干部一起到村（居）民家中发放宣传品600余份。

【提升社区治理】 2020年，三元区委老干部局以“亮灯行动”为载体，区委老干部局5名在职党员亮身份、亮职责、亮服务，着力实施政治引领行为、理论武装行动、服务大局行动、创新驱动行动、正风肃纪行动，为全面提升老干部工作水平提供坚强保证。认真开展“进社区、亮身份、强服务”活动，推动在职党员主动参与社区建设、服务社区群众，着力提升社区治理水平。

（庄晋芳）

【组织德育报告团】 2020年，三元区关工委组织德育报告团深入学校开展30余场“科技托起强国梦”宣讲活动及“传承红色基因，争做时代新人”主题教育，受教育学生近万人。

【美好生活劳动主题教育】 2020年，三元区关工委组织学生参加全省关工委举办的“第23届新时代好少年——美好生活劳动主题教育”，分别获得征文交流展示一等奖4篇、二等奖4篇、三等奖12篇。演讲交流展示三等奖2篇；朗诵交流展示三等奖1篇。参加省知识竞赛，中学13人、小学45人获奖。

【青少年心理健康疏导】 2020年，三元区关工委发挥五老队伍作用，在三元区“青春心理健康疏导工作”试点单位富兴堡街道富文社区，开展青少年心理健康疏导工作，财政追加1.6万元制作宣传教育片。

【提升网格化管理】 2020年，三元区关工委网格化管理进一步提升，已有4个街道9个社区正常对接使用，正常运行。利用综治网格化服务管理信息平台增设“关工委”模块，做好预防青少年违法犯罪工作，扎实开展第四届“关爱明天、普法先进”活动和第二轮“零犯罪学校、村、社区”工作。以“种子工程”活动为平台，学习楼源村经验，推广工作典型。

（庄晋芳）

党史和地方志工作

【概况】 2020年，三元区委党史和地方志研究室做好党史文献资料的收集、整理、编纂及红色遗址规划编制、文物保护、地方志编纂等工作。推进“风展红旗如画”红色故事宣讲进机关、学校、进社区、进企业活动，做好《福建中央红军村》第二辑——西际村的征编工作，加快红色遗址修缮保护。《三元区志》作全面审读、修订、《三元年鉴（2019）》已正式出版。《三元年鉴（2020）》已完成编纂工作，送出版社审核排版。

【推进红色故事宣讲】 2020年，三元区委党史和地方志研究室推进“风展红旗如画”红色故事宣讲进机关、学校、进社区、进企业活动32场。与区委宣传部联合举办红色专题诗歌朗诵会、“风展红旗如画——全国名家三元苏区行写生”等主题活动。与区融媒体中心合作，广泛开展红色文化宣传，抓好稿件的审核、把关，向省、市级媒体投稿“红色名片”稿件60余篇。与区委宣传部联合制作、推广《风展红旗如画——三元区红色故事学习资料》、红色故事宣讲微视频，广泛宣传红色文化。

【三元被列入长征国家文化公园外围区】 2020年，三元区委党史和地方志研究室收集三元区在第五次反“围剿”和三年游击战争时的相关史料，形成“专题报告”分别报送市委宣传部和市委党史和地方志研究室，4月底促成三元区纳入《长征国家文化公园福建重点建设区建设保护规划》范围，并在“外围区”中单独增设三元区。同时协助文旅局编制相关项目11个。

【《血战深坑岭》剧本的修改、审核】 2020年，三元区委党史和地方志研究室参与《血战深坑岭》党史题材电影剧本的修改、审核。剧本经与三元区文旅局等部门共同审核、修改十余稿，使剧本讲述的几个战斗场景、情节发展的社会背景符合当时三元革命历史情况。

【中央红军村材料征编】 2020年，三元区委党史和地方志研究室做好《福建中央红军村》（第二辑）西际村的征编工作，收集、整理土地革命时期红军在西际村的活动情况，西际乡党支部、苏维埃政府、赤卫队建立情况，红军西际物资采购站建设、转运情况，筹粮筹款、参军参战、打土豪分田地等情况。

【加快红色遗址修缮保护】 2020年，三元区委党史和地方志研究室做好“2020年度国家文物保护专项资金（第一批）”的忠山苏维埃政府旧址、红七军团指挥部旧址等5处重点修缮保护工作，上级修缮资金668.77万元已于年初到位。2020年投资938.77万元，除以上5处修缮项目外，增加中共归化县东南区委办事处（岩前郎官第）修缮项目（投资270万元），5处修缮项目分别于8、9月份动工。

【红色遗址保护与传承】 2020年，三元区委党史和地方志研究室加强中村乡大焙坑村牛姆岭的“闽西北特委”和“游击队据点”保护。做好中村乡�竹村的深坑岭战斗遗址的保护工作，2020年投入75万元，在�竹村建设一个占地面积500平方米的“深坑岭战斗纪念馆”，于5月建成，并被确定为三元区第一批党员教育培训实践基地。

【开发红色旅游资源】 2020年，三元区委党史和地方志研究室与中国传统古村落、“美丽乡村”建设相结合，挖掘忠山、西际、岩前、龙安等特色资源。重点抓好忠山乡农会旧址、西际红军物资采购站旧址等红色遗迹修缮工程及两村“美丽乡村”建设，进一步打响忠山“中央红军村”、西际“红色文化旅游村”“万寿岩一郎官第”等3个红色旅游品牌，打造三元红色风情“一日游”。在红色文化旅游村西际村举办第三届“采摘节”活动，开展以“穿红军装、举红军旗、唱红军歌、走红军路”为主题的红色记忆文旅推广活动。

【《苏区纵横——三元卷》编纂】 2020年，三元区委党史和地方志研究室编纂的《福建中央苏区纵横——三元卷》已完成，进入修改、审定阶段，10月送省委党史方志办审核。

【编纂《党史二卷》】 2020年，三元区委党史和地方志研究室做好《党史二卷》编纂工作。配合市委党史和地方志研究室做好涉及三元的相关内容补充、完善等工作，初稿已基本完成。

【开展《党史三卷》前期征编】 2020年，三元区委党史和地方志研究室做好《党史三卷》（1983—2002年）编纂工作。做好征编前期工作，着手收集和挖掘相关史料。

【《三元区革命老区发展史》编纂】 2020年，三元区委党史和地方志研究室做好《三元革命老区发展史》编纂工作。区委党史方志室负责第二、三章节（全书分为5个章节），于12月完成本章节编纂工作。

【《三元区志》编纂】 2020年，三元区委党史和地方志研究室对《三元区志》进行较大调整、修改和补充完善，调整篇目框架，从29卷整合为26卷，使篇目更适合市辖区的区志特点。同时，补充专记4篇，附录中重要文件选集4篇、历代诗文选集8篇、照片全部收齐，筛选一批限外辑要资料。同时，全面开展审稿工作，审查《三元区志》的政治方向是否正确，史料数据是否翔实、涉密工作是否到位等方面内容，并对《三元区志》作全面审读、修订、修改各卷100多处，核对数据300多处，基本定下“总纂稿”。

【《三元年鉴》编纂】 2020年，三元区委党史和地方志研究室已完成《三元年鉴（2016）》《三元年鉴（2017）》《三元年鉴（2018）》《三元年鉴（2019）》编纂工作。2016—2018作为资料内部保存，《三元年鉴（2019）》正式出版。《三元年鉴（2020）》完成编纂工作，送出版社审核 排版。

（吴锦生）

档案工作

【概况】 2020年，三元区档案馆定期开展业务学习，开展业务“练兵”18次，参训人数45人次。加快文书档案的数字化进程，建立数字化档案查询管理系统，改变以往烦琐的档案调阅模式，将复杂的事情简单化，简单的事情流程化，避免疏漏，大幅提高档案管理水平。

【档案基础建设】 2020年，三元区政府拨付230万元用于档案馆的装修改造工作，新馆面积约1200平方米，馆藏量约10万卷，是原来的5倍，现已入驻使用。加快推进馆藏数字化进程，加大经费投入，采取政府购买服务方式，投入60余万元，完成48个全宗18000余卷约200万张占馆藏纸质档案95%的数字化扫描工作。

【“村档乡管”】 2020年，三元区档案馆采取多种形式，按照“村档乡管”“四有”的要求，主要从档案的收集、整理以及如何规范管理档案等方面，加强对乡镇、村、社区档案人员的业务培训和行现场指导，提高基层档案人员的业务技能和指导能力。加强农村档案收集工作，以民生档案为重点，建立健全和收集相关档案，注重收集和建立现代农业经营方式转型过程中的档案，加强涉农档案的整合利用。

【档案安全保密】 2020年，三元区档案馆拟定保密知识学习计划，严格执行《中华人民共和国保守国家秘密法》和上级关于保密工作的纪律及各项规定，做好文件、档案、资料的日常保管和保密工作。全面增强档案干部职工的保密责任意识。抓好重点环节监管，正确处理好档案保密与查阅利用的关系，坚持档案查阅利用制度，注重机密、绝密、内控文件的查调阅工作，档案查阅室实行无盲区监控。

【疫情防控期间档案工作】 2020年，三元区档案馆结合疫情防控情况和档案查阅利用工作实际，召开专题会，研究档案查阅接待工作措施，并制定《温馨提示》，向广大办事群众告知情况，并请其先拨打咨询电话告知查档内容，了解所查档案需要出具的身份证、介绍信等相关证明，确保一次办结。对查档人员严格进行84%和75%酒精消毒、测量体温、相关信息询问、人员身份登记，落实好疫情防控工作。

（王 华）

保密工作

【概况】 2020年，三元区委机要局严格按照《中共三元区委机要局规章制度》的要求，做好密码工作重大事项报告、紧急重要电报办理、加密传真、应急密码通信和值班值守等各项工作。本年度，通过机要密码系统接收并办理涉密电报260份、明电260份。

【提升密码科技保障】 2020年，三元区委机要局按照上级的统一部署要求，全力做好三元区“强边工程”前期准备工作，持续提升密码科技保障能力和装备水平，加快建设4G应急密码通信系统和北斗加密短信系统前期准备。

【密码通信安全规范】 2020年，三元区委机要局执行密码通信主渠道网络专网专用，做到与互联网及其他网络严格物理隔离，并抓好涉密计算机标明“密级和使用责任人”、安装指定的病毒防护软件、定期更新升级和查杀病毒等工作落实，确保密码通信安全规范。

【国产化替代】 2020年，三元区委机要局推进区委办、区政府办的安全替代工程，均已按照上级序时进度要求完成方案编制、项目立项、项目招投标等各项工作任务，区政府办已实现全面替代，区委办抓紧开展前期准备，确保于2021年全面完成区委办、区政府办的国产化替代工作。

【密码法治化管理】 2020年，三元区委机要局坚持以《密码法》为总领，认真落实《密码电报使用和管理规定》《党政机关电报格式规范》等机要密码党内法规，进一步提高三元区机要密码工作规范化、科学化水平。

【密码电报存放达标】 2020年，三元区委机要局严格执行阅看及借阅登记、签收手续，同时实行密码电报双人监管制度，按时整理归档，并做好销毁登记及两人监销。

【密码业务文件管理】 2020年，三元区机要局规范密码业务文件管理，实行密码业务文件专人管理并放在安全可靠的保密柜内，明密分开，及时传阅学习，并按规定归档和两人监销。

【机要密码迎检自查】 2020年，三元区委机要局做好机要密码迎检自查工作，吸取吉林省通报案件教训，举一反三，查找漏洞。明确由王侃和许昀川两人配合，对登记在册的密码设备进行逐一核对排查；对上级下发的涉密文件进行逐一核对排查，对机房安全环境进行检查。

【密码业务知识培训】 2020年，三元区委机要局加强业务知识培训，提升机要干部服务水平和履职能力，做到每名机要干部都能熟练掌握密码电报办理相关业务知识，拥有独立完成接收、办理、借阅、归档电报的能力。

（王 侃）

三元区人民代表大会

综述

【审议专项工作报告】 2020年，三元区人大常委会召开第九届人民代表大会第五次会议。召开常委会会议9次、主任会议14次，作出决定决议12项，听取审议专项工作报告23项。

【开展执法检查】 2020年，三元区人大常委会组织开展执法检查2项、工作测评3项、跟踪检查2项，视察调研4项，任免国家机关工作人员36人次，补选市代表2人、区代表4人，配合省、市人大常委会开展立法调研、执法检查等活动4次。

【重人事项审议决定】 2020年，三元区人大常委会审查和批准区人民政府关于提请审议2020年区本级预算调整方案的议案；听取和审议区人民政府关于2019年区本级预算执行情况的报告，审查和批准2019年区本级决算；听取和审议区人民政府关于2019年区本级预算执行和其他财政收支情况的审计工作情况报告；听取和审议区人民政府关于2020年区本级预算调整方案（草案）的报告，批准区人民政府关于2020年区本级预算调整方案；审查和批准三元区2020年预算执行情况及2021年预算草案的报告；批准三元区2021年区本级预算。

重要会议

【区第九届人民代表大会第五次会议】 12月29日至31日召开。会议听取和审议三元区人民政府工作报告；审查和批准三元区2020年国民经济和社会发展计划执行情况及2021年国民经济和社会发展计划草案的报告；批准三元区2021年国民经济和社会发展计划；审查和批准三元区2020年预算执行情况及2021年预算草案的报告；批准三元区2021年区本级预算；听取和审议三元区人民代表大会常务委员会工作报告；听取和审议三元区人民法院工作报告；听取和审议三元区人民检察院工作报告。表决通过政府、计划、预算、人大常委会、法院、检察院工作报告的决议。会议期间，收到代表提出的建议、批评和意见53件。

【九届人大常委会第二十七次会议】 2月18日上午召开。会议审议城东乡撤乡并街事项；审议人事任免事项。

【九届人大常委会第二十八次会议】 4月28日上午召开。会议审议通过区人大常委会关于增补三元区九届人大常委会代表资格审查委员会个别组成人员的决定；听取审议区人民政府关于农村集体产权制度改革工作情况的报告；听取审议区人民法院、区人民检察院关于生态环境司法保护工作情况的报告；听取区人大常委会调研组关于三元区地方性政府债务情况报告审议意见落实情况的跟踪调研报告；审议人事任免事项。

【九届人大常委会第二十九次会议】 5月25日下午召开。会议审议三元区行政区划调整事项；听取审议区人民政府关于“十三五”期间道路交通基础设施建设情况的报告；听取审议区人民政府关于全区旅游发展情况的报告；听取审议区人民政府关于河道管理工作情况的报告；听取审议区人大常委会执法检查组检查《三明市东牙溪和薯沙溪水库饮用水水源保护条例》贯彻实施情况的报告。

【九届人大常委会第三十次会议】 6月10日上午召开。会议审议《三元区人民代表大会常务委员会任免国家机关工作人员条例（草案）》；审议《三元区人民代表大会常务委员会主任会议关于提请审议许可对区九届人大代表欧丹丹依法采取刑事强制措施的议案》；听取审议区人大常委会执法检查组检查《中华人民共和国食品安全法》及《福建省食品安全条例》贯彻实施情况的报告；审议有关人事事项。

【九届人大常委会第三十一次会议】 7月29日上午召开。会议审议《关于三元区城东乡行政区划调整有关问题的决定》；审议《区人民政府、区监察委员会、区人民法院、区人民检察院工作人员述职的暂行办法》；听取审议区人民政府关于“七五”普法开展情况的报告；听取审议区人民政府关于2019年区本级决算情况的报告；听取审议区人民政府关于2019年区本级预算执行和其他财政收支情况的审计工作报告；审议通过区人民政府2020年区本级预算调整方案；听取审议区人民政府关于《三元区妇女发展纲要（2011—2020）》《三元区儿童发展纲要（2011—2020）》实施情况报告；听取审议区人大常委会执法检查组检查《中华人民共和国义务教育法》和《福建省义务教育条例》贯彻实施情况的报告；审议有关人事事项。

【九届人大常委会第三十二次会议】 9月29日上午召开。会议听取审议区人民政府关于地方病防控工作情况的报告；听取审议区人民政府关于森林康养工作情况的报告；听取审议区人民政府关于2020年上半年国民经济和社会发展计划执行情况的报告；听取审议区人民政府关于2020年上半年预算执行情况的报告；听取区人大常委会检查组关于《中华人民共和国农产品质量安全法》贯彻实施情况专题询问突出问题的跟踪检查报告；听取区人大常委会调研组关于少数民族聚居地建设发展情况的调研报告；听取审议区人民政府关于代表建议办理情况的报告并进行满意度测评；开展区人民法院、区人民检察院工作人员述职并进行满意度测评；开展区人民政府组成部门履职情况满意度测评；审议人事任免事项。

【九届人大常委会第三十三次会议】 11月26日上午召开。会议任免区人民政府组成人员；补选区九届人大代表有关事项；审议关于召开三元区第九届人民代表大会第五次会议的决定（草案）；听取审议区人民政府关于三元区“十四五”规划编制情况的报告；听取审议区人民政府关于行政事业性国有资产管理情况的报告；审查批准区人民政府2020年区本级预算调整方案；听取审议区人民政府关于人民调解工作情况的报告；听取审议区人民政府关于脱贫攻坚工作情况的报告；听取区人大常委会调研组关于三明南部新城规划建设情况的调研报告。

【九届人大常委会第三十四次会议】 12月17日上午召开。会议补选市十三届人大代表；审议人事任免事项。

【九届人大常委会第三十五次会议】 12月29日下午召开。会议审议通过区九届人大五次会议日程（草案）；审议通过区九届人大五次会议列席人员安排原则的决定（草案）；审议通过区九届人大五次会议主席团和秘书长名单（草案）；审议通过区九届人大五次会议主席团常务主席名单（草案）；审议通过区九届人大五次会议执行主席分组名单（草案）；审议通过区九届人大五次会议邀请上主席台就座人员名单（草案）；审议通过区九届人大五次会议副秘书长名单（草案）；审议通过区九届人大第五次会议选举办法（草案）；审议通过《三明市三元区人大常委会工作报告（草案）》；听取和审议区人大常委会代表资格审查委员会关于个别代表的代表资格的报告；审议人事免职事项。

人大监督

【依法任免国家干部】 2020年，三元区人大常委会坚持党管干部和依法任免的统一，全年任免国家工作人员36人次。在任免工作中严格按照有关法律规定和程序，实行任前法律知识考试等制度，全面落实宪法宣誓制度，增强被任命人员的法治意识、责任意识和为民意识。

2020年三元区人大常委会任免的国家工作人员一览表

表4

2月18日	区九届人大常委会第二十七次会议	免去：杨方圆的三元区人民法院审判员职务；黄家成的三元区人民法院审判员职务；彭嗣明的三元区人民检察院检察委员会委员职务 任命：余秋琳为三元区人民法院审判员；杨军梅为三元区人民法院审判员；聂明凤为三元区人民检察院检察委员会委员
4月28日	区九届人大常委会第二十八次会议	免去：黄书勤的三元区农业农村局局长职务；邓光明的三元区交通运输局局长职务 任命：邓光明为三元区农业农村局局长
6月10日	区九届人大常委会第三十次会议	免去：雷炎林三元区人民政府信访局局长职务；卜剑明三元区工信与商务局局长职务；接受揭卫华辞去三元区监察委员会主任职务 任命：陈长海为三元区工信与商务局局长；张龙马为三元区住房和城乡建设局局长；雷炎林为三元区交通运输局局长；宁新华为三元区人民政府信访局局长；戴陈凌为三元区监察委员会副主任、代理主任职务
7月29日	区九届人大常委会第三十一次会议	免去：余克斌的三元区人大常委会白沙街道工作委员会主任职务 任命：邓巍为三元区人大常委会白沙街道工作委员会主任
9月29日	区九届人大常委会第三十二次会议	免去：张庚豫的三元区人民政府副区长职务；林康乐的三元区人民法院执行庭庭长职务；缪建林的三元区人民法院林业审判庭副庭长职务；周锋的三元区人民法院调解速裁庭副庭长职务；吴义忠的三元区人民法院行政审判庭副庭长职务；吴广宇的三元区人民法院少年审判庭副庭长职务；曾佑勃的三元区人民法院民事审判庭第二庭副庭长职务；蔡章薛的三元区人民法院执行庭副庭长职务；傅瑞芳的三元区人民法院民事审判庭第一庭副庭长职务；陈敏芬的三元区人民法院人民陪审员职务 任命：吴广宇、曾佑勃为三元区人民法院立案庭副庭长；蔡章薛为三元区人民法院民事审判庭副庭长；傅瑞芳为三元区人民法院行政与生态环境审判庭副庭长
11月26日	区九届人大常委会第三十三次会议	免去：尤阿生的区人民政府副区长职务 任命：洪彬为三元区人民政府副区长
12月17日	区九届人大常委会第三十四次会议	免去：缪建林的三明市三元区人民法院审判员职务 任命：李顺亮为三元区人民政府副区长
12月29日	区九届人大常委会第三十五次会议	免去：胡世棋的三元区人民检察院副检察长、检察委员会委员、检察员职务；陈德增的三明市三元区人民陪审员职务 任命：梁茂荣、汤燕萍、纪芳芳、陈文珊、罗朝勇、毛咸琛、彭伟莉、宋榕梅、杨文萌、严秀兰、张桂英、陈秀宝、戴建珍、刘锦堂、钟群英、毛咸钟、林媛、李清海、姜莲娟等19人为三明市三元区人民陪审员

【听取经济社会发展报告】 2020年，三元区人大常委会听取审议2019年区本级预算执行和其他财政收支情况的审计工作报告、2020年上半年预算执行情况报告；2020年上半年国民经济和社会发展计划执行情况报告；“十四五”规划编制工作情况报告；行政事业性国有资产管理情况的专项报告；农村集体产权制度改革工作情况、旅游发展情况等。开展三明南部新城规划建设情况专题调研，对全区债务管理和使用及存量债务化解情况的报告的审议意见落实情况进行跟踪调研。

【保障改善民生】 2020年，三元区人大常委会对《三明市东牙溪和薯沙溪水库饮用水水源保护条例》贯彻实施情况进行执法检查，与省、市人大三级联动，开展《中华人民共和国食品安全法》和《福建省食品安全条例》的执法检查，对《中华人民共和国农产品质量安全法》贯彻实施情况专题询问突出问题进行跟踪检查。对《中华人民共和国义务教育法》和《福建省义务教育条例》贯彻实施情况进行执法检查。听取审议“十三五”期间道路交通基础设施建设情况、地方病防控工作情况等专项工作报告，听取审议妇女、儿童发展纲要实施情况报告，开展少数民族聚集地建设发展情况调研。

【生态环境保护】 2020年，三元区人大常委会审议2019年环境状况和环境保护目标完成情况报告，听取审议区法院、区检察院生态司法保护工作情况报告，听取审议河道管理工作情况报告，开展森林康养工作情况调研。

【全面依法治区】 2020年，三元区人大常委会审议区政府贯彻实施《法治政府建设实施纲要（2015—2020年）》情况报告，听取审议“七五”普法开展情况报告，听取审议人民调解工作情况报告。对三元区禁毒工作开展情况进行调研，对规范性文件进行合法性审查。

代表工作

【深化拓展“双联”】 2020年，三元区人大常委会深化代表工作，尊重代表主体地位，厚植人大工作根基，支持和保障代表依法履职，确保代表作用得到充分发挥。完善代表联系群众制度，深化拓展“双联”工作，持续推进“人大代表联系群众活动室”工作平台建设，创新设立乡镇流动人大代表联系群众活动室，鼓励和支持各级代表更广泛更深入地联系和接待选民，常态化面对面了解群众心声，具体化实打实解决突出难题。

【探索智慧人大建设】 2020年，三元区人大常委会注重“互联网+”在代表联系群众工作中的作用，探索智慧人大建设，推进“三元区人大代表在身边”微信公众平台经常性使用，建立乡镇、街道人大代表工作微信群，及时做好资讯推送、交流反馈等工作，打通代表联系群众的“最后一千米”。2020年，全区29个人大代表联系群众活动室接待群众900余人次，收集有关建议、批评和意见134件。

【规范民生实事项目】 2020年，三元区人大常委会规范民生实事项目，人大代表票决制的项目征集初选、审议票决、监督反馈等工作流程，实现“群众提、代表定、政府办、人大评”的良性互动，被列为福建省县乡人大工作创新案例。

【联系群众】 2020年，三元区全区29个人大代表联系群众活动室接待群众900余人次，收集有关建议、批评和意见134件，妥善解决一批群众生产生活问题。组织部分代表联系帮扶建档立卡贫困户，资助困难群众30多万元。对城中村建设管理等工作进行专题调研，提出9个问题和9条对策措施。全年接待群众来访8批17人次，来信11件，其中省市转办件9件，除1件尚在办理外，其余全部办理完毕。邀请代表列席常委会会议和参与监督、调研、视察及走访、座谈、征求意见等活动100余人次。区九届人大四次会议期间，代表提出的57件建议全部办理答复完毕，代表对办理结果满意、基本满意率达100%。

【助力精准扶贫】 2020年，三元区人大常委会开展“集智聚力助脱贫，人大代表在行动”主题活动，组织人大代表挂包帮扶贫困户，助力精准扶贫，帮助解决乌龙村蓄水池修建、后溪村柑橘滞销、�村至黄定坑自然村道路硬化等问题；组织人大代表助力创城活动、参与“平安三率”宣传，为全区经济社会发展和社会治理作出积极贡献。不断扩大代表的政治参与，邀请代表列席常委会会议、参与执法检查、视察调研等活动100余人次。

【《宪法》《民法典》专题培训】 2020年，三元区人大常委会开展《宪法》《民法典》专题培训，邀请专家学者举办专题讲座，组织代表小组集中学习，推动人大代表有力维护人民权益，有效化解矛盾纠纷，促进社会和谐稳定。

【拓宽代表知情悉政渠道】 2020年，三元区人大常委会利用人大网站、微信公众号、微信群等新媒体，发布重大事项决定决议、人大监督工作动态、人事任免人员名单和代表履职情况，拓宽代表知情悉政渠道。加强对代表履职情况的监督，乡镇人大主席团主席、副主席及街道人大工委主任带头向选民述职，进一步增强代表服务选民的责任意识。加强和规范代表活动经费管理，落实区人大代表履职补助制度。

【健全代表建议督办机制】 2020年，三元区人大常委会进一步健全代表建议督办机制，督促承办单位坚持结果与过程并重，及时向代表通报办理情况和结果，开展代表建议办理情况专项调研，听取办理情况汇报，对办理效果进行满意度测评，推动办理工作由答复满意向结果满意转变，有效提升代表建议办理质量。区九届人大四次会议期间，代表提出的57件建议全部办理答复完毕。

（郑宇伟）

三元区人民政府

综 述

【经济情况】 2020年，三元区生产总值247.43亿元，增长3.9%；农业总产值22.49亿元，增长4%；规模以上工业总产值增长7.7%，工业增加值增长3.3%；社会消费品零售总额76.51亿元，下降5.3%；公共财政总收入7.48亿元，增长6.1%；城镇居民人均可支配收入42615元，增长3.4%；农村居民人均可支配收入22268元，增长6%。

【项目建设】 2020年，三元区谋划“十四五”项目269个，总投资830.75亿元；组织申报拟列入国家、省上“十四五”规划项目29个，总投资279.76亿元；聚焦中央新一轮苏区振兴措施，向上争取资金8.03亿元，同比增长28.59%；申报获批专项债券资金6.91亿元。紧盯71个“项目攻坚年”和48个“五个十”重大项目，新增“五个一批”项目190个，总投资423.36亿元。其中，27个省、市重点项目完成投资26亿元，超年度计划26.6个百分点，三钢三化电子级氟化氢、三明学院艺术实训大楼等45个项目建成投产并投入使用。

【城区建设】 2020年，三元区实施“城市双修”项目16个；完成土地征收77.41公顷、房屋征收767户；白沙旧改剩余地块等一批项目完成扫尾清零，东霞—富兴堡地块、台溪坂地块成片开发方案获批、城东乡撤乡并街完成，化解历时7年的荆西红酒小镇债务纠纷遗留问题；完成新增停车位580个、公厕改造11座、农贸市场改造4个；商品房销售面积33.21万平方米，同比增长16.25%。

【乡村振兴】 2020年，三元区优化农业产业结构，市场化开发“万寿岩”富硒公共品牌，培育富硒农产品26个，推进“一革命五行动”，编制18个重点村村庄规划，新建农村公厕12座、污水处理设施32座，绿化村庄37.33公顷，完善“村收集、镇转运、区处理”的长效管理机制，实现建制村公厕全覆盖、污水处理覆盖率超70%。

重要会议

【第38次区政府常务会议】 1月30日下午，区长廖卫国主持召开区政府第38次常务会议，就三元区文体中心项目建设有关事宜进行认真研究讨论。

【第39次区政府常务会议】 2月5日下午，区长廖卫国主持召开区政府第39次常务会议。会议审议《城东乡行政区划调整实施方案（送审稿）》《三元区人民政府关于应对新型冠状病毒感染的肺炎疫情支持中小微企业共渡难关的十二条政策意见（送审稿）》。

【第40次区政府常务会议】 3月13日上午，区长廖卫国主持召开区政府第40次常务会议。会议学习《优化营商环境条例》，审议《三元区进一步做好重点产业项目招商工作方案（送审稿）》《三元区食品加工产业培育方案（送审稿）》《三元区生物医药产业培育方案（送审稿）》《三元区氟新材料产业培育方案（送审稿）》《三元区2020年“城市双修”行动计划实施方案（送审稿）》《三元区2020年“依法和谐征迁”行动计划实施方案（送审稿）》，并就三元区2020年重点领域重点项目、拨付台江新区项目建设资金、拨付农村生活污水治理规划编制经费等有关事宜进行认真研究讨论。

【第41次区政府常务会议】 4月28日上午，区长廖卫国主持召开区政府第41次常务会议。会议学习《城市危险房屋管理规定》，审议《三元区人民政府关于壮大发展民营建筑业的实施意见（送审稿）》《三元区2020年项目谋划储备工作实施方案（送审稿）》《三元区关于促进现代服务业发展优惠政策（送审稿）》《关于支持烟叶生产补助政策的方案（送审稿）》，并就关于表彰三元区2019年建筑企业抢险救灾先进单位、第七次全国人口普查、2019年度山水林田湖草试点项目绩效评价正向激励资金分配、食品园项目内没收的违法建筑处置、2020年度外贸出口补助、提高学前教育生均公用经费拨款标准、拨付第三实验小学教学仪器设备采购经费、政府办安可替代工程实施方案等有关事宜进行认真研究讨论。

【第42次区政府常务会议】 5月25日上午，区长廖卫国主持召开区政府第42次常务会议。会议学习《中华人民共和国食品安全法实施条例》，审议《关于支持福建一建集团有限公司发展壮大“一企一策”备忘录（送审稿）》，并就关于三元区行政区划调整、“十四五”规划委托编制等有关事宜进行认真研究讨论。

【第43次区政府常务会议】 7月9日上午，区长廖卫国主持召开区政府第43次常务会议。会议学习《关于全面加强危险化学品安全生产工作的意见》，审议《关于2019年区本级财政决算情况报告（送审稿）》《关于2020年区本级预算调整事项的报告（送审稿）》，并就关于2020年度山水林田湖草试点项目中央基础奖补结余资金分配方案、安全生产罚没款收入返还比例、鹰厦铁路K370+846荆西道口“平改立”、拨付自然保护地整合优化工作经费、返还金融服务经费、拨付莘口互通至格氏栲连接线项目资金、拨付绿都大厦办公楼运营经费等有关事宜进行认真研究讨论。

【第44次区政府常务会议】 8月26日上午，区长廖卫国主持召开区政府第44次常务会议。会议学习《中华人民共和国民法典》对政府依法行政的影响，审议《三元区新能源产业培育方案（送审稿）》《三元区机械制造产业培育方案（送审稿）》《三元区关于开展工业亩产效益综合评价深化“亩均论英雄”改革的实施意见（送审稿）》《三元区贯彻落实中央生态环境保护督察报告整改方案（送审稿）》《三元区2020—2025年市区生活小区垃圾分类项目实施方案（送审稿）》，并就关于拨付三元区东霞小学教学楼加固改造资金、区疾控中心实验室建设、2020年第三批新增专项债券拟安排项目、黄砂新材料循环经济产业园集中供热特许经营项目招投标、三元区重点企业、龙头企业、“专精特新”企业签订“一企一策”备忘录、三明市工业南路城市公共停车场建设、2020年三元区老旧小区微改造项目资金分配等有关事宜进行研究讨论。

【第45次区政府常务会议】 10月29日下午，区长廖卫国主持召开区政府第45次常务会议。会议学习《防范和惩治统计造假弄虚作假重要文件选编》等文件，审议《三元区经济顾问团组建实施方案（送审稿）》《三明市三元区2021年度松材线虫病防控实施方案（送审稿）》，并就关于落实三元区知识产权资助经费、区机关事业单位职业年金、分析三季度经济运行暨“五比五晒”考评等有关事宜进行认真研究讨论。

【第46次区政府常务会议】 11月23日上午，区长廖卫国主持召开区政府第46次常务会议。会议学习《中华人民共和国退役军人保障法》，听取白沙奈坑沿线环境整治工作情况汇报，审议《关于2020年区本级预算调整方案（草案）的议案（送审稿）》，并就关于三明市毅君机械铸造有限公司竹洲地块收储补偿、三元区2021年招聘编外紧缺专业教师、调整及分配山水林田湖草项目资金、“一村一警务助理”经费保障、行政服务中心运行经费等有关事宜进行研究讨论。

政务工作

【招商引资】 2020年，三元区组建6个主导产业和第三产业7个招商工作专班，建立三元招商微信小程序；开展招商活动236场次；新签约项目163个，总投资324.37亿元；落地开工120个，总投资176.56亿元，场次和项目数分别同比增长172%、316%、200%。疫情防控期间以“云签约”方式引进安美奇铝业外资项目。

【化解金融风险】 2020年，三元区推行“一月一行一专场”政银企对接机制，建立金融机构季度考核财政性存款奖存制度，开展对接活动10场，与7家市级行签订战略合作协议，辖区信贷规模同比增长17.12%；化解不良贷款1.94亿元，不良贷款率0.57%。

【服务企业】 2020年，三元区提升审批效率，各类审批服务事项办理法定时限合计压缩至1652个工作日，仅为法定时限13.7%，安美奇含氟铝钛硼等一批重点项目提前开工落地。建立三级领导企业挂包服务制度，探索“两检一评”工作机制，协调解决厦钨新能源消防验收等企业难题108个；落实园区体制机制改革，盘活闲置低效土地6.93公顷，完成市里下达两批92.01公顷“批而未供”土地处置。新签订“一企一策”企业8家，实现省级龙头企业和“专精特新”企业全覆盖。

【督查创城】 2020年，三元区累计下发问题通报22期，发现整改问题1880个，累计清理废旧家具等杂物600余车、维护基础设施272处、整治违章搭盖70余处、开展“门前三包”整治700多次、清理更换破旧雨披遮阳棚等150多处。

【做实协商文章】 2020年，三元区召开2场次专题协商会、8场次对口协商会、4场次重点提案办理协商会，组织20余场次调研视察活动，向区委区政府提交建议案2份，调研报告16份。紧扣区委部署，围绕“万寿岩—格氏栲文旅康养带建设”“三元区‘十四五’规划编制建议”开展协商议政；与区人大围绕“推进中村乡高质量发展”“三元区农村村民住宅规划建设管理”等4个课题开展联合调研；紧盯短板弱项，按照区委出题、政协答题方式，开展“做精做优三元全竹产业”等专题调研23场次。

【讲好红色故事】 2020年，三元区出台《三元区加快推进中央苏区工作实施意见》，编印《三元苏区工作手册》。梳理支持原中央苏区高质量发展政策措施16项，建立三元区苏区政策项目诉求库，对三元区苏区政策及项目实行滚动管理。筛选上报“十四五”期间新增支持老区苏区振兴发展项目六大类145个，总投资385亿元。2020年向上争取各类资金152029万元，地方政府债券资金78720万元。加快推进工农红军西际物资转运站旧址、忠山红七军团指挥部旧址、忠山乡农会旧址、忠山红军战地医院旧址和岩前苏维埃政府旧址等5个省级红色遗址的修缮，完成投资2077万元，占年度计划投资的86.54%。

经济建设

【深化“五比五晒”】 2020年，三元区27个省市级重点项目完成投资26亿元，毅君关键零部件等11个新项目开工建设，牲畜屠宰冷链物流等10个项目建成，新增悦淳新材料有机胺中间体等签约项目75个，台氟科技等31个项目落地。

【加快传统产业改造】 2020年，三元区坚持“利益共享、先予后取”原则，对接省级技改基金和专项技改奖励资金，指导企业网上申报技改项目22个，其中节能环保技术改造项目9个，加快传统产业改造提升、先进制造业创新发展，培育工业经济发展新动能，为实现高质量发展落实赶超提供有力支撑。推荐福建汇天生物药业有限公司医用口罩生产线建设等11个技改项目申报省重点技术改造项目入库工作，项目入库数占全市比重13.92%。

【规划项目谋划】 2020年，三元区收集到工业领域项目328个，经初步筛选报送项目库的“十四五”期间工业领域项目121个，总投资331.54亿元。其中25亿元以上项目1个，10亿—25亿元项目10个，5亿—10亿元项目6个，1亿—5亿元项目36个，亿元以下项目68个。

【优化营商环境】 2020年，三元区实施区领导挂钩联系制度，形成“一个重点产业、一名挂钩领导、一套招商班子、一个推进方案”。围绕全区产业发展重点，制定出台《三元区进一步做好重点产业项目招商工作方案》，明确2020年产业招商的工作目标和重点；印发《三元区招商引资“冲刺50天”竞赛活动方案》，进一步调动全区各级各部门招商引资积极性。

【制定“一业一策”】 2020年，三元区制定装备制造、氟新材料、生物医药等5个产业“一业一策”及《工业企业“亩均论英雄”竞赛活动工作方案》《加快推进畅通产业循环的若干措施》等利企政策，与三明厦钨新能源等11家龙头企业签订“一企一策”备忘录，率先实现省级龙头企业和“专精特新”企业全覆盖。

【道安工作顺利推进】 2020年，三元区开展安全生产大排查大整治、安全生产专项整治三年行动等工作，发现并整改一般隐患问题79个，约谈企业36家，通报企业39家，同时投入36.8万元建设错车道46个，投入85万元完成上沙地至余地等生命防护工程7.1千米，投入11万元在全区32个农村公路交叉口建设“五有工程”（有减速坎、警示牌、路中隔离、监控和路灯照明）。

【维护交通安全】 2020年，三元区深化道路交通事故预防“减量控大”，推出荆西、中村 “零酒驾”示范乡镇街道，率先提前完成“为民办实事”道路隐患项目，全年查纠各类交通违法行为11万余起，全区全年交通事故四项指数连续3年稳中有降。

【加快农业建设】 2020年，三元区启动农业重点项目22个，总投资17.9亿元，并已开工建设20个，完成投资2.3亿元。全力保障农业生产，上半年完成水稻播种0.18万公顷，占任务的100%；完成马铃薯种植13.33公顷、甘薯80公顷、玉米86.67公顷、大豆等杂粮113.33公顷；完成蔬菜播种0.13万公顷；生猪出栏11.59万头，家禽出栏34.96万羽。

【深化“三农”改革】 2020年，三元区利用扶贫改革试验区建设专项资金200万元，全面完成颁发全区应开展确权工作的44个村的证书，确权颁证“回头看”工作未发现问题。全区51个村2个村民小组总计53个单位清产核资工作全面完成，全面完成成员身份界定工作，确认集体经济组织成员55427人。51个村股份经济合作社已完成赋码，并颁发村股份经济合作社赋码登记证书。印发《三元区扶贫改革试验区建设城市困难家庭精准帮扶专项资金项目实施方案》。

【加强“三防”体系建设】 2020年，三元区加大依法治林力度。查处林业行政案件17起，其中滥伐林木6起、违法使用林地8起、非法经营加工木材1起、违反野生动物保护法规2起。加强林业有害生物防治。完成松枯死木清理2939株；除治性林分改造89公顷，预防性林分改造305.93公顷，运用无人机对岩前镇岩前村40公顷松林进行生防剂防治。

【推进集体林权制度改革】 2020年，三元区推进林业普惠金融改革。全区41个村1210户办理普惠林业金融“福林贷”发放贷款12190.9万元。开展林票制改革试点。制作发行林票363.912万元，面积179.07公顷，占任务200万元的182%。

【水利工程稳步推进】 2020年，三元区在建的水利工程6个，其中已完工项目2个，序时进度项目4个，2020年计划投资9113万元，到位资金100%。完成本年度移民工作。完成三元区移民后扶2020年项目申报以及项目实施开展工作。争取后扶项目资金359.42万元；实施后扶项目10个，已验收2个，已完工未验收8个。

【深化河、湖长制工作】 2020年，三元区召开河湖清四乱专项整治部署会两次，摸排“四乱”线索34个，确定整改对象21个，完成整改销号21个。加强涉砂整治，完成2020年辖区5家砂场换证工作并加强日常监管。推进小水电生态专项治理。全区49座水电站全面完成在线监控安装任务。

社会民生

【防汛救灾】 2020年，三元区开展防汛安全大检查督查6次，对29处水库河道监测预警和监控以及机房等防汛预警设备监控开展维护巡查。开展防汛演练计19场741人次参加，开展培训计17次1341人。汛前落实全区乡镇街道、部门10支抢险队伍251人，储备编织袋2万条，对讲机、卫星电话、无人机、救生衣等20类2600多件，保证防汛应急抢险物资的供应。重新调整公布区防汛指挥部组成人员名单，区防汛办体制机制职能划转到区应急局。修订完善1个区级、8个乡镇街道、51个建制村、25个社区三级防汛预案，重新修订完善防暴雨防汛防台风预案和三元城区防洪抢险救灾应急预案，完成三元区城区超标准洪水防御预案编制、审查及14座小型水库度汛预案审查批复，开展修编乡镇街道防汛指挥图升级工作。

【巩固脱贫成果】 2020年，三元区争取各级扶贫专项资金924万元，与漳州市龙文区山海协作对口帮扶，贫困户年人均收入超过1.5万元，贫困村村财收入稳定超过22万元/年；设立城市困难家庭精准帮扶中心，推广运用“困难家庭精准帮扶云平台”，实现帮扶工作“掌上办”“指尖办”；全区城镇新增就业1501人，城镇登记失业率低至2.5%。

【补齐民生短板】 2020年，三元区统筹推进新东霞小学等8个市区教育补短板项目，着力实施本级教育项目9个，新增学位2480个，公办幼儿园覆盖率提升至59.18%；推进医防融合改革，建设区域医疗卫生信息化系统，慢病积分制管理、医防融合示范点建设；高标准建设楼源村等6个农村幸福院，创新打造城关街道长者食堂，“乐龄家园”医养结合服务站增至9个；国道534槐林至荆东、国道205台江连接线、岩前至星桥中桥等4个项目建成通车，新开通农村客运班线6条，实现辖区农村客运建制村全覆盖。

【落实城乡最低保障工作】 2020年，三元区开展农村低保专项治理工作，解决贫困老年人、残疾人、未成年人等特殊困难群体“脱保”“漏保”问题。城乡低保标准由2019年的580元/月，提高到708元/月。人数由991人增加到1158人。全区城市低保对象419户585人，累计发放城市低保金358.6万元；农村低保对象366户574人，累计发放农村低保金334.1万元；特困人员救助供养76户76人，累计发放保障金136.54万元。

【维护城乡卫生】 2020年，三元区建设污水处理设施32座（覆盖30个村），管网长度约46千米，农村建制村污水处理覆盖率达到70%以上；并建立垃圾治理长效机制，实现农村生活垃圾清扫、收集和转运全覆盖。建立垃圾中转站40个、压缩站15座（城区8座，农村7座），区、镇、乡安排保洁员110人，每个建制村确保每500个人口配备1名保洁员，基本满足清洁工作需要，并通过环境卫生监督员发挥监督作用。

【抓好重大动物疫病防控工作】 2020年，三元区政府强制免疫应免畜禽数41.09万头（羽），免疫率100%。建成3家非洲猪瘟实验室，检测非洲猪瘟样品5357份，均阴性。下发无害化处理省级以上财政补助资金70.14万元，涉及补助病死猪5195头。开展活禽市场流调监测2次，采集棉拭子20份，快速检测禽流感（H5、H7）、新城疫等病原，均未检测出病原学阳性。

扫黑除恶

【维护社会稳定】 2020年，三元区深化扫黑除恶专项行动，打掉涉黑组织1个，涉恶集团1个，涉恶团伙1个；查处涉黑涉恶腐败、“保护伞”、失职失责案件21件21人，给予党纪政务处分18人，通报批评2人。实现连续34年无森林火灾。

【全力禁毒】 2020年，三元区理顺加强全区禁毒工作体系，推动调整区禁毒委组织架构，全面落实禁毒办实体专职运作，打造“东霞禁毒品牌社区”，重新选址建设社戒社康（集中）管理工作站，新建开放格氏栲等2个禁毒主题公园，实现全区28所公立学校林则徐禁毒宣教室、宣传专栏全覆盖。坚持“跳出三元抓禁毒”理念思路，加强跨区域、跨部门信息情报常态协作，破获2起涉毒刑事案件，移送起诉16名涉毒犯罪嫌疑人。

【维护社会秩序】 2020年，三元区破获1起涉嫌利用邪教扰乱社会秩序案，调解非现场类矛盾纠纷496起，梳理排查解决企业复工复产难题21个，速破涉企合同诈骗、职务侵占等经济案件5起，及时挽损102余万元，打掉一个流窜厦门、漳州、三明等地的盗窃团伙，侦破三明市百亿龙头企业——厦钨新能源材料有限公司生产材料被盗系列案，全区全年政治安全社会安定，未发生涉政、涉稳、涉恐、涉疫等重大案（事）件。

【决胜扫黑除恶】 2020年，三元区综合运用“八大战法”“六打”“三个三”技战法，年内打掉1个涉黑犯罪组织、1个涉恶犯罪集团、1个涉恶犯罪团伙，查封、冻结、扣押涉黑恶案件资产2546万余元，完成“六清”任务目标。

环境保护

【国土绿化】 2020年，三元区完成造林绿化653.07公顷，完成森林抚育795.27公顷，完成封山育林340.07公顷。乡村绿化37.33公顷，占全市26%。

【康养建设】 2020年，三元区推动万寿岩—格氏栲文旅康养带建设，争取到政策资金1000万元、地方政府专项债1.3亿元，聚焦保护、研究、利用3方面先行确定实施项目62个，栲林学社、岩下花海、野人部落等一批项目投入使用。与北京大学考古文博学院、中国科学院古脊椎动物与古人类研究所签订共建协议，举办“月主题、周专场”“万寿岩文化旅游节”“与万寿岩同框”等活动。万寿岩文旅小镇升格为国家AAAA级景区，格氏栲获评国家首批森林康养基地，万寿岩遗址博物馆晋级为国家三级博物馆。

【保护饮用水源地】 2020年，三元区推进水库水体生态修复四期及林分修复项目，实施生物多样性及生态系统质量提升工程，建设4.67公顷生态缓冲带，完成水源涵养林种植73.33公顷；与市郊林场合作探索“林票制”改革，统一经营山林、土地，盘活林地资源56.67公顷。注册7个大类70个小类“中村·水源福地”商标。

【“山水林田湖草”项目】 2020年，三元区推进水源地周边环境综合治理、溪源溪流域治理等工作；开展蓝天、碧水、净土三大保卫战，市级与乡镇集中式饮用水源地Ⅲ类水质达标率为100%；辖区主要流域水质优良比例达100%，各小流域水质均达到地表水Ⅲ类水质标准；环境空气质量达到国家二级标准，优良比例达100%，比上年同期高0.6%。

（聂梓娴）

法治政府建设

【概况】 2020年，三元区成立以区委书记为主任、区长为副主任的中共三元区委全面依法治区委员会，下设办公室，由区委常委、政法委书记任主任，并组建执法、司法和守法普法协调小组，负责法治政府建设各项工作的统筹、协调、督促、检查、推动，进一步细化政府法治建设工作目标。各乡镇街道成立由党政主要负责人担任组长的推进法治政府建设工作领导小组，统筹和整体推进法治政府建设工作各项事务。7月，三元区委全面依法治区委员会召开第一次会议，并审议通过《中共三元区委全面依法治区委员会2020年工作要点》。

【推进审批制度改革】 2020年，三元区开展权责清单梳理编制工作。为全面落实《三元区机构改革实施方案》和区直部门“三定”规定，完善权责清单，促进规范履职，全区已有22个部门完成2832项权责清单的调整及公开工作。

【收费清单管理】 2020年，三元区按照“四级四同”要求，细化量化办事指南和收费标准，明确办理时限、工作流程、申报条件向社会公开，实行动态管理，推进同一事项实行无差别受理、同标准办理。

【推进政务服务改革】 8月18日，新的三元区行政服务中心正式揭牌，已有26个部门的623项行政审批和公共服务事项入驻中心，基本实现“三集中、三到位、一站式”的目标要求。全区7个乡镇街道已设立便民服务中心，76个村（社区）相继设立便民服务代办点。

【优化“12345”便民服务】 2020年，三元区推行“四联四办”工作服务机制，采取及时催办、部门联办、补缺复办、提级督办等办法畅通群众发声渠道，全年，“e三明”平台已受理各类诉求件7576件，受理率、查阅率、回复率均为100%，满意率达99.5%。

【优化法治营商环境】 2020年，三元区大力开展普法宣传活动。依据“谁执法谁普法”责任制，引导各部门加强对《优化营商环境管理条例》等法律法规的宣传。结合法律“六进”活动，为辖区企业提供法律咨询、法治宣传、矛盾纠纷调处等法律服务。

【项目审批和服务】 2020年，三元区以“六最”营商环境对标活动为抓手，进一步完善网上办事大厅和工程审批系标准化建设，支持项目建设和企业发展。2020年以来，累计审批政府投资项目立项、可研、初设65项，总投资58.96亿元；核准企业投资项目3项，投资0.87亿元。

【工程项目招投标监督】 2020年，三元区督促招投标行政监督部门依法履职，消除招投标过程中对民营企业设置的各类不合理限制和壁垒，维护公开、公平、公正的招投标市场秩序。

【规范文件管理】 2020年，三元区落实国务院办公厅《关于加强行政规范性文件制定和监督管理工作的通知》及《关于全面推行行政规范性文件合法性审核机制的指导意见》，制定《三元区人民政府办公室关于进一步加强规范性文件备案审查工作的通知》，明确不得以征求意见、会签、参加审议等方式代替合法性审核，未经合法性审核或者经审核不合法的文件不得提交集体审议，要求相关部门自规范性文件印发之日起15日内进行报备。2020年，三元区报备规范性文件34份。

【文件立改废释并举】 2020年，三元区推进规范性文件清理工作，及时修改和废止不适应的规范性文件，清理结果通过网站及时向社会公布。2020年来，按照“谁制定，谁清理”的原则先后开展关于食品药品安全领域规范性文件专项清理工作、野生动物保护规范性文件专项清理工作及民法典涉及行政法规、规章和行政规范性文件清理工作，经清理，全区未发现有与相关法律法规等上位法相抵触的规范性文件。

【规范行政决策程序】 2020年，三元区落实《重大行政决策程序暂行条例》及政府常务会议议题会前协商沟通和合法性审查机制，区政府常务会议题需先经区司法局进行合法性审查方可上会，并邀请相关单位参会讨论决定。2020年来，审查14个单位计62份议题，提出41个审查建议。

【执行集体讨论制度】 2020年，三元区重大项目建设、重要干部任免、重大项目投资决策、大额资金使用、重要文件制定等方面都由区政府常务会议集体讨论决定，其余决策事项通过区政府专题会议讨论决定。2020年，区政府召开常务会议10次、专题会议114次，审议涉及《三元区关于促进现代化服务业发展优惠政策》《机械制造产业培育方案》《新能源产业培育方案》《三元区工程建设项目砂石土余渣利用管理方案》等55个议题。

【专家参与论证决策】 2020年，三元区研究制定《三元区顾问团组建工作方案》，成立区顾问团工作领导小组，充分发挥法律顾问在参与决策中的积极作用。探索组建以公职律师为主体、社会律师为补充的“1+1”政府法律顾问团队，完善“公众参与、专家论证、风险评估、合法性审查、集体讨论”的审查机制。

【公众参与决策】 2020年，三元区多渠道征集人民群众和社会各界对区政府重大决策事项的意见和建议，综合运用政府门户网站、群众座谈会和公开听证会等方式沟通社情民意，对涉及企业和特定群体、行业利益的，充分听取企业、行业协会商会、人民团体、社会组织、群众代表等的意见。

【行政执法体制改革】 2020年，三元区全面梳理、规范和精简行政处罚、行政强制事项并实行清单化管理。三元区农业、交通、文化、生态环境、市场监管5个领域的执法层级全部上收市级，上收事业编制计32名、在编在岗人员18名。

【基层综合执法改革】 2020年，三元区贯彻《关于推进基层整合审批服务执法力量的实施意见》精神，在全市率先开展“乡呼区应”工作。在各乡（镇）内设股室设置综合执法办公室，建立“乡呼区应、上下联动”工作机制，印发《关于明晰区乡职责规范“属地管理”的意见（试行）》和《明晰区乡职责规范“属地管理”八个配套文件》。各乡镇（街道）累计呼叫区级相关部门22次，涉及11个事项。

【行政执法“三项制度”】 2020年，三元区开展行政执法主体和行政执法人员资格清理确认工作，三元区现持有省级行政执法资格证人员338人。继续执行行政执法统计年报制度，提高三元区依法行政水平和依法办事能力。

【行政执法与刑事司法衔接】 2020年，三元区加强行政执法部门与司法部门沟通，搭建公、检、法、司案件交流平台，进一步规范案件移交移送、证据收集和执法监督流程，提高办理效率。同时，建立交流平台并建立联络员制度，及时对接和反馈各部门行政执法过程或司法部门法律监督过程中发现的问题，针对问题及时落实整改，不断理顺协调机制，形成工作合力。

【接受人大、政协监督】 2020年，三元区定期向人大及其常委会报告财政预算编制，向区人大汇报法治政府建设情况，严格执行人大及其常委会决议、决定，自觉做好人大跟踪监督。主动接受政协民主监督，广泛听取民主党派、工商联、无党派人士、人民团体意见。全年办理人大代表建议57件，政协提案66件。

【接受司法监督、法律监督】 2020年，三元区支持人民法院依法受理行政案件，尊重并执行人民法院生效判决，依法接受检察机关的法律监督。2020年，全区各级各部门办理一审行政应诉案件37件，其中败诉6件。全区下发司法建议书1份，检察建议书35份，监察建议书2份，行政复议意见书1份。

【推进政务公开】 2020年，三元区贯彻落实《信息公开条例》及《福建省政府信息公开办法》，拓宽政府信息公开渠道，完善信息公开发布体系，加大信息公开力度，全面实施市场准入负面清单管理制度。全区各级行政机关建立政务公开网站专栏28个，制作政府信息473条，发布政策解释稿15份。

【开展疫情防控】 2020年，三元区成立以区委书记、区长为组长的应对新型冠状病毒肺炎疫情工作领导小组，下设9个工作组，组织全区干部职工投入疫情防控各项工作，坚决打赢新型冠状病毒防控战。先后下发28号防疫指挥部令，并制作43条宣传音频，利用宣传车在各村（社区）广播定点播放，同时通过挂横幅、LED显示屏、书写大字报、发放宣传单等形式在全区各村（社区）宣传防疫知识，引导辖区村（居）民广泛了解疫情防控有关法律法规，促进疫情防控工作依法有序开展。

【助力复工复产】 2020年，三元区开展防疫指导。组建督查小组持续对易发生输入性疫情和聚集性疫情的各类医疗机构、企业、学校等重点场所加强防护措施指导与督导检查工作。检查公共场所1591家次，下达卫生监督意见书309份。

【推动政策落地】 2020年，三元区制定《关于应对新型冠状病毒感染的肺炎疫情支持中小微企业共渡难关的十二条措施的通知》《关于应对疫情全力支持企业加大招聘力度稳就业的十二条措施的通知》等帮扶政策，营造有利于企业和项目复工复产的良好环境。

【提供法治保障】 2020年，三元区开展“民营企业法治体检”活动，带领律师团队走进莘口黄砂和荆西工业园区等，针对企业在疫情防控期间面临合同违约、租赁解除、延迟复工工资争议、隔离期间工资支付等法律问题给予解答，为企业复工复产提供贴心法律服务和法律保障。

【行政复议体制改革】 2020年，三元区整合行政复议职责，以提高行政复议公正性和公信力为导向，依法规范办理行政复议案件。办理行政复议案件10件，其中不予受理1件，维持行政机关具体行政行为2件，确认行政机关具体行政行为违法4件，申请人撤回复议申请1件。

【矛盾纠纷化解机制】 2020年，三元区发展新时代“枫桥经验”，全力构建人民调解、行政调解、司法调解的大调解工作格局，制订矛盾不上交三年行动方案。全面推广“公调对接”。落实社会矛盾排查预警、矛盾纠纷多元化解机制，三元区排查调解、依申请化解各类矛盾纠纷857件，调处857件，成功855件，调解成功率为99.7%，及时把矛盾化解在基层，消灭在萌芽状态，维护三元的社会稳定。深入开展人民调解“三争”活动，在全市2017—2019年度的“争写金牌调解书、争当金牌调解员、争创金牌调委会”活动中，获5个金牌调委会（调解室）、5个金牌调解员、10份金牌调解书等荣誉。

【妥善处理劳动关系】 2020年，三元区探索劳动关系三方协调机制建设，坚持调解为主、调裁结合工作原则，扎实推进案件“快立、快调、快审、快结”，依法化解矛盾纠纷。强化劳动人事争议仲裁效能建设，充分发挥劳动人事争议调解仲裁机构建立和谐劳动关系的积极作用，妥善处理劳动人事争议案件。2020年，全区受理各类劳动争议案件133件，涉案金额153.8

万元，结案率86.7%。

【深化基层社会治理】 2020年，三元区依托司法所设立公共法律服务工作站，公共法律服务网络进一步健全完善，公共法律服务均等化取得明显进展，80个村（居）均配备法律顾问、法治明白人，公民公共法律服务需求和权益得到基本满足和实现。全区已创建国家级“民主法治示范村（社区）”1个、省级5个、市级18个。同时，各村（社区）不断深化“六无”创建（无犯罪、无涉毒、无赌博、无邪教、无失信、无群体性上访），全区有32个村（社区）被评为“六无”村（社区）。

【加强普法宣传】 2020年，三元区推进法治文化阵地建设，全区已建成以法治宣传一条街暨法治文化广场的主要法治宣传阵地，依托陈景润实验小学模拟法庭建立青少年法治宣传教育基地，各乡镇（街道）根据各地实际因地制宜建设法治墙、法治长廊及法治宣传栏等195个（处）。深化以案释法，深入开展“法律六进”，进一步加强“两微一端”等新媒体普法工作，建立法律顾问服务微信群。全区各部门、各行业按照“谁执法谁普法”工作要求，开展“互联网+法治宣传”行动，41个公众号开设微普法专栏，通过网站、微博、微信、客户端等载体运用，增强法治宣传的主动性、互动性和生动性。

【宣传《中华人民共和国民法典》】 2020年，三元区政府、三元区委依法治区办印制1万册《〈中华人民共和国民法典〉读本》赠阅给机关企事业单位、乡镇（街道）、社区、村和普法工作者，下发《三元区关于加强〈中华人民共和国民法典〉学习宣传工作方案》，将民法典学习宣传重点纳入各级党委（党组）理论学习中心组学习内容，并邀请专家开展《民法典对行政执法的新要求》《中国民法典的创新与特色》等系列民法典专题讲座，助推领导干部率先学习民法。将民法典学习纳入领导干部应知应会法律知识测试，在国家工作人员学法用法统一考试中增设“民法典学习”专题，组织好全区各乡镇（街道）、区直各单位工作人员参加民法典统一考试。全区55个单位，1182人参考，参考率和及格率均达100%，平均分97.25分。

【贯彻新出台的各项法律法规】 2020年，三元区组织全区干部职工学习《中华人民共和国社区矫正法》《中华人民共和国公职人员政务处分法》《福建省行政执法条例》《保障农民工工资支付条例》《三明市餐厨垃圾管理办法》《三明市公共文明行为促进条例》等新出台的法律法规。区委依法治区办印制《中华人民共和国社区矫正法》3000册、《福建省行政执法条例》2000册，运用法治宣传一条街、各大宣传栏、LED显示屏、微信公众号和“每月一法”等法治宣传阵地进行广泛宣传。

（聂梓娴）

信访工作

【概况】 2020年，三元区受理各类信访件932批次，其中网上信访731件，占比78.4%。到市上访36批次187人次，其中集体访13批次，147人次，分别较上年同期减少147人次和87人次；到省上访2批次6人次，较上年同期减少6批次5人次。全年“书记、区长接访日”接待群众28批次60人次，化解信访问题21件。办理人民网群众诉求21件，省长信箱群众诉求7件。

【落实领导接访】 2020年，三元区信访局做好区长接待日和每周一接访服务保障工作，做好区领导接访事项的初查、筛选、跟踪、督办和落实工作，区、乡镇（街道）两级，安排211名领导干部到同级信访接待场所进行接访，接待来访群众131批次、155人次，化解信访问题105件。

【信访窗口】 2020年，三元区各乡镇、街道，信访联席会议成员单位，组织领导干部501人次进行走访、下访，对群众的合理诉求，及时协调解决，及时转送、交办、督办，力求件件有回音，事事有着落。

【联合接访】 2020年，三元区信访局发挥好联合接访的平台作用。区职能部门和属地主要负责人，坚持每月参与区长接待日活动，通过一站式接待、一条龙服务、一揽子解决，到市重复集体上访率同比下降明显。

【排查信访矛盾纠纷】 2020年，三元区信访局开展“最多投一次”阳光信访工作机制建设，提升信访基础业务工作水平，细化业务流程，提高信访事项的办理效率；加大对初信初访信访事项的依法处置，严格落实一事一分析、首办责任等制度；对信访事项进行督查督办，提高信访事项的办理水平。本年度，督办信访事项8件，开展专项督查3场次，全区信访事项平均办理时间7天；一次性办结率98.1%；重复信访占比15.7%。

【建立信访联席会议制度】 2020年，全区7个乡镇街道建立信访联席会议制度，依托区、乡镇（街道）两级联席会议，化解各类信访积案18件，其中10年以上积案5件。全区88个行政单位建立信访评理室，全年开展信访评理123件，全部化解息访。

【了解信访人诉求】 2020年，三元区信访局对可能进京的老访户，安排责任单位、辖区领导进行走访，了解信访人最新诉求。结合开展“四门四访”活动，按照“三到位一处理”原则，结合节日慰问、困难帮扶等手段，加强与此类信访人的沟通、交流；安排心理医生对扬言类信访人进行心理辅导，打消其制造极端事件的念头。

【化解疑难信访】 2020年，三元区信访局开展为期三年的治重化积专项工作，对中央联席办、国家、省信访局交办三元区的33件信访积案进行全力攻坚，已报备办结26件。

【接收上级交办信访件】 2020年，三元区信访局接收上级交办信访件6件，已悉数化解。

【落实领导挂包积案】 2020年，三元区信访局严格落实领导挂包积案制度，省市涉及三元区的信访积案中，省领导挂包2件，市领导挂包3件，已全部化解。

【化解信访积案】 2020年，三元区信访局自行排查的信访积案中，由区处级领导挂包牵头化解的积案13件，有10件为三年以上信访积案，领导挂包积案制度效果显著。向上争取资金支持，助力信访积案化解。本年度，三元区向上申请省级解决特殊疑难信访问题专项资金55.55万元，解决信访问题5件。配套利用相关资金46万余元，惠及173人。

（范晓明）

信息公开

【概况】 2020年，三元区政府贯彻落实《三明市人民政府办公室关于全面推进政务公开标准化规范化工作的通知》，推进政务公开标准化建设工作。2020年，三元区政府各级各部门制作政府信息647条，其中主动公开信息630条，作为依申请公开信息17条。主动公开政府信息中，机构职能类115条，政策类24条，规划计划类23条，行政许可类128条，重大建设项目类3条，为民办实事类28条，民政扶贫救灾、社会保障就业类48条，国土资源、城乡建设、环保能源类7条，科教文体卫生类10条，安全生产、应急管理类33条，其他各类信息211条。

【信息办理】 2020年，三元区政府各级各部门受理依申请公开信息7条，网络申请1条，信函申请6条。办理情况，属于予以公开4条、属于秘密1条，本机关不掌握相关政府信息2条，7条申请均按时办结。

【健全政务公开】 2020年，三元区政府规范化政务公开信息工作，明确区政府办为三元区政府信息公开工作主管部门。严格落实把政务公开纳入绩效考核管理体系，建立规章制度和规范化文件公开台账，加强考核管理。同时各乡（镇）、街道，各有关单位设立专门的政府信息公开工作机构，配备至少1名专职或兼职人员负责政务公开具体工作。

【政务公开标准化】 2020年，三元区制定政务公开工作联席会议制度，在区政府门户网站开设政务公开标准化规范化建设工作专栏，完成三元区城乡规划、重大建设项目、公共资源交易、财政预决算、安全生产、税收管理、农村集体土地征收、国有土地上房屋征收与补偿、保障性住房、农村危房改造、生态环境、公共文化服务、公共法律服务、扶贫、救灾、食品药品监管、城市综合执法、就业、社会保险、社会救助、养老服务、户籍管理、涉农补贴、义务教育、卫生健康、市政服务等26个试点领域基层政务公开标准目录编制工作，并根据标准目录按期及时更新工作信息，全年主动公开领域类信息619条。

【加强政策发布解读】 2020年，三元区以“服务提升年”活动为抓手，深化“访企业、解难题、促六稳”专项行动，建立三级领导企业挂包服务制度，领导干部主动深入一线、服务企业，全力帮助企业破解融资、用地、用工等难题。2020年，企业提请问题148个，已协调解决问题108个，申请无法解决问题9个，需进一步协调解决问题31个。

【应对突发事件】 2020年，三元区围绕突发事件应对加强公共卫生信息公开。做好疫情防控常态化下疫情信息发布工作，依法做到及时、准确、公开、透明，让公众实时了解最新疫情动态和应对处置方案。密切关注涉及疫情的舆情动态，针对相关舆情热点问题，快速反应、正面回应。2020年，通过门户网站发布相关信息86条。

【医防协同融合】 2020年，三元区制定下发《三元区医防协同融合工作实施方案（试行）的通知》《三元区2020年结核病防治工作实施方案》《三元区人民政府办公室关于印发三元区疾病预防控制中心综合改革方案（试行）的通知》等文件，确定五项重点工作、六大项目清单，建立工作团队，细化工作方案，层层压实责任，并及时在区政府网站上公开。各基层医疗单位通过公众号、固定宣传栏等平台，主动向外宣传基本公共卫生服务项目、公共卫生知识等，全面做好宣传工作。

【建设网站与政务新媒体平台】 2020年，三元区加强政府网站与政务新媒体平台建设。推进区政府门户网站升级改版工作，优化网站栏目设置，增强信息公开的准确性、权威性，方便企业和群众查阅，开设政务公开标准化规范化建设工作专栏，内设政策文件、标准目录、领域信息主动公开等栏目。同时，根据上级部署要求，改版政府信息公开专栏，进一步提升在线政务服务平台的数据融通、服务融通、应用融通和服务公众水平。

【规范政务新媒体】 2020年，三元区政府重新梳理三元区政务新媒体账号16个，其中微信公众号15个、政务微博1个，对功能相近、利用率低和无力维护的政务新媒体进行注销关停。根据《福建省促进政务新媒体健康有序发展七条措施》文件要求，制定并下发《三元区政务新媒体管理办法(试行)》对政务新媒体各方面进行规范要求。

【加强线下阵地建设】 2020年，三元区依托行政服务中心、档案馆以及“12345”便民服务中心提供政府信息查询、办事咨询答复等服务，促进线上线下优势互补、融合发展。

（聂梓娴）

人力资源和社会保障

【概况】 2020年，三元区人社局紧紧围绕促进全民就业创业、完善社会保障体制、搞好人才管理服务、强化劳动者权益维护、规范机关事业单位管理等重点工作，大胆创新，开拓进取，较圆满地完成年度工作任务。全区企业离退休人数为6188人。机关参保单位217家，参保人数2634人。城乡居民社会养老保险，应参保人数36337人，已参保36083人。

【促进就业责任目标】 2020年，三元区人社局以服务就业创业为重点，全区城镇新增就业1560人，城镇下岗失业人员再就业532人，就业困难人员再就业150人，城镇登记失业率为3.18%。

【线上、线下招聘会】 2020年，三元区人社局通过“村村响”广播、微信公众号、出租车、LED显示屏、彩信短信、纸质宣传单等多渠道宣传企业招聘信息，累计举办22次招聘活动，263家企业累计提供1061个岗位。推送20多万条企业招工彩信和10万条线下招聘会通知短信。全区企业新增招聘员工1296人。

【精准就业帮扶】 2020年，三元区人社局建立精准扶贫数据库，对扶贫对象中有就业意愿的劳动力进行就业推荐，有建档立卡贫困户99户、187人。针对农业农村局提供的扶贫人员进行详细入户调查摸排，最终确认劳动年龄段内有劳动能力人员44户62人，劳动年龄段内有就业意愿人数53人。积极为精准扶贫对象提供就业信息，提供精准就业扶贫对象就业175人次，推荐53人就业。

【开发公益性岗位】 2020年，三元区人社局出台《关于2020年度三元区公开招聘公益性岗位人员的公告》，通过政府开发公益性岗位的方式，优先安置“建档立卡”贫困家庭就业困难人员，帮助扶贫对象实现就业。2020年公益性岗位安置就业困难人员24人，其中新安置建档立卡贫困对象5人。全区安置建档立卡贫困对象达到13人，公益性岗位补贴合计153.15万元。

【培育创业创新典型】 2020年，三元区人社局进一步深化创业创新典型示范工作。推选8个项目参加第四届“中国创翼”创业创新大赛三明市选拔赛，其中1个项目获得市级选拔赛创业组二等奖及省级选拔赛创业组优胜奖；全区12个项目申报“区优秀创业创新项目”，评选出7个区级优秀创业创新项目并推荐参加市级评选，其中4个项目获得市级评选一等奖，占10个一等奖中的4席，区人社局获2020年度市级优秀创业创新项目评选活动成绩优胜奖。

【支持企业稳岗补贴】 2020年，三元区人社局落实防疫惠企政策，发放一次性稳定就业奖补14家企业212.54万元，一次性稳定就业补助9家企业14.5万元，一次性用工服务奖补7家企业34.92万元，中小微企业稳岗全额返还500家企业194.97万元，困难企业稳岗返还54家企业417.8万元，失业保险退费612家8.74万元，技能提升补贴82人15.11万元，简易岗前技能培训2家企业0.72万元。

（黄恒兆、方建国）

政协三元区委员会

综述

【政治理论学习】 2020年，政协三元区委员会坚持党组理论学习中心组学习活动，集中学习《习近平谈治国理政》第三卷和《习近平在福建》等系列采访实录，以及党中央、省委、市委、区委重要会议精神和决策部署，全年学习40余次。开展支部“三会一课”学习活动，形成思想政治理论学习制度。

【主题党日活动】 2020年，政协三元区委员会坚持“走出去”学习，到永安市青水乡等地开展主题党日活动，活跃学习形式。坚持“学习强国”等线上学习活动，党员干部全员参加，拓展学习形式。开展“委员培训班”、“政协大讲堂”、常委会会议等委员学习活动，贯彻落实《关于加强和促进人民政协凝聚共识工作的意见》，做好委员知情明政工作，凝聚委员共识。

【建言资政】 2020年，政协三元区委员会发挥人民政协重要协商渠道和专门协商机构作用，在协商过程中积极建言资政。全年召开1次全体会议，5次常委会会议，2次专题协商会、8场次对口协商会、4场次重点提案办理协商会、3场次民主监督会，组织8场次调研视察活动，向区委区政府提交建议案1份，调研报告24篇，为建设新三元献计献策。

【专题调研】 2020年，政协三元区委员会紧扣三元区重点工作，开展以“推进万寿岩—格氏栲文旅康养带建设”为题的常委会专题协商，调研报告得到区委和区政府主要领导批示，批转给有关职能部门采纳实施。紧扣三元区发展重点，开展《三元区“十四五”规划编制建言》专题协商，提出一批意见建议，为三元区制定“十四五”规划提供有益参考。重视生态建设，开展《推进中村乡生态产业化发展的建议》对口协商，为推进三元区生态发展献智出力。

【反映社情民意】 2020年，政协三元区委员会转发重点社情民意题目，组织广大政协机关干部和八届区政协委员，深入调研研究，撰写社情民意信息。2020年上报40余条信息和稿件，9条信息和稿件被《人民政协报》《政协天地》及省市政协专报件采用，其中《人民政协报》采用3条稿件。

重要会议

【八届五次会议】 12月29日至31日，中国人民政治协商会议三明市三元区第八届委员会第五次会议在区政府十楼会议室召开，出席会议委员127名。会议由大会主席团主持。大会执行主席李世福、罗裕明、王树勇、邓享华、陈劲松。会议听取并审议李世福主席代表区政协第八届委员会常务委员会所作的工作报告，听取并审议邓享华副主席受区八届委员会常务委员会委托所作的关于

2020年度提案工作情况的报告。与会人员列席区九届人大五次会议，听取并赞同区人民政府区长廖卫国作的三元区人民政府工作报告，听取并赞同区法院、区检察院工作报告以及计划和预算报告。会议表彰2020年度优秀提案、提案工作先进单位和先进个人、提案办理先进单位。会议通过《中国人民政治协商会议第八届三明市三元区委员会第五次会议决议》。

【第十七次常务委员会会议】 4月17日，三元区政协八届十七次常委会会议在区政协会议室召开。出席会议有区政协常委会全体组成人员，区政协各专委会主任，区政协各委（办）负责人、各乡镇（街道）政协委员联络组负责人，邀请区政府有关分管领导参加会议。会议由李世福主席主持。主要议题是：听取区政府关于新冠肺炎疫情防控工作情况通报和三元区“五比五晒”推进高质量发展情况通报，通报《三元区政协2020年协商工作计划》，审议通过《三元区政协2020年工作要点》及主要工作安排，通报近期部分委员变动情况。

【第十八次常务委员会会议】 5月25日，三元区政协八届十八次常委会会议在区政协会议室召开。出席会议的有，区政协常委会全体组成人员，区政协各专委会主任，区政协各委（办）负责人、各乡镇（街道）政协委员联络组负责人，邀请区政府有关分管领导参加会议。会议由李世福主席主持。主要议题是：审议三元区人民政府《关于三元区行政区划调整的提案》，学习全国政协十三届三次会议和市委政协工作会议精神。

【第十九次常务委员会会议】 7月21日，三元区政协八届十九次常委会会议在区政府十楼会议室召开。出席会议的有，区政协班子成员，常务委员，区政协各专委会负责人和各乡镇（街道）政协委员联络组负责人，区政协机关各委（办）主任，邀请区委、区政府有关领导及相关区直部门（区委办、区政府办、区发改局、区自然资源局、区住建局、区交通局、区农业农村局、区文旅局、区林业局）负责人、三元生态环境局负责人参加会议。主要议题是：听取区政府2020年上半年工作情况通报，听取区委政法委2020年上半年平安建设情况通报，审议通过有关人事事项，围绕“万寿岩—格氏栲文旅康养带建设”开展专题协商。

【第二十次常务委员会会议】 12月4日，三元区政协八届二十次常委会会议在区政府十楼会议室召开。出席会议的有：区政协班子成员，常务委员，区政协各专委会负责人和各乡镇（街道）政协委员联络组负责人，区政协机关各委（办）主任，邀请区委、区政府有关领导及相关区直部门（区委办、区政府办、区发改局、区工信与商务局、区民政局、区交通局、区卫健局、区住建局、区教育局、区文旅局、区农业农村局、区林业局）负责人、三元生态环境局负责人参加会议。主要议题是：学习中共十九届五中全会精神，审议通过有关人事事项，围绕“三元区‘十四五’规划编制”开展专题协商。

【第二十一次常务委员会会议】 12月17日，三元区政协八届二十一次常委会会议在区政协会议室召开，出席会议的有，区政协常委会组成人员，区政协各专委会负责人和各乡镇（街道）政协委员联络组负责人，区政协机关各委（室）主任，邀请区政府、区法院、区检察院有关领导参加会议。主要议题是：听取区政府通报区政协八届四次会议以来提案办理情况，听取区法院通报2020年工作情况，听取区检察院通报2020年工作情况，审议通过召开区政协八届五次会议的决定和会议程序性文件，审议通过关于表彰2020年度区政协优秀提案和提案办理先进单位的决定（草案），讨论区政协八届常委会将在区政协八届五次会议上所作的常委会工作报告和提案办理工作报告，书面审议区政协各专委会关于一年来工作情况的报告。

主要活动

【助力改善民生】 2020年，政协三元区委员会开展《加强三元城区农贸市场建设和管理》《三元区老旧社区“微”改造》对口协商，推进农贸市场建设和社区改造。开展《关于加强三元区餐桌污染治理的建议》重点提案办理协商，推进有关民生问题的提案得到落实。开展《三元区精准扶贫脱贫工作》民主监督，巩固脱贫攻坚成果。开展《创新机制，打响“满意在三元”品牌》调研视察，提出一批促进三元精神文明建设的意见建议。

【培育民主协商文化】 2020年，政协三元区委员会完善专题协商、对口协商、重点提案办理协商、民主监督、调研视察等民主协商制度，培育民主协商文化。加强对乡镇街道政协委员联络组的指导，开展小型多样的针对群众身边事的基层协商活动。

【走访企业促进复工】 2020年，政协三元区委员会开展走访委员企业活动。区政协组成四个走访小组，分别由副主席和秘书长带队，走访辖区内50余个委员企业，了解委员企业近期复工情况，搜集企业反映的困难和问题，指导和协助企业做好疫情防控工作。各组走访活动结束后，做好汇总工作报给办公室，办公室形成书面报告呈送区政协主席会议研究，形成建议案，报区委区政府，帮助委员企业在做好疫情防控工作的同时实现顺利复工，以政协独特的方式做好“六稳”“六保”工作。

【提案办理“回头看”】 2020年，政协三元区委员会根据《三元区政协办公室关于开展区政协八届四次会议以来提案办理情况“回头看”活动的工作方案》，区政协组成四个小组，分别由副主席带队，以召集提案承办单位负责人、部分常委和提案委员参加座谈会，到提案承办单位座谈讨论、调研视察等方式，开展区政协八届四次会议以来提案办理情况“回头看”活动。活动后形成提案办理“回头看”工作总结，健全提案办理各项制度，推动提案办理提质增效。

【开展联合民主监督】 2020年，政协三元区委员会与区纪委监委联合组成民主监督小组，围绕区委重要工作，开展精准扶贫脱贫工作联合监督。联合监督小组由区政协、区纪委和九三学社三元基层委组成，通过下基层调研研究、查看资料、召开座谈会、听取汇报、走访贫困户、走访村干部等多种形式，对精准扶贫脱贫工作进行充分了解，充分调查，形成《关于开展精准扶贫脱贫工作调研报告》，既有政协的“软监督”，又有纪委监委的“硬约束”，拓展民主监督的形式，增强民主监督的力度，提高民主监督的成效，使政协民主监督制度的实施取得实破。

【落实中心任务】 2020年，政协三元区委员会投身“五比五晒”主战场，参与重点项目、平安“三率”宣传、创城迎检、征地拆迁等中心工作，全面落实区委交给的各项中心任务。区政协处级领导参加重点项目建设，区政协有一名同志在“五比五晒”活动迁征工作中成效显著，获得区委的嘉奖表彰。争当脱贫委员、河长委员，在服务高质量发展、推动新三元建设中体现政协的担当作为

【疫情防控】 2020年，政协三元区委员会在全区新冠肺炎疫情防控阻击战中，以个人、所在企业名义或牵头组织捐款106.87余万元。

【开展专题协商】 2020年，政协三元区委员会围绕全区大局和区委区政府重点工作，精心组织开展专题协商。2020年，专题协商有两个议题，即“推进万寿岩—格氏栲文旅康养带建设”和“三元区‘十四五’规划编制建议”，区政协制订周密的调研方案，明确调研内容和时间节点安排，将视察调研与研讨交流相结合，边看边讨论，确保调研活动有深度、有所得。

【编辑文史资料】 2020年，政协三元区委员会文史学习委选定知青主题，与市档案馆等单位合作，发挥区政协文史研究员的作用，通过查找资料，多方约稿，编辑出版《我的青春岁月》一书。全书逾45万字。50余位三明知青撰写亲历亲见亲闻的回忆文章，提供数十帧老照片，配以部分三明档案馆珍贵馆藏知青资料。

（黄奕杰）

纪委监委

综 述

【概况】 2020年，三元区纪委监委推进全面从严治党、党风廉政建设和反腐败斗争，充分发挥监督保障执行、促进完善发展作用。围绕常态化疫情防控、全面复工复产达产、打好三大攻坚战等4个方面14项任务的监督工作，灵活运用全面督、重点督、专项督，“回头看”等多种方式，高密度、全覆盖开展136次监督检查，印发通报15期，通报问题45个，提出合理化建议12条。紧扣区委“项目攻坚年”活动、创建文明城市（区）等重点工作开展督查62次，督促问题整改128个，查处1名违反政治纪律的党员干部。压实全面从严治党主体责任，聚焦“关键少数”，主动约谈被监督单位领导班子成员20余人次，探索推行委托同级党委（党组）负责人谈话处置线索12次，促使5人到区纪委主动交代问题。制定下发《关于充分发挥纪检监察机关职能作用为全方位推动高质量发展超越提供纪律保障的意见》，实化细化6个方面18项任务和举措。

【区纪委九届五次会议】 2020年1月22日召开。会议主要任务是深入学习贯彻习近平新时代中国特色社会主义思想，全面贯彻落实中共十九大和十九届四中全会精神，按照十九届中央纪委四次全会、省纪委十届五次全会、市纪委九届五次全会和区委九届九次全会部署，回顾2019年纪检监察工作，研究部署2020年任务。区委常委、区纪委书记、区监委主任揭卫华作《健全监督体系落实战略部署为全面建成小康社会提供坚强保障》的工作报告。

【加强日常监督】 2020年，三元区纪委监委做实做细日常监督，坚持把监督寓于日常工作中。全年运用“四种形态”处理111人次，其中前三种形态占90.99%，抓早抓小成为常态。严把干部选拔任用政治关、品行关、作风关、廉洁关，回复党风廉政意见91人次。回访教育受处分人员21名，促使其从“有错”向“改错”到“有为”转变。严格把握“三个区分开来”的要求，为9名受到不实举报的干部及时澄清正名。

【创新监督方式】 2020年，三元区纪委监委开展“提级监督”试点，将城南村、莘口村、星桥村3个村级组织纳入区纪委监委监督范围；对白沙村、城东村等4个“城中村”进行重点监督，重点了解全面从严治党主体责任履行、区委中心工作推进等5个方面工作落实情况。约谈村干部62人次，发现问题58个，发出纪律检查建议4份，推动全面从严治党向“最后一千米”延伸。

【持续纠治“四风”】 2020年，三元区纪委监委紧盯春节、国庆等重要时间节点，持续开展“四风”问题专项督查，采取“四不两直”的方式开展监督检查30余次，发现问题41个，移送问题线索2条，约谈“一把手”40余人次，查处违反中央八项规定精神问题2起2人。及时发现、严肃查处在疫情防控、复工复产、扫黑除恶等工作推进过程中存在的形式主义、官僚主义问题14起18人，其中给予党纪政务处分6人。

【文化遗产保护监督】 2020年，三元区纪委监委率先开展文化遗产保护监督。一线走访万寿岩遗址等18处市级以上文保单位，发现问题10个，督促整改6个，持续整改4个，有力保障三元区文物保护利用工作。

【精准帮扶监督检查】 2020年，三元区纪委监委开展"两不愁三保障""四个不摘"政策落地监督。对全区已脱贫的99户建档立卡贫困户开展入户访查，对城市困难家庭精准帮扶工作开展监督检查，协调解决问题12个，确保脱贫奔小康"一个不落下"。

【维护教育公平】 2020年，三元区纪委监委跟进冒名顶替上大学问题监督。成立工作专班，对第一阶段1999—2008年参加普通高等教育、成人高等教育、自学考试、继续教育的9190人进行全面清查，维护国家教育公平。

【制止餐饮浪费】 2020年，三元区纪委监委开展制止餐饮浪费行为督查。出动60余人次，检查单位40余家，发出倡议书50余份，发现问题4个，反馈意见26条，为全区经济和社会发展提供良好作风保障。

【推进扫黑除恶】 2020年，三元区纪委监委持续推进扫黑除恶专项斗争。落实与政法机关《涉黑涉恶线索双向快速移交、调查、反馈机制》，畅通信息沟通渠道，深化运用"五步工作法"（"惩腐打伞"的五个步骤：线索梳理、初步核查、重点摸排、集中攻坚、以案促改）全力推进"伞网清除"攻坚战，全区新增立案"五类问题"（组织、领导、参与黑恶势力，涉黑涉恶腐败，充当保护伞，推动专项斗争不力，其他失职失责问题）16件16人，其中查处充当"保护伞"的党员干部5件5人。

【推进移风易俗】 2020年，三元区纪委监委推进移风易俗专项整治。疫情防控期间，联合公安机关开展监督检查41次，查处党员"带彩打牌"问题4起4人。牵头开展民生领域损害群众利益问题集中整治。会同13家职能部门，细化22项具体整治措施。

【畅通信访举报渠道】 2020年，三元区纪委监委推进检举举报平台建设，推进"四访"活动，全区纪检监察信访举报呈现"四降二升"态势，信访总量、上级下转信访总量、检控类信访总量、检控类重复举报总量分别同比下降10.31%、30.19%、36.72%、47.37%。实名举报满意率和基层直接受理信访举报总量分别提升5.72%、3.63%。

【惩治腐败】 2020年，三元区纪委监委始终保持惩治腐败高压态势，强化问题线索处置管理。定期召开问题线索处置会议对线索办理情况进行分析研判。全年新立案45件46人，其中自办案件24件，乡科级案件8件；对1人采取留置措施；结案42件，给予党纪政务处分42人。7个乡镇（街道）纪（工）委立案21件，其中，自办案件10件，均消除"零自办"。

【案件审理规范化】 2020年，三元区纪委监委坚持有贪必肃、有腐必惩，深化案件审理规范化标准化建设，推进安全、质效一体协同。严格落实审查调查安全责任制，深入开展自查自纠，严守安全底线。加强案件审理工作，开展案件质量评查自查，提高案件质量。坚持以案为鉴、以案促改，全年发出纪律检查建议书和监察建议书7份，督促有关单位建立健全制度12个。

【推进巡察"全覆盖"】 2020年，三元区纪委监委开展2轮6批次，对22个单位党组织的常规巡察，对3个乡镇开展脱贫攻坚专项巡察"回头看"，发现问题196个，移交问题线索18个，实现九届区委巡察全覆盖。探索以专项巡察促进专项整治，对经济体量大、资源富集的3个重点村级组织开展专项巡察，发现问题28个。

【巡察规范化建设】 2020年，三元区委为巡察机构增配2名专职干部，并考录1名事业干部，巡察专职干部力量得到进一步加强。完成巡察办公场所搬迁工作，巡察机构办公条件得到进一步改善。制定出台《关于加强巡察抽调干部管理办法》，建立巡察工作评价机制，定期对人才库进行调整充实。区级巡察人才库已有组长19人，专业人员122人。推动巡察规范化建设，修订《区委巡察工作领导小组工作规则》，先后制定巡察机构与区委组织部、区审计局的协作配合机制，有力促进巡察制度化、规范化。

【巡察成果运用】 2020年，三元区纪委监委做好巡察"后半篇文章”，推进“四跟进一报告”工作机制，全年巡察机构10次跟进被巡察单位了解巡察整改情况，8次跟进纪委监委了解巡察移交问题线索处置情况，向被巡察单位反馈问题196个，已整改187个。

【加强廉政宣传】　2020年，三元区纪委监委在市级以上媒体刊稿239篇，其中省级以上媒体73篇（中央级媒体12篇：《中国纪检监察报》4篇、中央纪委国家监委网站4篇、《人民日报》客户端1篇、学习强国3篇）。疫情防控期间，紧紧围绕疫情防控工作，在中央、省、市媒体上刊发33篇稿件。《吴阁墩："自找苦吃"换来幸福甘甜》入编省纪委监委编著的《脱贫日记》一书。

【开展警示教育】　2020年，三元区纪委监委在全区各单位召开警示教育课689批次13308人次，编发《三元区党员干部违纪违法典型案例汇编》，强化身边的警示。推动警示教育向村（居）延伸覆盖，开展警示教育图片巡展进村（居）活动，打造“流动警示课堂”，组织60名干部旁听中村乡松阳村原村两委干部严重违纪违法案件庭审。在强大震慑和政策感召下，全区有2人主动向纪检监察机关投案。

【树立孝廉新风】　2020年，三元区纪委监委开展“一镇一孝廉”创建活动，开设“孝廉讲堂”，在辖区廉政文化建设示范点改版升级和社区“乐龄家园”建设中融入孝廉文化元素，在村（居）文娱活动中融入廉政节目，以及开展邓文铿清廉故事微视频《人当如竹　虚心抱节》展播，营造崇廉尚孝的良好氛围。

【加强学习培训】　2020年，三元区纪委监委加强学习培训，推行“夜间课堂”，开展“科室讲坛”、业务工作培训11期，组织知识测试5次。抽调基层纪检监察干部22人次参与巡察、审查调查等专项工作。建立跟班轮训机制，先后安排9名乡镇（街道）纪（工）委、派驻机构干部到机关跟班轮训。

【聘请特约监察员】　2020年，三元区纪委监委聘请10位特约监察员，召开区监委第一届特约监察员聘请会议并开展培训。深入开展纪检监察系统廉政风险排查，持续开展借款、出借资金和融资担保专项清理工作，做好纪检监察干部廉政档案全覆盖工作。

（卢　婷）

2020年1月22日，三明市三元区纪委九届五次全会召开

三元年鉴

2021

中共三明市三元区委党史和地方志研究室 编

方志出版社
Publishing House of Local Records

图书在版编目（CIP）数据

三元年鉴. 2021 / 中共三明市三元区委党史和地方志研究室编. —北京 : 方志出版社, 2021.12
ISBN 978-7-5144-5190-0

Ⅰ. ①三… Ⅱ. ①中… Ⅲ. ①区(城市)－三明－2021－年鉴 Ⅳ. ①Z525.74

中国版本图书馆CIP数据核字(2021)第275581号

责任编辑：刘方圆
责任校对：刘玉霞
责任印制：梅中英
出 版 者：方志出版社
地　　址：北京市朝阳区潘家园东里 9 号（国家方志馆4层）
邮　　编：100021
网　　址：http://www.zgfzcb.cn
发　　行：方志出版社图书营销中心（010-67110500）
印　　刷：福州远榕印刷有限公司
开　　本：889毫米×1194毫米　1/16
印　　张：17.5
字　　数：565千字
版　　次：2021年12月第1版
印　　次：2021年12月第1次印刷
定　　价：220.00元

福建省三明市三元区委党史和地方志研究室
《三元年鉴（2021）》编辑室

主　　编：吴锦生

副 主 编：林新查

编　　辑：方建国　凌汉荣　唐金涛　王培敏

编辑说明

一、《三元年鉴》是系统记载在三元行政区自然、政治、经济、文化、社会、生态等方面的概貌和发展情况的年度资料性文献，由中共三元区委、三元区政府主办，区委党史和地方志研究室承编。每年一部，公开出版。

二、《三元年鉴（2021）》编纂坚持以马克思列宁主义、毛泽东思想、邓小平理论、“三个代表”重要思想、科学发展观、习近平新时代中国特色社会主义思想为指导，坚持辩证唯物主义和历史唯物主义的立场、观点和方法，力求全面、客观、系统地记述2020年三元区各方面的发展情况，突出时代特征和地方特色，为续志积累资料长编，为领导决策提供依据，为中外人士了解和研究三元提供信息、录史存真，宣传三元，服务社会。

三、本年鉴采用条目体，其文稿撰写务求观点正确，资料丰富，记述真实客观，突出地方特色、时代特征，文风质朴，文字简洁，内容符合国家保密规定。

四、本年鉴的资料收录范围，原则上为2020年1月1日至12月31日发生在三元区域或与三元区有关的自然、政治、经济、文化、社会、生态等方面的重要事件、重要活动。为保持重要资料和信息的完整性，对个别条目、图片及附录的时限做适当的延伸。文中简称“省”“全省”均指福建省，“市”“全市”均指三明市，“区”“全区”均指三元区。年鉴中也收集了在三元区域内的市属单位相关资料。

五、本年鉴卷首设大事记、区情概况；主体内容以各类事业条目和各街道（镇）、开发区条目为主要信息和基本撰稿内容。

六、本年鉴还辑有展示三元区社会发展新貌的有关重要会议、抗击新冠肺炎疫情、经济发展、社会民生、文化创建五部分内容的图片，图片除署名外，均由三元区委报道组提供。

七、本年鉴材料主要由全区行政、企事业单位提供。各种数据、资料均经有关部门核实，综合性数据以三元区统计局提供的为准。因资料来源、统计口径及统计方法不同，相关供稿单位的同项数据可能会存在差异，引用时以国家统计部门正式公布的数据为准。

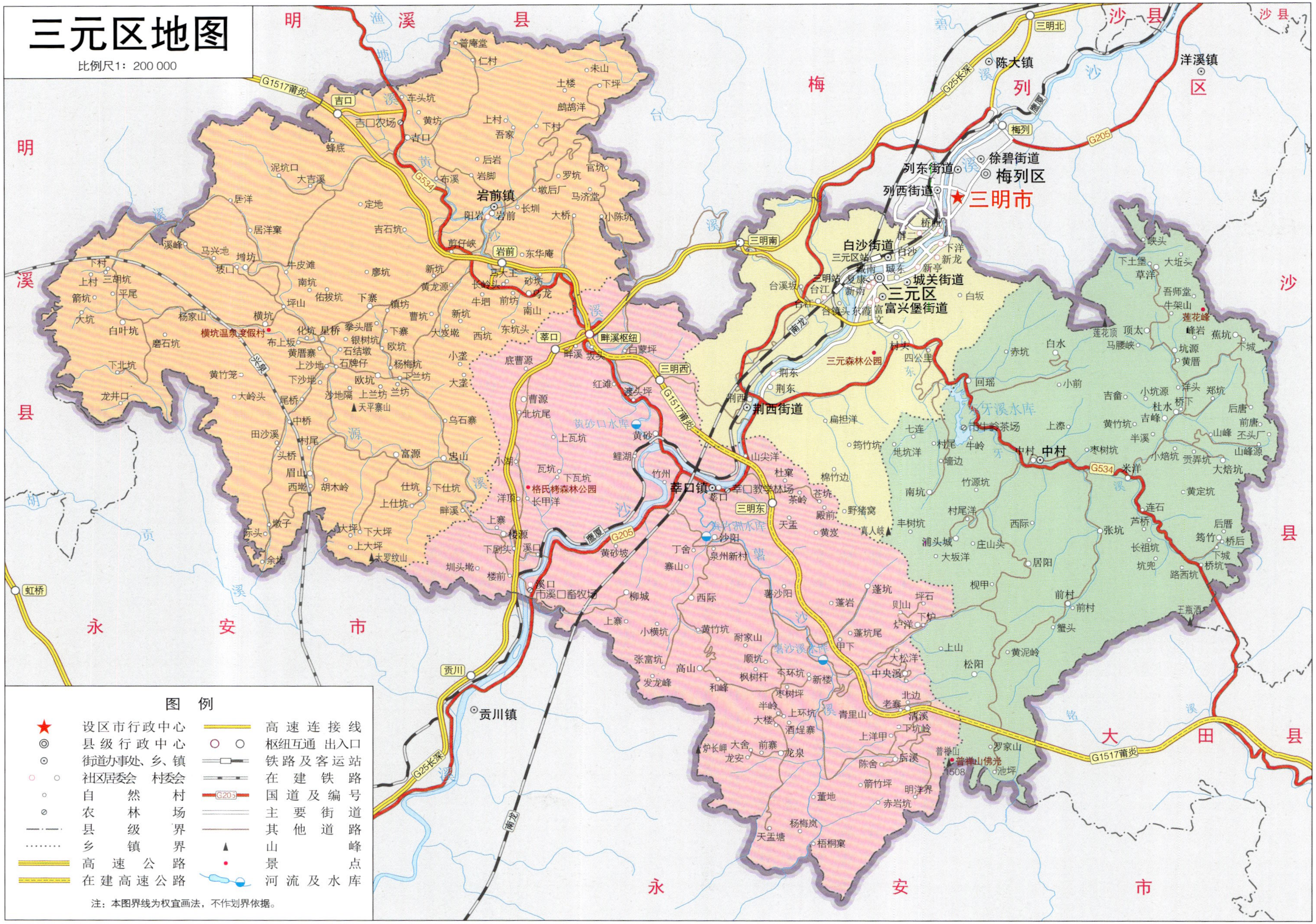

编制单位：福建省地图出版社　审图号：明S（2021）107号　资料截至：2020年12月

2020 年 5 月 26 日，中共三明市三元区第九届委员会第十次全体会议召开

2020 年 9 月 11 日，中国共产党三明市三元区第九届委员会第十一次全体会议召开

2020 年 12 月 29 日，中国共产党三明市三元区第九届委员会第十二次全体会议召开

2020 年 12 月 31 日，三明市三元区第九届人民代表大会第五次会议召开

2020 年 12 月 31 日，中国人民政治协商会议第八届三明市三元区委员会第五次会议召开

2020 年 1 月 22 日，中共三元区纪委九届五次全会召开

2020 年 2 月 17 日，三元区富兴堡街道新南社区工作人员正在用车载雾炮对居民区进行消杀作业

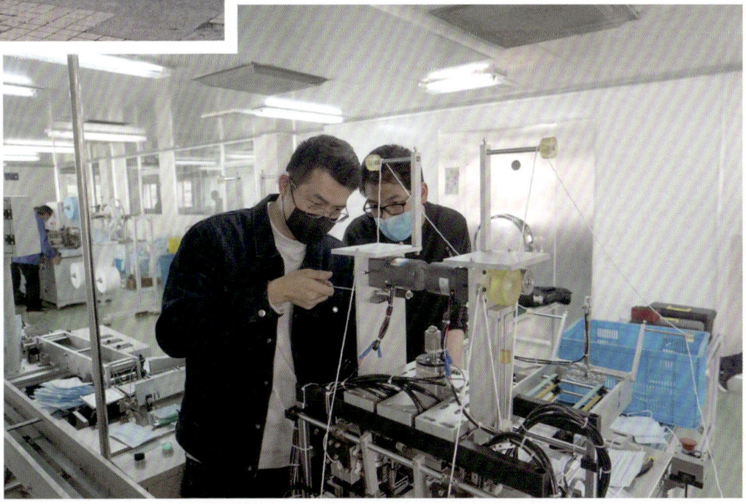

2020 年 2 月 28 日，三明汇天公司的口罩生产线上，工人们加班加点，为市民生产更多的口罩

2020 年 4 月 7 日，三明市中西医结合医院援鄂战“疫”勇士凯旋　　（三明市中西医结合医院 提供）

2020 年 2 月 5 日，莆炎高速三明段，工人们正全力以赴加紧施工

2020 年 2 月 11 日，三元区中村乡洋洋农业科技园，农民正在田间开展作业

2020 年 2 月 14 日，位于三元区荆东工业园的圣力三明智能制造有限公司，工人们在加紧作业

2020 年 2 月 19 日，位于三元区台江工业园区的福建汇天生物药业有限公司外包装车间内，员工正紧张有序地包装药品

2020 年 3 月 6 日，位于三元区的名佑食品有限公司克服疫情影响复工复产

2020 年 5 月 9 日，中国富硒火焰参产学研示范基地（福建三明）授牌仪式在三元区中村乡举行

2020 年 6 月 10 日，技术人员在三元区岩前镇金花茶种植基地检查金花茶生长情况

2020 年 7 月 7 日，三元区 2020 年 7 月份项目集中开竣工活动暨安美奇铝钛硼合金金属建设项目开工仪式举行

2020 年 8 月 5 日，三明金三元农业科技有限公司与中国食品报社签订全面战略合作协议

2020 年 8 月 16 日，以“百年栲，千年寨，万年居”为主题的乐购三元直播间，正在直播中

2020 年 9 月 28 日，三明市丰润化工有限公司复工复产

2020 年 10 月 15 日，三元区人民政府与兴业银行三明分行战略合作协议签约仪式举行

2020 年 11 月 5 日，三元区举行兴泉铁路眉山火车站连接线（上沙地至眉山段）工程线开工仪式

2020 年 12 月，三元区中村乡米洋村探索积分制乡村治理，加快农村大棚建设

2020 年 1 月，三元区中村乡农村饮水安全巩固提升工程进展顺利

2020 年 4 月 1 日，三元区加强森林防火演练，确保森林防火安全

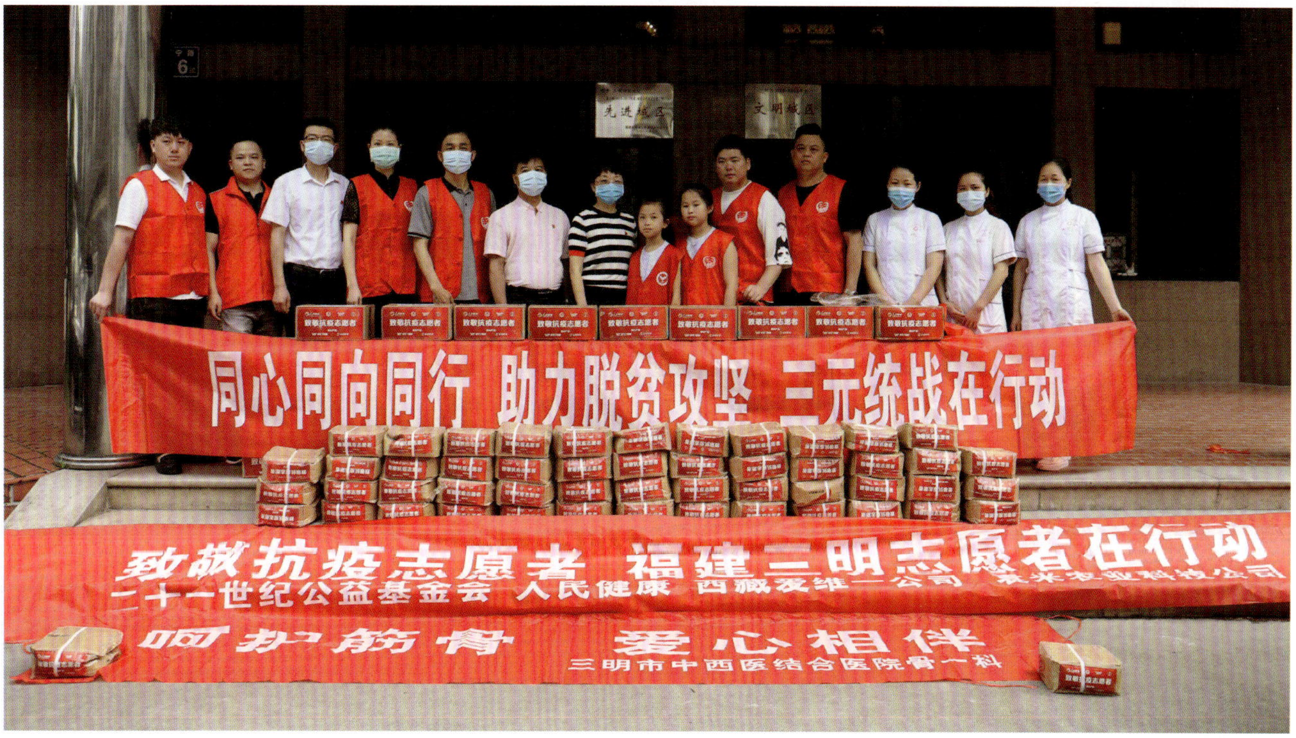

2020 年 5 月 7 日，三元区委统战部开展“同心同向同行 助力脱贫攻坚”捐赠活动

2020年6月16日，三元区富兴街道东霞社区垃圾分类启动仪式

2020年7月7日，三元区在国际禁毒日上街开展宣传活动

2020年7月，三元区医防协同融合暨疾控机构综合改革工作顺利开展。图为三元吉口卫生院

民主党派 工商联

民革三元区基层委员会

【概况】 2020年，民革三元区基层委员会有支部3个，党员总数为68人，其中医护人员21人，教师19人；高级职称20人。民革三元区基层委员会委员5人，民革三元区基层委员会党员中担任市政协委员2人，担任区政协委员4人，其中常委1人。2020年获民革三明市委会社会服务先进集体荣誉称号，1人获优秀党务工作者荣誉称号，1人获民革优秀党员荣誉称号，2人获参政议政先进个人荣誉称号，2人获社会服务先进个人荣誉称号。

【思想建设】 2020年，民革三元区基层委员会深入学习贯彻习近平新时代中国特色社会主义思想，立足本职，关注民生，基层委员会领导带头深入三个支部学习宣讲中共十九届四中、五中全会精神，各支部以各种形式组织学习，不断巩固“不忘合作初心，继续携手前进”主题教育成果。组织新党员参加市委会召开的新党员培训会议。选派1名骨干党员参加福建省社会主义学院培训。

【建言献策】 2020年，民革三元区基层委员会向市委会提交大会发言4件，团体提案8件，全部得到市政协立案采纳。《关于加快三明市新产业、新业态、新商业模式的发展的几点建议》被确定为市政协重点提案，在三元区政协八届三次、四次全会上，民革三元区基层委员会向区政协提交团体提案5件，党员个人提案8件。组织党员撰写社情民意，报送各类信息15条。

【调研协商】 2020年，民革三元区基层委员会围绕做实做足“四篇文章”要求，协助市委会扎实做好政党协商课颢《关于提升三明工业发展竞争力》调研工作，关于推进科技“小巨人”企业高质量发展情况的调研，承担市委会关于三明市研学旅行情况的调研课题。

【民主监督】 2020年，民革三元区基层委员会承担市委会教育督导员工作任务，派员参加公务员面试等监督工作。

【社会服务】 2020年，民革三元区基层委员会组织党员医务工作者按照中共三明市委统一部署要求，引导市民了解疫情防控有关卫生知识、法律知识，推动科学防控、依法防控。12名民革医生党员奋战在医疗一线全力保障患者健康，民革企业家义务为奋战在防疫第一线的医务人员及隔离家庭免费送餐8000人次。民革党员为抗疫捐款4万多元，协助市委会参加市委统战部“同心·健康服务宗教人士——我们在行动”活动。

民盟三元区基层委员会

【概况】 2020年，民盟三元区基层委员会有支部2个，2020年度新增盟员1名。2月，民盟三元区基层委作为参与抗击冠状肺炎疫情先进单位获中共三元区委统战部通报表扬。5月，盟员张清銮被三明团市委授予“三明市青年岗位能手”称号。6月，盟员郑小洁被确认为黄海滨名校长工作室核心成员。7月，盟员邓绪铨荣获“民盟福建省反映社情民意信息工作先进个人”称号。11月，盟员邓绪铨获省直机关“最美奋斗者”称号。

【思想建设】 2020年，民盟三元区基层委员会加强思想政治引领，广泛凝聚共识，围绕做实“四篇文章”、推进“四个着力”、深化“五比五晒”、全方位推进三元高质量发展，履行参政党职能，深入开展调查研究，建言资政。组织盟员参加盟市委中共十九届五中全会精神专题宣讲2场15人次。12月13日，组织盟员到尤溪县开展“不忘合作初心、继续携手前进”主题教育实践活动。

【建言献策】 2020年，民盟三元区基层委员会在市政协第十届四次、区政协八届四次全会上，提交团体提案3件，委员个人提案3件。《关于促进三元区森林康养产业发展的建议》被三元区政协评为2020年度优秀提案。三元区基层委副主委尤毅燕在市政协第十届四次会议上代表民盟三明市委会作《关于以行政区划调整和促进人口集聚为重点，推动区域中心城市发展的建议》大会发言。

【调研协商】 2020年，民盟三元区基层委员会组织盟员开展《关于扎实推进三元区红色文化资源保护及利用》的调研提交盟市委。三元区基层委主委许宗德、副主委尤毅燕多次参加市政协、市人大组织的调研视察、重点提案督办活动。

【民主监督】 2020年，民盟三元区基层委员会与三元区政协、三元区委统战部对三元区开展“项目提速年”“服务提升年”“干部提振年”活动落实情况开展民主监督。8月，市政协聘盟员尤毅燕、林建明、罗烽等担任“委员河长”。

【参与疫情防控】 2020年，民盟三元区基层委员会组织盟员参与疫情防控工作。盟员邓绪铨参加省委统战部、三明市工信局海外采购医疗器械的产品标准的审核以及三明市内2家医疗器械公司的现场检查，到南平市延平区、龙岩市长汀县督促口罩企业恢复生产。盟员尤毅燕在社区进行入户宣传劝导及防疫值守，开展海外防疫工作，取得实效。

【开展宣传活动】 2020年，民盟三元区基层委员会组织盟员参与三元区委统战部“统战系统法律法规集中宣传”活动，发放宣传资料1000余份。与中共三元区委宣传部联合举办“风展红旗如画——全国名家三元苏区写生行”活动，弘扬苏区精神。组织盟员参与三元区《中华人民共和国民法典》讲座，由原盟市委副主委邱宁江主讲。

民建三元区基层委员会

【概况】 2020年，民建三元区基层委员会有支部2个，高级职称7人。民建三元区基层委员会委员5人，基层委有市政协委员3人，区政协委员6人。2020年被民建省委评为抗击新冠肺炎疫情先进集体。会员张淑丹被评为全省优秀会员，张淋玲获区级“三八红旗手”称号。

【思想建设】 2020年，民建三元区基层委员会组织会员参与市民建组织的六届十四次、十五次、十六次常委会，六届十一次委员扩大会议、中共十九届五中全会专题学习会和会员企业家座谈会。以纪念民建成立75周年为主线，组织开展会员学会章会史、抄写民建章程等系列活动，弘扬和继承会的优良传统。组织会员赴民建中央爱国主义教育基地——龙岩古田会议会址开展“传承优良传统、坚定理想信念”红色文化实地教育活动。组织会员参加民建中央第五期骨干会员培训班、民建省委社情民意信息工作培训班、中共三明市委统战部“不忘合作初心，继续携手前进”民主党派新成员培训班。邀请会员郑丽丽开展《中华人民共和国民法典》学习知识讲座，组织会员走进中村乡�竹村和顶太村，重温深坑岭战斗的革命历史。

【建言献策】 2020年，民建三元区基层委员会在区政协九届五次全会上，提交团体提案2件，会员个人提案2件。向市委会提交市政协五次会议提案5件，其中《关于扎实推进三明市生活垃圾分类处理与资源化利用的建议》被列为市重点提案。

【调研协商】 2020年，民建三元区基层委员会组织会员开展关于市区“夜经济”发展调研活动，形成《关于推进市区“夜间经济”发展的建议》提交民建市委会。组织会员参加民建市委金融服务调研，形成《关于进一步激发三元区民营经济活力的建议》提交民建市委会。

【民主监督】 2020年，民建三元区基层委员会与区政协、区纪委共同对三元区全面开展生态环保联合监督的调研。

【社会服务】 2020年，民建三元区基层委员会到中村乡开展留守儿童走访关爱慰问活动。疫情防控期间，会员企业华宇（福建）置业集团捐款6.5万元，并向各级政府、学校捐赠口罩和消毒液等物资。价值总计22.4万元；邵子华、刘昊、蔡小妹、林志远等会员第一时间向当地政府捐款捐物达10万余元。疫情防控期间，会内从事医务工作、基层防控工作以及志愿者服务的民建会员坚守抗疫一线，全力配合党和政府做好疫情防控工作。

民进三元区基层委员会

【概况】 2020年，民进三元区基层委员会有支部2个，会员总数为44人，医护人员9人，教师12人，高级职称19人。2019年荣获民进全国组织建设先进组织称号，主委李艳华荣获民进全省组织建设先进会务工作者称号，会员苏桂月获民进全省组织建设先进会员、民进全省参政议政先进个人、三元区三八红旗手称号，会员陈珍炜获民进全省参政议政先进个人称号，会员陈丽华荣获三明市三八红旗手称号。

【思想建设】 2020年，民进三元区基层委员会加强组织建设，持续发扬深入基层服务群众的传统，发挥会员农业农村、医疗卫生和法律等专业优势，找准在服务大局中发挥作用的切入点、着力点、落脚点，为新时代新三明建设作出贡献。12月18日，民进福建省委常委、海峡出版发行集团监察室主任刘伏宝到主题教育联系点民进三明市三元区基层委宣讲中共十九届五中全会精神。

【同心抗疫】 2020年，民进三元区基层委员会率先发布《新型冠状病毒感染的肺炎防治倡议书》，号召成员相信党中央的决策部署，信任并服从各级党委政府部署安排，及时收集叶科发、田荣茂、潘庆平、张群英、苏桂月等奋战在防控一线的会员典型事迹。先后报送《苏桂月：防控就是责任》《苏桂月抗疫事迹材料》《田荣茂：有一种责任叫岗位过年，有一种幸福叫患者安康》等通讯，均被民进省委会采用，其中《田荣茂：有一种责任叫岗位过年，有一种幸福叫患者安康》被今日头条、民进中央采用，苏桂月抗疫事迹被省委会“我身边的先进”网上宣讲活动采用。

【统战部通报表扬】 2020年2月20日，中共三元区委统战部发出《关于表扬三元统一战线抗击冠状肺炎疫情先进单位（个人）的通报》，对三元统一战线参与抗击冠状肺炎疫情先进单位（个人）进行通报表扬，基层委获中共三元区委统战部通报表扬，会员苏桂月是唯一获中共三元区委组织部通报表彰先进个人称号的民主党派成员。

【建言献策】 2020年，民进三元区基层委员会在区政协八届四次全会上，提交团体提案8件，会员个人提案3件。组织会员反映社情民意，报送各类信息18条。

【调研协商】 2020年，民进三元区基层委员会组织会员开展关于脱贫奔小康长效机制调研活动，形成《关于建立巩固革命老区中央苏区脱贫奔小康的长效机制的建议》提交民进市委会。组织会员参与区政协多次调研活动，并提交《关于农村土地“三权分置”改革落实的调研报告》《关于“十四五”三元区现代服务业发展思路和项目建设》等调研报告。9月26日，基层委组织会员赴岩前镇岩前村、吉口村就乡村产业发展模式开展考察调研，学习和借鉴其乡村康养产业发展和文旅融合等方面的好经验、好做法。

【名师结对共建工程】 2020年，民进三元区基层委员会按照“一党派一基地一品牌”的要求，以三元区第二实验小学为依托，着力打造“爱满民进——同心扶教”社会服务活动品牌。开展名师结对共建工程、学生培养、学校教师人才培养及禁毒教育等系列帮扶活动，助推该校形成独有的办学特色。搭建会内名校名师帮扶平台，开展教学辅导、学术研讨、心理辅导等活动。开展教学示范课活动，通过同课异构的形式，进行教学交流。改善教育教学条件，开展捐赠图书活动。邀请会内医卫专家、法律界人士前往学校开展禁毒教育。

【助残脱贫】 2020年，民进三

元区基层委员会配合市委会牵头与三明市残联、三元区委统战部、区残联、莘口镇等联合开展以“助残脱贫、决胜小康”为主题的惠残服务及残疾人辅具适配整镇推进活动。为群众量血压、测血糖，做健康宣传、发放健康宣传单等，并赠送药品近3000元。活动配套开展辅具现场适配维修、残疾人保障法及民法典宣传、助残惠残政策解读、农技咨询、法律援助、医保社保政策宣传等，赠送农业技术培训书籍500余册，发放各类宣传材料1500多份，2000余名残疾人朋友及乡亲们受益。

【政策法规宣传】　2020年，民进三元区基层委员会参加中共三元区委统战部与各民主党派基层委联合开展2020年社会服务暨政策法规宣传活动。民进三元基层委主动承担律师法律咨询、农村种植技术及病虫害防治咨询等助力活动。与三元区残联领导干部分别前往城关街道和岩前镇开展平安“三率”宣传活动。

农工党三元基层委员会

【概况】　2020年，农工党三元基层委员会有支部2个，党员总数58人，医护人员27人，教师10人，高级职称27人。农工党三元基层委委员5人，农工党三元基层委连续多年被农工党三明市委会评为基层组织建设先进称号。

【思想建设】　2020年，农工党三元基层委员会组织广大农工党员深刻认识学习贯彻中共十九大精神的重要意义。印发中共十九大学习材料，购买学习图书50余册，把握学习重点，提高学习实效，不断增强“四个意识”、坚定“四个自信”、做到“两个维护”，在思想上政治上行动上同以习近平同志为核心的党中央保持高度一致。

【建言献策】　2020年，农工党三元基层委员会开展专题调研，不断提高参政议政质量。2020年农工党三元基层委始终把反映社情民意作为党派的核心工作，农工党三元基层委提交各类社情民意信息10多条。

【民主监督】　2020年，农工党三元基层委员会中的人大代表、政协委员、特邀监察员、行风监督员履行监督职责，充分利用人大视察、政协视察、议案提案办理会、大会发言等形式有效开展民主监督，在城市攻坚、安置房建设、文化教育资源利用、城市道路改造、反“四风”等方面发挥推动作用。

【社会服务】　2020年，农工党三元基层委员会连续三年在三元荆东村开展以“九九重阳节，浓浓敬老情”为主题的送医送药暨重阳节文艺会演活动。为配合2020年环境与健康宣传周活动，三元基层委多次组织科普宣传和医疗文化三下乡活动，发放药品价值1500多元、宣传资料300余份及科普图书3000多元。

【抗击疫情】　2020年，农工党三元基层委员会党员响应号召，逆向而行，争当抗疫“排头兵”。疫情期间，农工党三元基层委主委邱凯带领团队，第一时间发现、隔离全市首个新冠病例，完成救治工作并担任三元区救治领导小组组长，发挥中坚力量，起到抗疫核心作用。基层委贺磊作词的原创歌曲《何时才能走近你身旁》获农工党中央举办的“风雨同舟抗击疫情”原创歌曲一等奖。

九三学社三元基层委员会

【概况】　2020年，九三学社三元基层委员会有支社2个，社员总数61人，2020年度新增社员2名，分别为福建一建集团有限公司工程师、福建省野蔓文化发展有限公司总经理。

【思想建设】　2020年，九三学社三元基层委员会参与学社市委六届十次全体（扩大）会议，及时学习贯彻中共十九届五中全会公报精神，组织社员参加市委统战部举办的学习贯彻中共十九届五中全会精神宣讲报告会。参加学社市委中心组学习会。

【建言献策】　2020年，九三学社三元基层委员会向三明市政协、三元区政协报送《关于完善物业纠纷多元化解体系的建议》《以全生态战略定位推进三明乡村振兴》《关于加强三明市自然保护区建设和管理的建议》《完善基层治理　提升河流管护水平》《进一步优化三明市营商环境，助力科技型民营企业发展》《关于着力推进紧密型医联体建设的建议》《关于编撰〈万寿岩志〉的建议》等7篇提案。

【民主监督】 2020年，九三学社三元基层委员会根据三元区政协、区纪委及九三学社三元基层委员会关于开展精准扶贫脱贫工作联合监督工作方案，区政协、区纪委及九三学社三元基层委员会成立联合监督领导小组，于2020年6—7月赴岩前镇、莘口镇、中村乡开展精准扶贫脱贫联合监督检查，并形成调研报告。

【社会服务】 2020年，九三学社三元基层委员会第四支社创办“社员之家”；第五支社举办《疫情下如何做好防护》《闽学与三明的文化自信等》健康文化知识讲座。组织社员参与九三学社市委组织的“同心·健康服务——九三专家苏区行走进将乐”活动，赴沙县参与市委统战部组织的“同心·健康服务宗教人士——我们在行动”等活动。

（黄宗祥）

工商业联合会

【概况】 2020年，三元区工商业联合会（简称区工商联）六届执委会组成人员58名。其中主席1名、常务副主席1名（区委统战部副部长、区工商联党组书记）、专职副主席1名、兼职副主席15名、秘书长1名、常委10名、执委29名。新发展会员10名。全区有异地商会3个、6个乡（街）商会。区工商联核定编制3人、内设1个股室（办公室）。

【护航民企发展】 2020年，三元区工商联会同统战部联合召开全区统一战线学习贯彻中共十九届五中全会精神座谈会；下到乡镇商会开展十九届五中全会精神宣讲；组织民营企业家专题学习习近平总书记在企业家座谈会上的重要讲话精神；联合区检察院举办“服务‘六稳’‘六保’护航民企发展”主题开放日活动，坚定民营企业家“跟党创业”的信心，促进民企加强自律规范经营。

【深化“放管服”改革】 2020年，三元区工商联与政府有关部门深化“放管服”改革，优化营商环境，联动农行、邮储银行等金融机构，推进“政银税企”对接活动，与市工商联支部联合开展“访企业、解难题、促六稳”主题党日活动。

【社会服务暨政策宣传】 2020年，三元区工商联联合统战部开展“同心同行·助力乡村振兴”社会服务暨政策法规宣传活动。活动现场开展平安“三率”、秋冬季疫情防控、应急救护和食品安全等方面政策法规宣传，并提供民企现场招聘和义诊义剪等服务。活动现场发放各类宣传资料、宣传品2000余份，接受群众咨询200多人次。

【助力企业投资】 2020年，三元区工商联全力推进招商引资工作。引进三明中为中医医院、福建三明明卫康医疗科技有限公司、三元里城市客厅、闽王谷生态科技观光园等项目。持续拓展三元区“一企一策”“一业一策”“一难一策”等多项政策，精准开展对企服务，为广大投资者创造更加优越的发展环境，促进项目加快落地。

【金融服务】 2020年，三元区工商联组织辖区10多家高新技术企业参加“一月一行一专场”政银企对接会9场，区政府分别与各银行签署战略合作协议，达成480亿元的银企信贷合作意向。全年辖区银行向250余家企业新增贷款投放13.38亿元。

【为企业排忧解难】 2020年，三元区工商联深入企业排忧解难，提升服务企业工作实效，帮助企业解决疑难问题。2020年来，分别帮助福建元立工贸有限公司协调解决闽西北机电交易市场项目用地问题；帮助顺材贸易有限公司协调解决安置用地；协助福建桐闽智能科技有限公司技改项目申报入库、订单合作和纠纷调处等；帮助庄式物流在大坂物流园中解决中智运网络货运平台用地、帮助三明市力建洗涤用品有限公司联系律师协调解决用电纠纷及用地履约保证金事宜等问题。2020年，累计走访会员企业80余家。

【人才队伍建设】 2020年，三元区工商联推荐三元区企业福建好多多集团参评并荣获“全国商贸流通服务业先进集体”称号，推荐辖区11家企业参评并获评三明市人民政府“疫情防控期间突出贡献企业”。

【专业技术职务申报】 2020年，三元区工商联组织开展人才工作交流培训，推荐上报非公经济企业技术人员职称的评审。开展非公有制经济人士评价，对企业家推荐市政协要员政治安排和基层商会构架人选进行综合评价把关。近年来，先后累计推荐36

家三元区非公企业的300多名技术人员参加三明市非公有制企业专业技术职务申报。

【设立非公服务中心】 2020年，三元区工商联在区行政服务中心设立非公服务窗口，并推行总商会会长（副会长）轮值制度，及时收集、梳理、反馈企业诉求。通过入企调研宣传、以会代训等方式在全市率先开展民营企业商业秘密保护工作。

【建立商业秘密保护】 2020年，三元区工商联组织辖区10多家高新技术企业、创新型企业参加“民营企业加强商业秘密保护”座谈会；三元区纳入市商业秘密保护试点，出台《商业秘密保护工作方案》，下发《三明市经营者商业秘密保护工作指引》《商业秘密权利保护行政指导建议书》等材料40多份，指导重点行业、重点企业建立商业秘密保护制度；成立商业秘密保护领导小组，建立指导服务工作机制，在区非公服务中心设立商业秘密保护指导服务站，安排两名工作人员负责辖区企业商业秘密保护工作的业务指导，提供宣传、咨询、指导、维权等服务。

【精准扶贫】 2020年，三元区工商联履行社会责任。面对年初突发的新冠肺炎疫情，工商联第一时间向全体会员、异地商会发出共克时艰、共同抗疫号召，发动企业踊跃捐资捐物，收到捐款300多万元，物资100多万元。

【推动复工复产】 2020年，三元区工商联推动复工复产，帮助企业解决复工所需口罩、体温枪等防疫物资。继续推进“百企帮百村”活动，24家企业为贫困村捐资捐物36.2万元。

【精准助困献爱心】 2020年，三元区工商联组织会员企业开展“精准助困献爱心”活动，走进白沙街道群一社区，以及中村、莘口、岩前等乡镇贫困户家中，为困难群众送上羽绒服、风衣、大米、牛奶等物资，受惠困难户100多户。开展光彩助学活动，为42名贫困大学生发放15.3万元助学金。

【乡街商会建设】 2020年，三元区工商联深入落实习近平总书记加强“亲”“清”新型政商关系重要讲话精神，贯彻中央统战工作条例和全国工商联关于商会建设的部署重要工作内容，把基层商会建设作为促进非公经济健康发展和非公经济人士健康成长的一项重要抓手，按照商会全覆盖的改革要求，对商会筹建和构架流程进行前期走访和把关，确保商会筹备等具体工作落实“四个到位”。于年底前完成北京三元商会和辖区6个乡（镇）街道商会筹建工作，并重点走访电子商务、医疗保健、互联网、商贸流通领域企业，新吸纳会员企业12家。

（潘芬芬）

群众团体

总工会

【概况】 2020年，三元区新成立基层工会5家，其中行政事业单位1家，国有企业1家，非公企业3家，新增会员90人。全区基层工会1091个，工会会员22723人，其中进城务工会员6121人。三元区总工会先后被省总工会、市总工会评为全省工会财会工作先进单位和全市经审工作规范化建设考核A级单位，为企业职工维权的多元调解机制品牌得到上级工会组织的充分肯定，相关经验做法分别被《工人日报》《福建工会信息》《三明日报》报道。

【职工教育】 2020年，三元区总工会联合绿都楼宇党建联盟广泛宣传宣讲"采访实录"，组织21名基层工会干部开展以"悦 读·成长，建功立业"为主题的职工读书班活动，推动习近平新时代中国特色社会主义思想在福建落地生根。扎实开展"亮灯行动"，制作机关党员亮岗履职一览表进行公示，组织党员干部深入挂点群一社区、吉口村开展"文明创城"、平安"三率"宣传、"三下乡"等志愿服务活动。

【文体活动】 2020年，三元区总工会举办"迎春送福"职工趣味游园会、迎新春围棋友谊赛、第一届冬泳联赛、区直机关干部职工升级（80分）比赛、首届"森林乐活节"、三明城市"四张名片"摄影及视频大赛、职工书画征稿、名家书画笔会、职工羽毛球赛、"庆国庆迎重阳"职工健身项目展演等文体活动。同时，联合有关部门开展2020年基层工会干部业务培训，举办"林深水美茶香，茶文化进机关"、太极拳、职工健身舞等示范培训班。

【技能提升】 2020年，三元区总工会组织动员广大职工投身到"践行新理念、建功'十三五'"主题劳动和技能竞赛中。选送14个职工创新项目参与2020年百万职工"五小"创新大赛，获得三等奖1个；联合消防救援大队举办首届职工技能比武竞赛活动，60余名消防员参加竞赛，评选出19名优秀选手，并授予第一名"三元区五一劳动标兵"荣誉称号。

【为职工办实事】 2020年，三元区总工会推行服务承诺制，重点为职工办好10件实事。投入14.17万元经费助力基层抗疫情；联合区农业农村局等相关部门下发文件采购农特产品47万余元；深入12家挂包企业开展上门服务，解决7个问题；制定11条扶持小微企业复工复产的措施，返还30家小微企业工会经费44万元；为60名货车司机、环卫工人实现微心愿；组织19名职工参加省级示范职工疗休养活动，23名区级五一劳动标兵获得者参加区级疗休养活动。

【为社会服务】 2020年，三元区总工会举办"七夕寻梦缘，相约万寿岩"活动，为100名青年职工搭起鹊桥；联合举办春季、秋季大型用工专场招聘会，为求职者与用人单位搭建交流沟通和推介服务平台；第十期职工医疗互助活动发放互助金41.9万元，惠及职工471人次；联合举办“三明市家政服务员集中入会仪式”，120多名家政服务员代表参加。

【帮扶困难职工】 2020年，三元区总工会开设“雏燕关爱”“快乐一夏”主题职工子女暑托班，惠及60名职工子女；开展夏送清凉活动，安排10万元购买防暑降温品，慰问2000名一线职工；联合举行“金秋助学•光彩圆梦”捐助仪式，深化金秋助学活动，向14名家庭困难的大学生发放助学金2.4万元；开展春节、元旦和常态化送温暖活动，走访慰问困难职工96人（次），筹集发放款物14万元。

【职工医疗互助】 2020年，三元区总工会组织开展第十一期职工医疗互助活动，参加第十一期医疗互助活动单位175个。其中机关事业单位128个、企业47个；参加职工总数6621人，其中女特病2509人。缴交互助金62.8万元，做好患病职工住院补助工作。全年办理职工住院医疗补助526人（次），发放互助金45.7万元。

【职工维权工作】 2020年，三元区总工会学习借鉴“园区枫桥”经验，联合法院、人社、司法部门将原劳动法庭升格为劳动争议多元化解中心，派出工会专干驻点，开展职工劳动纠纷大排查；组建由法院法官、司法所助理员、社会律师等组成的法律专家服务团，开展“七五”普法和农民工法治宣传活动，收集企业意见建议25条，提供法律咨询300余人次，化解劳动纠纷63件，为职工挽回损失168万余元。

【落实劳动保护措施】 2020年，三元区总工会在高温季节等时间点发放“一函两书”，结合“夏送清凉”活动，发放17份“高温提示函”，督促用人单位落实防暑降温主体责任，落实各项劳动保护措施，做好后勤保障服务。

【工资集体协商】 2020年，三元区总工会坚持协调劳动关系“三方”联席会议制度，收集深化集体协商工作的意见建议，培育2个以上企业集体协商工作的典型、5个集体协商示范点，联合举办全区集体协商工作培训班，来自各乡镇（街道）、系统、园区、直属工会和部分企业计83名工会干部职工参与。

【工会评先评优】 2020年，三元区总工会开展创先评优活动，推荐省五一劳动奖状1名、省五一劳动奖章2名、省五一工人先锋号班组1个，市工人先锋号3个、市五一先锋号1个，市“新时代新三明百名担当作为青年先进”1名，开展以创建“工人先锋号”为载体的班组创先争优竞赛。

【工会经费审查审计】 2020年，三元区总工会持续推进工会经费“1+X”专项督查常态化、长效化，加强对基层工会的审计力度，实现审计全覆盖。进行2018—2019年度经费收支情况审计督查，审计督查38家机关、企事业单位，提出审计意见和建议103条，涉及纠错资金0.57万元，催缴应上解经费42.9万元，清退违规资金1.16万元；加强内控制度建设，国有资产清查工作小组对工会资产的条码化盘点，做到账卡物一致。

（许佳丽）

共青团三元区委员会

【概况】 2020年，共青团三元区委有基层团委20个，团支部273个，青年总数2.74万人，其中共青团员3922人，全年发展新团员230名。共青团三元区委发挥团组织的思想政治引领作用。积极培优，树立典型，积极挖掘、宣传疫情防控期间三元区涌现出的青年先进典型，发布公众号，号召全区青年学先进、做表率、当先锋。在全区各中小学开展“扣好人生第一粒扣子”和“迎接少代会，争做好队员”“五个一”系列主题队日活动和团队仪式活动17场，覆盖团员队员6000余人。

【基层团建】 2020年，共青团三元区委在全区各中小学团委下设教师团支部21个，成立非公企业团支部25个。在全区团员青年中大力开展“青年大学习”行动，举办“青阅•圆桌派”团员青年读书会4场，丰富团员、团干业余文化生活，增强思想文化交流，拉近距离，掀起青年读书热，惠及团员青年80余人，撰写心得体会23篇。

【网上主题团课】 2020年，共青团三元区委动员全区团员青年参与“青年大学习”网上主题团课活动，累计参与团员青年1万余人次，全市排名长期位于前三。以“智慧团建”系统为平台，着力解决青年在哪里、团员在哪里、组织在哪里等问题。全区有3922名团员在智慧团建系统上报到，星级团员占比超过50%。

【宣传红色文化】 2020年，共青团三元区委开展形式多样的主题教育，“五四”青年节期间，开展“绽放战疫青春·坚定制度自信”为主题的团日活动，激励和引领广大团员青年进一步坚定制度自信，展现青年风采。以三元红色文化为落脚点，邀请三明团市委、宁化团县委等多个团组织到三元开展团日活动，学习红色文化。

【打造榜样精神】 2020年，共青团三元区委推荐的八名青年先进受到2020年“新时代三明百名担当作为青年先进”表彰。积极推荐省、市“两红两优”及五四青年奖章代表，树立先进典型榜样。同时，通过公众号、微信群等方式进行广泛宣传，在全区营造学习榜样的浓厚氛围。市级表彰2个团委、3个团（总）支部、4个团干部、6名团员，通过公众号、微信群等方式进行广泛宣传。

【青年创业小额贷款】 2020年，共青团三元区委提供资金输送。持续推动“普惠金融·启航卡”青年创业小额贷款工作，帮助更多青年创业者申请贷款。累计发放授信贷款560万元，受益青年25个。

【青春助力计划】 2020年，共青团三元区委支持人力资源工作。根据岗位要求，将服务期满、有着丰富工作经验的服务欠发达地区志愿者推荐到合适岗位。开展“共青团青春助力计划”，为创业企业输送暑期见习生，解决企业的“燃眉之急”。

【助力复工复产】 2020年，共青团三元区委开展企业大走访活动，重点走访青年企业及创业企业，了解企业的经营情况及复工复产期间存在的困难，协调各有关部门帮助解决。同时，结合“基层团委周周练”等活动，广泛邀请企业参与，投身三元精神文明建设，为企业职工提供精神慰藉。

【挂点村居慰问】 2020年，共青团三元区委做好挂点村居慰问活动。定期走进挂点村居，举办文艺演出等活动。每月至少走进贫困户家中一次，为贫困户排忧解难，解决生活与工作中存在的问题，送上慰问物资。

【为梦护航·精准扶贫】 2020年，共青团三元区委推动“三青联动”为梦护航·精准扶贫项目。疫情防控期间，通过电话、微信等方式，对“三青联动”为梦护航·精准扶贫项目的青少年家庭进行摸排，宣传新冠肺炎的知识和实时动态，了解他们疫情期间的防疫情况和生活需求，以便及时提供帮扶。针对开学延期的情况，充分发挥返乡大学生临时团支部作用，开展一对一课业帮扶。

【“青春护雏”计划】 2020年，共青团三元区委结合“青春护雏”计划开展“手拉手欢乐过六一”儿童节主题活动、“关爱留守儿童暨叶云燕女士捐赠‘六一’儿童节礼物发放活动”等12场。

【志愿者服务】 2020年，共青团三元区委响应区委、团市委要求，开展“我们的节日”系列活动、“外卖小哥”普法活动、“e三明”推广活动、文明城市创建活动等系列志愿活动11场。

【青年文明号开放周】 2020年，共青团三元区委结合“共青团义务星期六”活动，在全区内开展志愿服务活动近百场，参与志愿者1000余人次。组织开展文化科技卫生“三下乡”集中服务活动、“青年文明号开放周”活动等相关活动13场，发动青年志愿者300余人次，为打造“实力三元、创新三元、宜居三元”贡献青春力量。

【志愿者队伍建设】 2020年，共青团三元区委依托“志愿汇”APP，加强志愿服务针对性，鼓励成立新的志愿服务队伍，并给予相应的经费支持。“志愿汇”APP上注册人数达27344人，活跃人数5715人。同时，疫情防控期间，通过对返乡大学生资源的总结收纳，储备一批优质的大学生志愿者力量。

【心理援助热线】 2020年，共青团三元区委开通心理援助热线。疫情防控期间，响应区委区政府及团市委部署要求，组建心理疏导志愿服务队，整合辖区青年文明号单位——三明市台江医院心理调理区，招募辖区内具有心理咨询资质的志愿者，针对因新冠肺炎疫情的出现而出现不良情绪的人员开通免费心理疏导热线。

【增加预青经费】 2020年，共青团三元区委增加预青经费。在团市委的大力支持下，积极向区政府申请增加预青经费，区政府增加预青经费5.5万元，并列入财政预算。积极向上争取团省委重点青少年群体社会工作项目资金3万元，用于服务三元区青少年成长发展，维护青少年合法权益，做好青少年特别是重点青少年群体的服务管理和预防犯罪工作。

【系列宣传活动】　2020年，共青团三元区委结合“六一”儿童节、国际禁毒日、寒暑假等关键时间点，开展“迎接少代会，争做好队员”、“青春护雏”、暑期安全自护讲座、禁毒宣传等系列教育活动，让广大青少年充分认识到毒品的危害性，将“远离毒品，珍爱生命”的种子播撒到每一个青少年心中，开展相关活动18场，服务青少年2300余人次，发放宣传单2000余份。

（罗　琦）

区妇女联合会

【概况】　2020年，三元区妇女联合会以“项目提速年”“服务提升年”“干部提振年”活动为抓手，围绕创新政治引领、服务发展大局、深化妇联改革等工作，将重点工作项目化运作，指标化推进工作落实。组织成立元姐姐巾帼宣讲队，宣讲习近平新时代中国特色社会主义思想和中共十九届四中、五中全会精神，加深全区广大妇女对红色精神、红色文化的理解和感悟，引领广大妇女建功新时代，展示新风采。开展“百千万巾帼大宣讲”7场，覆盖妇女群体5000人次。

【疫情防控】　2020年，三元区妇女联合会通过微信公众号、宣传视频、三句半、顺口溜、小喇叭等形式，提高宣传的覆盖面和辐射人群。在抗疫期间各条战线上涌现出如姜桂珠、黄翠霞、冯爱萍等一批敢于担当作为的抗疫先进典型，通过“三元女性之声”公众号、三元新闻网、中央新闻网推送“女干部能顶一个天”系列，阅读人数超30万人。鼓励全区妇女干部群众参与爱心捐赠，募集20万元的物资和捐款。

【妇联组织建设】　2020年，三元区妇女联合会“按照党建核心引领、妇建区域并联”的理念，围绕“增三性”“去四化”总要求，全面推进县级妇联改革“破难”，提升组织运转效能，以更大力度更实举措将妇联组织建设好。7月14日，区妇联为三元绿都楼宇妇建盟授旗。

【市妇幼保健院妇女联合会】　2020年8月20日，成立三明市妇幼保健院妇女联合会并顺利召开第一次妇女代表大会，推动妇联组织覆盖“破难”，创新妇联组织形式，织密妇联组织网络，通过“联”，壮大工作力量、整合工作资源、拓展联系网络，不断提升工作能力，增强工作活力。

【家政培训及就业】　2020年，三元区妇女联合会联合市家协为建新社区巾帼家政就业服务站揭牌并进行战略合作协议的签订。以便捷联系妇女为目标，收集妇女群众家政培训及就业需求信息，建好妇女需求档案，及时与家政公司沟通，为妇女群众提供更多的就业机会，让服务站（点）成为直接联系和服务妇女就业的前沿阵地和基础力量，推动家政业与社区养老、康养、育幼等融合发展。2020年，开展巾帼家政培训5场次，妇女实用技术培训2场次，宣传人数达1000余人。

【“美丽家园”创建】　2020年，三元区妇女联合会开展寻找三元区“最美庭院”示范户活动，号召和带领广大妇女积极投身“美丽家园”创建，通过评选与表彰，树立典型，提高居民群众的积极性。持续开展以“清沟扫地摆整齐、干干净净迎小康”为主题，动员广大农村妇女开展家园清洁行动，实现居室美、院子美、绿化美、产业美、家风美，倡导绿色生活理念，提升生态文明意识和环境科学素养。活动开展以来评选出30户“最美庭院”示范户。

【巾帼普法工作室】　2020年，三元区妇女联合会、区司法局、三元经济开发区管委会、荆西街道在荆东工业园区联合成立三元区巾帼普法工作室，该工作室由黄霞律师维权工作室组织巾帼法律志愿者定期到园区开展法律咨询服务，为工业园区职工提供免费法律咨询和法律援助等维权服务。整合基层妇联、调委会等多种力量，与三元区人民法院对接，健全婚姻家庭辅导服务机制。

【建立“爱心家长”档案】　2020年，三元区妇女联合会招募爱心家长，动员各级妇联执委、巾帼文明岗、巾帼志愿者及机关企事业单位、社会爱心人士踊跃参与，对符合条件的人员建立“爱心家长”信息档案，明确“爱心家长”工作职责。

【关爱农村困难群体】　2020年，三元区妇女联合会以“巾帼暖人心”活动为载体，持续开展巾帼志愿服务、“春蕾计划”、“贫困‘两癌’母亲救助”等妇女儿童公益活动，更精准、更实在地做好排忧解难工作，更多关注普通妇女，关心关爱农村留守儿童、困境儿童等特殊儿童群体，为她们多做好事、多解难事、多办实事，让广大妇女儿童充分感受党的关怀和温暖。走访慰问“两癌”贫困妇女、孤寡老人、贫困儿童30余人，发放慰问金8万多元。

（张聿文）

区科学技术协会

【概况】　2020年，三元区科学技术协会核定科协机关编制3人。内设办公室、学会工作部、普及工作部。三元区科协有委员22名，常委9名，主席1名，副主席3名（其中兼职2名），全区农业专业技术协会1个，乡镇科协3个，街道科协4个，企业科协6个，各类协会（学会）个人会员128人。

【全国科普日】　2020年，三元区科学技术协会承办2020年三明市暨三元区全国科普日活动在万寿岩启动。市科协主席丁韵芳、区政府副区长范丽琴及各相关单位负责人，与2000余名农民、学生、游客一起参加启动仪式。活动由三明市融媒体中心和三明市广播电视台同步直播，据不完全统计，收听观看人数约达2.1万人。

【陈景润纪念邮票首发】　2020年，科普日活动期间，由区委宣传部主办，区科协等承办的《中国现代科学家（八）》纪念邮票首发活动在陈景润实验小学举行，三明一中、陈景润实验小学约500人参加活动。该项活动荣获中国科协授予的“2020年全国科普日优秀活动”称号。

【防控疫情知识竞答】　2020年，三元区科学技术协会举办“三元区防控新型冠状病毒肺炎科普知识竞答活动”，总浏览量达51.9万人次，7万余人参与。

【防疫科普专栏】　2020年，三元区科学技术协会联合区第二实验幼儿园老师陈霞在微信公众号推出《朵妈讲科普》防疫科普专栏，已推出116集科普故事，总时长约14小时，转发浏览量约22.5万人次。

（陈诗慧）

区归国华侨联合会

【概况】　2020年，三元区归国华侨联合会开展侨法宣传。2020是《中华人民共和国归侨侨眷权益保护法》颁布30周年，区侨办联合区委统战部、区侨联深入岩前镇、莘口镇、白沙街道群一社区、富兴堡街道富兴社区开展“侨爱工程”义诊及侨法宣传系列活动。活动期间，累计发放侨法手册1200余册、疫情防控知识手册200余册，赠送宣传品4000余份、药品300余份，提供涉侨政策、疫情防控政策咨询500余人次，提供义诊咨询服务300余人次。

【规范华侨回国定居】　2020年，三元区华侨联合会为侨服务，规范华侨回国定居工作，联合区公安部门出具华侨回国定居证4份；出具《不具备华侨身份认定书》10份。扎实开展“三侨生”升学身份证明工作，协助市侨办出具福建省“二侨生”身份证明书13份。扎实开展华侨、归侨和侨眷身份确认事项，出具华侨身份证明1份、归侨身份证明1份。

【疫情防控】　2020年，三元区华侨联合会配合区疫情防控指导小组做好境外输入防控工作，开展人文关怀和政策宣传咨询服务。对境外返元人员开展关爱活动，为正在集中观察的34位返乡侨胞送上一封慰问信、一份小礼物、一张联系卡，并在解除集中观察后保持联系，及时解决侨胞们遇到的问题。

（黄宗祥）

区残疾人联合会

【概况】　2020年，三元区残疾人联合会单位编制7人，其中机关参公编制3名、事业单位编制4名，内设办公室，下设区残疾人就业服务指导中心。截至2020年12月31日，全区持证残疾人4210人，其中视力残疾447人、听力残疾1242人、言语残疾25人、肢体残疾1454人、智力残疾329人、精神残疾420人、多重残疾293人。

区残联为残疾人康复、教育、就业、社会保障等方面累计投入563.24万元。

【精准康复服务】　2020年，三元区残疾人联合会推进残疾人精准康复服务行动，为全区1674名有需求服务残疾人提供零距离、个性化、多方位精准康复服务率达100%。落实0—14周岁的94名残疾儿童得到康复救助、补助资金81.13万元。救助精神残疾人服药住院补助187人、补助资金14.3万元，生活困难及大病救助残疾人4人、救助资金2万元。为残疾人适配助听器、护理床、助行器、轮椅等各类辅助用品用具333件、补助资金44.7万元，惠及317名残疾人。

【残疾人居家托养】　2020年，三元区残疾人联合会为77名残疾人实施居家托养补助15.4万元。为福乐家园机构托养符合补助的20名残疾人发放补助金21.2万元。筹资90万元在残疾人比较集中的�竹、大培坑、焦坑、岩前、吉口、富源等9个村及富兴、富文、群二等社区建立康复室和“爱心辅具”服务点，方便残疾人就近康复训练、就地申请辅具，落实“绿色回收爱的循环”康复辅助器具服务。

【残疾人教育与就业】　2020年，三元区残疾人联合会落实残疾学生及残疾人家庭子女助学补贴政策，资助彩金助学（学前教育）项目2人，补助资金0.6万元。落实好“六稳”“六保”，帮助残疾人就业1061人。其中机关企事业单位安置残疾职工60人，集中和辅助性就业39人、分散就业及个体灵活就业962人。为灵活就业的残疾人182名发放补助金68.48万元。

【扶持残疾人就业】　2020年，三元区残疾人联合会为13名农村残疾人发放扶持就业创业补助6.5万元。建立双溪纸业、台江医院两所辅助性就业机构，安置19名智力、精神和重度肢体残疾人从事适当的生产劳动和集中安置残疾就业20人。与区财政局联合制定下发《三元区扶持辅助性就业机构及集中安置残疾人就业补贴暂行办法》文件。扶持残疾人辅助性就业机构再配套补助20%，在每人1000元的基础上，另叠加补助每人1000元。扶持集中安置残疾人就业机构，在配套10%的基础上，机构安置5名以上残疾人每超额安排1名另叠加奖励3000元。

【残疾人生活补贴】　2020年，三元区残疾人联合会配合民政部门全面落实两项补贴制度工作顺利推进，全区困难残疾人生活补贴717人，累计发放68.704万元，实现应助尽助，重度残疾人护理补贴1587人，累计发放183.4365万元。为19名低保重度肢体一级残疾人发放专项护理补贴计3.8万元。为72户一户多残、150名残疾人发放生活补贴计9万元。

【残疾人最低生活保障】　2020年，三元区残疾人联合会将全区符合条件的260余名残疾人全部纳入城乡最低生活保障范围，实现应保尽保。为2384名符合参加城乡居民医疗保险条件的残疾人发放参保补助金59.58万元。全区1024名残疾人减免居民养老保险16.17万元。为70周岁以下2542名残疾人建立意外伤害保险投入保费5.93万元，出险10例，理赔金额3万元。

【疫情防控期间对残疾人帮扶】　2020年，三元区残疾人联合会开展受新型冠状病毒疫情影响残疾人生活情况和安置残疾人企业状况调查，对124户生活困难残疾人家庭及时给予补助4.2万元，对6家盲人按摩店给予补助资金2.45万元，向2家安置残疾人的企业送去区疫情防控指挥部捐赠的劳保防护口罩3300个、消毒水30千克等防疫物资。区残联聚焦残疾人“两不愁、三保障、两扩面”，精准施策，帮助建档立卡贫困残疾人67户81人全部脱贫。

【扶残助残系列活动】　2020年，三元区残疾人联合会联合民进市委会、区委统战部等部门深入中村、莘口、岩前等乡镇开展4场次“助残脱贫　决胜小康惠残服务”系列活动，现场为残疾人和村民免费诊治，赠送药品价值达3000多元，发放宣传册1500份，实施举办农村残疾人实用技术培训，为3000多名村民提供专业的法律咨询和服务，实用技术咨询帮助、城乡基本医疗、农保、医疗救助等优惠政策宣传解读，获得良好的社会效益。

【关爱残疾儿童行动】　2020年，三元区残疾人联合会开展“同在蓝天下·共筑中国梦”关爱残疾儿童行动，将省残联、省福利基金会提供的爱心礼包45份及区残联另外购买的46份书包等学习用品，赠送给区91名残疾儿童。两节期间，区残联走访慰问310户困难残疾人，资金达11万元。

【扶持残疾人宣传】　2020年，

三元区残疾人联合会加强残疾人宣传工作，宣传残联重点工作、残疾人创业就业典型等，并让广大残疾人及时了解到最新的救助政策及申请流程，不断营造关心残疾人，支持残疾人事业的社会氛围。通过省、市残联网站、报纸等媒介，发布各类工作信息37篇（条）。

【残疾人联络员培训】 2020年，三元区残疾人联合会对100多名乡镇（街道）、村（社）区残疾人联络员进行政治理论、残疾人康复、教育、就业、维权、基本服务状况和需求信息及智能证采集等专业知识流程进行系统培训，有效提升联络员业务水平，确保全区5000多名残疾人信息数据的真实、完整和可靠，调查项目综合差错率小于5‰。发放智能化残疾人证 3500本。

（邓仙兰）

区计划生育协会

【概况】 2020年，三元区计划生育协会有计生协会组织104个，其中区级1个，乡镇街道7个，村（居）80个，企事业协会14个，流动人口协会2个；拥有会员9707人；建立协会小组174个。区计划生育协会理事成员37名、常务理事成员9名、正副会长6名，全区7个乡镇街道都有专人从事计生协会工作。80个村（居）成立协会组织，配齐协会会长、专职副会长和秘书长。2020年，三元区计生协会申请到儿童早期发展、金秋助学、紧急救助、宣传教育等省、市项目资金26.8万元，其中儿童早期发展13万元、金秋助学资金6.5万元、宣传教育资金3万元，基层组织建设资金3万元，生育关怀慰问金1.3万元。本年度，三元区计生协会、中村乡计生协会、富文社区计生协会、岩前镇岩前村计生协会第五小组4家单位荣获全市计划生育协会先进单位称号，区计生协会专职副会长郑红玉等6人荣获全市计划生育协会先进个人称号。

【基层协会组织建设】 2020年，三元区计划生育协会深化“四联创”活动，抓好基层组织建设。2020年，对富兴堡街道富文社区、莘口镇西际村“会员之家”进一步巩固提升，着力发挥好计生协会小组长贴近群众服务近距离优势，加强基层计生协会健康知识培训，强化健康宣传服务能力水平，通过发挥基层协会组织网络健全、会员人数众多的优势，推动计生基层群众自治，让广大会员主动融入家庭健康促进行动。

【加强宣传教育】 2020年，三元区计划生育协会充分利用母亲节、“5·29”会员活动日、世界人口日等重大节日，组织动员各级计生协会开展形式多样的健康知识宣传服务活动，活动取得一定成效。各级计生协会利用重大节日，到街上开展宣传服务活动，工作人员向群众讲解人口计生政策法规、“三减三健”等知识，免费发放生殖健康知识手册。2020年，累计为计生家庭健康义诊咨询服务3000余人，发放健康知识宣传单15000余册。

【推动儿童早期发展】 2020年，三元区计划生育协会开展儿童早期发展进社区、进农村活动，打造儿童早期发展活动示范平台。2020年，全区先后完成西际村、岩前镇吉口村、中村乡松阳村3个亲子小屋及富兴堡街道富文社区户外亲子乐园建设；开展科学育儿知识宣传讲座22场，发放育儿宝典500余本；开展亲子互动辅导活动24场，惠及600余户家庭。

【推动青春健康进校园】 2020年，三元区计划生育协会开展青春健康进校园“六个一”系列活动。举办青春健康家长沟通之道培训17次，学生成长之道培训18次，开展主题班会教育55次，活动覆盖12000余名学生。

【落实疫情防控】 2020年，三元区计划生育协会通过发出倡议书，广泛动员各级计生协会参与疫情防控。各乡镇、街道建立形成“乡（街）—村（居）—组—员”四级网格防控疫情网，全区有204名计生协会工作人员、262名会员参与疫情防控宣传，摸排返乡人员，发放疫情防控宣传单4万余份。组织计生协会工作人员44名进村入户广泛宣传，引导村民做好个人防护，助力4家企业有序复工复产。

【会员“一元捐”活动】 2020年，三元区计划生育协会开展支援国家抗击新冠肺炎疫情会员“一元捐”活动，有2999名会员捐款4.3万余元。

【落实精准帮扶】 2020年，三元区计划生育协会结合乡村振兴和“健康三明”各项要求，动员社会资源，全力帮扶计生困难家庭。2020年发放“幸福工程”项目帮扶款56万元，帮扶14户计生母亲；发放计生帮扶贴息金3.56万元。全区计生家庭意外伤害保险参保10599户，投入保费52.795万元，其中政府出资为179户计生特殊家庭购买计生家庭意外伤害住院护理险，保费1.68万元。落实助学对象9人，发放助学金6.5万元。走访慰问特殊家庭和计生困难母亲628人，发放慰问金12.44万元。

【民法典宣传】 2020年，三元区计划生育协会面向各级计生协会干部特别是从事计生法律援助工作的干部，开展多形式、分层次、全覆盖的民法典学习培训。全区乡村累计开展民法典学习培训活动90余场，培训2000余人次，印发民法典宣传单8000余份。

【法律援助站(点)】 2020年，三元区计划生育协会发挥全区各级37个法律援助站(点)作用，聘请法援律师8个，开展法律维权服务。已受理法律援助案件11件，挽回计生家庭经济损失109.68万元，接受法律咨询546人次，举办宣传活动15场次，举办业务培训4场次，参加业务培训人数1170人。

【流动人口服务】 2020年，三元区计划生育协会加强流动人口企业计生协会建设，开展流动人口健康宣传倡导，推动流动人口服务均等化，关爱留守老人、留守儿童、留守妇女，2020年开展流动人口宣传服务活动9场，1000余人参与到活动中。

【家庭健康促进行动】 2020年，三元区计划生育协会根据国家卫生健康委、中国计生协会《关于服务乡村振兴促进家庭健康行动的实施意见》文件精神，组织开展家庭健康促进行动。2020年，全区累计开展义诊宣传活动15场，宣传覆盖人数1200余人，发放宣传折页2300余份。

【健康讲座】 2020年，三元区计划生育协会邀请三明市中西医结合医院、各卫生院深入村居、社区，开展健康知识讲座，全区累计开展健康讲座11场，受益人数1300余人。10月，联合区卫健局、红十字会开展家庭健康促进行动暨儿童早期发展公益课堂进村（居）主题宣传活动，活动参与人数80余人。

（张　杰）

区红十字会

【概况】 2020年，三元区红十字会开展募捐筹资活动，着力实施人道救灾、救护、救助工作。开展义诊、健康咨询、传染病防治、造血干细胞捐献、无偿献血等知识宣传。疫情防控期间，三元区红十字会收到117个爱心企业、团体及个人善款，金额累计2461115.26元，社会捐款全部划拨完成。

【宣传红十字精神】 2020年，三元区红十字会通过多种形式大力宣传“人道、博爱、奉献”的红十字精神。在年度的世界红十字日、世界急救日等开展集中宣传活动，围绕红十字会的宗旨和任务，传播国际人道主义，宣讲红十字精神。组织区医疗卫生单位、社区等红十字志愿者，走访入户进行艾滋病预防自救互救知识的宣讲，到乡镇开展义诊、健康咨询、传染病防治、造血干细胞捐献、无偿献血等知识宣传。

【主动与媒体对接】 2020年，三元区红十字会制作的《教老人手工制作　体验童真之旅》2条志愿活动视频在腾讯视频播报；《向无偿捐献器官的退伍老兵致敬》《助力抗疫献爱心无偿献血暖人心》等3条电视新闻在三明电视台播放；《助力创建省级文明城区　应急救护培训正在进行时》等21篇信息被三明市文明网采用。通过一系列的宣传，取得良好的社会效果。

【发起疫情防控爱心捐赠】 2020年，三元区红十字会发起新型冠状病毒疫情爱心捐赠活动。区红十字会于2020年1月28日与区卫健局联合发布《关于接收防控新型冠状病毒感染的肺炎疫情捐赠款物的公告》，辖区企业、团体及社会各界爱心人士踊跃捐款捐物。从1月29日至4月1日24时，区红十字会收到117个爱心企业、团体及个人善款，金额累计2461115.26元，均已开具发票。根据区防疫总指挥部要求，划拨2371323.26元给三元区卫生健康局，划拨定向捐赠17000元给武汉红十字会，划拨定向捐赠72792元给三明市中西医结合医院，所有社会捐款全部划拨完成。

【捐赠款物监督管理】 2020年，三元区红十字会加强对捐赠款物接收、划拨的监督管理，在三元之窗、三元新闻网进行8期公示，做到公开透明。三明恒信有限责任会计师事务所对区红十字会进行新型冠状病毒感染的肺炎疫情社会捐赠款物收支情况审计，并在三元新闻网公示栏进行公示。

【普及急救知识】 2020年，三元区红十字会全民普及应急救护知识与技能工作有新成效。加大传播覆盖面。加大对中国红十字总会“红十字急救掌上学堂”网上学习软件的推广工作；制作动漫等宣传片在电视和网络播放，提高市民“我要学”的意识；印制2万份应急知识学习手册派发到广大市民手中。

【关爱特殊群体】 2020年，三元区红十字会结合世界急救日“急救与老龄化人群”主题，开展关爱老人、关爱儿童、关爱特殊群体活动，分别走进乐龄家园、养恩儿童村，为老人、学生进行应急救护知识培训和互动，提高老人、护工们和孩子们的自救互救意识和技能。在社区举办“急救为亲人 和谐好家庭”活动，在赶圩日开展“地摊式培训”，进行现场模拟人心肺复苏实操活动。满意支持率达到100%。

【上门培训服务】 2020年，三元区红十字会结合开展党的群众路线教育实践活动，采取主动上门培训服务的方式。走进三元区政协对政协委员、三元区特勤大队对消防队员、三明化工厂对工人开展培训。对辖区有关泳池、网吧、娱乐场所、旅游景区，星级酒店的负责人、残疾人联络员、月嫂、爱心联盟的运动员、民警、驾驶员、消防队员进行应急救护知识培训。25名老师和游泳协会会员获得急救员的证书。

【无偿献血】 2020年，三元区红十字会大爱“三献”工作稳步推进。充分发挥红十字无偿献血志愿服务队的作用。本年度献血总人数1439人、献血量45226毫升；在造血干细胞捐献方面，2020年新增造干捐献登记采样40人；遗体捐献1例用于医学研究，器官捐献2例，捐献眼组织、肝脏、肾脏；挽救6名患者让他们重获新生。

【博爱驿站建设】 2020年，三元区红十字会注重提升志愿服务队伍的自我管理意识。各支服务队伍会结合自身的情况，在博爱驿站定期组织队员开展红十字运动知识普及、应急技能培训、插花等修身和培训活动。

【志愿服务活动】 2020年，三元区红十字会组织志愿者参加各类志愿服务活动，提升服务技能和水平。如组织志愿者参加“开展人体器官捐献工作十周年暨造血干细胞宣传”文艺演出及“红十字博爱送温暖”、“12•5”国际志愿者日等活动。

【敬老爱老活动】 2020年，三元区红十字会持续推进敬老爱老关爱活动。志愿者上门为年老体弱老人理发、义诊；为乐龄家园的老人传授心肺复苏、包扎等急救知识；做蛋糕、汤圆给老人品尝；教老人手工制作(剪纸、纸杯DIY)，体验童真之旅；举办文艺演出与老人共欢乐。让老人的动手动脑能力得到提高，在生活上有依靠、在情感上有依托、在精神上快乐。乐龄家园的老人自发送锦旗感谢信给红十字会。

（王 萍）

法　治

政法工作

【概况】　2020年，三元区委政法委员会贯彻落实中共十九大和十九届历次全会及中央、省委、市委、区委政法工作会议精神，全力以赴做好“防风险、保安全、战疫情、固稳定”各项工作，扎实推进更高水平的“平安三元”建设。与全区乡镇街道签订平安建设责任书8份，颁发部门平安建设责任书121份。先后研究部署实地督导调研平安“三率”重点攻坚、省级区域性治安稳定突出问题整治、扫黑除恶、防范电信网络诈骗、禁毒等重大问题。针对2020年县（市、区）平安建设责任书中指出三元区5个方面7个问题，区委常委会召开专题会议研究整改方案，逐项明确责任单位和工作措施，整改已全部完成。对8个区域性治安稳定突出问题作为通报整治点。

【网格化服务管理中心】　2020年，三元区委政法委员会规范设立区、乡、村三级综治中心工作平台、网格化服务管理中心和综合协调与监控研判等功能室建设，区综治中心获评区新一轮“党员先锋岗”，接入“雪亮工程”监控，为调看公共安全视频监控图像提供保障。参照文明单位奖励办法实行激励政策，表彰平安先进乡镇（街道）8个、先进集体102个，区财政保障落实2019年度综治平安绩效奖励金2729.11万元。统筹全区绩效奖金10%作为奖励性绩效表彰奖励，其中扫黑除恶、综治维稳单列奖励指标10个。

【综治问责措施】　2020年，三元区委政法委员会用好用实综治问责措施，对中村乡松阳村一票否决，对落实平安建设责任制不够到位，导致三元区被列为省级区域性治安稳定突出问题通报整治点的2个责任单位取消年度平安先进单位资格。

【聚焦主体主责】　2020年，三元区委政法委员会聚焦主体主责。三元区先后召开区委常委会、“六清”行动推进会等9次专题会，7次案情会商会，研究部署专项斗争工作，推进重点案件线索办理。区委主要领导批示指导2件市级挂牌督办线索办理工作，并深入政法机关开展调研，为依法履职撑腰打气。全力开展重点案件攻坚，2020年，打掉涉恶集团1个，涉恶团伙2个。

【核查攻坚行动】　2020年，三元区委政法委员会组织精干力量，开展线索核查攻坚行动，核查办结中央、省、市等各类线索176条，其中2件市挂牌督办线索均转化成案。加大攻坚力度，对聂某某等人涉嫌组织、领导、参加黑社会性质组织立案侦查，已完成案件线索清仓任务。4起黑恶案件均已审结，均被判决认定为黑恶势力案件。全力攻坚2起存量案件，其中1起已公开宣判，案件被告人均认罪认罚；另1起已侦查终结移送审查起诉。立案21件21人，结案20件20人，剩余留置1人，给予党纪政务处分18人，通报批评2人。

【执行“六个必查”】　2020

年，三元区委政法委员既查扣显性“黑财”，又深挖隐性“黑财”，查封、冻结、扣押涉黑恶案件资产金额4992.8万元。开展十大重点行业领域突出问题专项整治行动，按照“两单一表”（责任清单、任务清单、完成时间表）的要求，明确牵头责任部门和任务要求，实施挂图作战。纪委监委、政法部门针对黑恶案件侦办中发现的行业管理漏洞，发出“三书一函”38份。

【聚焦长效长治】 2020年，三元区委政法委员会开展荆东片区及三明学院周边环境整治，打造“校地同频”的共建共治共享治理格局；完成城东乡撤乡并街，从体制上解决长期困扰三元区城中村建设管理的堵点问题；建立“乡呼区应”联动治理机制，破解区乡联动的“最后一公里”问题；大力实施村级组织“头雁”储备行动，储备村级后备干部175人，任命44名村级后备干部担任村党支部书记助理。

【开展测评活动】 2020年，三元区委政法委员会委托电信和移动开展电话测评，测评辖区群众7.8万人次，组织全体干部职工、学生家长、辖区群众问卷调查，排查出三元区不满意不配合人员合计1507人次。逐一发回乡镇（街道）开展入户宣传，找出其不满意背后的原因，为群众办实事解难事。

【主题系列宣传】 2020年，三元区委政法委员营造“社会治安很安全、夜间出行很放心、扫黑除恶成效好、矛盾纠纷能调解、政法队伍很满意”的创建氛围。统一制作《百姓平安宝典》3万册、“平安是福”主题宣传品21万份、宣传单19万张。开展入户访视和集中宣传落实入户宣传包户，做到“扫楼扫户扫人”走访和宣传。开展主题宣传活动200余次。悬挂横幅、播放LED屏1300余条(面)，出动播放平安广播综治宣传车240辆。

【打造过硬政法队伍】 2020年，三元区委政法委员会宣传学习推广白沙派出所“亲民、爱民、为民”的“白沙精神”，努力打造一支党和人民放心的过硬政法队伍。白沙派出所先后被评为全国首批“枫桥式公安派出所”；三元法院莘口法庭先后获评全省、全国优秀法庭；区司法局富兴堡司法所被评为全国先进司法所，岩前派出所被评为全省首批“枫桥式公安派出所”。

社区治理

【公益短信】 2020年，三元区委政法委员会利用微信公众号转载发布1500余篇微文，录制微视频微文43条，采取微信问卷调查、人工智能电话调查、平安“三率”有奖问答等形式，辖区群众参与互动宣传达30万人次，发送平安“三率”公益短信20万条。将平安“三率”下滑问题列为区委常委会2020年工作要点，成立整治工作领导小组，制订实施方案，实行挂图作战。

【平安宣传进小区】 2020年，三元区委政法委员会落实落细“平安‘三率’提升40条”攻坚措施，深化平安宣传进小区、进酒店宾馆、进商场商家、进企业活动，动员各行各业积极参与支持平安“三率”宣传工作。区委政法委牵头成立督查指导组，实行督查周通报，点名道姓通报22期。

【矛盾排查化解】 2020年，三元区委政法委员会排查化解各类较大不安定因素、安全隐患11件。开展“四门四访”，按照“三到位一处理”要求，有效化解信访案件，全区受理各类信访件932批次。到市上访36批次187人次，其中集体访13批次，147人次，分别较上年同期减少147人次和87人次；到省上访2批次6人次，较上年同期减少6批次5人次；每月15日“书记、区长接访日”，全年“书记、区长接访日”接待群众28批次60人次，化解信访问题21件。全区信访事项及时受理率、按期答复率100%。

【小区管理机制创新】 2020年，三元区委政法委员会为小区管理体制机制创新完善提供解决方案。东霞社区等9个结合老旧小区改造、智慧安防小区建设完成试点。结合创城开展社区“四防”攻坚，建成微型消防站，助力全国文明城三连冠。全区创建工作进入全面推广阶段，梳理分类标准型自治包小区33个、基本型自治包小区36个、保障型自治包小区102个。

【疫情防控期间司法保障】 2020年，三元区委政法委员会强化疫情防控司法保障。加强疫情防控法治宣传和防控疫情巡查。

依法严厉打击破坏疫情防控违法犯罪活动，处置各类涉疫警情50起，破获14起涉疫情诈骗案件，排查发现3起涉疫矛盾纠纷并落实问题责任清单。《充分发挥政法职能全力助推复产复工》《司法支持辖区中小企业共渡难关十条措施助力复工复产》等经验做法获省市推广。

平安建设

【打胜平安“三率”翻身战】 2020年，三元区委政法委员会打胜平安“三率”翻身战。群众安全感率98.99%，扫黑除恶好评率89.14%，执法工作满意率97.85%，下半年群众安全感率98.712%，扫黑除恶好评率98.67%，执法工作满意率95.7%。

【建设平安协调机制】 2020年，三元区委政法委员会健全完善区、乡、村三级平安建设协调机制，成立由区委书记任组长、区长任第一副组长的平安建设领导小组，下设9个专门工作组，区财政预算政法综治维稳专项经费合计3500余万元，同时将扫黑除恶、“雪亮工程”、专职治安巡防队、网格化平台等工作经费足额纳入财政预算，确保工作所需。

【重点领域风险防范】 2020年，三元区委政法委员会强化重点领域风险防范。落实社会稳定风险评估机制，对吉口循环经济产业园一期道路工程和三明学院实验小学、实验幼儿园及周边附属工程等30件重大事项或活动进行社会稳定风险评估，评估后工作稳定率达到100%。

【共建平安】 2020年，三元区委政法委员会推行“三五”工作法共建平安。以综治网格平台为支点，全面推行“五必知五必访五必做”基层治理工作法，打造新时代“三元版”“枫桥经验”。通过“互联网+邻里守望1113”模式，平安“三率”和“345”宣传机制，创建平安中心户长微信群、楼幢长微信群等，做到“平安‘三率’必知、矛盾纠纷必知、风险隐患必知、流动人口必知、困难家庭必知”。2020年，全区排查化解各类较大不安定因素、安全隐患11件，登记管理流动人口7万人，与182名精神障碍患者监护人签订以奖代补协议，并把奖补资金由区财政保障到位。

【乡村治理共创平安】 2020年，三元区委政法委员会推进乡村治理共创平安。以万寿岩遗址保护为起点，全面推进乡村治理品牌建设。区法院联动建立万寿岩文旅保护司法协同创新基地，设立万寿岩法官工作室、巡回法庭基地。区检察院以两级检察院党建品牌联建联创为载体，在万寿岩服务中心设立检察官联络室。岩前镇、莘口镇成立生态综合管护队，中村乡健全东牙溪水源司法保护生态工作机制，践行“绿水青山就是金山银山”理念。

治安整治

【整治治安问题】 2020年，三元区委政法委员会坚持以打开路，深入推进突出治安问题整治，年内受理各类治安案件1280起，查结940起，查处违法行为313人次。立刑事案件1031起，同比下降22.6%。开展交通事故预防“减量控大”，开展交通安全整治，年内查处各类交通违法行为117335起，其中醉酒驾驶97起；全区发生一般程序以上道路交通事故58起，死亡12人，受伤62人，经济损失6.2万元。道路交通“四项指标”呈现连续3年下降的良好态势。认真开展各类小场所消防安全检查，接报处置火灾事故类消防警情3起，较上年同期39起下降92.3%，全区发生火灾事故降幅54.2%，连续33年未发生森林火灾。

【网格化服务管理】 2020年，三元区委政法委员会深化“14580”网格化服务管理模式，对特殊人群“清单式”管理。

【矛盾纠纷排查调处】 2020年，三元区委政法委员会深化公共安全领域“三大”攻坚行动和涉疫矛盾纠纷。排查化解工作，坚持乡街每周、区每月的矛盾纠纷排查调处例会制度，发挥乡贤治理优势，打造“中村风平”“岩前老王”两个乡贤金牌调解室，全部铺开一村一法律顾问工作，在全区开展公共法律服务下基层活动，做到“化解矛盾纠纷的事必做、预防违法犯罪的事必做、消除安全隐患的事必做、为民排忧解难的事必做、弘扬社会正气的事必做”。2020年，排查调处各类矛盾纠纷857起；向上级推荐3名见义勇为模范（先进个人），被省表彰1名、市表彰2名。

【“综治+保险”市场化运作】 2020年，三元区委政法委员会推出综治综合保险共享平安。深化“综治+保险”市场化运作模式，发挥社会力量协同作用，按照“政府出一点、上级补助一点、保险公司承担一点”原则，筹措资金24.4万元，在全区继续推行社会治安综合保险，即把精神障碍患者监护人责任险、住户室内财产盗抢险、“两抢”案件救济救助责任险、见义勇为救济救助责任险、自然灾害救济救助责任险等五种商业保险合一，切实做到“不花群众一分钱，平安多一份保障”。本年度，保险公司履行社会责任，先行理赔盗抢险64起，为群众挽回经济损失8.2万元。

（曹发宇）

公 安

【概况】 2020年，三明市公安局三元公安分局有内设机构13个，派出所9个，民警编制277人（含三元交警大队），在编268人（含三元交警大队），其中派出所民警110人，占比41%，辅警141人。2020年，三元公安分局在区委、区政府和市公安局的坚强领导下，以“打防管控建、严廉精爱锻”十字方针为主线，全力以赴战疫情、防风险、保安全、护稳定，有力维护全区政治安全、社会安定、人民安宁，先后有14个集体、110名民警辅警受到省、市、区级表彰，其中莘口派出所获评2020年“全省学雷锋活动示范点”，岩前派出所获评全省“枫桥式公安派出所”和全市“生态文明建设”先进单位，指挥情报中心民警陈素清获得全省“五一”抗疫劳动专项奖章，经济侦查大队民警周建兴获全市“最美基层民警”称号。

【疫情防控】 2020年，三元公安分局24小时实体运作，精准核查推送涉疫指令线索1090条涉及10460人车，查获2名非法入境人员；出动4000余次警力布控全区6个交通检疫卡点，查验入元车辆人员35034辆87893人，登记省外人员20余万人；深入防控内圈驱散社区聚集点27处，跟踪解决企业复工复产难题21个，迅速出击打掉一个流窜厦门、漳州、三明等地盗窃团伙，侦破三明市十个重点培育百亿龙头企业——厦钨新能源材料有限公司生产材料被盗系列案。

【案件侦办】 2020年，三元公安分局立各类刑事案件1031起，同上年比下降22.6%，其中立八类暴力案件20起，同比下降4.8%，影响群众安全感和幸福感的盗窃、入室盗窃、扒窃、盗窃机动车呈大幅下降趋势，分别同比下降40.4%、44.8%、77.8%、55.5%；破刑事案件645起（含年前案件），破案率49.5%，同比上升5.5%，盗窃案件破案率创历年新高，同比上升19.9%高达56.7%，攻克1997年“9·30”命案积案；全年抓获各类犯罪嫌疑人544人，同比上升32.7%，缉逃归案网上列逃人员121人，同比上升47.6%。年内发生命案3起，破3起，持续保持命案必破、两抢案件及时速破的目标。

【打击毒品犯罪】 2020年，三元公安分局移送起诉涉毒犯罪嫌疑人16人，通过全国禁毒信息系统平台协作抓获非法运输制毒物品犯罪嫌疑人4人，破获涉毒刑事案件2起。

【打击经济犯罪】 2020年，三元公安分局立经济犯罪案件55起，破48起；查处5起成品油行政案件，查扣80余吨无合法手续成品油，涉案价值40余万元，抓获涉经济犯罪嫌疑人21人，速破涉企合同诈骗、职务侵占等案件5起，及时挽损102余万元。

【行政立案】 2020年，三元公安分局受理各类治安案件1280起，查结940起，查处违法行为人313人次，查处涉赌、涉黄行政案件161起、29起，打掉多个黄赌窝点。

【扫黑除恶专项斗争】 2020年，三元公安分局打掉1个涉恶犯罪集团、2个涉恶犯罪团伙，专项斗争三年以来打掉2个涉黑犯罪组织、3个涉恶犯罪集团、2个涉恶犯罪团伙，破获其他九类涉恶案件123起，查封、冻结、扣押涉黑恶案件资产4992.8余万元，发放公安提示函25份涉及10余个部门和单位，提前完成“六清”任务目标。2020年上半年，全区扫黑除恶好评率达89.14%。

【公共安全管理】 2020年，三元公安分局以扎实开展打击整治枪爆专项行动为着力点，年内查破涉枪刑事案件3起，收缴各类枪支子弹13把2779发、炸药1152公斤、雷管5550枚。深入推进“昆仑2020”专项行动，破获食药环、涉假类刑事案件21起，打掉一个涉及省内多个网点的制售假劣农资产品黑窝点，查扣数吨假冒伪劣农资产品。

【查处交通违法】 2020年，三元公安分局查处各类交通违法行为117335起，其中醉酒驾驶97起、客车摩托车超员1641起、涉牌涉证4190起，整治“坡改平”“五有工程”等隐患79处，提前100%完成“为民办实事”道路隐患整治项目，全区发生一般程序以上道路交通事故58起，死亡12人，受伤62人，经济损失6.2万元。

【消防安全检查】 2020年，三元公安分局开展各类小场所消防安全检查，全年接报处置火灾事故类消防警情3起，较上年同期39起下降92.3%，全区公安接报火灾事故大幅比降达54.2%，保持连续33年未发生森林火灾记录。

【特别行业场所监督管理】 2020年，三元公安分局9次召开娱乐场所等治安管理工作会议，10余次密集开展集中清查整治行动，突查旅馆、娱乐场所640余家次，现场查处旅馆不如实登记案件3起，当场抓获网上在逃人员3人；安全检查1200余次，发现问题隐患48处，发放整改通知书11份；联动联勤区工信、应急管理局等部门，8次一体化检查民爆物品生产、销售、运输、使用企业，对43家烟花爆竹生产经营、危险化学品单位开展联合执法394家次。

【行政管理】 2020年，三元公安分局办理户籍迁入7302人，迁出5799人，死亡注销1170人，办理居住证4146张，其中港澳台居住证20张。梳理录入“一趟不用跑”和“最多跑一趟”事项清单87项，同比新增38项，进一步压缩减少85项公安行政审批和公共服务事项办事时限1568个工作日，通过“网上办、掌上办、预约办、邮寄办、智能办”便民服务128笔。

【治安防控体系】 2020年，三元公安分局以莘口镇莘口村为试点先行先试“居安工程”建设，累计完成安装视频监控探头248路，监控覆盖率达98%。持续抓好“雪亮工程”，在全市率先建成1个先进型智慧安防小区——城关康城嘉园，全区已建成投入使用“智慧安防小区”4个。

【派出所建设】 2020年，三元区委常委会、区政务常务会研究落实7名派出所所长兼任乡镇（街道）班子成员、39名社区（驻村）民警兼任社区（村）两委班子成员，联合区委政法委印发《全面推行“一村一警务助理”工作方案》，完成51个行政村农村警务助理工作。同时主动对接汇聚市公安局大数据情报和各类侦查手段，谋划推进7个派出所“一室两队”警务模式和智慧警务模式，促进派出所打击犯罪，提升破案能力。

【执法质量】 2020年，三元公安分局研究制定《涉案财物处理工作指引》等规范性文件，建立派驻式专职法制员工作机制，将全局12个所队重新划分为4个片区，由5名派驻法制民警审核监督派驻单位执法监督工作，创新建立日常执法规范工作群，坚持日通报、日整改、日反馈，通报执法质量考评数据46份，整改执法瑕疵、问题意见400余条。

【森林公安机关体制调整】 2020年，根据《福建省森林公安机关管理体制调整工作实施办法》，按照属地化原则，原三明市公安局三元森林分局转隶至三明市公安局三元分局，新设立森林警察大队。明确其保护自然资源和生态环境等职责定位不变，并于2020年5月30日正式挂牌。

（程有照）

检　察

【概况】 2020年，三元区检察院按照“讲政治、顾大局、谋发展、重自强”的总体要求，把增强“四个意识”、坚定“四个自信”、做到“两个维护”体现在履职尽责上，确保疫情防控和检察履职两手抓、两不误。先后有4个集体、14名个人获市级以上表彰，2名干警在全市对口业务竞赛中分别获一、二等奖，1名干警被最高检授予“法治进校园”全国巡讲活动表现突出个人。三元区检察院执行“三个规定”，将执行情况纳入干部选拔任用和年度绩效考核评价体系。开展“禁酒令”以及陈某某等人组织、领导、参加的黑社会性质组织案所暴露的保护伞和腐败问题专题警示教育，开展检察人员“一家两制”、经商办企业、违规放贷等专项整治，加强对干警“八小时”外的监督管理。提任检委会委员1人、调整中层干部5人、晋升职务职级10人。分层分类开展教育培训91场次。

【刑事检察】 2020年，三元区检察院办结审查逮捕案件90件137人，依法批准逮捕101人，不捕36人；办结审查起诉案件204件309人，依法提起公诉283人，不起诉26人。严惩故意杀人、强奸等严重暴力犯罪，对2起故意杀人、1起故意伤害致人死亡案件依法从快作出批准逮捕决定；加大电信网络诈骗以及利用网络赌博、侵犯公民个人信息等犯罪惩治力度，批捕24人、起诉37人；依法打击毒品犯罪，批捕1人，起诉19人；依法惩治危险驾驶等危害公共安全犯罪，批捕2人，起诉75人。

【扫黑除恶】 2020年，三元区检察院加强与公安、法院等部门的联动配合，深入开展“一十百千万”“六清”行动。将扫黑除恶工作与社会治理、重点项目推进、乡村振兴战略等重点工作相结合，强化办案攻坚，持续深挖根治，推动行业整治。依法提前介入涉黑涉恶案件2件，从源头上把好案件质量关。对高某某等人涉恶团伙犯罪依法向法院提起公诉，全案被告人均认罪认罚，法院均作有罪判决。对专项斗争以来已审结的涉黑涉恶案件开展自查，跟踪检察建议落实情况，谋划“六建”工作。

【矛盾纠纷化解】 2020年，三元区检察院优化“12309”检察服务中心线上、线下“一站式”服务，严格按照“7日内程序性回复，3个月内办理过程或结果答复”要求，做好群众信访件件有答复工作。受理信访件37件，答复率100%。加强信访风险评估，对有较大风险的信访件，制定应急预案，通过领导接访、联合接访、上门接访等方式进行充分释法说理，把矛盾化解在萌芽状态。

【化解金融风险】 2020年，三元区检察院推进落实最高人民检察院“三号检察建议”，突出防范化解金融风险。深入开展“守好钱袋子、护好幸福家”防范非法集资宣传活动，依法办理非法吸收公众存款等涉众型经济犯罪案件，为受害人挽回经济损失600余万元。

【司法救助】 2020年，三元区检察院把司法救助工作纳入脱贫攻坚大局，与区扶贫办、军人退役事务管理局、司法局等单位建立协作机制，结合办案自行发现符合救助条件线索，为“因案致贫”案件当事人申请司法救助金5万元。主动走访慰问困难群众，发放慰问金、慰问品合计1.5万余元。加强驻村、挂村工作，帮助争取项目资金130余万元。

【公益诉讼】 2020年，三元区检察院坚持把诉前实现维护公益目的作为最佳司法状态，发出诉前检察建议12件，实现“四大领域”全覆盖，回复整改率100%。对一起非法猎捕、杀害珍贵濒危野生动物案提起刑事附带民事公益诉讼。

【推进生态环境治理】 2020年，三元区检察院在万寿岩游客服务中心设立检察联络点，建立“12345”工作机制。针对万寿岩附近河道堆放大量垃圾问题向当地镇政府发出检察建议，促使镇政府及时组织清理，并出台《农村人居环境整治“以奖代补”实施方案》，有效推进万寿岩周边生态环境长效治理。

【公益诉讼诉前圆桌会议】 2020年，三元区检察院针对辖区建设工程弃渣土管理不规范，且仅靠单个行政执法部门难以解决的情况，举办公益诉讼诉前圆桌会议，邀请市检察院、区相关行政执法部门领导以及区人大代表、政协委员共商对策，促使区自然资源局向涉案工程承建单位收缴砂石土余渣处置费137万余元，推动区政府出台《三元区工程建设项目砂石土余渣利用管理方案》。

（罗 娟）

法院

【概况】 2020年，三元区人民法院受理各类案件4952件、办结4760件（法官人均结案170件），结案率96.12%；全院获得区级以上集体荣誉9项、个人表彰32人次。举行庆祝建党99周年“党员先锋岗”授牌仪式，法院4个集体、6名党员被冠以区级、院级党员先锋岗称号。其中三元法院获评第六届福建省“诚信工作先进单位”，莘口法庭获评全国法院人民法庭工作先进集体，干警肖荐水获评全国法院先进个人。疫情防控期间通过互联网法庭开庭审理案件14件，在线调解案件551件，相关经验做法被中央政法委《法治日报》集中报道。联合区检察院、公安局发布通告，依法打击疫情防控期间相关违法犯罪行为，严惩涉口罩诈骗犯罪案件1件。全院干警克服办案压力、放弃休息时间，投入全区疫情防控值班保障，2名干警因在疫情防控阻击战中表现突出获市、区级表彰。

【推广运用网上诉讼】 2020年，三元区人民法院组建区法院应对新型冠状病毒感染的肺炎疫情工作领导小组。完善服务“六稳”“六保”司法举措，在全市法院系统率先制定“应对新型冠状病毒肺炎疫情司法支持辖区中小企业共渡难关10条措施”，为辖区2家制药企业依法暂时性解除保全措施，以“活查封”的方式保障企业复工复产并转型生产防疫物资。多次发布诉讼服务提醒、推广运用网上诉讼服务、2间互联网法庭迅速建成并投入使用，立案、审判、调解、执行等司法服务不停步。

【刑事审判】 2020年，三元区人民法院审结刑事案件186件292人。加大力度打击涉盗窃、诈骗、非法吸收公众存款等普遍困扰群众的犯罪案件114件，在打击治理电信网络新型违法犯罪“断卡”行动中依法判处7件21人，审理涉公职人员、非国家工作人员犯罪案件14件14人。联合公、检、司落实认罪认罚值班律师制度实施细则，法律帮助认罪认罚被告人217名，保障人权、惩治犯罪双轨并进。

【审判数据库运用】 2020年，三元区人民法院运用审判数据库等平台，对重大争议、裁判规则不明的案件进行类案检索，统一裁判尺度。联合市中院在市示范性综合实践基地建设青少年法治教育基地，以集中宣判、典型释法、送法进校企等形式进行普法教育，预防犯罪，刑事案件同比下降31.68%，未成年人犯罪率保持在3%以内。

【民商事审判】 2020年，三元区人民法院依法审结民商事纠纷案件2047件，涉案标的额2.71亿元。充实速裁办案队伍，5名资深法官带队“前端诊脉”、繁简过滤，1272件简单民商事案件速裁速判，调撤率81.05%，均案办结周期12.86日。作为全省18个送达社会化集约化试点法院之一，推行邮政送达民商事法律文书，均件送达缩短至3日，成功率77.47%。

【依法办案和便民利民】 2020年，三元区人民法院与区妇联共同成立婚姻家庭辅导中心，搭建服务体系，持续与扬帆社工开展诉讼前、中、后“一站式”跟案服务合作，为涉青少年、家事纠纷案件当事人提供精神抚慰、心理疏导等帮助。广泛运用巡回审判、在线视频调解等形式化解矛盾纠纷，将依法办案和便民利民有机结合。

【行政案件审判】 2020年，三元区人民法院受省法院指定，对永安、尤溪等4个县域行政案件及全市政府信息公开案件进行集中管辖审理，办案法官克服行政案件增多的压力，依法审结行政案件94件（不含行政非诉案件）、超上年同期452.94%。加大力度审查食品安全、非法占有土地、消防安全等关系民生领域行政非诉案件的审查和执行力度。

【行政和司法保障衔接】 2020年，三元区人民法院依法解决涉莆炎高速文笔山二号隧道口和黄茇大桥交通便道、万寿岩—格氏栲文旅康养带、白沙旧城区改造保障性安居工程等项目征地纠纷，推进项目建设顺利进行。落实行政机关负责人出庭应诉制度，实现诉讼双方的平等沟通，保障审判质效。

【执结案件】 2020年，三元区人民法院执结各类案件2383件，到位标的额3.01亿元。针对追讨农民工欠薪、机动车交通事故、医疗损害赔偿等涉民生案件进行专项清理，为114名当事人执行标的额366.67万元。开展“亮剑八闽—服务‘六稳’‘六保’”专项执行行动，拘传、拘留被执行人6人，到位金额27.44万元，中国法院网、东南网等媒体报道宣传，形成执行威慑。

【实行“人性化”执行】 2020年，三元区人民法院引进司法拍卖“云看样”模式，拍卖平台VR实景展示房产、土地等标的物，促成交易61笔价值1.05亿元。协审失信法人、自然人8778条次，发布失信名单391条，限制高消费953件，向公安机关移送拒执犯罪线索12条16人，其中依法判决5件5人。

【聚焦辖区经济建设】 2020年，三元区人民法院配合区委、区政府推动台江片区、长安片区棚户区改造等项目征迁工作，为重点征迁户释法明理，寻求理解和配合，终促项目进程得以有序推进。参与三元“服务提升年”活动，走访辖区19家重点企业，为企业化解货款拖欠、买卖合同纠纷等急难问题16个，通过依法灵活施策帮助原荆西“红酒小镇”项目企业协商化解长达5年的债务纠纷31件、约3600万元。

【帮助企业顺利转贷】 2020年，三元区人民法院在司法工作中提炼总结，主动向上专报企业涉不良资产处置问题，被《八闽快讯》采用，并被时任省委副书记、省长唐登杰批示。建立涉案企业动态“白名单”，运用“活查封”和临时解封措施避免“竭泽而渔”，帮助多家企业顺利转贷，政府应急转贷资金得以安全归还。

【生态司法保护】 2020年，三元区人民法院与市中院出台“235”司法保护工作法，共建万寿岩文旅保护司法协同创新基地，分别成立生态司法保护法官工作室、巡回法庭，推行“万寿岩遗址司法保护10条措施”。依法审结三元区首起生态公益诉讼案件，严惩危害濒危野生动物犯罪。与区林业、森林公安等单位共建三元生态修复教育基地，责令毁林罪犯缴纳补植复绿保证金9.8万元，复绿林地6.53公顷。

【平安建设】 2020年，三元区人民法院将法院工作与平安建设（综治工作）相结合，成立平安建设领导小组，就区域性治安稳定突出问题、提升平安“三率”等方面制定针对性方案，全院各部门干警分工联动落实。先后组织全院干警走访调研，累计入户宣传6000余户，释法答疑2000余人次，征求并落实群众对法院意见建议14个。干警放弃节假日深入东霞等挂包社区开展“文明普法志愿行”“清沟行动”“法律‘六进’”等活动30余场次、提供志愿服务1800余人次。

【“点对点”挂包帮扶】 2020年，三元区人民法院发挥基层干警队伍能动力量，“点对点”挂包帮扶18户城、乡贫困户，逐人定岗履职，挂钩绩效考评，落实“奖优罚劣”，保障工作实效。对挂包的已脱贫户坚持主动走访、持续关注，深入分析贫困户现状，扶持开发新项目，确保贫困户不返贫、不出现新的致贫原因。

【民生案件办理】 2020年，三元区人民法院快审快执扶贫领域民生案件，运用“分裁调审”机制，约60%的涉贫民事案件在20日内审结；加大涉民生案件办理时效，为71名农民工追回劳动欠薪、工伤赔偿96.56万元，为8名困难当事人争取司法救助资金22.27万元，对涉贫困户案件缓减免诉讼费6.41万元，保障其履行诉讼权利。

【化解劳动争议】 2020年，三元区人民法院聚焦市域社会治理现代化，联合区总工会、人社局成立全市首个“劳动争议多元化解中心”。对接辖区30余家单位制定《三元区诉非联动工作实施办法》，实行“法院—综治网络平台—基层人民调解组织”矛盾纠纷流程化运行模式，合理运用区政府财政支持的10万元调解基金，新增26名特邀调解员，并在原有律师入驻法院诉讼服务中心窗口值班的基础上，吸纳84名律师担任在线调解员。先后受理案件815件，调解668件，调解成功率达81.96%，2020年8月帮助28名大学生快速讨回暑期欠薪。

【扫黑除恶】 2020年，三元区人民法院加大黑恶案件打击力度，2020年审结涉恶案件1件。聚焦重点行业领域，推进“六清”行动，深入排查线索，持续打财断血、巩固成果，对涉黑恶财产案件执行到位金额260.70万元，实际执行标的到位率89.02%。

【遏制“民转刑”案件】 2020年，三元区人民法院坚决遏制重大“民转刑”案件，四级预警管控，分阶段精准防范、长效性科学遏制。紧紧围绕“长效常治”工作重点，联合辖区有关部门探索建立长效机制。发挥乡村法官工作室、民企服务保障中心等司法服务矩阵作用，带案下访，着力铲除黑恶势力土壤，助力基层综合治理。

【主动接受监督】 2020年，三元区人民法院坚持主动向区委汇报重要决策、重大案件和重点工作，建立定向联络常态化机制，每周向辖区各级人大代表、政协委员报告法院工作动态47期，向区人大常委会报告生态环境司法保护、落实妇女儿童发展纲要情况。坚持高质效办理代表、委员意见建议，提高代表、委员对法院工作的满意度、认同度。收到检察建议18件，及时落实处理，自觉接受检察监督。

（张鸣水）

司法行政

【概况】 2020年，三元区司法

局内设办公室、人民参与和促进法治股、社区矫正管理股、普法依法治理和公共法律服务股、法治办、人事教育股6个股室，在全区7个乡镇（街道）设立7个司法所作为派出机构（原有8个，其中城东司法所在2020年城东乡撤销时一并撤销）。全局有司法行政专项编制33个，实有在编干部28人。2020年，区司法局获评2020年度区平安先进单位。

【制定法治政府建设要点】 2020年，三元区依法治区办组织召开三元区委全面依法治区委员会召开第一次会议，制定并印发《中共三元区委全面依法治区委员会2020年工作要点》和《2020年三元区普法依法治理工作要点》，将法治政府建设及普法工作纳入三元发展总体规划和年度工作计划。

【完善规范性文件管理制度】 2020年，三元区司法局严格建立健全规范性文件备案审查制度，制定并以区政府名义下发《三元区人民政府办公室关于进一步加强规范性文件备案审查工作的通知》，明确规范性文件合法性审核的范围、主体、程序、职责和责任，确保所有规范性文件均经过合法性审核。本年度，报备规范性文件34份。

【把关政府行政决策】 2020年，三元区司法局落实《重大行政决策程序暂行条例》及政府常务会议议题会前协商沟通和合法性审查机制，区司法局按照法律法规及上级相关文件规定对区政府常务会议议题进行合法性审查，把好法律关、政策关和文字关，并列席区政府常务会。本年度，审查14个单位计62份议题，提出41个审查建议。

【加强行政执法监督】 2020年，三元区司法局贯彻落实三项制度，开展《福建省行政执法条例》宣传月活动，举办专题讲座并宣传相关法律法规。推动行政执法规范化建设，开展2019年度行政执法案件评查活动。继续执行行政执法统计年报制度，对全区各行政执法部门上年度行政执法总体情况进行公示。加强执法人员管理，全面开展三元区行政执法主体及行政执法人员编号工作，重新梳理出全区行政执法主体计31个、行政执法人员计269人。

【行政复议体制改革】 2020年，三元区司法局探索行政复议“1+N”模式，通过“行政复议+以案说法”、政策宣传、调解、行政复议建议书、专家论证等形式，不断提高办案质量，强化行政复议监督纠错功能。加强行政复议工作信息化建设，运用全国行政复议工作平台等信息化手段，增强复议工作的透明度。本年度，办理行政复议案件10件，下发行政复议意见书1份，全区共办理行政应诉案件36件。

【公共法律服务】 2020年，三元区司法局推行“一村（社区）一法律顾问”工作，全区持续实现80个村居法律顾问覆盖率100%，打通基层公共法律服务人民群众的“最后一千米”，为群众提供法律咨询、法律援助、法治讲座、法治宣传等系列法律服务，并建立法律顾问微信群81个。

【法律援助】 2020年，三元区司法局受理法律援助案件60件，其中刑事案件27件，民事案件23件，办结案件42件，为受援人挽回经济损失56.62万元。畅通法律援助渠道，完善与办案机关工作衔接机制，开展刑事案件律师辩护全覆盖试点工作，及时为被告人提供有效帮助，做到刑事案件律师辩护全覆盖。开展刑事案件认罪认罚从宽制度试点工作，执行《三元区关于落实认罪认罚从宽制度值班律师工作实施细则（试行）》。

【法律服务人员管理】 2020年，三元区司法局开展三元区律师队伍中违规兼职等行为专项清理活动。组织全体律师签订承诺书。其中，专职律师签订《不具有违规兼职等行为承诺书》11份，公职（兼职、法援）律师签订《不具有外国国籍承诺书》9份。组织开展自查自纠，清理违规行为。组织在律所内部开展自查自纠，全面调查了解律师违规兼职和国籍情况，对发现存在违规兼职的律师，依法依规处理、限时整改，清理一切违规兼职行为。联合有关部门进行协查。区司法局联合市场监督管理局、社会保险管理中心等单位协查，对辖区内的20名律师进行信息比对，发现问题1人。

【化解纠纷】 2020年，三元区司法局开展人民调解专项活动。排查调处各类矛盾纠纷857件，调处成功855件，调处成功率为99.7%。在疫情防控期间排查化解涉疫纠纷18件，因疫情隔离引发的婚姻家庭矛盾纠纷2件，群众防护意识不强引发的邻里纠纷9件；疫情管控对群众生产生活造成影响而产生的矛盾纠纷4件；复工复产纠纷3件。

【打造品牌调解室】 2020年，三元区司法局打造2个“两代表一委员”品牌调解室，5个基层调委会被评为“三明市金牌调委会”，5名专职调解员被评为“三明市金牌调解员”，2人被授予全省人民调解工作先进个人称号，1人被授予全国人民调解工作先进个人称号。全区有专业性行业性调解会12个。

【多元调解运行机制】 2020年，三元区司法局构建共建共治共享的社会治理现代化格局。本年度，调解派出所移送的案件127件，调解成功127件，成功率100%。缓解民警压力，同时纠纷双方当事人能够平等自由地表达和交流，形成公平的调解规则。探索建立访调对接机制，化解信访案件167件，其中群体性信访和疑难积案4件。

【选任人民陪审员】 2020年，三元区司法局根据《中华人民共和国人民陪审员法》《人民陪审员选任办法》，会同三元区人民法院、三明市公安局三元分局共同开展人民陪审员选任工作。通过随机抽选、个人申请和组织推荐的方式，于12月29日任命20名人民陪审员。坚持发展新时代“枫桥经验”，加强人民调解员培训。

【“套路贷”专项整治】 2020年，三元区司法局加强扫黑除恶专项斗争宣传。扎实开展行业清源活动。做好“套路贷”专项整治，发现1个“套路贷”线索。针对律师明知“套路贷”违法犯罪活动、仍为其违法行为提供便利条件等情形开展专项整治，建立律师事务所不动产处分案件登记台账抽查等机制。

【社区矫正】 2020年，三元区司法局实行社区矫正对象“手机APP确认位置信息定位+微信+电话”监管，有效实现“通信联络及信息化核查”实时动态管理，全年未出现脱漏管现象。全区接受各级人民法院（监狱）审前（假释）社会调查委托函118份，其中出具不适合社区矫正28份。2020年，全区接收社区矫正对象144人，解除矫正153人。截至年底在册153人，其中缓刑151人、暂予监外执行2人。给予社区矫正对象警告21人次，训诫11人次，撤销缓刑2人。

【安置帮教工作】 2020年，三元区司法局履行协调、督促、指导的职责，做好刑满释放人员的接收和衔接工作，做到全面无漏报，无脱管。按期走访帮教对象，对他们给予力所能及的帮助，有效地预防其重新犯罪，促进社会稳定。2020年，新增刑满释放人员105人，刑满释放人员在册516人，均落实帮教人员和帮教措施，帮教率达100%。

【社区矫正对象监管】 2020年，三元区司法局加强对社区矫正的对象的监管。开展违规专项打击活动，给予5人训诫，21人警告，2人撤销缓刑收监执行。严格管理教育涉恶社区矫正对象。定期走访涉恶社区矫正对象，掌控日常动态。

【开展普法宣传】 2020年，三元区司法局组织全区干部职工学习《中华人民共和国民法典》《中华人民共和国社区矫正法》《中华人民共和国公职人员政务处分法》《福建省行政执法条例》《保障农民工工资支付条例》《三明市餐厨垃圾管理办法》《三明市公共文明行为促进条例》等新出台的法律法规。组织各行政执法单位在各乡镇（街道）大力开展形式多样普法宣传，同时运用法治宣传一条街、各大宣传栏、LED显示屏、微信公众号和“每月一法”等法治宣传阵地进行广泛宣传。

【“七五”普法迎检】 2020年，三元区司法局印发《三元区“七五”普法迎检工作方案》，启动“七五”普法总结检查验收工作。开展“七五”普法工作自查，做好相关材料收集、整理、上报，迎接区人大督查和市人大调研。召开三元区“七五”普法总结检查验收迎检工作培训会。运用法治宣传教育云平台组织开展“七五”普法考核验收和统一学法考试，全区55个单位，1182人参考，参考率和及格率均达100%，平均分97.25分。

【“法润童心”计划】 2020年，三元区司法局实施法润童心计划。由三元区总工会、团区委、妇联、司法局、民政局等部门联合开展的“雏燕关爱·职工子女暑托班”在白沙街道群二社区启动，三元区“法润童心”计划同步开启。区司法局邀请福建邱宁江律师事务所黄垂惠律师在白沙街道群二社区“雏燕关爱·职工子女暑托班”开展“法润童心”法治讲座。开展“开学法治

第一课”活动，组织律师开展校园法治讲座19场次。

【品牌普法工作室】 2020年，三元区司法局成立首个品牌普法工作室——“巾帼普法工作室”。律师黄霞在“巾帼普法工作室”接待法律咨询并带领工作队开展“民法典进企业”活动，实地走访三明三真药业有限公司等10家企业，送出《中华人民共和国民法典》等宣传材料200余份。

【民法典学习】 2020年，三元区司法局开展《中华人民共和国民法典》宣传活动。下发《三元区关于加强〈中华人民共和国民法典〉学习宣传工作方案》的通知，转发《中共三明市委全面依法治市委员会办公室印发关于学习宣传贯彻实施民法典工作方案》。

【系列民法典专题讲座】 2020年，三元区政协举办2020年政协委员读书班，邀请三明学院副院长、教授林建伟以“中国民法典的创新与特色”为题进行授课。人大也组织开展系列民法典专题讲座。区委依法治区办、纪委办、监委办在陈景润实验小学学术报告厅联合举办《中华人民共和国民法典》专题讲座，邀请福建邱宁江律师事务所主任邱宁江专题解读《中华人民共和国民法典》，全区纪委监委系统、政法系统、区直各单位计130余人参与此次讲座。

【疫情防控法律宣传】 2020年，三元区司法局做好疫情防控相关法律、知识的普及宣传，协助区委宣传部门制作疫情防控宣传音频20余条。编印《新型冠状病毒肺炎防控工作有关法律知识100问》等防疫宣传材料3200余份。

【法律保障复工复产】 2020年，三元区司法局开展“进企业、促六稳”专项活动。联合区工商联、福建邱宁江律师事务所组成“三元区中小微企业志愿律师服务团”，深入园区开展“法治体检”活动，提供法律服务和法律保障，帮助企业尽快复工复产。结合“服务提升年”活动组织进企业服务41家，为企业负责人及员工现场解答法律问题20余人次，帮助企业调解纠纷2起。

【政法队伍警示教育】 2020年，三元区司法局开展政法队伍警示教育活动。警示方面，在司法局全局大会上通报5起全国司法行政系统有关人员充当黑恶势力保护伞问题。承诺方面，全局司法行政干部职工签订承诺书。告知方面，制作《三元区司法局社区矫正工作人员廉洁自律告知书》，向社区矫正对象告知社区矫正工作人员廉洁自律“六不准”，主动接受社区矫正对象的监督，增强自我约束能力。

（陈德增）

军事

人民武装

【概况】 2020年，三元区人民武装部在固本培元上狠下功夫，全体人员、专武干部和民兵闻令而动，勇于担当，投身疫情防控一线，助力地方复工复产。圆满完成年度兵员征集任务，聚焦备战打仗主责主业，开展人武部首长机关训练，组织专武干部、民兵营（连）长和民兵专业骨干集训。

【新冠疫情防控】 2020年，三元区人武部修订防疫应急预案，提前购置口罩、袖标、防护手套、红外体温枪等防疫物资，加强战备值班秩序，联系区卫健局、市疾控中心，及时掌握辖区疫情，建立疫情零报告制度。第一时间上报辖区首个感染病例，根据军分区和区委、区政府通知要求，迅速启动响应机制，成立疫情防控领导小组，召回省内休假人员，明确力量编成，确保指挥信息畅通。向全区专武干部、民兵营连长和民兵应急分队成员发出“战疫”倡议书，广泛进行宣传动员。全区先后派出民兵，协助地方开展防疫宣传、走访摸排、路面封控、巡逻劝导、卫生消毒、设置隔离点等工作。配合三元区交通管制和堵卡检查，前后六批民兵在三明南等4个高速路口执行24小时值勤任务，逐车查去向、逐人测体温，检查车辆35034部，检测人员75400人。

【国防动员】 2020年，三元区人民武装部落实军民融合发展理念，统筹推进国防动员工作，及时调整国防动员委员会成员名单，优化组织领导和成员结构，落实好每季度工作例会制度，开展国防动员潜力调查，为国动委各办配备专用笔记本电脑和刻录机，及时更新国防动员潜力数据，完成系统录入和上报工作。

【民兵组织整顿】 2020年，三元区人民武装部调整改革工作领导小组，分为筹划准备、组织实施、整组验收、巩固提高等四个阶段，按照组织潜力调查、进行部署准备、优化结构布局、调整配备人员、预建党的组织、清点落实装备、集合点验民兵、组织检查验收等程序步骤，有序推进民兵组织整顿工作。进一步优化组织结构，提高整组质效。

【保持良好的战备状态】 2020年，三元区人民武装部保持良好的战备状态，以《作战值班应知应会》《值班员手册》为标准，细化规范值班秩序。结合点验、拉动及每日电话抽查一个应急分队在位情况，确保应急力量精准有效，充分发挥民兵情报信息员作用，加强与地方相关部门的信息互联互通。完善和整理2份作战研究方案，结合驻地人口、经济、交通等特点，组织国防动员潜力调查统计、辖区兵要地志勘察，开展保交护路、专项行动动员支前、战时兵员预置备补和征召、“十四五”时期民兵建设等有关问题研究，如期上报研究材料。

【落实军事训练】 2020年，三元区人民武装采取指挥所作业带部分实兵的方式，参加上级统一组织的演练。注重落实军事训练。组织民兵应急分队进行为期3天的集训，组织专业分队以及后勤保障分队、网络分队进行为期12天的集训。

【征兵组织与宣传】 2020年，三元区人民武装部调整区、乡两级征兵工作领导小组成员，细化各级、各部门责任分工，周密计划，严密组织，研究部署疫情防控下征兵工作。各乡（镇、街道）、学校张挂宣传海报、横幅标语、滚动播放征兵广告，利用手机短信、微信平台、微信群，及时推送征集条件、优待政策、应征流程和宣传短片，大力营造浓厚氛围。

【规范审批定兵程序】 2020年，三元区人民武装重点把好业务培训、初检初审、体格检查、政治考核、文化学历这“五道关口”，贯彻“六优先”“三不定”的原则，严格规范审批定兵程序，采取量化评分的方式择优定兵，审定批准新兵入伍和分配去向。依托岩前教育实践基地，集中利用10天时间，组织双合格人员进行役前训练。圆满完成新兵的征集任务，全程加强对廉洁征兵工作检查监督，设立举报信箱及举报电话，发放廉洁征兵监督卡，建立廉洁征兵“零报告”制度。

【民兵武器装备普查】 2020年，三元区人民武装部查找安全隐患和薄弱环节，搞好预测预防，确保安全管理工作有的放矢。紧紧抓住“管人、控车、治库、纠风、保密”五个关键环节，全力推进条令条例学习月活动、安全管理“十个专项整治”、“三零一好”活动、规定学习月活动、百日安全活动、民兵武器装备普查和安全隐患排查、专项保密清理检查等各项活动高效落实，完善营区全方位和重要部位的安防设施建设。

【双拥共建】 2020年，三元区人民武装部采取挂点社区、结对贫困户等方式开展双拥共建工作，走访慰问4家贫困户，发放慰问金0.4万元，主动参与“部局村联动”共建活动，为崇宁社区、桃源社区、居阳村、米洋村、蓬坑村划拨共建经费6.5万元。志愿开展关心残疾人、留守儿童等服务活动，参加植树造林、学习雷锋、志愿服务等社会公益行动，广泛开展国防教育社会化宣传工作。先后组织120人次的民兵力量参与文明创城，进行街道社区卫生清扫、文明劝导和文明宣传等活动，累计投入2.5万元用于文明创城。

（张 杭）

2020年2月6日，三明市三元区领导到区交警大队、区公安分局，检查指导疫情防控工作，并看望慰问奋战一线的干警

应急管理

防汛抢险

【概况】 2020年，三元区应急管理局加强防汛队伍建设，夯实工作基础。贯彻落实省、市防指的安排部署，对2020年汛期防汛备汛任务作出动员部署，要求各部门各司其职，协同作战。本年度，三元区发生各类生产安全事故12起（9起为道路交通事故），死亡6人，受伤10人。与2019年同期相比，事故起数增加4起，同比上升50%，死亡人数与2019年同比减少2人，下降25%，受伤人数减少3人，同比下降23.1%。

【压实防汛责任】 2020年，三元区应急管理局明确职责到岗到位。贯彻省委、省政府关于过渡期防汛抗旱工作的要求精神，调整并公布三元城区、各乡镇、街道防汛抗旱责任人、小型水库行政责任人、主管部门责任人、防汛安全管理单位责任人和管理员名单，杜绝因人事变动、岗位调整造成责任脱节。

【防汛抢险队伍建设】 2020年，三元区应急管理局在汛前调整充实三元区人武、消防、各乡镇、街道等10支防汛抢险队伍进行人员清点和登记造册，计250余人。

【补充防汛物资】 2020年，三元区应急管理局及时清查盘点各类物资储备，抓紧补充更新。按照省市工作要求，筹措准备对讲机、卫星电话、无人机、柴油发电机、救生艇、救生衣、救生圈等防汛物资20类2000余件。

【修编防汛指挥图】 2020年，三元区应急管理局升级修编区、乡防汛指挥图。根据省防办工作安排，三元区按“统一底图、统一标绘系统”的模式，对区、乡两级防汛指挥图进行更新完善，升级修编后有效提高各单位指挥调度能力。

森林防火

【森林火灾应急演练】 2020年，三元区应急管理局在中村乡张坑村举行森林火灾应急演练，提升应对和处置突发森林火险能力，提高应急队伍反应速度和实战水平。做好与市森林消防支队、大队工作对接，并利用春节开展一线森林消防队员的慰问。进入秋冬季森林防火期以来，三元区严格按照《森林防火条例》要求，在落实森林防火行政领导责任制和属地管理负责制的同时，实行三级网格化管理制度，查找辖区内森林防灭火工作存在的薄弱环节，发动森林消防队员、网格员、护林员、村干部等各级力量，对烧田埂、烧杂草、烧秸秆、烧垃圾、烧荒开垦等违规农事用火进行劝导和制止。

【森林防火宣传】 2020年，三元区应急管理局拓展基层森林防火宣传阵地，开展森林消防宣传活动，全力消除防火宣传盲区。组织举办2020年冬季森林防火灭火知识和技能培训班。特邀请市森林消防救援支队3名实战经验丰富的森林消防专业人员，采用理论和实操相结合的方式，对森林防灭火理论知识和扑火机具技能操作两方面内容进行专项培训，提高三元区基层护林员防火灭火工作技能。

【森林防火灭火】 2020年，三元区加强防火期间值班巡查工作。森林防火期内，区森林防火灭火指挥部实行24小时值班制度，确保通信联络畅通，保证每天零报告制度。

（张 斌）

防震减灾

【防震减灾宣传】 2020年，三元区应急管理局以防震减灾宣传周和科技活动周为主线，组织开展防震减灾科普宣传“六进”活动，由区委宣传部牵头组织，深入岩前、莘口、中村三个乡镇开展科技下乡活动，宣传科技常识和防震减灾知识，加大对农村地区的防震减灾知识宣传力度。

【隐患排查和应急演练】 2020年，三元区应急管理局结合安全生产隐患排查治理，加强对社区、学校、商场等人员密集场所和重要设施，特别是应急疏散通道开展隐患排查治理。利用第十二个防灾减灾日指导辖区学校及街道开展地震应急演练活动，第二实验幼儿园举行不同形式的地震演练活动。

【应急避难场所建设】 2020年，三元区应急管理局加强地震预警终端信息及应急避难场所建设。在市地震局的现场指导下，联合区教育局、区政府、市地震局对辖区乡（镇）街道8处应急避难场所开展实地检查，并对存在问题进行对标整改。提前实现全区乡镇街道地震应急避难场所规范化建设全覆盖的目标任务。

【地震预警信息接收终端建设】 2020年，三元区应急管理局加快完成地震预警信息专用接收终端建设任务，在辖区内完成安装地震终端系统建设75处，分别安装在城关、白沙、富兴堡、荆西等街道区域的中小学幼儿园，计54处，以及岩前镇、莘口镇、中村乡所辖各村的村部，计21处。

（孙 婧）

安全生产指导

【强化疫情防控】 2020年，三元区应急管理局指导企业复工复产。强化落实部署，采取一系列举措，确保全区企业顺利复工，逐步恢复生产。企业有复产复工需求的，要上报提交区政府复产复工审批单，由疫情防控指挥部及应急管理局等职能联合审查，对企业复产复工开展安全生产条件、风险性予以审核，未达到复工标准的不予审核。

【强化疫情常态化防控】 2020年，三元区应急管理局就强化疫情防控常态化条件下安全生产工作作出部署，指导开展涉疫场所、房屋及工程施工安全、人员密集场所、危化品、道路交通、工矿企业、消防及自然灾害等八大行业领域大排查大整治工作。

【安全生产专项治理】 2020年，三元区应急管理局开展大排查大整治和安全生产专项治理行动。组织1584个检查组，6131人次，检查3058家次，排查问题隐患1904条（其中红色隐患5条、橙色隐患14条、黄色隐患244条、蓝色隐患1641条），整改1904条，限期整改378家次。全面落实“五项清单”，督促指导各乡镇、街道完善“一乡一册”以及各行业领域牵头单位完成“一行一册”及478家监管企业完成“一企一档”。

【指导服务与严格执法并重】 2020年，三元区应急管理局结合省市大排查大整治指导服务，区安办组织各成员单位按行业领域，由行业主管部门牵头组织对相关行业领域开展指导服务，截至12月，全区开展指导服务196组次，停产停业3家次，约谈通报62家次，行政处罚113.77万元。

【防范遏制重特大事故】 2020年，三元区应急管理局贯彻落实《2020年安全生产工作要点》。根据工作安排，区政府安委会印发《三元区人民政府安全生产委员会关于印发2020年三元区安全生产工作要点的通知》，部署全区安全生产工作，明确部门安全生产职责，健全安全生产责任体系。三元区政府与各监管部门、属地和经营单位签订安全生产责任书，明确安全生产责任，强化安全监管工作。

【重点安全风险点管控】 2020年，三元区应急管理局落实红色隐患和重点安全风险点安全管控情况。推进重点红色隐患领导挂包制度，对8个隐患问题突出的重点风险点落实区领导挂包责任制度，由属地和行业主管部门把关落实，区挂包领导协调解决在整改推进过程中遇到的困难和问题，督促隐患限期整改。依法组织调查“4・1”“10・11”“11・30”三起一般生产安全事故。

（张　斌）

三元区消防救援大队

【概况】　2020年，三元区消防救援大队检查企业722家次，排查火灾隐患192条，落实整改203条，下达责令整改书137份，行政处罚38份，临时查封4起，三停2家，火灾事故调查14起，罚款人民币145345元。三元区消防救援大队获评2018—2020年度省级文明单位称号。

【火灾防控】　2020年，三元区消防救援大队建立全市第一个政府级别的应急物资储备库，配备各项救援装备器材，于7月挂牌投入使用；协同政法委、城管局等部门集中开展打通“生命通道”活动，完成9处主要路段、30余处背街小巷、物业小区的画立标工作；在老旧城区不放心场所建设74处“233”消防器材取用点，指导辖区28个社区微型消防站完成达标建设。

【提升全民消防安全意识】　2020年，三元区消防救援大队依托中山公园建设900平方米的消防主题公园，广泛普及消防安全知识，提高辖区居民消防安全的自我保护意识。

（曾一灵）

三明市消防救援支队白沙路特勤站

【概况】　2020年，三明市消防救援支队白沙路特勤站深化改革，推进转型升级。通过市级“青年文明号”和“文明单位”续评考核；先后荣立集体三等功1次，个人二等功1人次，三等功3人次，嘉奖38人次，1人获评“市杰出青年岗位能手”，1人获评“郑忠华式的消防卫士”，2人获评“市青年岗位能手”；分别取得全省远程供水救援操第一名、全市全员岗位练兵比武第一名、队列会操第一名、装备“小革新”“小发明”评比第一名、装备知识竞赛第一名等数十项“第一名”。在泉州“3・7”酒店坍塌事故救援中，涌现出一批先进典型。

【应急救援实战演练】　2020年，三明市消防救援支队白沙路特勤站承办或协助支队完成多项部局、总队、支队试点和培训及其他重要任务，举全队力量先后参与泉州“3・7”欣佳酒店倒塌救援行动、“闽动－2020”地震跨区域应急救援实战演练、全省跨区域防汛抗洪实战拉动演练、全省高层建筑跨区域灭火救援实战演练暨比武竞赛等急难险重任务；4人参加总队水域救援培训、2人参加总队化工灾害事故救援培训，7人备战全省消防救援队伍尖兵擂台暨比武竞赛、多次承办支队升旗仪式及新训消防员集中整训暨跟班见习，均取得各级领导、指战员满意成效。

【提升执勤作战能力】　2020年，三明市消防救援支队白沙路特勤站执勤作战能力有新的提升。组织熟悉92次，演练124次，修订预案72份，参加支队“高低大化”演练任务13场次，队伍实战打赢能力得到大幅提升。年内，出动消防车240余辆次，抢救被困人员57人，疏散人员480人，抢救财产价值520余万元；先后参与处置泉州“3・7”酒店坍塌事故、“5・5”福银高速泰宁段电石运输车辆火灾事故、“5・8”永安鑫源纺织厂火灾扑救、“5・13”明溪县华越厂房火灾等重特大事故救援工作，特别是在泉州“3・7”酒店坍塌事故中，特勤站与永安、大田通力合作搜救出4名被困者，被总队记集体三等功1次，个人三等功2人次，嘉奖32人次。

【提升后勤保障能力】　2020年，三明市消防救援支队白沙路特勤站进一步加强财务人员对相应财务管理规定的学习，提升财务人员综合素养，科学合理按规定完善相关手续，确保后勤各项工作合理、合法、合规；进一步强化支部理财制度的落实，提高依法理财的能力和水平，坚决做到开支合理、合法、合规；进一步提升食堂卫生、伙食水平，美化营区环境，加修围墙、修葺营房，解决后勤保障工作存在的瓶颈问题。

【加强提质增能】　2020年，三明市消防救援支队白沙路特勤站抓练兵谋打赢，全面加强提质增能。坚持支部议训管训，主动对标“主力军、国家队”总要求，抓住“应急救援队伍练兵”这个关键，坚持战斗力标准，大兴实战之风，整合有效力量，确保打赢制胜。

【夯实技战术基础】 2020年，三明市消防救援支队白沙路特勤站修订预案72份，开展参加支队“高低大化”演练任务13场次，参加总队“闽动—2020”地震跨区域应急救援实战演练1次和支队跨区域灭火救援演练3次，技战术基础更加扎实。

【强化专业能力建设】 2020年，三明市消防救援支队白沙路特勤站开展危险化学品事故处置等特勤训练科目30余课时，提升危化品处置能力，深化特勤站专业化建设；开展远程供水系统专项训练55次，在总队高层演练暨比武竞赛中，代表支队获得远程供水系统铺设及收整操第一名的好成绩，有效提高特勤站火场供水能力；组建水上救援专业队和抗洪抢险突击队，圆满完成总队防汛抗洪前置点力量集结拉动演练。

【提升队员体能素质】 2020年，三明市消防救援支队白沙路特勤站开展体能测试20次、月考核12次，在总队冬训训练监察考核中，所有科目实现达标率100%，优秀率90%，其中赖士楠绳索攀爬科目名列总队第二名，登上总队实战化练兵龙虎榜。

（陈大千）

2020年4月1日，三明市三元区举行防汛抗洪应急救援演练

自然资源 生态环境

综 述

【土地资源管理】 2020年，三元区获批农用地转用与土地征收2个城市批次和1个农村住宅批次，总用地面积合计7.05公顷，新增建设用地面积6.715公顷，耕地5.488公顷。

【土地市场】 2020年，三元区自然资源局依法依规供应土地，执行“净地出让”，禁止以任何手段方式事前确定项目开发业主，严禁随意变更土地出让规划条件，对涉及闲置土地依法按照《闲置土地处置办法》的规定处置到位，对土地出让金执行“收支两条线”管理规定，并按照国有土地使用权出让合同约定期限和条件，足额收缴土地出让金。

【挂牌出让建设用地】 2020年，三元区完成挂牌出让工业建设用地8宗，挂牌总用地面积17.16公顷，挂牌成交总金额3408万元；协议出让1宗，面积0.49公顷，出让价110万元。

【国土调查】 2020年，三元区自然资源局开展第三次全国国土调查进展工作，完成三元区46633个图斑、面积80023.13公顷的调查工作，并通过自然资源部内业数据核查。

用地审批

【用地批后监管】 2020年，三元区自然资源局利用在线监测监管系统平台。重点加强土地出让合同监管，落实项目信息现场公示、价款缴纳提醒、开竣工预警提醒、开竣工申报、现场核查、闲置土地查处、建立诚信档案等制度，严格追究土地出让合同违约责任。

【权属证明】 2020年，三元区自然资源局对每个用地项目进行地类核对，开具权属证明材料，为125个项目提供权属证明。

【土地变更成果核查】 2020年，三元区自然资源局年内根据自然资源部下发的2020年度遥感监测图斑，三元区自然资源局进行逐一外业调查核实、内业汇总，组织相关股室查看各图斑地块用地情况，提出可行的处理建议和意见。完成三元区土地年度变更调查，通过自然资源部验收。

【建设用地预审】 2020年，三元区自然资源局办理用地预审4宗、面积约17公顷，出具辖区内各类规划选址意见15件，办理工业项目预申请22件。

【高标准农田建设】 2020年，三元区推进土地整理等高标准农田建设项目的实施，完成高标准农田建设规模约197.07公顷。

【旧村复垦实施】 2020年，三元区自然资源局督促乡镇开展旧村复垦工作，主动沟通、联系，在项目立项、实施、验收、结算等环节做好指导工作，有效推进旧村复垦项目实施，实施进度较上年明显加快。年内，验收旧村复垦项目2个，完成增挂钩指标10.764公顷。

矿产资源管理

【矿山年检】 2020年，三元区自然资源局年初成立工作小组，开展矿山年检工作，完成三元区10家矿山企业的年检工作，对矿山安全生产及矿山地质环境恢复治理等工作落实情况进行全面检查。

【矿产资源规划编制】 2020年，三元区自然资源局根据省、市关于开展第四轮矿产资源规划编制工作的通知要求，确定规划编制单位，明确规划编制人员，确定规划编制思路、原则、主要任务和进度安排；系统开展规划的基础资料收集，进行实地调研、核实资源勘察、资源储量、开发利用与保护、矿山地质环境等基础数据；评估上一轮规划实施进展成效、删除到期未延续的矿山。

【扫黑除恶】 2020年，三元区自然资源局召开扫黑除恶会议12次，完成会议记录，下发红头文件11份，编写扫黑除恶简报12篇。开展矿产领域涉恶涉乱线索摸排，开展矿山、重点工程排查工作，对三元区境内兴泉铁路和莆炎高速，534国道等重点工程进行实地调查了解，围绕非法洗砂、征地拆迁及建设过程等环节深入开展线索摸排工作，保障扫黑除恶专项斗争深入开展。发现岩前镇星桥村1件破坏耕地非法采矿的涉黑涉恶线索，已移送公安及扫黑办。

土地执法管理

【土地矿产卫片执法检查】 2020年，三元区自然资源局通过“天上看，地下查”监测系统，创新技术手段，增加频次和数量，自然资源部下发季度卫片图斑和省厅下发月度卫片图斑402个，涉及土地面积286.01公顷，经实地核查举证，其中违法图斑35个，均已依法分类处置，违法用地制止率、查处率和自然资源部门履职到位率100%。

【信访和举报处置】 2020年，三元区自然资源局受理群众来信来访23件，其中来信12件，来访11件，均已办结，回复率100%。“12336”电话违法举报件7件，均已核实并反馈。“e三明”平台，2020年受理群众投诉82件，均按平台管理办法，按时转办或回复。

【执法监察动态巡查】 2020年，三元区自然资源局开展国土资源动态巡查工作机制，全年开展动态巡查428次，发现土地、矿产违法行为27起，制止土地、矿产违法行为27起，立案查处违法案件14宗，其中土地案件11宗、矿产案件2宗以及规划案件1宗，涉及土地面积3公顷，拆除违法建筑0.17万平方米，没收违法建筑0.41万平方米，罚款46.63万元。

【“两违”综合治理】 2020年，三元区自然资源局配合区城管局开展“两违”综合治理，参与拆除“两违”构建建筑物5次。

【打击非法违法采矿】 2020年，三元区自然资源局对三元区各矿山企业及矿点进行全面大排查、大整顿。对无证非法勘查、开采行为发现一起、查处一起，举报一起，查处一起，严厉打击非法违法采矿，确保辖区打击无证非法采矿率100%。

矿产资源法宣传及灾害预防

【法治法规宣传】 2020年，三元区自然资源局利用“3·19”矿产资源法宣传日、“4·22”世界地球日、“6·25”全国土地日、“12·4”全国法制宣传日等重大法制宣传教育节日，组织开展咨询和送法进社区、进乡村、进学校活动，加大自然资源法律法规宣传力度，在利用好宣传横幅、标语、宣传栏等传统媒介做好宣传的同时，加强电视、报刊、网站、手机短信等新兴媒体的宣传。

【地质灾害防治知识宣传】 2020年，三元区自然资源局开展地质灾害防治培训工作。通过聘请专家讲课，发放学习资料等形式，广泛宣传地质灾害防治知识。同时结合“4·22”世界地球日、“5·12”防灾减灾日等节日开展宣传活动，悬挂宣传横幅8条，张贴宣传挂图45份，发放宣传资料2000多份，发送短信2万条。

【地质灾害防治】 2020年，三元区自然资源局通过对三元区地质灾害点排查资料的搜集，组织专业技术人员编制完成《2020年地质灾害防治方案》。确定重点防范期、防治责任人（村主任或书记）、监测人、监测方法、防治和应急抢险措施等。

【汛期防范】 2020年，三元区自然资源局完善落实汛期24小时值班、汛前排查、汛期巡查、灾情速报等地质灾害防灾制度和群测群防体系建设。本年度开展地质灾害巡查50余次，出动200余人次。了解各地质灾害隐患点情况，预防新的地质灾害隐患点的出现；对可能发生地质灾害险情的，组织专家现场勘察，出具应急调查简报，作为处置的依据；督导各乡镇、街道、区直部门进行风险防控；将地质灾害险情及时上报区政府，协助区政府开展实施地质灾害应急措施。2020年，争取地灾治理和风险评估补助资金482万元。

规划用地

【土地储备】 2020年，三元区自然资源局完成8户自建房征收任务，征收房屋建筑面积2195平方米，同时年内完成台溪坂集体土地5.07公顷农转用与土地征收工作，完成毅君机械铸造企业收储土地面积约2.41公顷，征收建（构）筑物面积约3367.845平方米。配合三元收储分中心完成东霞加油站、台江头二期地块、荆东地块、下洋棚改CD地块、下洋花园剩余地块、下洋省一建后山市政道路等地块内各企业土地、房屋征收补偿协议的签订工作，年内完成土地征收约11.87公顷土地面积、征收建（构）筑物面积约30807.759平方米。

【城市规划建设】 2020年，三元区自然资源局配合市自然资源局，完成《三元区东霞BCD地块控制性详细规划》动态维护等20个地块的控制性详细规划的前期协调工作，同时做好荆东区域规划开发的前期事项，完成荆东片区概念规划；重视市级国土空间规划编制工作，提前部署谋划，充分征求部门及乡镇意见，做好与市级国土空间规划的衔接工作，其中完成三元区生态红线评估工作，并将成果提交市自然资源局报请部里审批。

【出具规划选址意见】 2020年，三元区自然资源局出具辖区内各类规划选址意见15件、办理工业项目预申请22件；配合相关部门启动小学、幼儿园、学生街、安置房、荆东污水处理厂等项目的开工建设工作；配合做好三元区教育补短板项目，为东霞小学扩建、第三实验小学、三明学院实验小学、实验幼儿园的建设提供规划服务工作，完成富兴中学、陈景润小学富兴校区的选址及方案评审工作。

（黄文华）

生态环境

【概况】 2020年，三明市三元生态环境局有4个内设机构：办公室、环境管理股、环境质量股、生态法规股。原下属事业单位三明市三元区环境监察大队整合化转至三明市生态环境保护综合执法支队。原下属事业单位三元区环境保护监测站更名为三明市三元环境监测站。2020年，城区环境空气质量优、良天数为366天，比例为100%，环境空气质量达到国家二级标准。辖区市级与乡镇集中式饮用水源地水质达标率为100%。主要流域沙溪考核断面水质达标率100%，辖区6条小流域水质均达到地表水III类水质标准。

【环境联管联控】 2020年，三明市三元生态环境局实行环境联管联控。制定印发《三元区环境质量预警联动管控工作方案》，成立环境质量联动管控工作领导小组，从组织领导、统筹协调、调度指挥等三方面健全机制，应对环境空气质量和地表水质出现预警的情况，确保辖区水环境质量稳中求升补齐环境管控联动短板。建立长效管理机制，印发《三元区农村生活污水处理设施长效运行维护管理办法（试行）》和《三元区农村生活污水处理设施运行维护考核方案》，规范和加强三元区农村生活污水治理设施的运行维护，组织辖区各部门按职责开展农村生活污水处理设施运行维护管理工作。

【饮用水源保护区综合治理】 2020年，三明市三元生态环境局统筹山水林田湖草治理，全面推进东牙溪、薯沙溪、渔塘溪、溪源溪小流域水环境治理，先后投入约2亿元，按照“流域整体规划、系统保护、上下联动、要素协同、突出重点、分步实施”的思路，实施东牙溪流域饮用水源保护区综合治理与生态修复工程、薯沙溪流域饮用水源保护区综合治理与生态修复工程、渔塘溪流域综合治理工程、溪源溪小流域综合整治项目，稳定和提升流域水环境质量，实现重塑“山水林田湖草”生命共同体。

【上下游协调治理】　2020年，三明市三元生态环境局推动小流域上下游协调治理，深入分析溪源溪流域水质不稳定因素，全面排查溪源溪流域沿线岩前、莘口2个乡镇、9个村，推动上下游属地协调治理。

【流域水环境监测】　2020年，三明市三元生态环境局牵头组织实施溪源溪小流域综合治理为民办实事项目，从农村生活污染治理、农业面源污染防治、监管能力提升等方面，稳定提升流域水质；提升流域水质在线监控能力。2020年投入约300万元建设小流域水质自动监测站，分别完成溪源溪流域4座、渔塘溪流域1座、薯沙溪1座。补齐生态环境监测能力短板，进一步提高流域水环境监测预警能力。

【组建生态综合管护队】　2020年，三明市三元生态环境局改革生态整治模式，莘口镇率先在全市创新组建生态综合管护队。以生态管护队模式为抓手，充分发挥各类网格员作用，并将此模式延伸至辖区所有乡镇。在生态管护模式全覆盖的三元辖区，已形成“纵向到底、横向到边、协商共管”的生态管护机制，从而更有效地推动全区乡镇生态环境工作落到实处。

【审批环境影响项目】　2020年，三明市三元生态环境局审批环境影响项目43个，其中报告书4个、报告表39个，登记表备案51个，项目总投资713468万元，其中环保投资9707万元，环保投资占总投资的1.4%。完成固定污染源排污许可清理整顿71家，核发排污许可发证81家，排污许可登记429家，发证率、登记率均100%，完成全部核发登记任务。

【执法专项行动】　2020年，三明市三元生态环境局结合日常“双随机”检查和各类执法专项行动，依法依规查处辖区环境违法行为，同时统筹疫情防控和经济发展，坚持环境监管和帮扶服务相结合，加大对监管对象的日常指导服务，提升企业环境管理水平。全年累计出动执法人员400余人次，检查企业200余家次；2020年累计立案查处环境违法案件23起，处罚金额约76.2万元，移送涉嫌刑事犯罪1起。

【规范信访投诉受理】　2020年，三明市三元生态环境局规范信访投诉受理、处置机制，大力解决群众身边突出环境问题。2020年，办理“12369”、微信、上级转办信访件71件，“12345”政务服务平台诉求255件次。

【水质监测】　2020年，三明市三元生态环境局加强对辖区各条流域开展水质监测工作，在辖区6条小流域布设8个监测点位，单月进行一次水质监测，为小流域环境整治工作提供科学依据。加强乡镇饮用水源水质监测工作，对岩前、莘口和中村3个乡镇饮用水源地进行水质监测，密切关注乡镇饮用水质状况；开展重点企业污染源监督监测工作，出具污染源监测报告59份。

【环保教育宣传】　2020年，三明市三元生态环境局围绕改善民生，全面落实环境信息公开制度。推进污染源环境监管、建设项目环境影响评价、环境监管执法等信息的公开，引导公众参与环境保护，促进和谐社会建设。2020年累计公开各类信息169条。

【生态环境保护宣传】　2020年，三明市三元生态环境局主动与融媒体合作交流，2020年全年在央媒、省级、市级媒体及市局微信公众号和当地政府门户网站等平台上发布宣传计124条次；利用六五环境日、开展环保公众开放日等形式，开展生态环境保护宣传进企业、校园、单位、社区和乡村等活动，倡导社会公众自觉参与生态环境保护。

（陈丽青）

经济管理

综 述

【项目投资】 2020年，三元区完成第十八届“6·18”各项工作任务。筛选录入省库47项对接合同项目，总投资17.61亿元；筛选录入2项企业技术需求；选送三元安美奇（AMG）铝钛硼、合金金属生产项目为第十八届创交会对接典型项目。

【项目竞赛】 2020年，三元区根据市竞赛方案和考评办法，结合三元区实际，制订下发区“五比五晒”竞赛方案，对六大重点领域、区直部门、乡镇（街道）根据职责任务进行分类别考评。年度新增“五个一批”项目189个，总投资431.16亿元。其中27个省市重点项目和19个投资增长点项目均超额完成年度投资计划，“五比五晒”项目竞赛成绩，全市排名第四位，小组排名第二位。

【项目审批】 2020年，三元区对应省、市做好行政审批事项梳理工作，完善网上办事大厅和工程审批系统标准化建设。2020年，三元区发改局累计审批政府投资项目立项、可研及初设65项，总投资58.96亿元；核准企业投资项目3项，投资0.87亿元；不使用政府性资金企业、组织投资建设项目备案52项，总投资63.2亿元。

【争取资金】 2020年，三元区发改局重点围绕基础设施、民生社会事业、生态环保等补短板领域，争取中央和省级预算内资金，2020年获批并下达补助项目9个、资金8801.87万元；争取地方政府专项债券，向上申报3批次30余个地方政府专项债券项目，有6个项目获批专项债券支持，债券额度6.91亿元。

【生态修复】 2020年，三元区实施流域水环境保护治理、污染与退化土地修复治理等山水林田湖草项目9个，总投资27185万元。至年底，项目全部完工，计到位资金26163万元，累计完成投资27159万元，完成项目总投资额的99.9%。

发展与改革

【信用专项治理】 2020年，三元区发改局“双公示”信息推送13474条，推送成功率100%；“联合惩戒案例”报送477条；“市场主体信用承诺”报送1680份；“线下诚信宣传活动”71场；“诚信案例宣传”推送21条；“信用专栏公示信用风险提示信息”222条；“19个信用专项治理”方面，报送情况良好，治理成效明显。

【价格服务】 2020年，三元区发改局做好价格管理服务。做好2018年生态电价重新审核的组织协调工作，完成台江电站和竹洲电站现场审核牵头工作。完成格氏栲AAAA景区门票价格情况调查，规范旅游景点价格秩序，实行对全国医护工作者免费开放优惠政策。

【降低用电成本】 2020年，三元区发改局做好降低用电成本政策的宣贯，转发《省发改委关于延长阶段性降低企业用电成本政策的通知》等文件，与区市管局做好工作协调，落实终端用电价格。

【发放价格临时补贴】 2020年，三元区发改局做好困难群众发放价格临时补贴。为贯彻落实社会救助和保障标准与物价上涨挂钩联动机制政策，按照三明市发改委的统一要求，保质保量完成低收入群体价格补贴发放工作。2020年，发放价格临时补贴49.05万元，惠及困难群众1.27万人次。

【“三油并轨”】 2020年，三元区发改局做好“三油并轨”工作。会同区工信与商务、交通、市场监管、生态环境和公安等部门，开展加快内河船舶油品质量升级，实现“三油并轨”工作。

【苏区振兴规划】 2020年，三元区发改局根据省发改委关于上报《福建省“十四五”老区苏区振兴发展规划项目》的要求，三元区筛选上报特色产业重点项目32个、新兴产业重点项目9个、特色现代农业重点项目8个、基础设施重点项目33个、生态文明建设重点项目6个、红色文化品牌提升重点项目6个和民生保障重点项目15个，计七大类109个项目，估算总投资463.7亿元。

【疫情防控规范价格】 2020年，三元区发改局开展重要商品供应及价格情况巡查。三元区发改局走访辖区内各大商场、超市、集贸市场20余次，要求辖区内各大商场、超市、集贸市场规范价格行为，发布真实准确的价格信息，出现商品供应短缺、价格波动等异常情况要及时反映。加强食品价格监测。继续发挥好多多超市三元店应急监测作用，对粮食、肉蛋禽菜等27种食品实行每日1次定点监测，实时跟踪掌握市场价格动态走势。加强防疫用品库存价格监测。每日对各大药店在售的酒精、消毒液、口罩等防疫用品的库存和价格进行监测。为有效应对新冠肺炎疫情影响，保持春节期间市场主要农副产品价格的基本稳定，减轻中低收入群体的生活负担，保障居民基本消费需求，从1月18日至3月15日，三元区启动2020年春节期间平价商店运行机制。

【复工复产】 2020年，三元区发改局结合三元实际，制定出台《关于应对新冠肺炎疫情加快推动建设项目有序开工复工若干措施》，保障土地供应稳定有序、加强施工人员生活保障等16条措施，在做好疫情防控工作的同时，为辖区重点项目科学有序开复工提供帮助和指导。同时为企业争取金融政策支持，摸底上报辖区医用物资、生物医药、医疗器械、物流和生活物资、农产品、粮油物资等有信贷资金需求的疫情防控重点保障企业4批次17家，贷款需求3.85亿元；有税收减免需求企业2批次4家企业，并向上争取优惠政策，为重点项目、企业复工复产提供资金保障。

（黄　姗）

审计

【概况】 2020年，三元区审计局完成审计项目18个，其中财政预算执行情况审计项目2个、重大政策措施落实情况跟踪审计项目3个、领导干部自然资源资产离任审计项目2个、专项审计调查项目3个、经济责任审计项目8个。审计查出主要问题金额2154万元，审计发现非金额计量问题72个，已出具审计报告和专项审计调查报告25篇，审计促进整改落实有关问题金额532万元，其中上缴财政32万元，归还原资金渠道290万元，调账处理210万元，提出审计建议47条，被采纳审计建议44条，提交审计信息56篇。此外，还开展城东乡“撤乡并街”债权债务核实工作。2020年，三元区审计局获三元区“2020年度党员先锋岗”称号。

【深化财政“同级审”】 2020年，三元区审计局以促进国家重大决策部署和区委区政府重点工作贯彻落实，推动建立现代财政制度，促进国家财政经济安全和财政资金规范高效运行为目标。重点关注财政政策提质增效和政府过“紧日子”情况、中央八项规定及其实施细则精神贯彻落实情况、预算分配、资金安全和绩效情况，以及地方政府债券、部门决算草案编制、地方财政收支等方面情况。

【审计全覆盖】 2020年，三元区审计局实现区一级预算单位数据分析审计全覆盖，在数据分析的基础上结合开展挖掘财力财源、财政资金引导撬动效益专题审计。开展2019年度区本级预算执行、决算草案和其他财政收支情况审计，并对区人社局开展部门预算执行审计。

【任期经济责任审计】 2020年，三元区审计局重点关注领导干部贯彻落实有关经济法律法规、贯彻区委区政府的工作方针政策和决策部署情况，重大经济决策制定、执行及其效果，预算执行和财务管理、资产管理、工程项目管理情况，贯彻落实中央八项规定精神及领导人员遵守有关廉政规定等方面情况。2020年，对8位科级领导干部进行经济责任审计。

【政策落实跟踪审计】 2020年，三元区审计局重点关注“三促进”、财力财源挖掘、创新驱动发展等政策措施落实情况以及重大投资项目推进情况。开展第一阶段新冠肺炎疫情防控资金和捐赠款物管理情况跟踪审计，对减轻中小型企业负担、企业运营成本、企业增长增效、援企稳岗力度、繁荣发展夜间经济、促进就业优先等方面进行贯彻落实国家重大政策措施情况跟踪审计。

【领导干部离任（任中）审计】 2020年，三元区审计局开展岩前镇自然资源资产管理和生态环境保护专项审计和农业农村局自然资源资产离任（任中）审计。

【专项审计】 2020年，三元区审计局对三元区土地收储和存量状况、三元区国有资产和资本运营管理情况、2015—2019年三元区公建项目进行专项审计调查。

【公务支出和公款消费审计】 2020年，三元区审计局在财政预算执行审计和经济责任审计时，将“三公”经费、会议费、培训费、楼堂馆所建设、人员编制和软件正版化应用情况纳入审计范围，作为党政领导经济责任审计项目的必审内容，对“三公”经费、会议费、培训费和违规发放津补贴开展“1+X”专项检查，揭露公务支出，公款消费等方面存在的支出不规范等问题。

【配合审计项目】 2020年，三元区审计局抽调审计人员配合区委巡察组完成为期各三个月的九届第十二、十三轮巡察工作；抽调一名审计人员参加为期14天的市委脱贫攻坚专项巡察“回头看”工作；抽调一名审计人员参加为期7天的区委脱贫攻坚专项巡察“回头看”工作；配合纪委开展部分村村级财务专项审计督查工作；配合二轻联社解决历史遗留问题。

（何　源）

统　计

【概况】 2020年，三元区实现地区生产总值247.43亿元，同比增长3.9%。其中，第一产业增加值13.15亿元，增长4.0%；第二产业增加值147.55亿元，增长4.7%；第三产业增加值86.72亿元，增长2.5%。全区农林牧渔业实现总产值22.49亿元，同比增长4.0%；规模以上工业企业总产值同比增长7.7%；规模以上工业增加值同比增长3.3%；固定资产投资（不含农户）同比增长6.1%；社会消费品零售总额76.51亿元，同比下降5.3%；限上批发业销售额211.14亿，同比增长7.9%；地方公共财政收入5.14亿元，增长11.9%，公共财政支出11.79亿元，同比增长4.31%。全体居民人均可支配收入39660元，同比增长4.4%。其中，城镇居民人均可支配收入42615元，同比增长3.4%；农村居民人均可支配收入22268元，同比增长6.0%。

【全国人口普查】 2020年，三元区第七次全国人口普查工作在各级各部门的大力支持配合下，严格普查工作规程，强化业务指导和普查宣传，完成清查摸底、入户登记、数据审核验收等各环节工作。经统计，全区已完成短表登记103444户，登记人口260379人，长表登记7030户。

【统计服务】 2020年，三元区统计局编印涵盖国民经济核算、工业、固定资产投资、社会消费品零售总额、财政等主要指标的《三元统计月报》1100份；完成《2020年三元区统计年鉴》50册编印工作。开展业务培训，提高统计干部队伍素质。撰写统计分析，为区委区政府决策提供参考依据。

【统计业务】 2020年，三元区统计局执行联网直报一套表制度，完成工业、农业、固定资产投资、建筑及房地产、贸易等专业2019年度统计年报和2020年定期报表联网直报工作；做好住户收支调查、规下服务业、人口变动抽样调查、畜禽监测调查等各专项调查工作。加强新增企业申报工作，确保应统尽统。2020年，全区组织申报入库“四上”企业28家，其中工业6家、批发零售13家、服务业9家。

【统计执法】 2020年，三元区统计局利用“12·4”国家宪法日、“12·8”《中华人民共和国统计法》颁布纪念日等，开展统计法律法规宣传。11月初，运用“双随机”抽查方式，开展一次执法大检查，随机抽查3家企业，发现1家企业存在提供不真实统计资料的情况，处罚款1000元。

（卓智华）

财 政

【概况】 2020年，三元区一般公共预算总收入7.48亿元，比上年增长6.13%。其中，地方一般公共预算收入5.14亿元，比上年增长11.86%。一般公共预算支出11.79亿元，比上年增长4.31%。巩固和拓展减税降费成效。发挥减税降费政策效应，完善减税降费部门协调工作机制。2020年，减税降费累计3.28亿元，减免电费129万元，减退企业缴纳的养老、工伤、失业保险303万元，减免租金289万元。优化经济发展环境。安排中小企业发展专项资金1000万元，支持企业生产经营，帮助中小微企业应对疫情，减轻负担。推进产业转型升级。拨付资金1768万元，加快推进毅君关键零部件铸造、汇天生物药业医用口罩生产线建设等企业技改项目，助推氟化工产业技术研究院等特色产业研发平台建设。

【坚持财源建设】 2020年，三元区财政局出台扶持重点企业、培育新兴产业、争取上级政策支持等11条财源培植措施。支持和引导传统产业升级改造，鼓励企业创新研发，支持优质企业和潜力企业发展壮大，提高行业税收贡献率。

【加强收入征管力度】 2020年，三元区财政局健全重点税源企业联系监测制度，加强财税库协同服务，确保应收尽收。本年度，8个税收增长点企业，累计缴纳税金1.77亿元，新增税收8282万元，完成全年增量预期目标3200万元的258.8%。

【向上争取支持】 2020年，三元区财政局加大力度向上争取转移支付补助，用好绿色、红色资源。2020年，争取上级各类资金15.90亿元，其中一般性转移支付和专项转移支付各类补助性资金8.02亿元，地方政府债券资金7.87亿元。

【盘活存量激活增量】 2020年，三元区财政局加大财政资金整合统筹力度，盘活结转结余资金，清理各领域“沉睡”的财政资金。2020年，计盘活资金2262.71万元，统筹安排用于改善民生、疫情防控和基础设施建设等方面支出。

【支持“五比五晒”竞赛】 2020年，三元区财政局筹集资金1.87亿元，支持兴泉铁路、莆炎高速（三元段）、国道534线三元槐林至荆东段、国道205台江连接线等铁路、公路基础设施建设。争取债券资金1.30亿元，支持万寿岩—格氏栲文旅康养带建设。安排债券资金3.80亿元，支持大坂物流园、三元经济开发区、智能机械装备产业园等特色产业园区建设。

【统筹城乡发展】 2020年，三元区财政局拨付资金4801万元，推进老旧小区改造，完善住房保障体系建设。安排资金1826万元，推进农村“厕所革命”和“四好农村路”建设，改善农村人居环境，加强美丽乡村建设。下达资金927万元，支持现代特色农业发展，打造优势特色农产品品牌。

【脱贫攻坚】 2020年，三元区财政局统筹扶贫资金1722万元，深化国家扶贫改革试验区建设，落实建档立卡贫困户产业、就业、健康、教育、低保兜底等综合扶贫政策。

【兜实兜牢“三保”】 2020年，三元区财政局兜实兜牢“三保”（保工资、保运转、保基本民生）支出底线。坚持“三保”支出的优先顺序，在预算安排和库款拨付等方面注重“三保”工作。2020年，“三保”支出7.53亿元，

【优先发展教育】 2020年，三元区财政局教育支出3.48亿元，同比增长22.8%。支持实施“全面改薄”计划，保障2020年度生均公用经费、继续教育经费、困难生生活补助、营养餐、班主任津贴、乡村教师生活补助等。支持学前教育、义务教育、中小学扩容和校安工程建设。

【促进医疗卫生事业】 2020年，三元区财政局安排医疗卫生健康支出9402万元，同比增长23.6%。用于强化疫情防控经费保障，提高社会保障待遇水平（城乡居民医保政府补助标准从每人每年520元提高到580元），改善

医疗卫生服务条件，提升基层医疗卫生机构服务能力。

【提高社会保障水平】 2020年，三元区财政局社会保障支出1.48亿元，同比增长19.1%。全面落实国家提高养老金政策，居民基础养老金从每人每月123元提高到130元；落实城乡低保、优抚对象、特困人员等困难补助1301万元；下达城乡居民基本医疗保险、城乡医疗救助902万元；发放困难残疾人生活补贴和重度残疾人护理补贴247万元。

【生态文明建设】 2020年，三元区财政局安排9259万元，打好污染防治攻坚战，支持闽江流域山水林田湖草生态保护修复、推进东牙溪、薯沙溪流域饮用水源保护区综合治理与生态修复工程，加强水源地保护力度，深化河湖长制。

【预算管理体制改革】 2020年，三元区财政局做好财政信息公开工作。加大政府性基金预算、国有资本经营预算与一般公共预算的统筹力度，编制全口径预算，全面落实政府、部门预决算和“三公”经费预决算公开。

【严格预算约束】 2020年，三元区财政局坚持过紧日子。从严控制一般性支出，精打细算过紧日子，除刚性和重点项目支出外，一律按照10%的幅度压减各部门一般性支出，从严落实“三公经费”只减不增。

【加强预算执行管理】 2020年，三元区财政局提高执行效率。严格落实《政府会计制度》，编制权责发生制政府综合财务报告，实现国库集中支付电子化预算单位全覆盖，非税收入收缴票据电子化，启动会计档案电子改革。

【实施预算绩效管理】 2020年，三元区财政局提高资金使用效益。健全预算绩效管理机制，推进预算和绩效管理一体化，提高财政资金使用效益。2020年，绩效目标考核金额6.44亿元，覆盖率达100%，绩效自评金额4.58亿元，对5个项目开展重点评价，评价涉及金额8567万元。

【投资评审及政府采购】 2020年，三元区财政局深化“放管服”改革，进一步规范投资评审工作程序，拓宽投资评审工作领域，提升投资评审工作质量和效益。全年累计评审项目141个，送审金额7.72亿元，审减金额 7.03亿元，审减率达8.9%。加强政府采购监督管理，全区政府采购预算金额7434万元，中标金额7133万元，节约率4.05%，

【依法接受监督】 2020年，三元区财政局提升科学理财水平。配合人大、纪委监委、审计等监督部门开展监督工作，落实审查和监督意见。全年办理人大代表意见建议2件、政协委员提案2件。强化财政监督检查，进一步防控财政风险，筑牢资金安全防线，深入开展会计信息质量检查、“1+X”专项督查和财政扶贫领域监督等专项工作。

（李　欢）

2020年全区地方一般公共预算收入决算一览表

表5

项　目	调整预算（万元）	实际完成数			比上年同期		2019年完成数（万元）
		报告数（万元）	决算数（万元）	占调整预算（%）	增减额（万元）	增减（%）	
一、税收收入	37860	37860	35106	92.7	-331	-0.9	35437
增值税	17100	17100	16150	94.4	-137	-0.8	16287
其中：改征增值税	7100	8100	7642	107.6	986	14.8	6656
营业税							
企业所得税	4800	4800	3880	80.8	-724	-15.7	4604
企业所得税退税							
个人所得税	900	900	961	106.8	82	9.3	879
资源税	250	250	213	85.2	48	29.1	165
城市维护建设税	1860	1860	1820	97.8			1820

续表5

项目	调整预算（万元）	实际完成数			比上年同期		2019年完成数（万元）
		报告数（万元）	决算数（万元）	占调整预算（%）	增减额（万元）	增减（%）	
房产税	950	950	894	94.1	-24	-2.6	918
印花税	650	650	641	98.6	101	18.7	540
城镇土地使用税	950	950	846	89.1	132	18.5	714
土地增值税	3600	3600	3444	95.7	176	5.4	3268
车船税							
耕地占用税	100	100		-	-11	-100.0	11
契税	6500	6500	6090	93.7	22	0.4	6068
烟叶税	120	120	104	86.7	24	30.0	80
环境保护税	80	80	69	86.3	-3	-4.2	72
其他税收收入			-6		-17	-154.5	11
二、非税收入	8984	8984	16268	181.1	5780	55.1	10488
专项收入	3694	3694	3039	82.3	18	0.6	3021
行政事业性收费收入	850	850	813	95.6	736	955.8	77
罚没收入	1500	1500	1154	76.9	-28	-2.4	1182
政府住房基金收入			34		34		
国有资源（资产）有偿使用收入	2660	2660	10957	411.9	4994	83.7	5963
捐赠收入			-3		-7	-175.0	4
其他收入	280	280	274	97.9	33	13.7	241
本年收入合计	46844	46844	51374	109.7	5449	11.9	45925

注：调整预算数为区第九届人大常委会第三十三次会议批准的收入调整；由于莘口、岩前两镇无收入，所以不再另行编制区本级地方一般公共预算收入决算表。

2020年全区地方一般公共预算支出决算一览表

表6

项目	调整预算数		实际完成数			比上年同期		2019年支出数（万元）
	报告数（万元）	决算数（万元）	报告数（万元）	决算数（万元）	占调整预算（%）	增减额（万元）	增减（%）	
一、一般公共服务支出	13109	11666	13017	11490	98.5	391	3.5	11099
二、外交支出								
三、国防支出	151	114	118	81	71.1	-4	-4.7	85
四、公共安全支出	1287	1049	1287	1049	100.0	74	7.6	975
五、教育支出	37399	36213	34844	34043	94.0	5675	20.0	28368
六、科学技术支出	833	608	787	608	100.0	-1441	-70.3	2049
七、文化旅游体育与传媒支出	1574	1937	1551	1478	76.3	560	61.0	918
八、社会保障和就业支出	15094	15428	14799	14531	94.2	2106	16.9	12425
九、卫生健康支出	9511	8701	9402	8414	96.7	806	10.6	7608
十、节能环保支出	4011	4140	3328	2323	56.1	-3933	-62.9	6256
十一、城乡社区支出	4515	4613	4515	4562	98.9	-842	-15.6	5404

续表6

项　　目	调整预算数		实际完成数			比上年同期		2019年支出数（万元）
	报告数（万元）	决算数（万元）	报告数（万元）	决算数（万元）	占调整预算（%）	增减额（万元）	增减（%）	
十二、农林水支出	13651	14306	12011	11892	83.1	-4188	-26.0	16080
十三、交通运输支出	5077	4665	4795	4609	98.8	251	5.8	4358
十四、资源勘探信息等支出	1554	1389	1532	1345	96.8	-3798	-73.8	5143
十五、商业服务业等支出	1298	864	1247	600	69.4	-443	-42.5	1043
十六、金融支出	22	22	22	22	100.0	2	10.0	20
十七、自然资源海洋气象等支出	7696	6772	7579	6538	96.5	3223	97.2	3315
十八、住房保障支出	6626	7512	6626	6615	88.1	4590	226.7	2025
十九、粮油物资储备支出	1	1	1	1	100.0	1		
二十、灾害防治及应急管理支出	2928	2884	2928	2211	76.7	271	14.0	1940
二十一、预备费								
二十二、其他支出	654	288	654	216	75.0	-309	-58.9	525
二十三、债务付息支出	2811	3033	2811	3033	100.0	107	3.7	2926
二十四、债务发行费用支出	9	11	9	11	100.0			11
本　年　支　出　小　计	129811	126216	123863	115672	91.6	3099	2.8	112573

注：“调整预算数”为当年财力安排数+省市专项+上年结转+动用预算稳定调节基金。

2020年区本级地方一般公共预算支出决算一览表

表7

项　　目	调整预算数		实际完成数			比上年同期		2019年支出数（万元）
	报告数（万元）	决算数（万元）	报告数（万元）	决算数（万元）	占调整预算（%）	增减额（万元）	增减（%）	
一、一般公共服务支出	12215	10754	12131	10586	98.4	692	7.0	9894
二、外交支出								
三、国防支出	151	114	118	81	71.1	-4	-4.7	85
四、公共安全支出	1287	1049	1287	1049	100.0	102	10.8	947
五、教育支出	37399	36213	34844	34043	94.0	5675	20.0	28368
六、科学技术支出	833	608	787	608	100.0	-1441	-70.3	2049
七、文化旅游体育与传媒支出	1560	1923	1537	1464	76.1	670	84.4	794
八、社会保障和就业支出	15077	15354	14782	14457	94.2	2135	17.3	12322
九、卫生健康支出	9466	8653	9357	8366	96.7	774	10.2	7592
十、节能环保支出	1769	2828	1086	1011	35.7	-3466	-77.4	4477
十一、城乡社区支出	4415	4613	4415	4562	98.9	-842	-15.6	5404
十二、农林水支出	12583	13181	10943	10767	81.7	-3526	-24.7	14293
十三、交通运输支出	5077	4558	4795	4502	98.8	1874	71.3	2628
十四、资源勘探信息等支出	1554	1389	1532	1345	96.8	-3798	-73.8	5143
十五、商业服务业等支出	1248	814	1197	550	67.6	-493	-47.3	1043
十六、金融支出	22	22	22	22	100.0	2	10.0	20

续表7

项　　目	调整预算数		实际完成数			比上年同期		2019年支出数（万元）
	报告数（万元）	决算数（万元）	报告数（万元）	决算数（万元）	占调整预算（%）	增减额（万元）	增减（%）	
十七、自然资源海洋气象等支出	4104	3280	3987	3046	92.9	1221	66.9	1825
十八、住房保障支出	6626	7512	6626	6615	88.1	4590	226.7	2025
十九、粮油物资储备支出	1	1	1	1	100.0	1		
二十、灾害防治及应急管理支出	2904	2860	2904	2187	76.5	563	34.7	1624
二十一、预备费								
二十二、其他支出	467	206	467	136	66.0	-332	-70.9	468
二十三、债务付息支出	2811	3033	2811	3033	100.0	107	3.7	2926
二十四、债务发行费用支出	9	11	9	11	100.0			11
本　年　支　出　小　计	121578	118976	115638	108442	91.1	4504	4.3	103938

注：“调整预算数”为当年财力安排数+省市专项+上年结转+动用预算稳定调节基金。

2020年地方一般公共预算收支平衡决算一览表

表8　　单位：万元

项　　目	全区		本级	
	报告数	决算数	报告数	决算数
一般公共预算收入	46844	51374	46844	51374
加：1.转移性收入	73578	71098	73578	71098
其中：返还性收入	2869	2869	2869	2869
均衡性转移支付补助收入	6915	6915	6915	6915
县级基本财力保障机制奖补资金收入	17326	15991	17326	15991
结算补助收入	1672	1752	1672	1752
成品油税费改革转移支付补助收入				
重点生态功能区转移支付收入	68	68	68	68
固定数额补助收入		200		200
革命老区转移支付收入	2880	2880	2880	2880
民族地区转移支付收入				
贫困地区转移支付收入	497	766	497	766
一般公共服务共同财政事权转移支付收入		82		82
外交共同财政事权转移支付收入				
国防共同财政事权转移支付收入				
公共安全共同财政事权转移支付收入	186	173	186	173
教育共同财政事权转移支付收入	1870	2976	1870	2976
科学技术共同财政事权转移支付收入		46		46
文化旅游体育与传媒共同财政事权转移支付收入	994	1306	994	1306
社会保障和就业共同财政事权转移支付收入	3484	4537	3484	4537
医疗卫生共同财政事权转移支付收入	863	2069	863	2069

续表8

项目	全区		本级	
	报告数	决算数	报告数	决算数
节能环保共同财政事权转移支付收入	1356	56	1356	56
城乡社区共同财政事权转移支付收入				
农林水共同财政事权转移支付收入	1808	6284	1808	6284
交通运输共同财政事权转移支付收入	50	1778	50	1778
资源勘探信息等共同财政事权转移支付收入				
商业服务业等共同财政事权转移支付收入				
金融共同财政事权转移支付收入				
自然资源海洋气象等共同财政事权转移支付收入	56	56	56	56
住房保障共同财政事权转移支付收入	1858	2747	1858	2747
粮油物资储备共同财政事权转移支付收入		1		1
灾害防治及应急管理共同财政事权转移支付收入		5		5
其他共同财政事权转移支付收入				
其他一般性转移支付收入	3646	3143	3646	3143
专项转移支付收入	25180	14398	25180	14398
2. 调入资金		2372		2372
3. 地方政府一般债券转贷收入	6212	6212	6212	6212
4. 上年结余收入	12282	12282	12272	12272
5. 动用预算稳定调节基金	1344		1344	
收入总计	140260	143338	140250	143328
一般公共预算支出	123863	115672	115638	108442
加：1. 上解上级支出	10447	11210	10447	11210
其中：原体制上解	8447	8591	8447	8591
专项上解	2000	2619	2000	2619
其他上解				
2. 补助下级支出			8225	7230
3. 补充预算稳定调节基金		5912		5912
支出总计	134310	132794	134310	132794
年终滚存结余	5950	10544	5940	10534
其中：净结余				

税 务

【概况】 2020年，三元区税务局荣获第六届“全国文明单位”荣誉称号。累计组织各项收入12.67亿元，同比减收0.45亿元，降幅3.5%。其中税收收入8.97亿元（含免抵调库4048万元），增收0.01亿元，增幅0.1%；社保费收入3.28亿元，减收0.47亿元，降幅12.5%；非税收入0.41亿元，增收0.01亿元，增幅2.3%。2020年累计完成市级一般公共预算收入1.83亿元，同比增收0.02亿元，增幅1.1%；完成区级一般公共预算收入3.47亿元，同比增收0.04亿元，增幅1.1%。

【助力企业复工复产】 2020年，三元区税务局强化落实支持疫情防控和经济社会发展税费优惠政策，与人社部门统筹协调关于阶段性减免企业社会保险费的工作衔接。通过摸排分析，准确掌握享受减税政策纳税人的有关信息，建立管理台账，对企业进行精准提醒，帮助企业及时享受税收优惠政策，助力企业复工复产。

【落实减免税费】 2020年，三元区税务局累计落实减免税费3.52亿元，其中主要有：促进小微企业发展减免8572万元、鼓励高新技术减免2009万元、节能环保减免868万元、支持金融资本市场减免655万元。

【行政执法公示】 2020年，三元区税务局以约谈室建设为重点，全面落实行政执法公示、执法过程全记录、重大执法决定法制审核三项制度，通过行政执法公示平台对外发布公示事项18个。

【落实税收法定原则】 2020年，三元区税务局明确重大执法决定法制审核事项标准，加大合法性审核、合规性评估、公平竞争审查力度，规范行使行政处罚裁量权，防止权力滥用。全年税务行政处罚369户次，其中简易处罚302户次，一般处罚67户次，纳税人要求听证、复议以及诉讼均为零户次。

【纳税人分级分类管理】 2020年，三元区税务局落实纳税人分级分类管理制度，摸索建立基层征管模式，加大重点税源与一般税源的专业管理力度，突出征管5C质量指标的落地落实。加强欠税数据清理，成立欠税核查小组，制定欠税清理核查方案，合理安排流程。

【资金动态跟踪】 2020年，三元区税务局与工商、国土、房管局、法院等相关职能部门密切配合，对企业生产经营、资金运行情况进行动态跟踪。2020年发送催缴文书8912份，清理欠税341户，金额3828.37万元，征收滞纳金468.49万元，同时向法院执行局送达《参与分配申请函》2份，申请清理欠税43.52万元。

【便民办税】 2020年，三元区税务局组建网上办税服务团队，发布办税、咨询、投诉热线，宣传引导纳税人、缴费人通过“非接触式”渠道办理税费业务，引导纳税人“网上办、自助办、邮寄送、线上答”，落实无纸化退税。完成三户延期申报申请，八户延期缴纳税款申请，涉及税费153.6万元。推进服务“好差评”功能上线。受理转办各类“12366”及“12345”政务投诉和税收违法举报，全年办理“12366”“12345”投诉及咨询件69件。

【税收科研】 2020年，三元区税务局提高税收科研的决策影响力。相关成果《环保税开征对钢铁行业的影响及对策研究——以福建三钢为例》《新型城镇化背景下房地产行业税收政策有效性评价研究》分别荣获福建省税务系统2020年度优秀税收科研成果二等奖和三等奖。

【网格化管理】 2020年，三元区税务局配合挂点村（居）开展防控网格化管理工作，计163人次；利用“八小时外”的时间，参与志愿活动，累计参加志愿者服务3200多人次，服务时长达7200小时。

【医保缴费政策宣传】 2020年，三元区税务局定期开展慰问走访，全面了解帮扶对象的基本情况、存在困难和诉求，累计各项捐款捐物达11万元，现场解答城乡居民医保缴费相关政策。

（丁秀秀）

【纳税信用等级】 2020年，三元区纳税信用等级6连A企业名单：三明市丰润化工有限公司、三明市金氏化工有限公司、三明市明龙纸箱制品有限公司。

2020年，三元区纳税信用等级5连A企业名单：三明市强盛保安服务有限公司、三明市禾苗科技饲料有限公司、三明市富升耐火材料有限公司、三明市诚隆塑料有限公司、三明安福机电工程有限公司、福建恒大特钢机械有限公司、福建明海鑫企业股份有限公司。

市场监督

【概况】 2020年，三元区市场监管局开展党员“亮灯”行动，在注册窗口设立“党员集体示范”，着重抓好党员志愿活动进社区工作，以辖区农贸市场为重点，主动开展志愿服务活动，在职党员46人全部完成社区报到，并按照每季至少一次志愿服务要求抓落实。创建“老党员工作室”，建立“老党员之家”阵地。组织干部开展岗位培训业务练兵。参加国家局、省干部网络学院培训；参加省局连江业务培训2期、7人；开展餐饮服务企业监管、特种设备安全监察、执法办案技能、食品安全监管、药械监管知识等业务培训5期、培训340多人次。

【简化登记流程】 2020年，三元区市场监管局采取“七办工作法”，进一步简化登记流程，大力推行审核合一、当场登记、网上登记、全程电子化登记和电子营业执照等便民举措。同时，重新梳理各项审批服务事项，对标新的“最多跑一趟”和“一趟不用跑”事项比例要求。

【电子营业执照】 2020年，三元区市场监管局推动市场监管部门行政许可事项“一网办理”，以市场主体电子营业执照为基础，加强市场监管系统各项涉企证照的电子化应用。

【就业帮扶指导】 2020年，三元区市场监管局对高校毕业生、退役军人、残疾人等创业、就业进行帮扶指导，服务民营经济健康发展。办理各类审批件7080件，窗口人均办理2360件，并受理群众现场、电话、网络办事咨询15800余人次。全区企业计4444户（其中农专159户），个体计17807户。

【专利发展和保护】 2020年，三元区市场监管局专利发展和保护工作实现“五个首次”。三元区市场监管部门首次完成对全区拥有发明专利企业的全覆盖调研走访；首次形成针对辖区发明专利发展情况具有现实和指导意义的调研报告；首次查办专利违法案件；首次引进全市第一家有资质的专利代理机构。三元区每万人发明专利拥有量6.165件；查办知识产权案件54件。

【商标工作进展】 2020年，三元区市场监管局商标注册工作取得进展。地理标志证明商标“三元西际蜜橘”注册工作正式启动；开展“万寿岩”“格氏栲”商标集群注册，“万寿岩”商标运用标准化体系开展建设区域公共品牌雏形基本具备。

【动产抵押登记】 2020年，三元区市场监管局办理11份动产抵押登记，抵押金额10141.3万元和9份动产抵押注销登记，注销金额15861.18万元。

【市场主体年报】 2020年，三元区市场监管局市场主体年报工作除运用短信、海报等平台进行宣传外，同时与工业园区、商务等部门协作，以条线形式联合推进年报工作，提高年报社会影响力。市场主体应报年报内资企业3520户，年报3342户，完成94.94%；农民专业合作社应年报159户，年报150户，完成94.33%。

【行政执法】 2020年，三元区市场监管局开展扫黑除恶、打击传销、规范直销、违法广告、整治非法集资、成品油市场、校园周边、非洲猪瘟防控、保健品市场、网络市场、农村食品市场等一系列专项整治及执法行动。全年查办各类案件103件，案值340万元。

【冷链食品疫情防控】 2020年，三元区市场监管局冷链食品工作重点放在进口冷链食品。摸清辖区进口冷链食品经营户，经营户所经营的进口冷链食品品种、数量，严格落实索证索票、进货查验制度，落实索证索票、进货查验主体责任。严格要求经营者出具“一单四证”（报关单、检验检疫合格证明、新冠病毒核酸检测阴性报告、消毒证明、食品追溯证明），只有“一单四证”齐全，方可入库、销售，并向市场监管部门进行报备。报备的内容包括：生产经营者姓名、食品名称、数量、报关单、检验检疫合格证明、新冠病毒核酸检测阴性报告、消毒证明、食品追溯证明、承运企业车辆的车牌号及存放地点等相关信息。

【食品安全监管】 2020年，三元区市场监管局监督检查食品生产企业65家次，检查食品生产经营主体7241户次，检查学校食堂118家次、校园周边食品经营单位262家次，下达限期整改通知书10份，各校均完成整改。承担省学业水平考试、中高考、公务员考试保障及“相约万寿岩，赏姜荷花海”“林博会”等重大活动食品安全保障。出动驻点保障人员186人次，累计保障用餐人员5000余人次，未发生食品安全事故。推进实施“一品一码”食品安全信息追溯工作，督促录入食品安全追溯信息“一品一码”588万余条。

【药械安全监管】 2020年，三元区市场监管局对辖区内药械经营企业和使用单位开展日常监管，开展中药饮片、无菌和植入性医疗器械、网络销售药品违法违规行为、无证经营器械、较大规模美容美发机构经营使用化妆品安全等专项检查，疫情期间加大对抗疫用品经营企业开展检查，全年检查56家药械化经营使用单位，出动执法人员112人次，药械案件立案8起，结案6起，罚没合计7万元。开展药品板块培训工作，对“两法一例”进行培训和宣贯，52家药品零售企业负责人参会。

【特种设备安全监管】 2020年，三元区市场监管局组织开展特种设备隐患排查次数64次，出动人次241人次，检查场所101家，完成一般隐患整改81项。下发特种设备安全监察指令书，跟踪落实，完成闭环；监管平台特种设备使用登记率100%，定期检验率99.83%，隐患整改率100%；办理完结特种设备案件3起，入库罚没款23万元。

【产品质量安全监管】 2020年，三元区市场监管局做好疫情防控期间产品质量安全监管，做好非医用日用防护口罩生产企业的监管。突出监管重点，加强对安全生产相关计量器具的监督检查，将用于安全防护的三明南高速口、交通执法等单位的动态汽车衡、生产企业压力仪表、公安交通管理的机动车测速仪、呼出气体酒精含量检测仪等计量器具列入重点监管，保证在用计量器具的性能符合安全生产要求。对三元交警大队的6部呼出气体酒精含量检测仪进行检查。

【企业信用监管】 2020年，三元区市场监管局加大“双随机”抽查力度，通过部门联合抽查、年报抽查、会同税务部门清理“僵尸”企业等，抽查市场主体306户。落实抄告制度，加强部门协作，被抄告行政管理部门按照“谁许可审批、谁处理反馈，谁主管、谁处理反馈”的原则，反馈和督办企业监管信息。

【消费者权益保护】 2020年，三元区市场监管局把维护消费者合法权益作为工作重点，受理消费者在线咨询208人次，受理各类投诉举报计801件。其中投诉件558件，办结550件，办结率98.5%（其中商品类投诉346件，办结340件，争议金额72.26万元，挽回9.78万元；服务类投诉212件，办结210件，争议金额22.32万元，挽回2.21万元）。举报件243件，办结240件，办结率98.77%。

（肖　铮）

第三产业

【概况】 2020年，三元区第三产业增加值86.72亿元，增长2.5%，新增入统规上服务业企业9家。

【“服务提升年”活动】 2020年，三元区第三产业发展服务中心结合“服务提升年”活动，建立三级领导企业挂包制度，积极走访企业，宣传各项惠企政策，切实帮助企业协调解决项目建设过程中遇到的困难和问题，促进服务企业复工复产、增产增效。21家规上服务业营业收入同比增长15.3%。

【促进现代服务业发展】 2020年，三元区第三产业发展服务中心邀请民营企业家代表参与讨论、研究并出台了《三元区关于促进现代服务业发展的优惠政策》，鼓励支持现代物流、电子商务、商贸服务、文旅康养、夜色经济等现代服务业发展。

【鼓励商家入驻】 2020年，三元区下洋城区商会、东霞悦禾汇、白沙众合电商园等入驻麦阁威尔文化传媒、懒人三色电子商务、大红火贸易、江发快递、易兔软件等50余家企业。

【项目攻坚】 2020年，三元区第三产业发展服务中心加快大坂现代物流园建设，构筑公路港及物流信息交易平台、仓储共同配送中心、快递分拨中心、冷链物流营运中心、电子商务创业中心和物流配套公共服务中心等现代物流“六大功能中心”，形成结构合理、技术先进、运转高效的现代物流体系。可入驻企业600多家，年货运周转量达8000万吨，解决劳动力就业1万余人，年营业额达20亿元以上。

（李基飘）

金 融

金融监管

【概况】 2020年，三元区不良贷款余额为4274万元，比年初减少380万元；不良率为0.49%，比年初下降0.88个百分点；本外币贷款余额为895545万元，比年初增加180573万元，增长25.26%；本外币存款余额为1423499万元，比年初增加157818万元，增长12.47%。

【控制不良贷款率】 2020年，三元区化旧控新，通过发挥政府牵头和司法帮扶作用，提前半年化解存量不良贷款7674万元，将不良贷款率从1.5%压降至0.54%，从6月开始连续7个月保持全市最低水平。落实涉案企业“白名单”制度，对辖区11家涉案“白名单”企业67324万元风险贷款给予保护性转贷，防贷款劣变。本年度，辖区各行累计处置不良贷款18133万元，其中现金清收2541万元、核销10706万元、转让3895万元。

【加大信贷有效投放】 2020年，三元区推行“一月一行一专场”政银企对接机制，政府与银行机构建立战略合作关系，各银行根据自身优势和特色，围绕三元区“3+2”产业、文旅康养、特色现代农业、民生工程等重点产业，向上级行争取政策、审批权限和额度，扩大新增贷款有效投放，优化信贷服务。辖区各银行全年发放新增贷款39.76亿元，其中房地产14554万元，占7.5%，个贷18.13亿元，占45.62%，交通基础设施10.4亿元，占26.15%，中小微企业7.27亿元，占18.28%，大型企业3亿元，占7.56%，房地产企业0.95亿元占2.39%。

【实施正向激励措施】 2020年，三元区建立金融机构季度考核财政性存款奖存制度，每季度对辖区各行的增贷、不良防控和支持辖区企业信贷力度等进行量化考核，激励金融机构积极作为，营造辖区金融机构争先赶超的氛围。本年度，工行、农行、中行三家银行机构分别获综合考评第一、第二、第三名。

【“白名单”企业管理】 2020年，三元区金融办按照《三明市融资担保“白名单”企业管理办法》《关于优化金融司法服务建立涉案企业“白名单”制度的实施意见》要求，摸排梳理，组织辖区符合条件的企业申报，为企业增贷和解链脱困提供有力支撑。本年度，辖区15家企业入选市第三、四批融资担保“白名单”，3家企业入选市第二批涉案企业“白名单”。

【发挥政府应急转贷作用】 2020年，三元区金融办继续充分运用政府应急转贷资金，进一步优化应急转贷资金办理流程，帮助企业转贷。督促银行扩大无还本续贷比重，继续推广“无间贷”“连连贷”“循环贷”等续贷方式，节约企业“过桥”费用，帮助能够正常生产、付息的潜在风险企业渡过难关，避免新增不良贷款。本年度，使用政府应急转贷资金帮助18家企业转贷32笔2.6亿元；督促各行通过借新还旧等无还本续贷方式为企业转贷134笔6.99亿元，节约企业社会过桥成本863万元。

【普惠金融持续推进】 2020年，立足辖区实际，三元区金融办推动各行大力推广“福林贷”“快农贷”等普惠金融产品，不断提升金融服务“三农”能力。2020年辖区银行机构新增投放“快农贷”3347户19683万元、“福林贷”516户3690万元。鼓励各行大力推广“信易贷”“税易贷”“快服贷”等特色信用类融资产品，快速对接企业融资需求，2020年信用贷款余额为12.04亿元。落实纾困专项贷款政策，缓解企业暂时性流动资金紧张问题，协助42家企业对接纾困专项贷款13067.4万元，节约企业融资成本130.67万元。

【非法金融专项整治】 2020年，三元区成立“套路贷”和非法集资等金融乱象专项整治协调小组，由区金融办、三元公安分局、法院、检察院、市场监管、工信与商务局等15个部门及乡（镇）街道、银行机构组成。制定《进一步开展重点行业领域非法金融突出问题专项整治工作方案》和《“套路贷”非法集资等金融乱象专项整治行动任务分解方案》，部门协作合力整治金融乱象，构建风险监测预警机制，并对乱象行为实施联合执法。2020年集中排查110余家机构，20家企业列入经营异常名录库，注销6家企业，吊销2家企业。

（邓年香）

中国工商银行三明三元支行

【概况】 2020年，中国工商银行三明三元支行（以下简称工行三元支行）实现拨备前利润5299万元，较上年增加1245万元；实现净利润4220万元，较上年增加1220万元。本年度，三元工行支行实现中间业务收入1983万元，较上年增加1301万元。2020年连续四个季度在三元区金融机构考评中列第一位，获区政府财政性存款奖励。办理工行系统首笔委托代理投标保函业务。辖区网点支行运营风险分级管理系统分类普遍向好，其中元城支行连续四个季度保持A。

【本外币全部存款】 2020年，工行三元支行全部存款余额22.84亿元，时点同业占比28.6%，位列同业第一，比年初增加4.13亿元，增量同业占比45.0%，位列同业第一。其中储蓄存款余额13.55亿元，时点同业占比30.1%，位列同业第一，比年初增加3.23亿元，增量同业占比53.03%，增量同业第一；对公存款余额9.29亿元，较上年增加8996万元，增幅9.69%，创历史新高，位列同业增量第二，公司类存款新增1.7亿元，创历史新高。

【本外币各项贷款】 2020年，工行三元支行本外币各项贷款余额16.7亿元，时点同业占比26.8%，位列同业第二，比年初增加3.47亿元，增量同业占比23.6%，同业第三。其中公司贷款新增1.31亿元，公司贷款增量完成率110.31%；新增千万以上法人客户拓户任务8户，超额完成拓户任务；普惠贷款较年初增加7028万元，序时任务完成率184.96%，普惠拓户完成36户，序时任务完成率260%，全部超额完成三年规划目标；个人贷款余额7.64亿元，比年初增加1.08亿元，增量同业占比40.59%，位列同业第一。

【信贷资产质量】 2020年，工行三元支行不良贷款366万元，较年初下降2365万元，不良率0.21%，较年初下降1.85个百分点，不良率为四行同业第一，全年清收处置各类不良资产3200万元，超额完成三年规划目标。

【各项存款余额】 2020年，工行三元支行各项存款余额22.84亿元，较年初增加4.13亿元，余额、增量同业双第一。其中储蓄存款余额13.55亿元，较年初增加3.23亿元，余额、增量同业双第一。

【公司贷款】 2020年，工行三元支行公司贷款新增1.31亿元，超额完成公司贷款增量任务（完成率110.31%）；新增千万以上法人客户拓户任务8户，超额完成拓户任务（超额完成1户）；普惠贷款较年初增加7028万元，序时任务完成率184.96%，普惠拓户完成36户，超额完成序时任务（完成率260%）。

【机构账户】 2020年，工行三元支行机构账户新增13户，新增日均1万元以上27户，5万元以上10户，100万元以上8户。

（马苏苏）

中国农业银行三明三元支行

【概况】 2020年，中国农业银行三明三元支行（以下简称农行三元支行）围绕“发展是第一要务”，外拓客户、业务、产品和渠道，内抓转型、管理和规范，积极进取。各项存款余额14.47亿元，比年初增加3.37亿元，各项存款总量位列四行第三、增量位列四行第二、均比上年前进1位。其中：对公存款余额6.43亿元，比年初增加2.72万元，对公存款日均余额5.41亿元，比上年增加2.41万元；个人存款余额8.03亿元，比年初增加6.47万元，个人存款日均余额7.33亿元，比上年增加678万元。贷款方面。本年度，各项贷款余额15.4亿元；各项贷款比年初增加3.14亿元。其中公司贷款余额8.65亿元，比年初增加27427万元；个人贷款余额6.72亿元，比年初增加3705万元。各项贷款日均余额在四大行中总量排名第三位、增量排名第四位。

【不良贷款清收】 2020年，农行三元支行不良贷款余额554万元，不良率0.31%（各项贷款不良率0.19%，贷记卡不良率1.75%），比年初下降1.59个百分点（各项贷款不良率比年初下降1.62%，贷记卡不良率比年初下降0.65%）。

【中间业务及经营利润】 2020年，农行三元支行营业收入4814.26万元（含手工还原管会中间业务净收入173.48万元以下同），同比增加417.56万元；实现本外币拨备前利润2579.89万元，同比增加的332.50万元；实现拨备后利润2268.62万元，同比增加716.93万元；净利润1523.81万元，同比增加412.3.万元。

【快农贷】 2020年，农行三元支行惠农e贷余额9371万元，比年初增加3075万元，其中快农贷余额6902万元，比年初增加1775万元；人工审批余额2469万元，比年初增加1300万元；个人生猪养殖客户授信13户，金额420万元，用信12户，贷款金额360万元。

【小微企业、普惠金融服务】 2020年，农行三元支行小微企业贷款户数，普惠型小微企业客户净增31户，贷款余额比年初增加3290万元，小微e贷比年初新增1978万元。2020年累计营销抵押e贷15户，授信金额合计1948万元。累计营销纳税e贷33户，授信金额合计2098万元。为降低企业财务成本，农行三元支行为存量及新增优质客户申请纾困贷款，合计受理纾困贷10户，金额3600万元。受理全市首笔续捷e贷100万元，缓解企业转贷资金压力。

【抓好重点项目】 2020年，农行三元支行对接三元区2020年度25个重点项目，助力“五比五晒”项目竞赛活动，已对接项目16个，已开展合作10个、预授信近8000万元，累计放款1830万元，主要有三明市牲畜屠宰肉制品加工及冷链物流建设项目、福建乐斯美食品冷冻智能化生产项目、兄弟物流产业园项目等，以及三明林校智慧校园、格氏栲森林康养基地智慧景区服务。本年度，在全区7家金融机构考评中连续三个季度排名第二，累计获得政府奖励财政性存款6000万元。

（周 昱）

中国银行股份有限公司三元支行

【概况】 2020年，中国银行股份有限公司三元支行（以下简称中行三元支行）全量金融资产增加8819万元，同比增长5.79%；各项存款余额142202万元，同比减少5.53%，市场份额占比21.18%，其中公司存款余额85622万元，同比减少15.60%，市场份额占比28.19%，储蓄存款余额56580万元，同比增长5.76%，市场份额占比15.39%；人民币贷款余额157883万元，较上年增加43648万元，同比增长38.21%，其中公司贷款余额70824万元，较上年增加40219万元，个人贷款余额87059万元，较上年增加3429万元，其中普惠金融业务按银保监“两增两控”口径贷款新增2711万元；不良贷款余额1208万元，较年初减少145万元，不良率1.09%；累计化解不良贷款1786万元，表外现金清收84万元；净利润比增325万元，同比增长11.38%，人均利润122.88万元；实现拨备前利润4389万元，同比增长6.69%。2020年，中行三元支行整合资源，从11月20日起，以行政区划分为原则，将三明新南支行及三明富兴支行由三元支行作为片区牵头行进行管理。

【重点保障企业贷款】 2020年，中行三元支行为国药控股三明有限公司发放全市首笔“国家疫情防控重点保障企业贷款”200万元，用于企业采购抗疫医疗物资，为省级疫情防控重点企业振贤粮油和力建洗涤分别新增流贷150万元。

【纾困贷款】 2020年，中行三元支行支持困难行业企业，疫情防控期间全力支持当地企业复工复产达产，为某物流股份有限公司投放纾困资金专项贷款1000万元，实现全市单户顶格投放。

【普惠金融业务】　2020年，中行三元支行普惠金融贷款余额7205万元，比上年末增加2711万元，增速达60.32%；普惠金融客户数89户，比上年末增加22户，增长32.84%。

【客户基础建设】　2020年，中行三元支行聚焦优质客户、壮大客户基础，始终围绕以客户为中心，持续推进客户基础建设。2020年三元中行个人结构化客户18851户，千元以上加权客户1079户，银行卡有效客户818户，手机银行月均交易客户数4590户，有效小微商户117户，户均金融资产164271元；对公结算账户146户，基础客户723户，企业网银活跃客户417户，授信客户10户。

【代发薪资】　2020年，中行三元支行开展代发薪攻坚战，加快公私联动和资源共享深度，同时全面推动与区机关社保中心的业务合作，强化跟踪，实现代发人数约4400人，代发量约1.8亿元，金融资产较上年新增6435万元。

【不良资产管控】　2020年，中行三元支行加强不良资产管控管理工作，实现不良管控连年下降。不良率为1.09%，同比下降0.14%，其中公司不良率2.57%，未新增不良贷款；个贷不良率仅0.18%，同比下降0.06%，化解不良贷款318.29万元；银行卡不良率3.3%，同比下降0.41%。

（黄丽华）

中国建设银行三明三元支行

【概述】　2020年，中国建设银行三明三元支行（以下简称建行三元支行）各项业务持续稳健发展。实现本外币利润2830万元。存款余额119906万元，时点新增24966万元，日均余额101214万元，日均新增12224万元，其中企业存时点余额56329万元，时点新增16649万元，日均余额44819万元，日均新增8123万元；个人存款时点余额63577万元，时点新增8317万元，日均余额56395万元，日均新增4101万元。各项贷款时点余额85897万元，当年新增8929万元。建行三元支行对公不良贷款余额为179.08万元，不良率0.20%，控制在计划内。

【实现稳存增存】　2020年，建行三元支行零售业务受新冠疫情影响，克服到店客户和外拓营销机会减少的不利因素，通过转变思维，细分客户市场，发挥其他渠道优势，实现客户分层级个性化精准营销。通过营销方式转变，建行三元支行当年实现时点余额、日均余额四行占比排名第一。

【数字化经营】　2020年，建行三元支行个人业务拓展跳出传统思维，充分利用金融科技中的大数据和云平台进行获客和活客。充分依托新一代系统数据发掘和分析，在分期通、访乡客群、年轻客群等业务拓展上取得较好的效果；其次依托开发的学费云、党费云、裕农通、代收代付等平台进行批量获客和活客，扩大客户基础，增加客户黏性，并同步带动手机银行及其他产品销售。

【中高端客户】　2020年，建行三元支行以个体工商户、私营企业为目标大力拓展抵押快贷，抢占个人中高端客户市场，优化个人客户结构，带动资产负债业务增加和产品同步销售。

【现金回收已核资产】　2020年，建行三元支行高度重视已核资产管理，定好目标，专人负责，颗粒归仓。2020年全年已核销资产现金回收368万元（不含信用卡）。

【提升营运质量】　2020年，建行三元支行稽核差错11笔，规范类差错9笔，一般违规差错2笔，差错率排名第九，账户集中管理业务和COST业务考核也处在中位。

【防范柜面风险】　2020年，建行三元支行建章立制，合规操作，保证柜面业务健康发展；加大柜面重点岗位的轮岗力度；加强对账工作的管理，上半年各个对账周期重点对账100%回收，一般账户对账达到95%以上，建行三元支行电子对账签约率已达到87.6%；做好反洗钱工作、防范电信诈骗、防范非法集资等金融知识宣传活动。

（张　斌）

中国邮政储蓄银行三明市三元区支行

【概况】　2020年，中国邮政储蓄银行三明市三元支行（以下简称邮储三元支行）全年实现收入

3246万元，同比增长12.7%，完成年度目标的97.33%；完成利润2169万元，同比增加2065万元，同比增长5%，完成年度目标的100.44%。本年度邮储三元支行个人贷款不良金额221.75万元，不良金额全市最低，不良率0.42%。

【储蓄余额结存】 2020年，邮储三元支行储蓄余额结存4亿，本年累计新增3956.29万元，年平余结存38559万元，年平余净增（剔除三年期）完成3022万元，完成率146%；保险业务方面累计完成标保868.29万元，完成率100.96%，本年累计实保265.73万元，自营占比14.27%，其中保障型保费占比170.44%，自营保费占比邮银64.14%；贵金属中收6.12万元，完成全年指标91.33%；信用卡方面，新客发卡1976张，年度完成率80.65%。悦享分期卡年度支用446万元，年度完成率49.52%。

【信贷规模】 2020年，邮储三元支行信贷规模6亿元。其中，小企业贷款规模7495.2万元，较上年净增-512.2万元。个人经营贷款规模2.41亿元，年增5252万元；非住房消费贷款结余1亿元，年增3041万元，年增指标完成率101.65%；住房消费贷款结余1.85亿元，年增3014万元，年增指标完成率120.56%。

【存款时点余额】 2020年，邮储三元支行存款时点余额20256万元，年增5253万元，完成年增指标131.33%，全市排名第五；公司存款平均余额17782万元，年增84万元，完成年增指标6%。票据业务围绕“稳存量，拓新户”，2020年，拓展新票据客户1户（华一机械），重点维护智诚机械和小蕉事业，年内贴现金额772万元，完成票据收入40万元。

【服务“三农”“中小微”】 2020年，邮储三元支行主动与三元区领导及相关部门保持沟通协作，服务“三农”、服务“中小微”，搭建政、银、企合作平台，利用邮储三元支行小额贷款农户及商户贷款、小企业贷款等产品优势，落实“两增两控”政策。在新冠肺炎疫情防控期间，利用政府及上级行信贷政策，主动对接相关行业客户，为符合条件的企业发放抗疫贷款及纾困贷款，助力地方企业复工复产。本年度，三元支行为4家企业发放“抗疫应急贷”1800万元。同时，为4家企业发放纾困贷款合计1620万元。

（郑清娥）

农业农村

综述

【农林牧渔总产值】 2020年，三元区全年实现农林牧渔总产值22.48亿元，比上年增长4%，粮食种植、畜牧、水产、蔬菜、水果、食用菌、茶叶等都有不同程度增长。农民人均纯收入22268元，比上年增长6%。

【粮食蔬菜种植】 2020年，三元区完成粮食种植面积0.24万公顷，总产量1.55万吨，其中水稻种植面积0.18万公顷，其他粮油作物种植面积0.06万公顷。全区全年蔬菜播种面积0.30万公顷；建立生态茶园示范片面积4公顷，带动全区66.67公顷生产茶园建设。

【果树种植】 2020年，三元区果树种植面积0.28万公顷，2020年柑橘新植面积33.33公顷，改造面积33.33公顷。在岩前镇吉口村仁村自然村建立黄金百香果提质增效技术示范基地，示范面积4.67公顷。

【食用菌培育】 2020年，三元区食用菌培育方面，全区投料生产各类食用菌8107吨。发放耕地地力保护补贴面积4779.04公顷，补贴资金480.8万元。落实水稻保险面积552.71公顷，受保农户1753户，各级财政补贴保费约9.95万元。

种植业

【标准化认证】 2020年，三元区有13家企业和单位获标准化认证。无公害产品认证13家，认证产品18个。其中种植业4家，认证产品7个；养殖业9家，认证产品11个。无公害农产品种植标准化示范基地4个，无公害生猪标准化养殖基地8个，无公害鸡蛋标准化养殖基地1个。

【富硒品牌农业】 2020年，三元区富硒农业种植面积0.09万公顷，硒农产品经营主体37家，开发26个富硒农产品；建立全区富硒农产品展示中心，委托第三方运营“万寿岩”公共品牌，实施“公共品牌”＋“自主商标”的“双品牌”发展战略，全面推行富硒农产品标准化生产经营；推广现有“振贤”“顺佳美”“梦想”“三桥农特”等富硒米农业品牌，“健爱山田香”富硒火焰参，“农旺”富硒笋干，“蓬仙岩”“普岩峰”富硒茶叶，“南洋湾”富硒姬松茸，“十八寨”富硒散养鸡、“发财吉仁”黄金百香果，“唯禾”富硒豆奶、黄豆，“顶太红”富硒糯米酒等，初步形成三元区富硒农业产业发展格局。

【早熟蜜橘鉴评推介】 2020年，三元区农业农村局举办三明早熟蜜橘鉴评推介活动。在全市“三明蜜橘”橘王争霸赛中，三元蜜橘荣获“橘王”称号，并获金奖2个、银奖2个、铜奖4个。三元西际蜜橘获全国名特优新农产品证书，被收入全国名特优新农产品名录。

病虫害防治

【病虫害监测预警】 2020年，三元区农业农村局加强重大农作物病虫害监测预警。发布《病虫情报》12期600余份，做好三元区草地贪夜蛾监测和应急防控项目，在各乡镇实施监测。建立30个草地贪夜蛾监测点，每个监测点聘用1名监测员。采购监测设备并分发给监测员实施监测。将应急储备农药分发给玉米种植户，用于草地贪夜蛾防控工作。

【农药零增长行动】 2020年，三元区农业农村局开展农药零增长行动。做好三元区绿色防控技术示范推广，大力推进专业化统防统治工作。通过引导群众应用频振式杀虫灯、性诱剂以及生物农药、高效低毒化学农药等绿色防控新技术，全区完成推广应用统防统治技术面积达0.40万公顷，绿色防控面积0.94万公顷，推广高效低毒低残留农药0.14万公顷次，减少化学农药使用。并继续做好三元区农药使用量监测工作；制订三元区农药使用情况监测工作实施方案，并组织实施。2020年全区农药使用量119吨，比2019年减少3吨，减少2.46%。

【红火蚁普查及防治】 2020年，三元区农业农村局开展全区红火蚁普查及防治工作，力争做到早发现早防治，达到控制目的，督促指导已发现红火蚁的地区责任单位组织做好防控工作。

【其他病虫害防治与培训】 2020年，三元区农业农村局开展柑橘黄龙病、红火蚁、稻水象甲的疫情调查和防控工作。办理完结调运检疫申请8批次。开展“五新”技术培训，继续开展进场入村农民培训，大力推广植保新技术，推广高效低毒低残留新农药、绿色防控技术、柑橘黄龙病综防技术，培训农户250人次。

畜牧业

【畜牧业存栏及保险】 2020年，三元区全年生猪出栏量25.64万头，存栏13.54万头；家禽出栏65.36万羽，存栏30.53万羽；肉蛋奶总产量23519.62吨。全区范围0.658万头能繁母猪参加保险，总保费59.22万元，理赔152头，理赔金额22.8万元；育肥猪4.56万头参加保险，总保费200.64万元，理赔2698头，理赔金额119.02万元。开展养殖和屠宰环节病死猪无害化处理工作，发放各级财政补助资金70.14万元。

【畜禽检疫】 2020年，三元区农业农村局加大动物出售、收购、交易、运输、屠宰等经营环节的监督检查力度，把好动物买卖、屠宰、运输三个关口。产地检疫畜禽138954头（羽），屠宰检疫猪肉及副产品16130.6吨、牛产品1217.49吨、羊产品7.74吨。无害化处理检疫不合格生猪120头、牛5头、不可食用生猪产品14295公斤。

【重大动物疫病防控】 2020年，三元区农业农村局组织实施集中强制免疫和月免疫日补免工作。对高致病性禽流感、口蹄疫、小反刍兽疫三种动物疫病实施强制免疫，做到群体免疫密度常年维持在90%以上，其中畜禽免疫密度要达到100%，群体免疫抗体合格率全年保持在70%以上；同时抓好猪瘟、猪高致病性蓝耳、鸡新城疫、狂犬病、布鲁氏菌病等其他动物疫病的防控工作。全年累计免疫注射高致病性禽流感95.89万羽，牲畜口蹄疫39.18万头、小反刍兽疫0.05万头。

【动物疫病延伸绩效考核】 2020年，三元区实施重大动物疫病延伸绩效考核方案。建立强制免疫工作示范乡镇，促进免疫抗体水平稳步提高，随机抽查的强制免疫病种抗体平均合格率达90%，比国家规定高20个百分点。三明市农业农村局对三元区实施的专项检查抽检结果免疫抗体全部合格。完成动物疫病病原和抗体监测0.54万份，病原学监测均阴性。落实应急值班制度，规范疫情的认定、报告和处置程序，按照“早、快、严、小”的原则处置。

渔 业

【渔业面积及保险】 2020年，三元区水产养殖池塘面积87公顷，山塘水库养殖面积14公顷，全区总养殖水面101公顷，投放各类苗种450万尾，其中鳗鱼苗210万尾，全区水产品产量1250吨。全区机动渔船228.56千瓦，开展渔工渔船互保工作，完成渔工保险56人。

【提高渔民经济效益】 2020年，三元区农业农村局通过调整渔业内部、产品结构，利用推广新技术、新品种、新渔具的办法，来提高渔民经济效益。全区推广池塘鳗鱼、甲鱼、棘胸蛙、中华倒刺耙、黄颡鱼、光唇鱼、南方大口鲶、云斑鱼回、克氏螯虾、泥鳅、彭泽鲫、黄金鲫、棘胸蛙、湘云鲫、异育银鲫等15个高新品种的养殖，占总产量的25%以上。

【科学养殖】 2020年，三元区农业农村局指导实施封闭式循环水普通工厂化健康养殖鳗鱼每亩产量达到3吨，提高1.8吨，按标准鳗每吨8万元计算可提高经济效益14.4万元。推进《2020年基层水产技术推广体系改革与建设补助》项目；开通手机短信发送水技推广平台，推广草鱼注射灭活疫苗等。推广微孔增养机、投饵机等，推广渔业新机械和各类新鱼药、膨化饲料等。

【水产品检测与监管】 2020年，三元区对辖区内水产养殖户、水产养殖合作社进行全面检查。检查内容包括养殖记录，药品使用、进出库记录，销售记录等。督促养殖户拒绝使用违禁药物，保证水产品质量安全抽取水产品样品20个，完成省水产品禁用药物抽检25个批次。

农业科技

【农业机械购置补贴】 2020年，三元区农业农村局结算农业机械购置补贴2批，结算资金30.75万元，其中中央资金18.95万元，省级资金11.80万元，用于补贴新购农业机械241台（套），补贴机具供货与核实表227份，受益户数211户。

【农业新技术推广】 2020年，三元区农业农村局在莘口镇高山村建立福建省优质农产品（柑橘）标准化示范基地。建设面积6.67公顷，主要实施水肥一体化技术项目建设，开展早熟蜜橘质量安全病虫害绿色防控、水肥一体化等技术示范。

【基层农技（水技）推广】 2020年，三元区农业农村局按照《三元区基层农技推广体系改革与建设补助项目实施方案》及《三元区基层水技推广体系改革与建设补助项目实施方案》，围绕四大主导特色产业，遴选推广示范主导品种10个，主推技术10项，主推技术入户率和到位率达95%以上。

【测土配方施肥项目】 2020年，三元区农业农村局开展国家级测土配方施肥项目。推广测土配方施肥面积0.8万公顷，其中，推广配方肥面积0.13万公顷。2020年，三元区继续开展国家级测土配方施肥项目，推广测土配方施肥面积0.87万公顷，其中，推广配方肥面积0.13万公顷。

【耕地保护与质量提升】 2020年，三元区农业农村局启动受污染耕地安全利用项目。本年度完成《耕地土壤环境质量类别划分技术报告》编制，通过专家评审和区政府批复。全面完成省下达三元区受污染耕地安全利用类面积26.67公顷，严格管控类40公顷的治理目标任务。受污染耕地安全利用率达100%（省上要求93%以上）。

【商品有机肥的示范推广】 2020年，三元区农业农村局完成已示范商品有机肥项目面积0.03万公顷，辐射带动面积0.28万公顷。惠及87个种植大户、家庭农场和农业企业（种植业），获补助30万元。

【饮用水源地保护宣传】 2020年，三元区农业农村局根据《三明市农村关于开展东牙溪和薯沙溪水库饮用水源地保护区农药、肥料专项整治行动的通知》举办技术培训班6期，312人次。开展科技赶集宣传。在中村乡和莘口镇科技赶集宣传2场，接受宣传农民朋友达800多人。分发农业部门精心编印的农业法律、法规和农业科技宣传资料5000多份，悬挂宣传条幅10条，发放宣传草帽50顶。开展饮用水源地安全进村入户宣传。深入东牙溪和薯沙溪水库饮用水源地保护区21个村，进村入户开展农药、肥料专项整治行动宣传。制作灯布钢架宣传牌宣传，制作用于农药增效减量、农产品质量安全宣传灯布5块，不干胶宣传海报30块，钢架宣传牌22个。

【水源地农药经营检查】 2020年，三元区农业农村局开展农药经营单位全覆盖检查行动。对全区40家农药经营单位，进行全面检查，要求各农药经营单位都必须完整记录采购、销售情况，并及时将有关信息录入省农资监管信息平台。要求各农药经营单位继续配合做好农药废弃物回收宣传和科学推荐用药、用肥工作，实现农药、化肥减量增效的目标。

【重金属和农药残留检测】 2020年，三元区农业农村局做好土壤和农产品重金属和农药残留检测工作。做好农产品质量安全长期定位点国控点土壤和农产品协同采样、农产品质量安全长期定位点省控点土壤采样及检测、安全利用试点区土壤和农产品协同采样、农药残留日常检测、饮用水源地农用地土壤和农产品协同采样及检测计样品77个。

【水源地土壤安全利用】 2020年，三元区农业农村局开展饮用水源地保护农业用地土壤安全利用工作。根据《三元区耕地土壤环境质量类别划分技术报告》提供数据：在东牙溪水库饮用水源地保护区内的安全利用类耕地面积9.49公顷，严格管控类耕地30.21公顷，均进行治理，农产品检测结果全部未超标。

农业重点项目

【农村重点投资】 2020年，三元区农业农村重点领域及重点项目完成投资5.85亿元，占年计划100.73%。策划上报2020年度储备项目20个，总投资5.38亿元。通过“6·18”“9·8”林博会等平台，组织有关人员、企业开展专场招商推介活动，促成富硒地黄金百香果等6个项目转化落地总投资达9.05亿元。

【富硒系列农产品开发】 2020年，三元区农业农村局建立666.67公顷绿色食品优质富硒米、10万羽富硒鸡肉蛋生产基地，建立8公顷富硒火焰参种植基地，2.67公顷深加工仓储基地。

【现代农业产业园】 2020年，三元区农业农村局创建市级现代农业产业园1个（三元区柑橘产业园、高山优质农产品示范基地）。

【生态农业休闲园】 2020年，三元区农业农村局建设18.67公顷蓝莓种植基地，建设约8公顷的生态农业休闲观光旅游基地。

【畜禽粪污资源化利用】 2020年，三元区农业农村局对全区55家规模畜禽养殖场开展畜禽粪污资源化利用推广。指导养殖场按照“源头减量，过程控制，末端利用”思路，提高畜禽养殖场粪污资源化利用率。全区畜禽粪污资源化利用率达到96.29%，畜禽粪污处理设施装备配套率达到100%。

【岩前镇小流域综合整治】 2020年，三元区农业农村局修复岩前、星桥村污水处理厂，提升改造忠山村人工湿地，修复配套污水处理管网6千米；完善垃圾收转运体系，垃圾收运25吨/天。清理河道；新建绿色步道2千米、生态护坡2千米、生态沟渠2千米，底泥清淤2万平方米。

【格氏栲森林康养基地建设】 2020年，三元区农业农村局建设栲林花海、森林学社、康养步道和水趣乐园，拓展儿童研学、亲子互动、健身休养、水趣游憩等康养体验项目。

水利建设

【东牙溪水系综合整治工程】 2020年，三元区水系综合整治总投资25986万元。完成投资4.35万元。碧水蓝天至上游段水工部分全部完成，完成100%，C、D东霞小学扩建段一级堤完成90米、二级堤完成186米。景观坝全部完成，河口景观节点完成60%，龙舟港平台及驳岸完成，观景台阶完成。

【沙溪流域防洪四期工程（三明段）】 2020年，三元区防洪工程总投资33098万元，完成投资5010万元。吉口一级堤挡墙全部完成，二级土堤完成吉口桥上游部分，框格梁及生态砼完成90%；荆西完成下游段300米堤岸桩基和上游的平台填筑、黄沙完成岸线挡墙、铁路搭下游桩基和600米承台、汇华桩基已基本完成，承台完成900米。

【渔塘溪安全生态水系建设】 2020年，三元区农业农村局生态水系总投资1041.22万元，综合治理河道长度8.5千米。

【筠竹溪、杜水溪河道修复】 2020年，三元区农业农村局河道修复总投资952.39万元，完成筠竹溪二期、筠竹溪深坑岭段、杜水溪洋头仔段、松阳溪、张坑溪河道生态修复工程，综合治理河道长4.34千米。

（刘晓芳）

农村工作

【信息进村入户项目】　2020年，三元区农业农村局完成益农信息社建设40个，其中标准站8个，专业站16个，简易站16个。已累计选聘信息员40人，开展培训40人次。按照有场所、有人员、有设备、有宽带、有网页、有持续运营能力的“六有”标准建设村级益农信息社，为村民提供公益服务、便民服务、电子商务服务和培训体验服务。全市依托益农信息社，累计开展便民服务340万人次，便民服务金额3300元。累计开展电子商务服务成交额18.14万元。

【农业新型经营主体培育】　2020年，三元区农业农村局推进新型农业经营主体合作社和家庭农场发展，基本覆盖蔬菜、水果、茶叶、笋竹林产品等主导特色产业，有160家农民专业合作社和228家家庭农场办理工商登记。在合作社中，种植业74家、林业52家、畜牧业4家、渔业类6家、其他24家，现有示范社省级7家，市级15家，区级22家。在家庭农场中，种植业91家、畜牧业67家、林业类51家、渔业类7家、种养结合10家，其他2家，现有示范场省级家庭农场9家，市级15家，区级39家。

【产权制度改革】　2020年，三元区农业农村局继续推进产权制度改革。三元区有53个村组清产核资工作完成成员身份界定，有53个村组完成集体经济组织成员认定工作，完成进度100%，确认集体经济组织成员55529人，成立股份经济合作社53家，53个村股份经济合作社已完成赋码。开展农村土地经营权确权颁证工作，为全区44个村颁发证书9979本，完成97.6%。

【农村人居环境提升】　2020年，三元区农业农村局推进“一革命五行动”。2020年省级乡村振兴试点示范项目（人居环境整治项目）建设23个，总投资2198万元，其中使用省、市、区乡村振兴项目专项资金1006.71万元。市、区配套391.5万元，镇村自筹799.79万元。

【村庄清洁行动】　2020年，三元区农业农村局在村庄清洁“春季战役”“夏季战役”中，组织志愿服务队38支，参与村庄清洁行动计1600余人，累计开展整治行动150余次，清理农村生活垃圾1239吨、清理卫生死角170余处、清理杂物乱堆放300余处、清理村内沟渠约32千米，入户宣传2000余次，发放宣传资料5800余份，悬挂横幅、LED宣传标语184余条。

【农村“厕所革命”】　2020年，三元区农业农村局列入农村公共厕所新建改造任务11座，完成12座。完成农村户厕无害化改造建设544户。

【农村垃圾治理标准化】　2020年，三元区农业农村局建立“户分类—村收集—镇运输—区处理”的农村生活垃圾收运标准处置体系。推行“两分类、三处理、四到位”垃圾处理机制，推动村庄生活垃圾分类收集、源头减量、资源化利用，实现“分类投运、分类收集、分类处理”。建立垃圾中转站40个，压缩站15座（城区8座，农村7座），区、镇、乡安排保洁员110人，每个建制村确保每500名人口配备1名保洁员。

【农村生活污水治理】　2020年，三元区农业农村局完成三格化粪池改造544个，累计建设污水处理设施32座（覆盖30个村），管网长度约46千米，农村建制村污水处理覆盖率达到70%以上。制定莘口镇农村连片整治设施日常管理条例，对已建成的12座农村生活污水处理设施定期进行检查。

【农房整治规范化】　2020年，三元区农业农村局开展清理房前屋后乱堆乱放，规范摆放杂物的活动。岩前村以“亮、新、美、古”四字诀，规范开展房屋立面改造工作，木质房屋清洗翻新，砖混房屋墙面整治、彩绘上墙、屋顶改造，搭架、刷漆、彩绘。通过利用本地原有景观，改造提质，打造富有本地特色的民居建筑。岩前镇“红色守岩人”队伍已开展房前屋后整治行动10余次，8幢房屋进行立面改造。

【提升村容村貌品质】　2020年，三元区农业农村局实施“人居环境整治月”行动。各集镇本点投放940个垃圾桶，对街巷长期停放车辆进行登记和处理。深化房前屋后整治。带动村民自发实施房前屋后整治行动，利用坡地、边角地种植苗木花草，提升村庄绿化档次，实施生态修复。对“两高”沿线专项整治。铁路、高速公路沿线是展示地方经济、社会、文化、生态的重要窗口，定期摸排整改“两高”沿线发现的环境卫生问题。组织各乡镇生态综合管护队全面开展辖区内铁路沿线的卫生整治活动，对存积的垃圾进行集中清运，并加强日常巡逻监管。

林 业

综 述

【涉林指标全面完成】 2020年，三元区林业局全面落实省、市、区工作部署，当年的双增指标和党政领导生态环境保护目标责任涉林指标全面完成。分别为森林覆盖率79.23%、森林蓄积量711.09万立方米、林地保有量面积6.708万公顷，自然保护区（含保护小区）面积2706公顷、湿地保有量面积1199.26公顷。

【林业经济效益】 2020年，三元区林业局全年实现林业总产值54.35亿元，同比增长4.5%，全区竹业产值15.95亿元，同比增长7.4%。严格落实林地定额，加强项目审核报批，确保项目正常申报。已审核（批）永久用地21个项目，面积77.05公顷；内部用地1个，面积0.26公顷；临时用地5个，面积6.49公顷。

【招商引资】 2020年，三元区林业局按照“五比五晒”要求，围绕竹木加工和森林康养等领域，完成项目策划9个。其中林业部门生态产业策划项目6个。依托第十六届海峡两岸林业博览会，落实签约项目7项（其中上台签约项目1项），合计总投资逾11.02亿元。围绕万寿岩—格氏栲森林康养带建设工作，重点谋划“松庆堡森林康健谷”“瓦坑栲林静修谷”“楼源森工康养小镇”等森林康养项目，将其列入市林业局重点招商推介项目。先后参加省内五地市和南京等6场文旅、森林康养产品专场招商推介会。

【绿色产业】 2020年，三元区林业局先后实施栲林学社、森林步道修缮和栲林花海等项目。格氏栲森林康养基地入选首批国家森林康养基地，被中国林业产业联合会评为“中国森林体验基地”，被中国科学探险协会评为“未来科学家孵化基地”。2020年，森林康养旅游人数达21.9万人次，实现收入0.23亿元，税收261.61万元，带动周边森林人家、农家乐等休闲业态，促进农户增收429万元。

【发展全竹产业】 2020年，三元区林业局大力发展全竹产业。现有笋竹加工企业25家，其中规模以上企业3家、市级龙头企业3家，培育打造“明新”“农旺”“百世龙”等一批省著名商标和知名品牌，初步形成以竹重组材、生烤笋制品、竹木复合集装箱底板、竹制家居工艺品为特色的笋竹加工产业链。在重点推进福建吉兴竹业有限公司装配式竹屋生产项目的基础上，抓好新产品开发、产业水平提升。

【林下经济】 2020年，三元区林业局深度挖掘林药、林果的价值，推广林下种植黄精、五指毛桃、金花茶等特色药用植物，提高林地利用率。带动群众兴林致富；发展林业专业合作社、家庭林场“合作社+基地+林农”等模式的新型林业经营组织。有新型经营主体55家，经营面积2.259万公顷；2020年省级林下经济发展建设单位2家合作社，总补助资金85万元；2020年市级示范社评选林场1家、合作社1家，省级标准化建设林场1家、合作社2家。

森林资源培育

【营林造林】　2020年，三元区林业局完成造林绿化面积653.07公顷。其中“三沿一环”森林景观带34.13公顷，“两带一窗口”绿美示范片13.8公顷，村庄绿化37.33公顷，珍贵用材树种造林65.53公顷，木本油料示范基地7.8公顷，林分修复268.27公顷，其他造林更新226.2公顷；其中不炼山林地清理309.87公顷。完成森林抚育795.27公顷，完成封山育林340.07公顷。

【苗木培育】　2020年，三元区林业局完成育苗面积2.8公顷，产苗194万株(其中容器苗7万株)，杉木大田苗2.13公顷160万株（其中杉木良种大田苗2.13公顷160万株），南酸枣0.13公顷6万株，木荷0.13公顷6万株，山乌桕0.13公顷3万株（容器苗），无患子0.13公顷6万株，油桐（三年桐）0.13公顷6万株，闽楠0.07公顷4万株（容器苗）。

【竹业开发】　2020年，三元区林业局生产标准竹960万根。篙竹426万根，小竹材2026吨，鲜笋29772吨，竹业总产值159566万元，加工产值113529万元。

【义务植树】　2020年，三元区林业局开展党政军民义务植树活动6场（次）。参加义务植树8.13万人次，义务植树32.56万株，义务植树尽责率达105.8%。新建义务植树基地2处，开展种植纪念林和林木绿地认建认养活动1处（场）。

森林资源保护

【限额采伐】　2020年，三元区林业局办理商品材林木采伐证466份。蓄积木材59496立方米，出材44242立方米，除自然保护区外，林业部门不再进行审批毛竹采伐。

【依法护林】　2020年，三元区林业局开展涉林扫黑除恶重点领域和“七类”刑事案件查处。加强非洲猪瘟防控和毒品植物种植巡查，组织开展打击毁林、种毒、乱捕滥猎野生动物违法犯罪，实施打击松材线虫病疫木非法运输等专项行动。结合涉林扫黑“五个方面”重点领域和“七类”刑事案件，组织开展破坏森林资源违法行为专项清查行动。查破17起行政案件，挽回损失20.7万元。做好林权纠纷和林地承包经营纠纷调处、林业安全生产等工作。

【林地管理】　2020年，三元区林业局把好建设项目使用林地审核审批关。按照《中华人民共和国森林法》《中华人民共和国森林法实施条例》《建设项目使用林地审核审批管理办法》的规定，杜绝乱征滥用林地行为。审核审批内部用地1个，计0.26公顷，重点项目临时用地5个计6.49公顷，重点项目永久用地22个，计82.69公顷，生猪养殖备案2个，计0.2公顷。组织做好森林督查，调查核实森林变化图斑259个，其中13个违法图斑，已全部查处。

【森林防火】　2020年，三元区林业局强化宣传，严格规范野外生产性用火审批，充分调动和组织护林员在林区一线巡山护林，严管火源，减少火灾隐患。全年累计分发宣传年画3200多张，张贴禁火令1200多张，插禁火旗700多面，悬挂横幅70多条，出动宣传车262车次，LED滚动播放160多条防火警示语，实现连续34年无森林火灾。

【森防检疫】　2020年，三元区全区寄主树种面积6.27万公顷，应监累计面积11.55万公顷，实监累计面积11.31万公顷，监测覆盖率为97.96%。森林病虫害发生面积3270.47公顷，发生率5.39%，防治面积3270.47公顷，造林育苗产地检疫面积2.58公顷。开展松材线虫病疫木检疫执法专项行动，发放《福建省林业有害生物防治条例》1500份。林业行政处罚2起，罚款金额各1万元。完成马尾松林分改造394.93公顷；开展松材线虫病春、秋季普查14610.93公顷。三元区松材线虫病发生面积为278.53公顷；挂设诱捕器700个，诱杀天牛78458只；清理松枯死木4458株；运用无人机开展防治，其中细菌液防治100公顷、白僵菌防治400公顷，使用花绒寄甲防治松墨天牛47.27公顷。

【加强野生动物保护宣传】　2020年，三元区林业局开展“野生动植物宣传月”和省第38届“爱鸟周”活动。出动宣传车60车次。出动林业专职护林员约50人次，查处2起非法猎捕野生动物行为，1起非法猎捕和养殖野生动物案件移交给森林公安。检查200多家农贸市场和餐饮酒楼。对全区的5家野生动物养殖场监管实行“三个全覆盖”。4家棘胸蛙养殖企业已纳入水生动物管理。完成签订2家养殖户蓝孔雀退养补偿事宜。

【山林纠纷调处】 2020年，三元区林业局区山林纠纷调处办调处森林、林木林地纠纷2起，面积0.04公顷。未发生群体性涉林、进京上访和到省城上访的信访事件。

林业改革

【集体林权制度改革】 2020年，三元区林业局完善集体林权制度改革。推进培育扶持新型林业合作经济组织，培育各类林业新型经营主体51家，累计经营面积2.2万公顷。省级林业经营主体标准化建设单位3家。评选市级示范单位2家。加强生态林管理，签订生态林管护合同52份，签订生态公益林管护行政责任书47份，签订生态公益林护林监管责任书42份。发放国财、省财补助资金434.15万元。强化天然林管理，签订天然林停伐管护补助协议79份，发放天然林保护工程补助款187.45万元。

【林业金融改革】 2020年，三元区林业局推广普惠制林业金融产品“福林贷”。全年推广41个村，占任务数93%，贷款总额12190.9万元，申请林农小额贴息195.64万元。

【林业体制改革】 2020年，三元区林业局加强重点生态区位林木管护，完善护林巡查机制。开展山水林田湖草项目林分修复面积268.27公顷。根据省、市、区的统一部署，闽江上游重点生态区位商品林赎买项目，2020年赎买66.67公顷，总投资90万元。

（邓水林）

三元区国有林场

【概况】 2020年，三元区国有林场贯彻落实“绿水青山就是金山银山”的理念，突出森林资源培育和保护，提升森林生态服务，推进国有林场可持续发展。全场有在册职工232人，其中专业技术人员74人（中级职称27人、初级职称46人、职业技师1人）、大专以上学历96人（本科30人、大专66人）；遗属139人。三元区国有林场经营面积9847.63公顷，森林蓄积1369368立方米，商品林面积7732.87公顷，生态公益林面积2139.87公顷，占经营总面积的21.67%。

【森林资源培育】 2020年，三元区国有林场营造林抚育项目任务超额完成。全年完成造林更新87.27公顷，占任务76.67公顷的113.8%，其中完成珍贵用材树种造林36.67公顷，占任务36.67公顷的100%；完成不炼山造林87.27公顷，占任务66.67公顷的130.9%。森林质量精准提升示范项目任务136.47公顷（其中集约人工栽培34.13公顷，退化人工林修复102.33公顷），采取间伐+施肥、割灌除草+施肥的措施，完成割灌除草+施肥90.2公顷，完成集约人工林栽培5.13公顷，占任务的69.9%；采取割灌除草+修枝，施肥等抚育措施，完成中央财政森林抚育项目上报实施面积201.73公顷，占任务200公顷的100.9%；完成中央财政造林补贴项目任务66.67公顷，占任务66.67公顷的100%。

【森林病虫害监测调查】 2020年，三元区国有林场全年应监累计面积4969.73公顷，实监累计面积4969.73公顷，监测覆盖率达100%，其中马尾松毛虫监测3代，监测面积818.87公顷；黑翅土白蚁监测2代，监测面积557.47公顷；松墨天牛监测面积1197.8公顷；松材线虫监测面积1197.8公顷；松突圆蚧监测面积1197.8公顷。进行松材线虫病秋普调查，通过松枯死木送检查出吉口林场丰底工区44.07公顷、大吉溪工区10.87公顷、丁坑工区41.33公顷、场部工区0.8公顷，合计97.07公顷松材线虫病疫情。

【森林病虫害预防及防治】 2020年，三元区国有林场施放白僵菌粉炮2700个，预防性防治作业面积达90公顷，有效控制马尾松毛虫的虫口密度。松材线虫病疫情防控：清理松枯死木累计252株，吉口林场预防性林分改造14个小班103.4公顷，除治性林分改造5个林班26.2公顷。

【森林防火】 2020年，三元区国有林场加强森林火源管控。严格落实24小时防火值班制度，禁火期及时发布防火戒严令，签订防火责任状、防火宣传、监督巡查各场防火期防火工作。与基层各场护林员签订护林防火责任状20份，开展护林防火巡查巡逻64次；配合区应急局向各林场经营区发放防火宣传材料，开展森林防火宣传活动7次，发放宣传材料300余份；12月16日，组织所属各林场扑火队员10人，前往三明市森林武警消防大队开展森林防灭火知识技能培训。

【采伐审批】 2020年，三元区国有林场办理审批采伐蓄积18806立方米，审批出材量14382立方米，其中主伐审批蓄积8205立方米，审批出材量6194立方米；抚育间伐审批蓄积1973立方米，审批出材量1390立方米；其他采伐审批蓄积8627立方米，审批出材量6797立方米。采伐面积392.6公顷，其中主伐皆伐面积69.47公顷，抚育间伐面积94.8公顷，其他采伐面积228.33公顷（其中征占用林地面积10.87公顷）。

【森林采伐】 2020年，三元区国有林场国有林木招投标总面积159.47公顷，出材量11766.5立方米（其中杉木7176.7立方米、松木2857.2立方米、杂木1732.6立方米），实现木材销售592.8万元，比标底价增加29.6万元。

【森林资源稳步增长】 2020年，三元区国有林场经营区面积9847.63公顷，森林面积8444.33公顷，森林蓄积量1369368立方米。森林蓄积量较上年增长48339立方米。

【编制森林经营方案】 2020年，三元区国有林场组织编制单位招标工作，开展两次征求意见和评审会，督促编制单位修改和按时提供方案文稿。完成三元区国有林场森林经营方案（2021—2030年）的编制工作。

【集体林权制度改革】 2020年，三元区国有林场依据省、市、区各级部门深化集体林权制度改革的要求，充分发挥国有林业企业的管理优势，起到绿水青山就是金山银山的示范作用。与莘口镇楼源村委会签订合作造林协议。莘口镇楼源村委会提供2020年采伐迹地5.73公顷，区国有林场根据协议制作林票5.5万元。

【技能培训】 2020年，三元区国有林场组织各基层国有林场业务人员开展林木林地权属争议知识业务培训班，参加培训人员计18人。

【安全生产】 2020年，三元区国有林场加强伐区安全管理。充分利用会议、宣传栏、宣传单、横幅、微信等平台，广泛宣传《中华人民共和国安全生产法》发放宣传单300余份、悬挂宣传横幅6条。与所属各单位签订2020年度安全生产管理责任书9份；与区林业局共同开展2次安全生产大检查，排查伐区安全隐患3个。

【国有林场改革与脱贫】 2020年，三元区国有林场争取到国有林场改革补助资金958万元。贫困林场基本达到脱贫目标并通过验收。

【退休人员移交社会化管理】 2020年，三元区国有林场根据上级有关的文件规定，国有企业退休人员移交街道和社区实行社会化管理。国有林场有退休人员418人，转出418人，全部转移进行社会化管理。

【三元格氏栲森林康养基地】 2020年，三明市三元格氏栲森林康养基地，经林业部草原局、民政部、国家卫生健康委员会、国家中医药管理局等部门联合审批，入选“第一批以经营主体为单位的国家森林康养基地”。

【“栲养自然”主题活动】 2020年，第十六届林博会三元区专场——“栲养自然”主题活动在三元格氏栲国家森林康养基地隆重举行。签订“自然研学战略合作”协议，举行格氏栲森林康养基地“未来科学家孵化基地”授牌及仪式，并为“栲林学社”开业揭幕。

（林琼华）

工业与经济开发区

综 述

【概况】 2020年，三元区初步形成“一区多园”的产业发展格局。新增高新技术企业4家，科技型中小企业由年初的13家增长至20家。全年实现规模以上工业总产值540.84亿元，规模以上工业增加值109.6亿元，社会消费零售总额76.51亿元，限额以上批发业销售额211.14亿元，高技术产业增加值9.34亿元，规模以上工业企业研究与试验发展经费支出1.2亿元。

【稀土和新能源】 2020年，三元区以三明稀土产业园为中心、以厦钨新能源材料为龙头，打造福建省乃至全国占有量最大的正极材料研发和生产中心。2020年产值已突破41.11亿元，比2015年增加38.96亿元。

【氟硅新材料】 2020年，三元区以三农新材料、金氟化工、三化元福等企业为龙头，打造集研发、生产、终端市场于一体的氟新材料全产业链体系。逐步形成“三农—金氟—安美奇铝业—中下游氟精细化工”和“三化元福—安辰新能源—台氟科技—钢联氟石膏”氟新材料产业链。2020年实现产值11.23亿元，比2015年增加9.79亿元。

【生物医药】 2020年，三元区以汇天药业为龙头，充分发挥全省生物医药产业发展试点县、三明首个通过国家GAP认证药材基地的优势。2020年实现产值21.39亿元，比2015年增加8.52亿元。

【机械制造】 2020年，三元区依托机械制造全产业链服务优势，推动机械制造企业的机械化、数控化、智能化快速发展，超精密加工、无损检测等达到全省先进水平，2020年实现产值179.84亿元，比2015年增加66.17亿元。

【食品加工】 2020年，三元区以名佑食品、麦尔食品为龙头的5家培根肉生产企业已初具规模，形成特色食品加工产业体系。培根产品约占全国市场份额的1/3。2020年实现产值63.89亿元。

【服务企业】 2020年，三元区以“服务提升年”活动为抓手，深化“访企业、解难题、促六稳”专项行动，建立三级领导企业挂包服务制度，领导干部主动深入一线、服务企业，全力帮助企业破解融资、用地、用工等难题。2020年，企业提请问题148个，已协调解决问题108个，申请无法解决问题9个，需进一步协调解决问题31个。

【政策扶持】 2020年，三元区工信与商务局牵头，坚持“利益共享、先予后取”原则，制定装备制造、氟新材料、生物医药等5个产业“一业一策”及《工业企业“亩均论英雄”竞赛活动工作方案》《加快推进畅通产业循环的若干措施》等利企政策。与三明厦钨新能源等11家龙头企业签订“一企一策”备忘录，率先实现省级龙头企业和“专精特新”企业全覆盖。

【技改提升】　2020年，三元区工信与商务局对接省级技改基金和专项技改奖励资金，指导企业网上申报技改项目22个，其中节能环保技术改造项目9个，推荐福建汇天生物药业有限公司医用口罩生产线建设等11个技改项目申报省重点技术改造项目入库，项目入库数占全市比重13.92%。

【平台升级】　2020年，三元区工信与商务局指导企业运用数字信息技术，加快推动“上云上平台”“机器换工”，为兆凯竹业争取企业上云补助资金1.8万元；遴选推动三农新材料省级企业技术中心入选国家企业技术中心培育库，名佑食品、厦钨新能源等4家市级企业技术中心被列入省级企业技术中心培育库，滚动推进国家、省、市三级企业技术中心梯次发展。

【能耗管控】　2020年，三元区工信与商务局按照“绿色低碳、循环化、减量化”工作思路，做好落后产能依法依规退出及能耗“双控”工作。指导金牛水泥等企业进行用能权交易试点建设，创建省级绿色工厂、绿色供应链管理示范企业，并获得省级绿色工厂奖励资金20万元。

（张鸿儒）

福建三元经济开发区

【概况】　2020年，三元经济开发区有入园企业222家。累计实现规模工业产值218.89亿元，同比增长8.48%；固定资产投资15.07亿元，同比增长119.04%；开发区内企业（含租赁）税收累计完成1.39亿元，同比增长33.65%；开发区完成基础设施投入约3600万元，同比增长40%。

【项目建设】　2020年，三元经济开发区内的福建三明金氟化工科技有限公司510吨五氟化碘及氟氮气项目于3月中旬进行试生产，6月底正式投产。盛达化工水玻璃和白炭黑生产线建设项目9月建成投产，科研实验楼12月投入使用。三明盐业仓储物流中心退城入园项目进行仓库钢架结构搭建，消防池砖混结构搭建。安鑫液化气充装站项目工程竣工验收，进入设备试运行阶段。

【基础设施建设】　2020年，三元经济开发区谋划园区配套设施建设项目23个。开发黄砂大段胶水后山地块约20公顷，完成“三农”后门地块约6公顷的土地平整及道路配套等项目；结合荆东片区综合开发，完成小微园挡墙及护坡工程一号挡墙墙身施工与公交站点及企业名称牌的施工，并协调电业局开展园区杆线迁移工程等。结合“访企业、解难题、促六稳”中企业提出的边坡、供水、供电、排水问题等开展完成永丰化工处边坡塌方治理、毅君机械挡土墙及排水沟工程、新建盛达硅业配电室10千伏进线工程等基础设施建设工程。

【招商引资】　2020年，三元经济开发区新签约项目5个，总投资约2.33亿元。其中，围绕氟化工产业发展，依托园区三农新材料、金氟化工等企业，开展产业链精准招商，引进金氟化工下游企业投资1.2亿元安美奇铝业，跟踪服务上海晶泓实业有限公司氟材料和氟化学品生产项目。引进拟投资6000万元的福建顶峰智慧环保有限公司智能环卫车辆项目、拟投资2860万元的三明市莹隆工程机械有限公司高强度挖掘机热模斗齿投资项目落地荆东工业园。承接宝泰新材料、英华五金机电两个退城入园企业落户园区。

【生态环保】　2020年，三元经济开发区（省级）环境影响跟踪评价，已完成摸底调查和监测，完成初稿文本编制。完成黄砂循环经济产业园环评规划修编和报批工作。委托第三方环保公司组织环保专家团队对园区13家涉化工、制药、危废企业进行环保体检4次。

【生态环境专项整治计划】　2020年，三元经济开发区制定园区生态环境专项整治计划、方案，配合生态环境部门开展生态环境专项整治和生态云数据采集工作。重点加强污水处理厂管理。按要求安装污染源自动监测设备并与省污染源监控平台联网，污水厂通过招标委托第三方运营管理和维护，运行情况良好，各项排放指标均达到排放要求。

【管理与服务】　2020年，三元经济开发区制定新的挂包服务企业制度。成立每个干部挂包5—7家企业的网格化服务机制，帮扶企业解决企业问题53个。围绕“访企业、解难题、促发展”活动，着力解决三明市长安机械有限公司厂房后方出现边坡溜方、三明市三阳竹木制品有限公司进出厂区道路破损、福建三明金氟化工科技有限公司旁道路边坡塌方等5个问题。

【安全生产宣教】 2020年，三元经济开发区注重深入企业开展安全生产宣教工作。协同相关部门开展专项安全检查，为园区营造良好的安全生产环境。引进第三方专业服务机构对园区570幢房屋开展安全隐患摸排、核查，发现并整改重大安全隐患房屋18幢、组织拆除危房2幢。指导园区企业做好各项疫情防控工作，梳理解决企业涉及疫情防控物资、劳动用工、融资、政策兑现等问题35个。

（黄 荣）

2020年三元区规模以上工业企业一览表

表9

序号	企业名称	经营范围	企业地址	法人代表	企业成立年份
1	三明明诚铸锻有限公司	制造铸件	中铭路16号	魏梅玉	2013
2	福建省三明瑞泰鞋材有限公司	制造鞋底与鞋材料	台江路60号	黄守谦	2013
3	福建兆凯竹业有限公司	竹制品制造	福建省三明市三元区长安路21号7幢3层1号	李　玲	2014
4	福建省三明毅昆机械有限公司	黑色金属铸造	三元区汇华工业园18号1幢	黄永定	2014
5	福建汇天生物药业有限公司	化学药品制剂	台江路46号	王　凌	1969
6	福建省三明市明兴饲料有限公司	饲料生产	新市中路102号	陈勇超	1998
7	三明康福彩印有限公司	印刷品印刷	南永新村31幢13到17号	宋建军	2001
8	三明市毅君机械铸造有限公司	生产铸钢件	溪口205国道割山边	谢秀风	2000
9	三明福维纺织有限公司	棉纺纱加工	台江大坂1路67号	吕绵韬	1997
10	福建三明竹洲水电有限公司	水力发电	沙洲新村32幢	缪昊明	1998
11	福建畅联电子有限公司	生产恒电位仪	三明市三元区荆东工业园17号	陈道国	1989
12	福建省三明富兴集团有限公司	轮胎硫化机	富兴路220号	王庆宗	1987
13	三明市星明机械制造有限公司	机械零部件加工	荆东工业园区51号	周雪玲	1995
14	三明市殷宏工程机械有限公司	铸钢建造	工业南路1-2	殷全设	2000
15	三明庆实塑料有限公司	生产塑料瓶	台江路60号	陈丽琴	1997
16	福建三钢（集团）三明化工有限责任公司	炼焦生产	工业中路159号	吴建红	2008
17	福建汇盛铁路重工有限公司	桥式起重机制造	福建省三明市三元区长安路十三号	吴炳坤	1970
18	福建三明金氟化工科技有限公司	其他专用化学产品制造	黄砂村渡头坪22号	王文星	2014
19	三明市食品集团市区牲畜屠宰有限责任公司	牲畜屠宰	福建省三明市三元区长安路2号17幢一层	游能光	2014
20	福建东正食品有限公司	肉制品加工	莘口镇沙阳村	陈培中	2014
21	福建三明鑫豪环保科技有限公司	生产环保防尘设备	台江路60号	郭立高	2015
22	三明市亚特家具开发有限公司	木质家具制造	新亭路293号	刘亚洁	2015
23	福建兴腾食品有限公司	肉制品及副产品加工	福建省三明市三元区莘口镇延永路59号1幢	郭高龙	2015
24	福建双龙重工有限公司	黑色金属铸造	汇华工业园33号	蔡章伟	2015
25	三明市舒美豪家具有限公司	木质家具制造	新亭路294号2号	陈增荣	2015
26	三明市松光竹木有限公司	木片加工	福建省三明市三元区莘口镇汇华工业园14号	王文斌	
27	三明市元成新型材料有限公司	制造人造板	莘口镇竹洲	邓运金	2010
28	福建省昌明机械铸造有限公司	机械铸造	荆东工业园19号	徐庆朝	2010

续表9

序号	企业名称	经营范围	企业地址	法人代表	企业成立年份
29	三明金牛水泥有限公司	生产水泥	岩前布溪88号	章旭升	2011
30	福建路业沥青有限公司	改性沥青生产	三明市三元区红旗新村5幢	胡永彪	2010
31	三明市长城混凝土工程有限公司	水泥制品制造	莘口镇黄砂沙窠	罗钟贤	2010
32	福建省三明市山源工贸有限公司	生产铸件	中铭路7号	魏惠英	1999
33	三明福圣工贸有限公司	生产空心砖	岩前布溪32号	姚敬铨	2010
34	三明市祥通塑胶有限公司	生产PE给水管	长兴路33号	马建其	2010
35	福建三农新材料有限责任公司	生产聚四氟乙烯	福建省三明市三元区莘口黄砂村渡头坪工业园	徐万鑫	2010
36	福建三明海林精密铸造有限公司	铸造加工	荆东工业园29号	兰明英	2011
37	福建省一品红木业有限公司	胶合板生产	乌龙村委会	吕晓华	2011
38	福建省聚海食品有限公司	肉制品加工	荆东工业园27号	连秋花	2011
39	福建吉兴竹业有限公司	木材加工	三元街2号	李升龙	2011
40	福建省三明辉润石化有限公司	生产润滑油	黄砂化工园	潘志贵	2011
41	三明市三元区福兴塑料泡沫厂（普通合伙）	塑料泡沫生产	岩前镇乌龙村	陈国晓	2012
42	三明市禾苗科技饲料有限公司	猪饲料生产	延永路8号	张震宇	2011
43	福建旭兴工贸有限公司	行车制造	荆东工业园区37号	陈成地	2013
44	三明市廷荣纸业有限公司	生产纸制品	福建三明市三元区江滨南路660号	肖海荣	2012
45	三明市鸿兴工贸有限公司	生产耐火砖	崇宁路6幢304室	郑素琴	2012
46	三明市红阳新型建材有限公司	生产烧结页岩砖	沙阳村龙尾路口	李　盛	2012
47	三明厦钨新能源材料有限公司	锂离子电池制造	岩前镇吉口村	姜　龙	2012
48	福建德威食品有限公司	生产肉制品	台江路60号1幢	陈日倩	2012
49	三明麦克奥迪光学仪器有限公司	生物显微镜	富兴路295号	曾　伟	1993
50	三明市明龙纸箱制品有限公司	生产纸箱	岩前镇吉口村	黄泳艺	1994
51	福建三明金明农资有限公司	烟草专用肥	三元区荆东工业园16	潘建菁	1998
52	福建省三明市东方机械制造有限公司	木材加工机械制造	中铭路22号	王孔城	2007
53	三明市博昇模具塑胶制品有限公司	模具制造	台江路60号	陈剑峰	2007
54	三明市永晟工贸有限公司	化工机械制造	台江头126号	李花妹	2007
55	三明市三元区岩前力达农肥有限公司	硫酸镁生产	岩前村河外71号	卜骋成	2007
56	福建省江南农庄食品有限公司	生猪屠宰	延永路59号	姜桂招	2007
57	福建三明市欧派食品有限公司	肉制品加工	三明市三元区荆东路9号99幢	陈移芬	2008
58	福建省三明市盛达化工有限公司	化学试剂和助剂制造	三元区莘口镇渡头坪工业园	肖祥梅	2008
59	三明市腾富矿业有限责任公司	石灰矿开采	富源村仕坑110号	张学腾	2008
60	三明市华荣食品有限公司	加工糕点	荆东工业园2号	江锦辉	2008
61	福建省三明兴辉机械制造有限公司	机械加工	荆东工业园	王再顺	2009
62	三明市闽拓矿业有限责任公司	生产钾长石粉	岩前路口59号	王道香	2009
63	名佑（福建）食品有限公司	生产肉制品	富中路17号自蒙畲2号	黄辉煌	2009

续表9

序号	企业名称	经营范围	企业地址	法人代表	企业成立年份
64	三明市金利亚环保科技投资有限公司	火力发电	三明市三元区莘口镇黄砂村	李宏文	2009
65	福建元立工贸有限公司	机械零部件加工	福建省三明市三元区大坂工业园1路6号	石天凯	2010
66	福建澳工塑胶电器有限公司	塑料管道	荆东工业园16号1幢	蒋锦汉	2010
67	三明市三元宏兴五金厂	金属包装容器制造	荆东工业园28号	刘英明	2008
68	福建省三明金叶复烤有限公司	烟叶加工	荆东工业园89号	白万明	1998
69	福建省三明鸿闽工贸有限公司	制造铸钢件	富兴路295-1	黄增伍	1999
70	福建省三明市宏源卫生用品有限公司	生产卫生巾、护垫	荆东工业园3号	叶秋水	1999
71	三明市三钢矿山开发有限公司	生产石灰	工业南路173号	林新旭	2000
72	三明市冶金机械轧辊有限公司	铸铁轧辊	荆东工业园19号	徐庆朝	2000
73	福建恒源供水股份有限公司	自来水生产与供应	工业中路92号	王　奕	2000
74	福建汇华集团有限公司	水力发电	莘口镇汇华工业园区	邓黄贵	2000
75	三明市晨阳水电有限公司	水力发电	莘口顺坑	黄绍键	2000
76	福建汇华集团溪口光伏材料有限公司	工业硅磨粉制造	莘口镇汇华工业园3号	邓黄贵	2000
77	三明市宏立机械制造有限公司	纺织设备制造	北山路32号	陈千国	2000
78	三明市长安机械制造有限公司	水冷炉口	台江路60号60幢	陆宗泽	2000
79	三明市三元区华兴萤石矿	萤石矿开采	星桥化坑	林松波	2000
80	三明市三元区西际下际峰电站	水力发电	莘口西际村1号	余克栋	2000
81	三明市富升耐火材料有限公司	耐火材料	莘口镇汇华工业园区	张素兰	2001
82	福建盛和食品集团有限公司	清水笋加工	莘口村竹洲	吴任光	2001
83	三明中环制衣有限公司	生产雨衣	新市南路387号	曹承润	2001
84	福建汇华集团东南汽车缸套有限公司	发动机缸套	莘口镇汇华工业园区	邓黄贵	1997
85	福建三明福荣车桥有限公司	机械制造	振兴路62号	徐　俊	2002
86	三明市宇化机械制造有限公司	叉车门架	江滨南路4号	邓享宇	2002
87	福建省三明市宏盛工贸有限公司	生产破碎机	四千米中铭路10号	俞云官	2002
88	三明恒晟竹木业有限公司	胶合板制造	竹洲工业园2号1幢	刘贤洪	2002
89	三明台江水电有限公司	水力发电	工业南路2号	杨江勇	2002
90	三明市鸿丰机械设备制造有限公司	微型高压齿轮泵制造	北山路12号	郑树权	2003
91	福建盛佳铸造有限公司	普通机械加工	莘口镇汇华工业园区	彭文春	2003
92	三明市闽兴机械制造有限公司	生产铸钢件	台江路60号75幢	郑立明	2003
93	三明市祥业工贸有限公司	金属制品加工	长安路23号36幢	郑金泽	2003
94	三明市曙光机械制造有限公司	化工生产专用设备制造	长安路23号38幢	鲍金煌	2003
95	福建五星机械制造有限公司	制造冶金	台江头126	罗淑红	2004
96	三明市金翔木业有限公司	木片加工	三明市三元区城东乡朱坑山地	付美玲	2008
97	三明市卓越水泥制品有限公司	水泥电杆	富兴路297号	邢勇强	2004
98	三明市九牧木业有限公司	生产细木工板	黄砂村渡头坪	林铮俤	2004

续表9

序号	企业名称	经营范围	企业地址	法人代表	企业成立年份
99	福建省三明市佳禾机械工业有限公司	机械加工(备件)	台江路60号	林志孟	2004
100	三明市新源机械铸造有限公司	加工非标件齿轮	台江路60号	肖志新	2004
101	福建省三明市海源机械制造有限公司	机械加工	台江路60号98栋	陈建军	2004
102	三明三药兽药有限公司	制造青霉素	台江路46号	刘金城	2004
103	福建省三明冶金阀门制造有限公司	生产阀门	台江路60号	陈　渝	2004
104	三明市利丰矿业有限公司	石灰石开采	万寿北路2幢102室	邓国祥	2004
105	三明市新岩工贸有限公司	开采石灰石	岩前仙人峰	王庆新	2005
106	三明市诚隆塑料有限公司	生产编织袋	汇华工业园区	陈　玲	2005
107	三明市丰润化工有限公司	白炭黑制造行业	汇华工业园	孙文钰	2005
108	福建省三明市恒凯成套设备制造有限公司	非标设备	台江路60号58幢	郭晓林	2005
109	三明市春发工贸有限公司	多孔环保砖	三明市三元区荆东工业园69号	庄秀春	2005
110	三明市欣源农副产品工贸有限公司	牲畜屠宰	福建省三明市三元区荆东路2号	黄　实	
111	福建省天健制药有限公司	注射头孢硫脒	台江路60号	何　喜	2005
112	福建省三明长兴机械制造有限公司	非标配件加工	长兴路9号	黄福台	2005
113	三明市钢岩矿业有限公司	生产批发石灰粉	岩前村	林新旭	2005
114	三明祥盛锻造有限公司	制造锻件	长兴路28号	陈荣祥	2008
115	三明市精诚化工有限公司	脲醛树脂胶生产	黄坑工业区	张智勇	2006
116	三明华一机械制造有限公司	金属切削加工	台江路60号105幢	周吻文	2006
117	福建省三明市农旺笋业有限公司	竹笋加工	沙阳村阳平街36号	邓纯森	2006
118	三明市德丰电气有限公司	配电开关控制设备制造	三明市三元区荆东工业园31号	刘祥林	2006
119	三明顺发矿业有限公司	煤的地下开采	中村乡松阳村池坪煤矿	连占建	2006
120	福建厨神食品有限公司	魔芋加工	台江路60号	李孔华	2006
121	三明市建全冶金新材料有限公司	石墨及碳素制品制造	台江路60号	谢建全	2006
122	三明市三阳竹木制品有限公司	生产竹胶板	莘口延永路100号	叶培金	2006
123	三明富丽礼品有限公司	其他工艺美术及礼仪用品制造	台江路60号	陈剑峰	2006
124	福建味孚食品有限公司	生产调味料、味精、鸡精	三明市三元区白沙台江口1幢	邓长太	2006
125	福建省三明森立方炭业有限公司	活性炭生产	岩前村69号	吴志辉	2006
126	三明市三元区宏泰钢结构厂	钢结构件制作	长安路23号	刘永木	2006
127	三明市华翔铸造有限公司	铸钢件生产	乌龙村牛垇	许天彪	2002
128	福建省麦尔食品集团有限公司	西式培根	荆东工业园26号	陈飞鹏	2007
129	三明市盛日工贸有限公司	生产矿渣微粉	汇华工业园	谢　翀	2007
130	福建省三明华鑫混凝土有限公司	生产混凝土	莘口镇上坑	叶向阳	2007
131	福建三联冶金技术开发有限公司	金属轧制设备	荆东开发区	董继定	2007
132	福建华灿制药有限公司	生产医用酶	荆东工业园32号	黄发灿	2010

续表9

序号	企业名称	经营范围	企业地址	法人代表	企业成立年份
133	圣力（三明）智能制造有限公司	其他专业设备制造	荆东工业园23号	张　旭	2017
134	三明市洞盛鞋业有限公司	橡胶鞋制造	村头新村8号	陈　彪	2018
135	三明市富石工贸有限公司	氟石膏制造	福建省三明市三元区白沙奈坑8号	林贤斌	2018
136	福建三化元福新材料有限公司	无机酸制造	福建省三明市三元区岩前镇布溪自然村	林先对	
137	三明市高精汽配制造有限公司	汽车零部件及配件制造	福建三明市三元区城南村鸭母垅	梅慧永	2019
138	三明利信织造有限公司	纺织带和帘子布制造	福建三明市三元区莘口镇上溪口205号	伊晓华	2019
139	福建三明顺信达建材有限公司	建筑用石制造	福建省三明市三元区莘口镇沙阳村署沙洋18号	梁　炯	2019
140	三明同城工贸有限公司	生产混凝土制品	沙洲路11号202、203室	张凤华	2015
141	福建省三明市闽峰工贸有限公司	塑料拖鞋	村头新村8号	陈振兴	2006
142	三明市万和食品有限公司	加工蔬菜、水果罐头	莘口镇上溪口207号	陈祥友	2016
143	福建振贤粮油有限公司	大米加工	振兴路34号	黄国洪	2016
144	三明市唯宝食品开发有限公司	生产饮料	振兴路23号	范材生	2016

商贸服务业

综述

【高位推动招商】 2020年，三元区工信与商务局牵头实施区领导挂钩联系制度，形成“一个重点产业、一名挂钩领导、一套招商班子、一个推进方案”。围绕全区产业发展重点，制定出台《三元区进一步做好重点产业项目招商工作方案》，明确2020年产业招商的工作目标和重点；印发《三元区招商引资“冲刺50天”竞赛活动方案》，根据全区实际调整招商工作小组，将招商引资任务分配到乡镇和部门，落实到一把手的肩上，进一步调动全区各级各部门招商引资积极性。

【夯实招商基础】 2020年，三元区工信与商务局编制《投资三元》招商手册、重点产业挂图，制作三元招商微信小程序，印发《三元区关于促进现代服务业发展优惠政策》，为招商工作打下坚实基础；不断充实更新项目库，规范项目征集、筛选、论证、储备等程序，及时补充新项目和大项目进入项目库，加强项目库动态管理，做好项目推进 汇总。

【拓宽招商渠道】 2020年，三元区工信与商务局以商招商，主动对接泉州惠安商会、厦门三元商会，针对三元区生物医药产业、文旅康养产业，进行“点对点”联系，吸引厦门、泉州客商来三元考察。通过金氟化工产品，引进总投资2000万美元荷兰AMG集团年产1万吨高端铝钛硼生产建设项目，2020年累计到资565万美金。

【“单一窗口”出口信保升级】 2020年，三元区工信与商务局在全区推广以保单融资为特点的“单一窗口”出口信保3.0服务模式。指导兴源实业等8家生产型出口企业参保出口信保，为企业提供投保、理赔、资信调查、信息咨询、保单融资等全流程的闭环出口贸易金融服务。

【外贸企业品牌建设】 2020年，三元区工信与商务局紧盯省、市政策导向，组织企业申报境外展会及中小开、进口贴息、外贸企业品牌、促进转型升级。推荐三元区毅君机械、恒大特钢等3家外贸企业申请纾困贷，兴源实业、三环进出口等4家外贸企业申请外贸贷，发挥好财政资金撬动作用，加强“政府+银行+保险”合作，扩大保单融资规模，通过信保增信帮助中小微外贸企业获得银行资金支持。同时配合三明海关，深入三元区生产型出口企业开展AEO认证实地宣讲。

【外需市场开拓】 2020年，三元区工信与商务局组织企业参加广交会、进博会等各类专业展会。在第三届进口博览会期间，三元区组织15家企业采购商参会。借助进博会平台，重点对接食品及农产品、医疗健康及保健和消费品等展区展商，累计完成展位成交额350万元。

【促进消费增长】 2020年，三元区工信与商务局激发区域消费潜力。鼓励好多多超市、夏商百货等商超利用春节、“五一”、端午、国庆等节假日，开展丰富多彩的促销活动，同时组织企业参加永嘉天地美食嘉年华活动。

【省控基地改造】 2020年，三元区工信与商务局推进省控基地改造。按照“增品种、提品质，保障市场供应”工作要求，指导富源蔬菜基地申报省控基地重点项目，获得补助资金25万元。

【强化市场供应】 2020年，三元区工信与商务局按照市、区工作要求，推进蔬菜市场储备制度落实，指导名成蔬菜批发市场开展疫情防控期间蔬菜储备工作。经市商务局验收，获得补助资金60万元。

【提升冷链物流水平】 2020年，三元区工信与商务局根据省商务厅、省财政厅文件要求，指导市食品集团、乐斯美食品、卓瑞食品、永辉超市申报冷链物流项目，支持其新建3000立方米保鲜库、变温库、气调库、立体自动化冷库等智能型高端冷藏设施，获得专项补助经费427万元。

（张鸿儒）

新社会阶层事务

【构建亲清新型政商关系】 2020年，中共三元区委统战部推动构建亲清新型政商关系。坚持把“服务”作为工作主基调，以“服务提升年”活动为抓手，深化“访企业、解难题、促六稳”专项行动，走访民营企业38家（次），帮助解决复工复产中遇到的用工、用电和防疫物资保障等实际困难。

【法律服务进企业】 2020年，中共三元区委统战部联合司法局、金融办等部门组织开展“法律服务进企业”“法治体检”等活动。将政策和服务“一对一”送入企业，与区政协、民盟三元基层委共同开展“服务提升年”活动，落实民主监督，实地了解政府服务情况和企业反响，为企业健康发展保驾护航。

【护航民营经济】 2020年，中共三元区委统战部落实促进民营经济发展政策，深化非公服务中心“236”工作模式。依托行政服务中心和各职能部门窗口，梳理整合惠企政策73条、制定服务指南25条，政策兑现1861件。对接政银企“一月一行一专场”和纾困专项资金贷款政策，协调银行机构加大民企信贷有效投放，及时纾解民营企业融资难问题。

【加强商会建设】 2020年，中共三元区委统战部实现乡镇、街道商会全覆盖。充分发挥商会资源，以商招商、产业链招商的优势，对接项目10余个，促成总投资10亿元和立电子气项目落户三元，引进1亿元闽王谷生态科技观光园项目。开展专题调研，提交的《关于优化金融生态环境，支持中小微企业加快发展的建议》，获评市政协“2017—2020年度优秀提案”。

【新的社会阶层人士工作】 2020年，中共三元区委统战部加强和改进新时代党外知识分子和新的社会阶层人士思想政治工作。发挥他们在弘扬主旋律、维护社会和谐稳定、改善民生、净化网络空间、维护意识形态安全等方面的积极作用。深入开展“凝聚新力量 筑梦新时代”主题教育，组织20余人前往岩前万寿岩参观学习，并发放综治“三率”宣传单，宣传平安三元。

（黄宗祥）

三元品牌产品

【三元普禅山茶】 “三元普禅山茶”产自三元区第一高峰——普禅山。三元普禅山茶以叶色翠绿鲜活，汤色蜜绿显黄，香气含有花果味，淡雅清长，滋味厚重富活性，耐冲泡等特点而著称，富含茶多酚、氨基酸、维生素等对人体有益物质。三元普禅山茶园基本分布在普禅山海拔800米以上的位置，土层深厚且多为红壤土，富含硒、铁等天然矿物质，林木葱茂，四季常青。该地处于亚热带气候区，受到四周均为高海拔群山影响，春夏之交晴雨相间，夏季高温多雨，冬季低温多雾，全年雨量充沛，四季分明，年平均气温19.5℃，最高气温38℃，最低气温零下6℃。特有的地域环境造就“三元普禅山茶”的特定品质。种植面积40多公顷，产量3万多千克。

【三元顶太红老酒】 三元区中村乡顶太村是“三元顶太红老酒”的产地。村庄坐落莲花峰山麓下，海拔930米，是典型的高山村。据《顶太张氏族谱》记载，唐朝中期，张氏先祖从中原迁居三明沙县，后又转居草洋，唐末又分支三元顶太定居。张氏先祖发现以当地盛产的糯米做原料，以莲花峰流出的山泉为酿酒用水，酿出的酒不仅风味好，而且饮用后能长时间御寒。明末清初，酿酒业就成为顶太村的支柱产业。顶太村全年雨量充沛，小溪纵横，泉水中富含铁、锌、硒等多种矿物质和微量元素。当地培育种植的糯米颗粒饱满均匀，质地柔软，淀粉含量高。以当地特有的优质糯米、红曲和山泉水为原料，采用其传承的酿酒工艺而酿造出来的“三元顶太红老酒”色泽红亮，清香四溢，富含的氨基酸、维生素等，长期适量饮用有助于调理人体机能，增强免疫力。产量每年约5万千克。

【三元西际蜜橘】　三元西际蜜橘果实扁圆，果形指数1.41以上，果实较大，单果均重120克，大小均匀；果面光滑，具有光泽，呈橙黄色；果皮薄，浮皮少，香气浓烈；果肉橙红色，汁多，无核，橘香浓郁，质地脆嫩，食不存渣，可食率81%以上，口味浓甜，可溶性固形物含量14%以上，每100克果汁中含糖量≥12克，含酸≤0.6%，固酸比在10以上，维生素C≥32.6毫克。三元西际蜜橘集“特早熟、丰产、外观美、风味佳、较耐储藏”等特点于一身，是国内特早熟宽皮柑橘之一。三明市三元区莘口镇的西际村是“三元西际蜜橘”的产地，地处北纬25°30′—27°07′、东经116°22′—118°39′之间。该地处于海拔400多米的黄泥山上，土壤疏松，排水性好，有机质含量高；植被茂密，森林覆盖率80%；气候温和，夏无酷热，冬无严寒，雨热同期，四季分明，雨量充沛，年均气温19.4℃，平均日照时数1900小时，年无霜期280天，年降水量1800毫米，昼夜温差大，非常有利于“三元西际蜜橘”的成长。种植面积373.33公顷，产量1000多万千克。

（王小平）

3月26日，三元区打造对外经济贸易发展的新局面，推动外向型经济发展。图为位于三元黄砂产业园的金氟科技有限公司车间一角

城乡建设 交通运输

城乡建设

【概况】 2020年，三元区注册建筑企业有64家，其中特级企业1家，一级企业4家，二级企业4家，三级企业55家。二级以上企业产值102.17亿元，占辖区建筑业产值的91.96%。三元区建筑业总产值111.1亿元，同比增加15.6%，实现税收2.06亿元；房地产项目总销售面积43.15万平方米，同比增长27.66%，总销售额为32.80亿元，同比增长19.58%；城建重点项目20个项目，总投资1184205万元，2020年度计划171250万元，实际完成投资182735万。辖区内在建工程项目30个（其中房建项目29个，市政项目1个），建筑面积125万平方米，工程项目完工10个，工程项目竣工验收8个。

【行政审批和备案】 2020年，三元区住建局办理施工许可证30件、竣工验收备案25件、起重机械使用登记备案60件。全年办理公开招标条件备案29件。

【合同履约检查评价】 2020年，三元区住建局落实《福建省建筑施工企业信用综合评价暂行办法》等相关文件，通过福建建设工程质量安全网进行合同履约评价季度检查，2020年检查在建项目129次，累计扣分74分。建筑行政处罚3条，累计处罚金额约20.8万元。

【房地产业】 2020年，三元区住建局开发新建项目4个，开发面积34.75万平方米，总投资达8.12亿元；商品房销售网签备案4550套，全区房地产项目总销售面积43.15万平方米（其中住宅38.87万平方米，商业及其他4.28万平方米）。住宅商品房销售均价比去年同期略微下降，住宅商品房均价为7998.56元/平方米，比去年同期下降2.93%。

【房屋隐患排查】 2020年，三元区住建局开展房屋结构安全隐患大排查大整治百日攻坚专项行动。三元区复查11727幢房屋（其中城市1777幢、农村9950幢），录入房屋安全隐患系统。对于排查出的98栋存在重大安全隐患房屋，拆除43栋，封房清人54栋，加固1栋。

【城乡住房保障】 2020年，三元区住建局实施老旧小区微改造项目8个，涉及楼栋数110栋、户数4384户，面积35.83万平方米。项目已获得上级补助资金6000余万元。完成10.2千米污水管网改造，新增机动车停车位650个，新增非机动停车棚20个，增设综合活动设施（含老人、儿童等活动设施）24处、便民市场1处，完成加装电梯8座。

【厕所革命】 2020年，三元区住建局新建及改造公厕12座，实现三元区建制村公共厕所全覆盖。同时制定农村公厕管理制度，推进农村“厕所革命”工作。

【农村生活污水垃圾治理】 2020年，三元区住建局完成三个乡镇镇本点污水提标改造工程。

其中完成污水管网建设6.5千米，进出水量监测安装3处，实现建制镇污水收集率达70%的工作目标。三元区乡镇生活垃圾收集点覆盖面达到100%。其中建制村垃圾无害化处理率为100%，进一步完善“村收集、镇转运、县处理”的长效管理机制。

【历史文化遗产保护】 2020年，三元区住建局协助中村乡顶太村申报成功第三批省级传统村落，落实省级传统村落——岩前村“十镇百村”重点示范工作。完成岩前镇保护规划的编制及评审，完成相关项目投资1200万元，并通过中期验收。完善全区80处历史建筑的基础信息，完成17处历史建筑的测绘建档登记和保护修缮。

【“依法和谐征迁”行动】 2020年，三元区住建局“和谐征迁”项目18个。完成其中17个项目（三元区荆东片区、长安路周边地块、台溪坂二期、三明学院发展用地、701周边地块、制鞋厂周边地块、下洋花园剩余地块、海翼左岸名都三期拆除项目、白沙旧改剩余地块、台江头二期、马道山新田巷地块、省一建后山道路工程、台江片区路网建设工程、国道534村头至荆东改线工程）。完成土地征收面积62.27公顷，完成房屋征收820户，完成企业征收12家。

【“冲刺50天，征迁大攻坚”行动】 2020年，三元区住建局开展“冲刺50天，征迁大攻坚”活动，力促项目征收、历史遗留问题妥善解决和重点项目及时落地，城市建设加速推进。2020年以“冲刺50天，征迁大攻坚”行动为契机，完成签约195户住宅、4间店面和2家企业，建筑面积约1.6万平方米。

【质量安全监督】 2020年，三元区住建局对30个在建项目，进行建筑工地消防安全大检查、防汛安全大检查。2020年发出隐患整改通知单160余份，消除安全隐患686余处。开展建设工程质量专项治理。对建筑市场行为、工程质量、建筑材料、质量行为、建筑节能等开展专项治理。2020年抽查在建工程30个（其中住宅项目29个，市政项目1个），下发责令整改通知单30份。开展“双随机”季度检查。对违规行为实时扣分，其中施工企业459.7分，项目经理459.7分，监理企业300.7分，总监300.7分，发出隐患整改通知单计60份。

（杜美玉）

交通

【概况】 2020年，三元区投资3.85亿元建成通车项目4个，新开工建设3个，按序时进度推进项目2个。当年客运总量35.15万人，公路客运周转量2465.22万人千米；货运量1671.51万吨，货运周转量170071.98万吨千米，客货运输换算周转量170319万吨/千米，增幅5.3%。完成交通运输现代服务业投资29164万元，完成率119.6%。

【兴泉铁路建设】 2020年，兴泉铁路三元段全长15.47千米，总投资12.03亿元，按国铁Ⅰ级设计，客货运两用，主线基本完成。

【莆炎高速】 2020年，莆炎高速三元区莘口至中村段路线全长27千米，投资26.5亿元，按双向6车道高速公路标准建设。

【国道534槐林至荆东段】 2020年，国道534槐林至三元区荆东段。该项目全长6千米，投资8.37亿元，按双向四车道一级公路标准建设，路基宽21米，设计行车速度60千米/小时，投资约8.37亿元。主线2020年6月30日建成通车。

【国道205台江连接线】 2020年，国道205三元区台江连接线。起于台江大桥西岸桥头，穿蕉溪坂至国道205过境线，该线全长2.615千米，总投资2.16亿元，按城市主干道兼二级公路标准设计，路基宽24.5米，设计时速60千米。跨铁路段10月30日正式通车。

【格氏栲至上沙地】 2020年，三元区格氏栲至上沙地，全长10.39千米，按三级公路标准设计，路基宽7.5米，设计时速30千米，总投资5730万元。2020年10月建成通车。

【岩前至星桥中桥公路】 2020年，三元区岩前至星桥中桥公路，全长10.48千米，按三级公路标准设计，路基宽7.5米，设计时速30千米，总投资4836万元。2020年10月建成通车。

【莆炎高速东互通连接线】 2020年，莆炎高速东三元互通连接线，全长4千米，按一级公路双向四车道标准建设，路基宽19米，总投资3.2亿元。9月23日完成招标工作，10月中旬进场施工。

【国道534线官洋坑至黄砂段改线】 2020年，国道534线官洋坑至三元区黄砂段改线，全长4.1千米，按二级公路标准设计，路基宽12米，设计时速60千米，总投资1.4亿元。8月25日完成招标工作，10月中旬进场施工。

【兴泉铁路眉山火车站连接线】 2020年，兴泉铁路三元区眉山火车站连接线，全长4.5千米，按三级公路标准设计，路面宽7.9米，11月5日开工建设。

【改善农村道路通行】 2020年，三元区交通局开展为民办实事项目，持续改善农村道路通行条件，投入36.8万元建设错车道46个，持续改善吉口、清溪、后溪、增坊、中央溪等5个建制村通行条件，完成投资22.4万元。

【管好护好农村公路】 2020年，三元区交通局进一步改善道路通行舒适性、安全性，投入85万元完成上沙地至余地等生命防护工程7.1千米。投入15万元对全区32个农村公路交叉口“五有工程”（有减速坎、警示牌、路中隔离、监控和路灯照明）建设。

【规范运输市场秩序】 2020年，三元区交通局全面规范运输市场秩序。对全区客货运输市场、机动车维修市场、驾培市场全面推进质量信誉考核机制。狠抓“三把关一监督”工作的落实，贯彻“安全第一、预防为主、综合治理”的指导思想，加强安全宣传教育，强化各项基础工作，落实岗位责任制。

【新开通公交班线】 2020年，三元区交通局落实村村通车项目，开通白水村—中村乡、大焙坑村—中村乡、焦坑村—中村乡、中央溪村—中村乡墟日班车及高山村公交班线，实现辖区农村客运100%通车率。

【“打非治违”和“治超”】 2020年，三元区交通局坚持教育为主与专项整治相结合，开展“打非治违”和治超等专项行动。宣传“打非治违” 和治超的目的、意义，印发宣传单5000多份、宣传标语20余条。以整治车辆非法营运、超限超载，出租车拒载、宰客、乱收费，工程车运输洒落沙石等为重点，规范交通运输市场健康有序发展，对损害群众利益的行为依法查处。2020年累计查违法违规行为顶格处理153起，罚款71.85万元。

（罗丽娟）

兴泉铁路（三元段）建设

【概况】 2020年，兴泉铁路是江西省兴国县至福建省泉州市的国家I级铁路，是蒙华铁路的东延线，是海西经济区通往中西南地区铁路通道的重要组成部分，是对接蒙西铁路的国家出海大通道。该项目西起赣州市兴国县，由京九线兴国站引出，经江西省赣州市兴国、于都、宁都、石城，然后进入福建省三明市宁化、清流、明溪、三明、永安、大田，在永安与鹰厦铁路相交，再经德化、永春、安溪、南安等市县，终至泉州市。正线全长495.87千米。2016年9月27日，在三明境内清流县先行开工。三元段正线全长15.47千米，在眉山村设三元站（中间站）。2020年，兴泉铁路完成总投资金额2.24亿元。三元站总投资金额3720万元。

【铁路设计等级】 2020年，兴泉铁路设计等级为国铁I级，功能定位为国铁I级单线电气化铁路，客货共线，设计旅客列车行车速度160千米/时，全线设车站34个。三明市境内里程约226千米，

【兴泉铁路三元段】 2020年，兴泉铁路三元段正线全长15.47千米，其中，路基正线全长1.87千米；桥涵10座；隧道10座。路基、桥涵、隧道已全部施工完成，并已完成轨道铺设。

【征收红线内土地】 2020年，兴泉铁路（三元段）需征收红线内土地36.90公顷，房屋17500平方米，临时用地约53.33公顷。征迁已全部完成，2020年征迁总投资金额1658万元。

【三元站站房】 2020年，兴泉铁路三元站站房型式为线侧平式，全长1718米，车站中心里程为DK233+155，最高聚集人数400人，总建筑面积2998.9平方米；建筑层数为地上一层、局部二层，地下为消防泵房；屋面防水等级为Ⅰ级。站房结构为钢筋混凝土框架结构，结构抗震等级为二级；基础采用桩基础。三元站

站房墙体抹灰完成；风管安装完成25%；雨水消防管道安装完成35%；幕墙龙骨安装完成20%。

【车场基本站台】 2020年，兴泉铁路三元站车场设基本站台一座。雨棚形式：中间立柱两侧悬挑，现浇钢筋混凝土结构，面积4485平方米；基础采用钻孔灌注桩基础。

【三元站雨棚】 2020年，兴泉铁路三元站雨棚框架柱累计完成51根；雨棚主体结构累计完成4跨。红外线探测机房（大里程），主体结构完成。消防备品间，主体结构施工完成。

（周宗水）

3月3日，三明市三元区东霞小学改造扩建工地一角

教育　科技

教育发展

【概况】　2020年，三元区全面贯彻党的教育方针，落实依法从政、依法治教，坚持问题导向，抓重点、强弱项、补短板，持续深化教育体制机制改革，提升公办幼儿园和普惠性幼儿园覆盖面，推进学前教育普及普惠发展。三元区教育局获2018—2020年度创建全国文明城市工作集体三等功；省关工委授予区教育局关工委全省基层五好关工委示范点。

【“强基”“壮腰”工程】　2020年，三元区教育局深入实施小学“强基”、初中“壮腰”工程，推进市级总校制办学改革工作，义务教育优质均衡发展，基础教育质量稳步提升。发挥特教班、特殊教育资源教室作用，通过随班就读和送教上门，保障残障儿童就学。面向社会、面向群众宣传和开展终身教育活动。

【补短板应急项目建设】　2020年，三元区教育局持续推进八个教育补短板应急项目建设，其中新东霞小学、第三实验小学、三元区实验幼儿园已建成投入使用，新增学位3800余个。全年向上争取资金3100多万元，协调推进城区扩容、校安长效、学前教育、教师周转房、教育信息化等项目建设。

（张钟茂）

学前教育

【概况】　2020年，三元辖区有幼儿园40所，其中教育部门办园9所，农村集体办园2所，民办园29所（含市属民办园小金星幼儿园）。全区学前教育入园率99.02%，2020年秋季在园幼儿6805人，教职工632人，其中专任教师399人。全区幼儿园占地面积74781.07平方米，建筑面积58921.33平方米。

【公办园在园人数提升】　2020年，三元区教育局加快补齐学前教育短板，采取多项措施，加快公办园建设。三元区实验幼儿园新园和东霞幼儿园第一分园2020年秋季开始招生，采用小中大班同时招生；挖潜扩容，将班额提升到每班39人。2020年秋季三元区公办园在园人数占比达59.18%，比上一年提高25.53个百分点。

【东霞幼儿园第一分园开园】　2020年，三元区教育局东霞幼儿园第一分园位于市区新市南路57号，用地面积4057平方米，建筑面积4916.93平方米，可容纳12个班级、360个学位。该园于2020年10月9日正式开园。

（苏奕荣）

小学教育

【概况】　2020年，三元区教育局区属小学13所，九年一贯制学校1所。一年级新生2416人，小学在校生数132136人，小学教职工总数778人（不含九年一贯制小学部），其中专任教师729人。全区小学占地面积158850.51平方米，建筑面积114887.19平方米。

【实施小学积分制入学改革】 2020年，三元区教育局贯彻落实《三明市区小学非“三统一”人员子女积分入学工作实施方案（试行）》精神，研究制定《三元区2020年秋季义务教育招生工作方案》，做到招生平稳，公开、公平和公正，圆满完成积分制入学改革工作。

【教育补短板项目】 2020年，三元区教育局新东霞小学和第三实验小学被确立为市区教育应急补短板项目，其中三元区第三实验小学项目占地17549平方米，建筑面积16407平方米，总投资1.05亿元；三元区新东霞小学项目占地23440.51平方米，建筑面积15725平方米，总投资1.05亿元，两个项目于2020年9月按期交付使用，两校新增学位3240个。

【省、市质量监测成绩】 2020年，三元区教育局顺利完成省、市质量监测组织工作，在公布的2019年省质量监测情况中，三元区科学和德育的10个指标中，有7项指标10颗星，1项9颗星，1项8颗星和1项7颗星。

（苏奕荣）

初中教育

【概况】 2020年，三元区教育局区属中学6所（含中村中学），其中九年一贯制学校1所。初中教学班112个，在校生5587人。初一招生1990人，毕业1729人，初中毕业升学率为97.92%。2020年参加中考人数为1729人，录取一级达标高中872人，其中三明一中录取694人，三明二中录取2人，三明九中录取176人。

【总校、分校制办学】 2020年，三元区教育局组建三明市列东中学二级总校，三明市列东中学为总校，三明市第四中学为分校。

【三明三中举办市级教学开放周】 2020年，三明三中承办三明一中总校市级教学开放活动（初中分场）。本次活动开设两个讲座，25节观摩课，全市400多位教师参加活动。

【教学成果】 2020年，三明四中老师罗丽娟所授的《植株的生长》被评为省级优质课；三明十二中老师郑丽娟、杜立健获三明市中小学作业设计一等奖。

（黄贵平）

高中教育

【概况】 2020年，三元区教育局三元辖区有高中2所，即三明一中、三明九中。截至2020年底，全区高中学生总数4911人，高中教职工423人。全区高中学校占地面积13.35公顷，建筑面积89794平方米。

【教学课题改革】 2020年，三明一中、三明九中获评普通高中新课程新教材实施国家级示范校。三明一中有7个省级课题、5个市级课题结题。市教学成果评选中，该校获特等奖1个、二等奖2个、三等奖1个。三明九中有2个省级课题结题，入选福建省第二批中小学思想政治理论课百堂示范课和福建省第二批百个中小学劳动教育实践特色项目。

【教学“强基计划”】 2020年，三明一中在“强基计划”中有1名学生录取北京大学。有4名学生在学科奥赛中获省一等奖，47人获省级二、三等奖。近百人在市级学科奥赛中获奖；三明九中1名学生获2020年福建省美术专业第一名。

（吴莉莉）

福建省三明市第一中学

【概况】 2020年，三明市第一中学占地面积6.67公顷，建筑面积40559平方米，建筑占地35217平方米，绿化面积21334平方米。学校现有教学楼4幢、办公楼1幢、科技楼1幢、图书楼1幢、学生公寓与食堂2幢、多功能体育馆1幢，有塑胶操场、游泳池、多媒体教室、多功能录播室、生态标本馆、学生文化活动中心和五人制足球训练馆等现代教学设施。2020年，三明一中教学综合楼正式开工，一号楼初中部教室改造工程完成；三明一中50余间教室100余台空调安装完成。学校围绕以“求真·至和”为校训，以“学科奥赛”为核心的“创新型拔尖学生的培养”已成为学校的办学特色。2020年，学校有专任教师193人，教辅人员9人，其中硕士26人，占专任教师13.5%；在聘高级教师87人，占专任教师的45.3%，正高级教师4人，特级教师3人，全国模范教师2人，教育部“国培计划”专家库成员、国家级骨干教师1人，省级教学名师2人，省级学科带头人4人，省级名师工作室领衔名师1人，市拔尖人才2人，市优秀人才3人，市级名师工作室领衔名师4人，2020年招聘、调入新教师54名。学校学生学业水平考试合格率为98.89%，三年按时毕业率98.39%。体质健康合格率为95%，其中优秀率从2016年的2.92%提高到2019年的5.30%，良好率从2017年的29.2%提高到2019年的37%。

【高考奥赛情况】 2020年，三明市第一中学高考通过“强基计划”被名校录取3人，其中北京大学1人；学科竞赛获省一等奖4人，省二等奖19人，省三等奖28人，市三等奖以上104人。地理学科参加生态环境保护部组织的“水环境”大赛获全国一等奖1人、全国二等奖2人，地理学科3位同学在生态环境保护部2020年青少年自然笔记征集活动中获奖，学校荣获优秀组织单位称号；学校获2020年高考作文在线竞写活动优秀组织奖，5人获评优秀指导教师，学生获省一等奖2人、省二等奖3人、省三等奖10人、优秀奖14人。

【教育改革试点】 2020年，三明市第一中学推进三明市教育改革试点项目《创新性拔尖学生的培养》；有21项省市课题、63篇CN文章支撑先进的办学理念，特长培养、校园文化等更上一层楼；物理、化学学科竞赛获省一等奖4人、省二等奖19人、省三等奖28人，市三等奖以上104人；学生在学习强国平台发表32篇文章；在生态环境保护部2020年青少年自然笔记征集活动中，3人的作品入选优秀作品，学校获评优秀组织单位；强基计划录取北大等名校3人。

【创新育人方式】 2020年，三明市第一中学围绕“至和”德育主题，创新育人方式。以“境遇道德”教育为抓手，融合信息技术，组织2400多人次开展征文比赛、摄影书画创作、视频制作等。参加诚信“云”考试。开设17场生涯规划课程，组织60余人参加以家国情怀、革命精神、改革精神、科学精神为内容的研学活动。

【探索新时代教育评价方式】 2020年，三明市第一中学依托课题研究，开设市级“躬行园”校内种植实践项目。组织800多人次参加“美好生活，劳动创造”微视频创作比赛。探索新时代教育评价方式，拓宽国防、体育、美育、心理、感恩、社团活动、青年志愿服务等校本化实施渠道。

【提升新时代思政课效果】 2020年，三明市第一中学举办20多场政治理论学习，3场大中小学思政课教师同备一堂课活动，近400人次参加时政述评和青年党校。现有省级心理健康教育名师工作室1个，省级课题1项，市级课题2项，师生近40人次在市级“诵读中国”“笔墨中国”“暑期读一本好书”等大赛中获奖。

【开设线上课程】 2020年，三明市第一中学在疫情防控期间开设线上课程1200余节，线下复课后继续更新、开放线上课程，供学生在线选修学习。

【课程体系建设】 2020年，三明市第一中学落实和完善《三明一中课程发展规划和实施方案》。推进“求真·至和”课程体系建设，7月被教育部确定为普通高中新课程新教材实施国家级示范校。本年度报送“一师一优课”22节；丰富学校课程资源，高一、高二分别开设校本课程27门和24门，分别开设研究性学习课题55个和62个，并精选出“三明红色文化”等8个课题，作为新课程体系的选修课程；修订选课制度，开设第二外语（日语）选修。

【培养劳动观念】 2020年，三明市第一中学将培养劳动观念和参与劳动实践相结合，保证每周1节劳动课。与三明林校沟通，将学校劳动课程和中职相关课程对接；加强思政课建设，探索思政课教学方式，开展课前5分钟“时政播报”活动，在高二年段进行时政述评大赛，承办三明市大中小学思政课教师同备一堂课活动。

【高考综合改革】 2020年，三明市第一中学申报普通高中新课程新教材实施国家级示范校。落实六大任务要求，以高考综合改革为指导，逐步形成“分层指导·合作学习”的互动式教学模式；稳步实施推进新高考选课走班制，制订并完善一系列考试评价配套方案。

【落实阳光体育】 2020年，三明市第一中学开齐开足体育和艺术课程。每年坚持定期开展学生体质健康检测，建立学生体检健康档案；将近视防控活动融入学生学习日常中，将眼保健操纳入文明班级量化评比中，举行眼保健操比赛；落实阳光体育1小时，开展“1+N”阳光体育大课间活动，将“逃生演练”融入课间集会。举办“田径运动会”“跑操比赛”“广播体操比赛”“集体跳绳比赛”；作为全国足球特色校，注重特色体育发展的多元化，开展击剑（花剑）和攀岩项目，2020年荣获攀岩展示活动团体三等奖、击剑展示活动团体三等奖，荣获福建省青少年校园篮球联赛暨中学生篮球锦标赛中男子组三等奖。

【推进美育教育】 2020年，三明市第一中学开展“水环境”宣传创意设计、宿舍美化大赛和“高中生生涯规划”心理书签设计等活动。将美育与劳动教育、生涯规划、社会实践活动相结合。学校荣获市第二届经典诵读大赛中学生组一等奖（团体），市第二届汉字书写大赛（硬、软笔）中学生组一等奖4人（项）次、二等奖3人（项）次、三等奖1人（项）次。

【学生评价改革】 2020年，三明市第一中学把“立德树人”成效作为根本标准，以学生全面发展为追求目标，从维度（班级评价和学科评价）、过程（阶段评价和终端评价）、策略（分组评价和竞争评价）、效益（提质评价和增量评价）、激励（分项评价和综合评价）等5个方面探索基于选课走班的评价改革，评教、评学活动制度化、常态化、信息化。以学生“入口关”为基数，关注学生成长的趋势导向和个性特点，鼓励学生进步、以进步体现自身价值，培养责任意识。利用省综合素质评价、天蛙综合素质评价等2个系统平台，记录2400余名学生389次的活动课程，完善和提升电子化评价模式。

【总校制办学改革】 2020年，三明市第一中学加强总校与分校教育教学管理的深度融合。实施教研联动促进师生发展，实现初高中平滑衔接，推进“青蓝工程”，实现两校老中青教师师徒结对；联合举办2020年市级教学开放周，一中骨干教师赴三中培优走教；深化德育合作增进文化融合，开展“共话中考、助力梦想”生涯教育主题励志活动。

【片区联盟校建设】 2020年，三明市第一中学举办“三明市A片区普通高中联盟校2020年度教学专题研讨会”；推进与沙县一中教育同城化工作；推进评教评学活动制度化、常态化，教师教育教学评估优良率98%以上；运用智学网、七天网等网络平台，对学生的学业成绩进行过程性综合评价。

【教育科研】 2020年，三明市第一中学申报普通高中新课程新教材实施国家级示范校。参加省厅协调会1次，全国视频会议2次，制订三年规划和年度计划。翁东真校长2次在高中新课程新教材实施国家级示范区（三明）做典型发言，1次在省厅发言。

【课题结题】 2020年，三明市第一中学7个省级课题、5个市级课题结题；在CN刊物上发表教科研论文63篇；陈荔平、乐园主持的教学成果荣获市二等奖，地理组教学成果荣获市三等奖；魏有莲参与的教学成果荣获市特等奖。

【优秀教学成果推广】 2020年，三明市第一中学罗翀团队教学成果获教育部推荐在“基础教育国家级优秀教学成果资源服务平台”推广应用展示。严业安为2020年高考理综化学科评卷指导组成员，参加撰写《2020年福建省普通高考学科评价报告》，已由福建教育出版社出版，赴安徽参加2021年省质检命题，其4次参加普通高中学业水平选择性考试化学学科专项研究，拍摄《圆梦向未来》省教育扶贫节目、中国教育电视台《同上一堂课》、福建教育电视台《空中课堂·名师优课》。疫情防控期间，教师经常性组织线上研讨会；主持召开“山海协作教育共同体”线上研讨会。

【师德师风评价】 2020年，三明市第一中学坚持把师德师风作为评价教师的第一标准，克服重科研轻教学、重教书轻育人等现象，树立全员育人观，开展全员育人的管理模式，对体罚和变相体罚学生、违规补课实行一票否决。由于选课走班的特殊性，探索利用每次考试与入口成绩对比，引导教师更多关注学生的进步和改变，对教师的教学和育人做出客观的评价，不断推动学生的“评教”，教师的教育教学评估优良率达98%。

【教育信息化】 2020年，三明市第一中学教育信息化建设持续发力，更换9套希沃一体机平板，体育馆大屏LED、舞台灯光、音响改造完成，录播室设备改造完成。组织推进信息技术应用能力提升工程2.0工作。制订计划，组织9位骨干教师参加省、市级培训。对新教师进行“希沃授课助手”“智慧白板组件”的使用培训。组织教师参加“三优联评”和“福建省中小学教师网络学习空间”创建活动；充实希沃校本资源库，其中云课件1300多节、考试试卷及答案100余份；组建云盘校内资源库，存储新教师汇报课、市级教学公开课、疫情防控期间直播课、《如何写好论文》及高考相关视频达250G，视频达1100多节。疫情防控期间指导教师利用希沃云课堂、希沃时间胶囊、QQ极速课堂、班级小管家、小七学伴等平台开好线上直播课、录播课1000多节；利用国家教育资源平台，与各教研组筛选出优质部级“一师一优课”视频链接（约800节）与高中数学、高中生物微课微信公众号(约500节），分册分单元分节整理成目录，在学校官网推送；运用七天网络和智学网进行考试智能化数据分析、研究与实践。

【办学特色研讨交流】 2020年，三明市第一中学组织开展办学特色研讨交流和经验推广。举办市级教学开放活动。三明市2020年基础教育教学成果奖3项；省级课题7项结题，市级课题5项结题。3位正高级教师赴新疆送教，1位正高级教师赴永定一中做培养创新拔尖人才讲座，罗翀团队教学成果获教育部推荐在“基础教育国家级优秀教学成果资源服务平台”推广应用展示，构建物理、化学、生物、信息技术奥赛系列校本课程，制定《三明第一中学教科研绩效奖励方案》。

【社团组织结构规范】 2020年，三明市第一中学开设33个学生社团。社团组织结构规范、健全，聘请教师担任社团指导老师，社团活动从不同层面上促进学生的个性发展。“模拟联合国”活动已成为学校社团品牌，7月29日至7月31日，三明一中模联社与三明二中模联社联合举行SANMUN2020模拟联合国大会。

【开放办学】 2020年，三明市第一中学利用好“总校制办学、教育同城化、片区联盟校”平台。通过构建教研共促、优生共培等“五共”工作模式，推进三明一中总校与三明三中分校教育教学深度融合。制订与沙县一中教育同城化的工作方案，有序推进两校合作。举办“三明市A片区高中联盟校2020年度教学专题研讨会”，承办三明市优秀生冬令营活动。

【对口帮扶送教支教】 2020年，三明市第一中学携三明三中、沙县一中等五校优秀骨干教师24人赴龙岩永定开展送教活动，开设专题讲座3场，公开课16节。罗市斌获“优秀援疆教师”荣誉称号。严业安、魏有莲、陈荔平等三位教师到新疆昌吉州玛纳斯县开展“送培送教”活动。李杜钦赴清流支教一年。

【山海协作教育】 2020年，三明市第一中学利用好“省市教学会议”平台，推进与厦门一中的山海协作。主持召开“山海协作教育共同体”线上研讨会，邀请周君力省级名校长到三明交流。举办信息技术与教学深度融合的市级教学开放活动，开设56节观摩课和6场专题讲座，涉及14门学科。承接3次省级校长班培训任务，开设3场讲座。

【名师工作室】 2020年，三明市第一中学利用好“名师工作室”平台。严业安、罗翀、陈荔平等省市级名师工作室开展8次帮扶活动；罗翀名师省级劳模工作室和泰宁、清流、明溪、永安等4个县级名师工作室在三明一中开展专题研修；严业安、罗翀、李熹等三位教师参加省教育厅组织的《云端答疑 备战高考》专栏答疑工作。

【脱贫攻坚】 2020年，三明市第一中学制定2020年脱贫攻坚实施方案。优化奖助学金实施办法，拓宽公益基金爱心助学渠道，2020年发放奖助学金80余万元，资助300余名学生。

（李秀其）

三明市第九中学

【概况】 2020年，三明市第九中学在职教师176人，研究生学历20人，高级教师66人，省市学科带头人11人，特级教师2名，学生2051人。2020年学校荣获普通高中新课程新教材实施国家级示范校，连续四年被评为区综治平安先进单位。三明九中学生蔡雅欣获2020年福建省美术专业高考状元（277分），并被中央民族大学录取；罗玲娜被中国美术学院录取。

【课题示范】 2020年，三明九中蔡书太校长主持的省百优示范课题《小组合作为核心的班集体建设》顺利结项，省“十三五”中小学名校长课题《高质量的课堂教学模式研究》顺利结题。张静老师的《一座城因文明而美——

文明三明“拍了拍你”》入选福建省第二批中小学思想政治理论课百堂示范课，社团《陶艺制作教育》劳动项目入选福建省第二批百个中小学劳动教育实践特色项目名单。

【教师教研成果】　2020年，三明九中教师发表CN论文103篇（其中核心期刊论文1篇）；结题课题15项（其中省级课题3项、市级课题3项），在研课题省级课题5项，市级课题9项。

【集体备课制度】　2020年，三明九中基于积极教育模式，探索“双新”实施，学校以集体备课活动为抓手深化学科教研，全面落实教学常规，规范教育教学行为。建成4间多媒体集备室，建立“5环9步”的集备制度。确定集体备课的内容和要求，备教学目标，备教学重点、难点和教育点，备教学深广度，备教学情境的创设，备习题的选择，规范集体备课的策略和程序；明确集体备课研训合一的目标和意义。

【创作“战疫”作品】　2020年，三明九中师生积极创作“战疫”作品。学校师生开展41个“战疫”项目式学习，如历史学科的“人类历史上重大瘟疫”，英语学科的新冠肺炎相关的英语表达等开展“我的抗疫日记”征文、视频创作等活动，如学生会推出“武汉加油”的视频；创作“战疫”美术作品，宣传“战疫”，多件作品被三明市教育局、三明新周刊、最三明等微信公众号刊载宣传；空中战“疫”思政班会课将学科知识和国家抗疫措施相结合，政治学科教师张静讲社会主义制度优越性，化学学科教师肖雪松老师讲消毒原理，历史学科教师杨丽介绍中国历史上的重大疫情，舞蹈学科教师王桦指导学生做手语操为武汉加油。

【双新示范校评选】　2020年，三明九中被确定为普通高中新课程新教材实施国家级示范校。并于9月16日受邀参加教育部新课程新教材国家级示范校建设工作启动会议。三明九中、北京师范大学附属实验中学、天津市第二南开学校、上海中学的校长在现场分别作交流发言。

【校园建设】　2020年，三明九中建筑面积达10135平方米的新教学大楼投入使用，学校现有教室可满足新高考课程选课走班的要求。新建一个标准网球场；学校所有教室均安装空调。学校新教学大楼16间班班通教室、6间美术教室、2间动漫教室及其他社团教室的设施设备配置，均已投入使用。音乐专用教室、琴房、演艺厅、学术报告厅装修基本完工。

【公益慈善基金】　2020年，有140位学生享受国家免学费和助学金近20万元；劲牌公益慈善基金会捐助150位阳光班学生60万元；香港华恩基金会资助40名高二、高三学生4万元；香港田家炳基金会奖励5位优秀毕业生2万元特别奖学金；学校用事业收入14万元设立尚美奖学金，用于资助家庭经济困难和奖励优秀学生的专用基金。2020年，国家、学校、社会、企业、基金会对学生的资助金达90万余元，惠及学生超过 500人。

（陈德魁）

福建三明林业学校

【概况】　福建三明林业学校创办于1984年9月，隶属省林业局，校园占地面积27.32公顷，建筑面积7.7万平方米，实训设备总值3439万元，固定资产总值10331万元。2020年9月被省教育厅、财政厅确定为“福建省示范性现代职业院校”。学校在校生4359人，在编教职工总数158人，其中正高级讲师2人，“杰出人民教师”1人，教学名师4人，特级教师2人，博士研究生1人，硕士研究生25人，注册会计师3人。开设林业、汽车、建筑、经贸、信息五大类专业，现代林业技术专业被确定为创建国家示范专业点，果蔬花卉生产技术专业被确定为创建国家改革创新重点专业点，现代林业技术、园林技术、森林生态旅游、电子商务等4个专业先后被确定为省级重点专业。先后建成国家生物技术应用实训基地、省级汽车运用与维修示范性实训基地、省级数控技术应用技能型紧缺人才培养基地等。现拥有4个特色专业服务群，1个省职业院校产教融合示范专业点培育项目，5个省现代学徒制试点项目，11个“1+X”证书制度试点项目。

【科研与技术服务平台】　2020年，福建三明林业学校牵头组建福建现代林业职业教育集团和三明市现代农林职业教育集团，成立福建三明林业学校教学林场、林业应用技术协同创新中心、生物技术研究所等科研与技术服务平台。逐步建成“教学、科研、生产、科普、研学旅行、劳动实践和森林康养”等七位一体、全方位、多功能的生产性实训基地。

【示范校建设】 2020年，福建三明林业学校是“福建省示范性现代职业院校建设工程”项目建设总评年。学校对照项目建设任务书要求，组织迎检材料，圆满完成“10+1”个建设项目、38个建设要素、94个内涵指标有关佐证材料的整理上报，以及建设期学校荣誉、教职工荣誉、教职工论文、教科研课题等成果汇编工作，顺利通过省教育厅组织的终期评估验收。2020年9月被省教育厅、财政厅确定为“福建省示范性现代职业院校”。2020年11月完成“福建省高水平职业院校和专业建设计划”立项申报。

【科技助力基层疫情防控】 2020年，福建三明林业学校组织无人机服务团队先后为莘口镇楼源村及三元区明珠花园等小区提供空中消杀服务。选派干部参与省林业局复工复产及疫情防控督导小组，赴全省各地开展疫情防控督导及复工复产服务工作。学校被省林业局授予“涉林疫情防控表现突出集体”称号，14位教职工被省林业局授予“涉林疫情防控表现突出个人”称号。

【第28届科技活动月活动】 2020年，福建三明林业学校开展第28届科技活动月活动，利用学校网络教育平台开展“师德师风”与“教师信息化软件应用”专题继续教育培训。教师佘丽思政微课荣获三明市战“疫”思政微课评比一等奖。

【深化闽宁合作】 2020年，福建三明林业学校选派教师兰天龙参与援宁支教工作。组织修订《教研组评比条例》，调整优化各教研组人员，选配15位教研组组长。黄云鹏被市教育局确定为首批“三明市名校长工作室”领衔人，佘丽被省人社厅、教育厅评为“福建省优秀教师”，范振武被省人社厅评为“福建省技术能手”，范振武汽车维修工技能大师工作室被确定为2020年“三明市技能大师工作室”，陈建华获三明市教育系统“师德标兵”荣誉称号。

【专业建设】 2020年，福建三明林业学校2020年各专业教学部广泛开展专业调研，围绕当今经济社会发展对人才的“多元化”要求，重点建设现代林业、汽修、建筑等三个专业群；以现代林业技术、园林技术、会计电算化、汽车运用与维修、建筑工程施工等骨干专业为实践平台，对行业企业的现状与发展趋势、行业人才需求状况、岗位职业能力要求等进行科学分析，及时进行专业动态调整，申报建筑装饰、幼儿保育两个专业。

【实训基地建设】 2020年，福建三明林业学校新建智能温室、智慧教室、电梯仿真教学实训室、建筑材料实训室、完善生态馆、影视动画实训室、360实训室等实训室建设，新装触控一体机10台。与三元区教育局共建中小学生劳动教育实践基地，开展学生劳动实践教育。与上海三菱电梯有限公司等5家企业签订合作办学协议，共建实训基地，拓宽学生实训、就业平台。与福建协创科技有限公司、福建森飞农业科技有限公司（农飞侠）深化合作，推行“校中厂”人才培养模式；完善沙县官庄国有林场、大田梅林国有林场、清流国有林场等校外实训基地，推进“厂中校”人才培养模式。

【第十八届学生技能大赛】 2020年，福建三明林业学校组织学生参加第十八届学生技能大赛，开展2020年职业教育活动周活动，黄文慧、曾庆福2名学生分别荣获第46届世界技能大赛福建省选拔赛喷漆项目第一、二名，黄文慧作为福建省唯一一名汽车喷漆项目选手，参加中华人民共和国第一届职业技能大赛，并获优胜奖。组织3个项目参加第六届福建省“互联网+”大学生创新创业大赛职教赛道暨第四届黄炎培海峡职业教育创新创业大赛，并获得1银2铜的好成绩。

【招生就业工作】 2020年，福建三明林业学校圆满完成年度招生任务，全日制新生入学报到人数1158人，其中普通中专773人，五年专385人，新增黎明职业大学（3+2）五年制高职联办校1所，联办学校数量达5所，新申报康养休闲旅游服务、无人机操控与维护2个专业获得批准。2020年完成招收非全日制林农班455人，为新农村建设提供人才支撑。先后举办两场校企供需见面会，为2018级649位同学提供近千个岗位选择。毕业生初次就业率达100%，各专业对口就业率均在80%以上。

【成教培训】 2020年，福建三明林业学校充分利用学校的教学资源，开展成人学历教育和职业培训，把成人教育工作做大做强，使之成为学校快速发展的又一支撑点，计划培训各类人员2100人次。举办林业实用技术、计算机网络技术、电子商务、学科年会及其他各类培训班和继续教育，计划培训1000人次；开展林业系统的初级工、中级工、高级工、技师和高级工程师考核，计划培训考核300人次；开展面向在校学生的各类职业技能培训、鉴定及1+X证书考评认证，计划培训、鉴定及认证800人次。

【教科研工作】 2020年，福建三明林业学校扎实推进11个在研教科研课题。《竹柏综合开发利用技术研究及应用》课题顺利通过验收。完成2020年三明市基础教研课题立项 4 个和福建省林业局科研课题库课题储备 1 个。与三元区政府签订森林康养产业合作框架协议，推进森林康养休闲旅游服务专业人才培养，为康养基地提供人才支撑。与三明市关工委共建“三明市青少年科普教育基地”， 为全校师生和全市青少年开展生态文明教育和研学提供科普教育平台。承办福建省计算机应用基础教科研组、福建省职业教育农林牧渔教科研组教研活动，促进区域教科研交流，提高专业教师教学技能。完成教学林场的中草药作坊工程和标准化食堂改造。

【服务区域经济】 2020年，福建三明林业学校以学校教学林场为依托，与三元区人民政府开展“全国森林康养基地”建设，与35个企业单位协同创新，本年度完成和正在实施的协同项目7项，“无人机授粉出粉构件”等4个实用新型专利获得授权，“中量智慧智汇林业教学软件”等4个项目取得计算机软件著作权，2个课题获省林业厅批准立项。学校与福建省农科院合作的“无患子种质资源收集与产业化关键技术应用”项目，获省科技进步三等奖。“不同栽培措施对林下套种黄精生物量以及多糖含量的影响研究”“黄花倒水莲林下高效栽培技术推广示范”两项成果完成转让。

【技术扶贫精准服务】 2020年，福建三明林业学校助力乡村振兴。选派林业科技特派员杨嵘到松溪县林业局任科技副局长职务，王邦富挂驻宁化县旺鑫源园艺工程有限公司，开展科技服务，助力乡村振兴。9个专业技术服务团队，前往三元、泰宁等地20多个单位开展技术服务工作，完成技术咨询任务39项。

【数字校园建设】 2020年，福建三明林业学校新建校园广播系统、远程电子教室、智慧教室，支持教师开展面向校内的混合式教学，利用多种学习平台有效促进优质教学资源的交流和共享，通过云计算机、物联网等新技术，实现云化集中管理所有实训机房、企业级云部署集中业务服务器，将学校的教学、科研、管理等资源和应用系统进行整合，基本实现校园的智慧化服务和管理。

（曾文水）

民办教育

【概况】 2020年，三元区教育局经审批的区民办教育机构40所，其中民办幼儿园30所，教育培训学校10所，比2019年新增2所。民办园在园幼儿4627人，教职工379人，其中专任教师164人，占教职工总数的43.2%，园长100%持证上岗。全区认定的普惠性幼儿园24所。三元区贝乐幼儿园、三元区小天鹅幼儿园和三元区东泉幼儿园被评为区级示范园。

【民办教育机构年检】 2020年，三元区教育局对30所民办幼儿园和10所培训机构的2019年的办学情况进行评估。内容包括：依法办学、办园条件、内部管理、保教质量、指南落实情况、是否存在“小学化”现象、消防安全设施设备、食堂卫生、校车安全情况、小片区活动情况、资产和财务管理、家长社会反映等。经过评估，40个民办教育机构全部为合格。

【民办校园安全检查】 2020年，三元区教育局组织检查组对全区民办教育机构的安全隐患进行全面排查做好安全防范工作，确保民办学校无安全事故发生。区教育局和三元区食品药品监督管理局三元分局联合下发《三元区教育局三元区市场监督管理局关于开展校外培训机构和托管机构疫情防控工作检查的通知》《关于开展辖区学校新冠肺炎防控督查指导工作的通知》，对幼儿园疫情进行监督管理，维护幼儿利益。

【民办学校建立联合党支部】 2020年，三元区教育局民办支部紧紧围绕教育局党委总体工作思路，按照教育系统落实全面从严治党主体责任、党建工作考评细则，抓好政治思想工作，开展党内政治生活。支部每月召开一次党员大会，按时开展“主题党日”学习活动12次，每季度上一次“党课”，以学习贯彻习近平新时代中国特色社会主义思想和中共十九届四中、五中全会精神以及学习新修订党章党规党纪等党内法规制度为主要内容，组织全体党员和入党积极分子开展志愿者活动4次，外出接受红色教育1次，开展专题组织生活会1次，上专题党课4次，组织党员集中理论学习9次，开展理论学习及学习强国研讨活动4次，撰写心得体会2次。

（杨 婷）

成人教育

【概况】 2020年，三元区教育局引导老年学员为党和人民事业增添正能量。发挥老年大学协会作用，促进全区老年教育工作整体水平大幅度提升，办好人民满意的老年教育。

【老年大学】 2020年，招收三期老年大学学员，开设柔力球、八段锦、广场舞等3门专业课程8个班，3个社区教学点，在册学员412人（课次）。完善教学场所建设，新添置现代教学设备和现场教学点。此外，组织开展各类会演、比赛、观摩等活动。

【争创建省级社区教育品牌】 2020年，三元区教育局以“丰收节，庆丰收”为主题，举办2020年三元区丰收节系列活动。举办禁毒专题讲座。开展惠农助残服务活动。开展2020年“全民阅读·书香三明”暨夜读·阅读亲子诵读活动。

（杨婷）

三明市职工业余学校

【概况】 2020年，三明市职工业余学校坚持紧紧围绕全市工作中心，按照市总工会的部署和要求，学校学习贯彻中共十九大和十九届二中、三中、四中、五中全会精神，以习近平新时代中国特色社会主义思想指导队伍建设，提高市职工业余学校职工的服务意识和责任意识，履行各项职能，开展各项工作。受市总工会委托，先后承办市总工会、将乐县总工会和三元区总工会干部培训班。2020年培训工会干部人数约为450人。

【创新培训模式】 2020年，三明市职工业余学校应对新冠肺炎疫情特殊情况，学校根据三明市总工会工作安排，将培训工作以“微课堂”形式进行。计推出学习视频22期，阅读量约为37000人次。

【加强合作办学】 2020年，三明市职工业余学校为提升职工（农民工）的素质及修养，市职工业余学校与三元区劳动就业培训中心联合举办家政服务（月嫂）培训班，与公共交通公司联合举办驾驶员业务素质培训班、与三元区城管局联合举办业务培训班等，2020年培训人数约为550人。

【学校职能转型】 2020年，三明市职工业余学校职能转变，学历教育进入收尾工作。学校重点开展市总工会干部培训、企业职工、农民工技能培训。

【精神文明建设】 2020年，三明市职工业余学校发挥单位职能优势，创新服务，为基层群众提供服务保障，组织学校全体职工参与社区、街道定期组织的志愿服务活动。做好文明单位困难帮扶结对子工作，慰问困难家庭。同时完成精神文明创建复评工作。

（邓丽君）

德育工作

【概况】 2020年，三元区教育局德育工作以习近平新时代中国特色社会主义思想为指导，安排教育局班子成员、各中小学校党组织书记、校长每学期为学生上一堂思政课。举办教育系统2020年党员教师暑期培训班，470名党员教师、非党员校级领导班子参加集中培训。深入贯彻落实中共十九届五中全会精神，全面贯彻落实习近平总书记关于教育的重要指示精神及在全国教育大会重要讲话精神，讲好三元教育故事，提高三元区教师队伍整体素质。

【落实立德树人任务】 2020年，三元区教育局开展“扣好人生第一粒扣子”主题教育，开展“我们的节日”“少年传承中华传统美德”“圆梦蒲公英”开学第一课、观看《成长的力量——复学第一课》（花季篇）、校园网络微拍等活动。

【加强党史教育】 2020年，三元区教育局加强“四史”等爱国主义教育。开展“新时代好少年”推选学习活动，其中十二中学生邓苏言被评为市“新时代好少年”。开展相关复学教育活动，组织全体中小学生17000多人共上一堂爱国主义教育课、思想政治理论课、爱国卫生运动和公共卫生知识普及课。

【塑造红色文化品牌】 2020年，三元区教育局以“风展红旗如画”为载体，全面推动红色文化教育向纵深发展。循环使用好《三明红色文化读本》，结合本地文化，组织编写《万年洞》《千年寨》《百年樗》等红色文化校本系列教材。各校把“四张名片”教育内容纳入校本课程，紧扣红色三明、工业三明、绿色三明、文明三明主题，开展实践教育活动。

【创建文明校园】 2020年，三元区教育局中小学文明校园创建活动覆盖率达100%，通过创建文明校园活动，强化学校的养成教育、文明礼仪教育、诚信教育，加强生态文明建设，提高环境保护意识，落实创建全国文明城市工作总评年各项工作。引导师生加强文明礼仪修养，提升文明素质。落实创建福建省文明城区创建各项工作。组织编写“垃圾分类”校本课程，开展垃圾分类童谣比赛，通过生活垃圾分类和减量知识进教材、进课堂。2020年区教育局荣获三明市创建全国文明城市（2018—2020）工作集体三等功。

【劳动教育和实践教育】 2020年，三元区教育局贯彻落实《中共中央、国务院关于全面加强新时代大中小学劳动教育的意见》，确定三明市综合实践学校为三元区中小学生校外劳动教育基地。安排中小学生到三明林业学校教学林场、三元区楼源现代花卉中心参加劳动教育实践。与三明市丽景农业有限公司签订合作协议，将该公司作为学生参加生产劳动实践场所。全区1万多人次中小学生参加劳动实践活动。

【开展禁毒宣传教育】 2020年，三元区教育局邀请市禁毒办专家开展毒品预防教育师资培训，96人参加培训会。印发《关于进一步加强三元区中小学毒品预防宣传教育工作的通知》，扎实开展毒品预防教育“五个一”活动，用好毒品预防教育数字化平台，学生参加全国青少年禁毒知识竞赛，学生注册率、参与率达100%，组织全区师生和家长参加禁毒征文比赛，推进林则徐禁毒宣教室建设，区属中小学、幼儿园已全部建成林则徐禁毒宣教室（宣传栏），现有林则徐禁毒宣教室17个，禁毒宣传栏8个，区属公办学校覆盖率为100%。

【推进研学实践教育】 2020年，三元区教育局规范三元区中小学研学旅行的方案，对市区研学旅行路线重新进行规划，便于农村和城区学校选择路线研学，路线一：岩前万寿岩—三明市示范性综合实践基地—莘口格氏栲森林公园；路线二：三明市科技馆—三明精神文明建设展览馆—三明市博物馆—三钢。细化研学活动原则、要求，使中小学研学旅行更规范、更可行。2020年，组织1万多人次到万寿岩、格氏栲、市科技馆、市人民英雄广场纪念碑等基地参观学习。

（刘丽萍）

综治安全

【概况】 2020年，三元区教育局扎实推进学校安全“党政同责、一岗双责、齐抓共管”责任体系和安全管理体制创新。按照“夯基础、强教育、治隐患、保平安”的工作思路，紧紧抓住“平安校园等级创建”“学校安全标准化建设提升工程三年行动”主线，全区五十四所公民办学校分别获“平安校园”5A、4A、3A等级。区教育局、区实验幼儿园等十二所学校在综治评比中获“综治先进单位”的称号。

【安全教育进课堂】 2020年，三元区教育局加强对学生每天上学、放学，在校期间教育教学活动的各个环节提出具体安全要求。抓住“全国中小学安全教育日”及“5·12”“11·19”等重要时间节点开展安全教育。开展消防安全教育“四个一”活动。深入开展中小学生欺凌和暴力专项整治工作，依托“福建省学校安全教育平台”，组织学生参与学习、教师参与授课，确保学生100%全覆盖。将安全法制教育纳入学校教学计划，每学年安全教育课程不少于12课时；落实兼职法制（综治）副校长、辅导员制度。坚持“最后一节课五分钟”安全教育提醒，以实际案例警示学生注意防溺水、交通安全、消防安全、应对自然灾害、防范校园伤害等方面教育，统一印制的“堂堂点、堂堂报”点名册，让安全知识入脑入心。

【学校综治安全工作会】 2020年，三元区教育局每季度召开全区中小学、幼儿园安全工作会，每季度召开综治、安全工作会议，落实学校安全工作责任追究制度。深入推进综治“三率”宣传，每半年组织开展一次“群众安全感”的问卷调查，通过各类形式宣传“三率”，2020年全区学校平安，未发生安全事故。

【全区学校安全保障】 2020年，三元区教育局新增保安7人，对吉口、忠山教学点增配保安。推进校园安全防范工作和学校学生管理，保障师生安全。狠抓落实，校园“三防”建设已完成100%。全区学校及时开展学生安全教育。抓住开学初、节假日、放假前对学生集中开展防溺水、交通、用电等安全教育，长期扎实开展七个专项教育。

【建立扫黑除恶工作机制】 2020年，三元区教育局推进开展扫黑除恶专项斗争活动，发动广大干部，大力营造扫黑、除恶、治乱声势，深入摸排，及时向公安部门反馈学校所排查到的涉黑涉恶问题线索。严格落实中央、省、市和区关于扫黑除恶专项斗争工作的精神和要求。

（黄方增）

教育督导

【概况】 2020年，三元区教育局根据省教育厅、财政厅、人社厅联合印发的《福建省幼儿园责任督学挂牌督导实施办法》、三明市人民政府教育督导室《关于落实福建省幼儿园责任督学挂牌督导实施办法的通知》精神，结合三元区学前教育实际，制定《三元区幼儿园责任督学挂牌督导实施办法》《三元区幼儿园责任督学挂牌督导考核办法》，建立督导联络员制度。

【责任督学挂牌督导】 2020年，三元区教育局选聘18名专兼职幼儿园责任督学，将全区公民办幼儿园划分为4个责任区，按专职督学每人负责5所、兼职督学每人负责2所幼儿园的标准对辖区所有经审批注册的40所公民办幼儿园配备责任督学，做到责任督学挂牌督导全覆盖。

【新冠肺炎疫情防控】 2020年，三元区教育局落实各项新冠肺炎疫情防控工作，组织多场专项培训应急演练，统筹协调下发各类防控物资，做好寒暑假师生动向追踪。

【近视防控方案】 2020年，三元区教育局落实三明市教育局“加减乘除”近视防控方案，11月中旬启动三元区中小学生“校园视力安全官”试点工作，制定下发《三元区儿童青少年近视防控工作方案》《三元区教育局关于加强儿童青少年近视防控工作若干措施的通知》《三元区儿童青少年近视防控十条措施》。

（林圣荣、李中宝）

教育经费

【概况】 2020年，三元区教育经费总投入35562.2万元，其中一般公共预算安排的教育经费为33734.65万元（教育事业费31784.95万元，基本建设经费104万元，教育费附加1778.43万元，其他一般公共预算安排教育经费67.27万元）；政府性基金3万元。

【一般公共预算教育经费】 2020年，三元区年度一般公共预算教育经费占一般公共预算支出的29.11%。一般公共预算教育经费支出33667.37万元，同口径比上年28367.88万元增长18.68%；财政经常性收入23040万元，比上年20182万元增长14.16%，一般公共预算教育经费增长高于财政经常性收入增长4.52个百分点。

【生均一般公共预算教育经费】 2020年，三元区生均一般公共预算公用经费逐年增长。全区普通中学生均一般公共预算教育经费支出17488元，比上年的16913.7元增长3.4%。全区普通小学生均一般公共预算教育经费支出14114.12元，比上年的12352.46元增长14.26%。全区学前教育生均一般公共预算教育经费支出10682.1元，比上年的10251.54元增长4.2%。

【生均一般公共预算教育事业费】 2020年，三元区生均一般公共预算教育事业费逐年增长。全区普通中学生均一般公共预算教育事业费支出16766.79元，比上年的16135.71元增长1.22%。全区普通小学生均一般公共预算教育事业费支出12410.1元，比上年的11246.03元增长10.35%。全区学前教育生均一般公共预算教育事业费支出10012.95元，比上年的9993.11元增长0.2%。

【生均一般公共预算公用经费】 2020年，三元区生均一般公共预算公用经费逐年增长。2020年度生均一般公共预算公用经费支出：（1）全区普通中学生均一般公共财政预算公用经费支出3719.41元，比上年的3703.16元增长0.44%。（2）全区普通小学生均一般公共财政预算公用经费支出3276.51元，比上年的2721.31元增长20.4%。（3）全区学前教育生均一般公共财政预算公用经费支出3260.13元，比上年的2258.72元增长44.34%。

（陈桂芳）

基础建设

【概况】 2020年，三元区教育局校舍扩容工程项目总投资3.16亿元。三元区新东霞小学建设项目，全年总投资1.03亿元；新建三元区建设实验小学，全年完成投资1.05亿元；三明市第十二中学教学综合楼，全年完成800万元，三所学校均已投入使用。三明学院附小台江校区新建项目，全年总投资6000万元；三明学院实验小学新建项目，全年总投资3000万元。两校所有建筑主体在建。三明市陈景润实验小学富兴校区新建项目，全年完成投资1000万元。

【幼儿园建设项目】 2020年，三元区教育局学校教育建设项目总投资6240万元。三元区东霞幼儿园第一分园新建项目，全年总投资400万元。三元区实验幼儿园新建项目，全年总投资1200万元。三钢第一幼儿园新建项目，全年总投资3000万元。三所幼儿园均已投入使用。三元区东霞幼儿园第二分园新建项目，全年总投资600万元，主体封顶；三元区第二实验幼儿园台江分园新建项目，全年总投资40万元，完成桩基础施工。三明学院实验幼儿园新建项目，全年总投资1000万元。

【修缮改造】 2020年，三元区教育局修缮改造总投入822万元，岩前中心小学教工宿舍楼加固改造项目150万元，东霞小学教学楼加固改造项目410万元，三明市第十二中学人才公寓改造项目150万元，新建台江小学厕所26万元，忠山小学厕所改造16万元，莘口中心小学男厕所改造10万元，十二中塑胶环形跑道铺设60万元，为城区3所初中用电增容163万元。

【校产装备】 2020年，三元区教育局义务教育薄弱环节改善与能力提升工程投资222万元为星桥中心小学等11所学校添置生活设备、教学设备仪器等。为三明三中等5所区属初中中考考场安装空调101万元，市陈景润实验小学等4所学校安装LED护眼灯98.67万元，三明三中等2所学校数字校园建设100万元，三明市第十二中学设备采购142万元，三元区建设实验小学教学设备采购1500万元，东霞小学教学设备采购1500万元。

（黄晓东）

教育信息化

【概况】 2020年，三元区教育局推动“互联网+”条件下教育改革发展，提升三元区基础教育信息化应用水平。三元区“智慧校园”试点建设按计划有序开展。区教育补短板应急项目中的学校信息化建设有序推进，为师生建立智能开放的教育教学环境，提高教育教学质量和管理水平，提升基础教育信息化融合应用水平。

【信息化应用】 2020年，三元区教育局做好三元区“网络学习空间覆盖行动”，普及推广网络学习空间应用，发展三元区“网络学习空间人人通”的应用工作，2020年8月三明市陈景润实验小学被教育部评为“2019年度网络学习空间应用优秀学校”。

【第十六届“三优联评”】 2020年，三元区教育局组织中小学、幼儿园教师参加第十六届“三优联评”活动，其中三明市三元区建设小学杨晓莉、邱林樱，三明市陈景润实验小学林向晖3位教师获微课类省级三等奖，三元区建设小学庄美金，三元区长安小学罗巧萍2位教师获课件类省级三等奖；三明市陈景润实验小学曾燕飞、黄景隆、刘文娟、游琴湘，三元区建设小学王丽华、游航，三元区白沙小学林玮月，第十二中学张兆选及三元区教育技术装备管理站陈志刚9位教师分获微课类市级一等奖；三元区第二实验小学邓晓丽，三元区教师进修学校金敏姝2位教师获课件类市级一等奖。

【信息化设施设备建设】 2020年，三元区教育局推进信息化试点学校做好“智慧校园”信息化建设工作。三明三中投入60余万元建设数字化探究实验室、3D打印特色功能室；三明市陈景润实验小学投入50余万元进行学校校园网络改造及智慧教室建设；三元区第二实验小学投入102万元完成校园监控系统、校园广播系统、录播教室建设。三元区东霞小学、三元区第三实验小学、三元区东霞实验幼儿园第一分园3所学校已完成基础信息化建设工作，校园网正常投入使用。

（陈志刚）

教师队伍

【概况】 2020年，三元区教育局制定2020年招聘新任教师方案。根据三元区教育实际，招聘中小学幼儿园教师101名，校医3名；组织区外申请调入三元区教师的片断教学面试工作，引进区外教师6名；完成区域调配教师12名、校级调整13名。

【教师表彰】 2020年，三元区教育局重视教师队伍建设，扎实开展教师思想政治教育周“微课”和暑期政治理论学习培训，不断提升教师队伍的整体素质。有15人获区委、区政府嘉奖，5人获三元区优秀校长称号、10人获三元区优秀班主任称号、10人获三元区优秀农村教师称号、124人获三元区优秀教师称号、34人获三元区优秀教育工作者称号、4人获三元区尊师重教先进工作者称号。另有27人获市里表彰，其中1人获市嘉奖、1名教师获三明市“最美教师”称号、6人被评为市“教学能手”、3名校长被评为市名校长、2位教师被评为市名师、12位教师被评为市学科带头人、2名教师被市教育局确认为第三批市名师工作室领衔人。

【教师津贴】 2020年，三元区教育局教学质量奖教金总额为80万元；落实农村中小学教师乡镇工作补贴、生活补助，晚自习下班补助等，2020年继续执行乡村教师生活补助人均500元。

【教师职称及资格认定】 2020年，三元区教育局完成教师职称评审工作的初审工作。本年度通过高级教师职务评审35人，中级教师职务评审73人，严格按照大、中专毕业生职称确认和评审工作要求，本年度92名教师确认为初级职称。召开民办学校及近两年入职教师资格首次注册动员部署会，宣传教师资格注册的相关政策和依据，完成辖区内134名教师资格证定期注册首次工作；有230名应往届毕业生在区教育局认定教师资格证。

【教师培训】 2020年，三元区教育局制定2020年教师培训计划，组织2020年教师全员参加的专技人员公共课培训；组织两期初中壮腰工程学科讲学培训；组织103名骨干教师参加省中小幼骨干教师分学科培养工程培训；组织初中骨干教师媒体能力提升培训；中小学思政干部高级研修班培训；幼儿园特殊打造与园本设计培训等等，有5636人次参加有关培训。区教育局还组织名师工作室成员、城区学校各级学科带头人、骨干教师送课下乡、开设讲座、现场听课指导等，帮助提升教师业务能力。

【名师工程】 2020年，三元区教育局实施《三元区基础教育工作绩效考评指导意见(试行)》，制定《三元区名师名校长考评办法（试行）》《三元区中小学班主任考评奖励办法（试行）》《三元区中小学教学质量专项考评办法（试行）》等有关文件。现有2个市级名师工作室和19个区级名师工作室，3名校长参加省“十三五”第二批名校长后备培养、1名教师参加省学科带头人培养，6名校长参加市级名校长培养、12名教师参加市名师培养、16名教师参加市级学科带头人培养，组织2名校长参加校长提高班和11名新任副校长资格班培训。

【教师档案管理】 2020年，三元区教育局完成新档案室建设工作，将所有人事干部档案、文书档案搬迁至二楼新档案室。同时将在职干部档案盒换成A4标准档案盒，将所有档案资料归至个人档案盒，规范完成干部档案的转递、归档工作。做好2020年人事档案专审工作。完成全区在职教师1417人的人事档案专项审核认定工作。

（郑登武）

2020年三元区主要教育单位一览表

表10

序号	学校全称	类型	详细地址	负责人
1	福建三明林业学校	职专	三明市三元区富文路25号	聂荣晶
2	福建三明第一中学	高中	三明市三元区富兴路12号	翁东真
3	福建三明第九中学	高中	三明市三元区育才路2号	蔡书太
4	三明市三元区教师进修学校	师资培训	三明市三元区工业中路14号	李志春
5	三明市第三中学（三明市三元区中村中学）	初中	三明市三元区新市中路110号	胡川华
6	三明市第四中学	初中	三明市三元区工业中路12号	黄仲庆
7	三明市第十二中学	初中	三元区富兴路128号	叶　臻
8	三元区岩前中学	初中	三明市三元区岩前镇岩前村三华街36号	罗邦海
9	三元区莘口中学	初中	三元区莘口镇沙阳村延永路82号	罗著林
10	三明市陈景润实验小学	小学	三明市三元区青年路42号	潘　玲
11	三元区第二实验小学	小学	三明市三元区新市南路198号	邓肇玖
12	三元区建设实验小学（三明学院附属小学三元分校）	小学	三明市三元区新市中路112号	陈永进
13	三元区东霞小学	小学	三明市三元区东霞新村2号1幢	黄明全
14	三元区白沙小学	小学	三明市三元区工业南路173号	姜炳瑞
15	三元区长安小学	小学	三明市三元区工业中路41号	陈贵水
16	三元区台江小学	小学	三明市三元区台江路15号	林邦宁
17	三元区荆东小学	小学	三明市三元区城东乡荆东路24号	黄琼花
18	三元区荆西小学	小学	三元区荆西新建路22号	潘　玲
19	三元区中村中心小学	小学	三明市三元区中村乡中村村129号	罗有良
20	三元区中村中心幼儿园	幼儿园	三明市三元区中村乡中村村129号	罗有良
21	三元区莘口中心小学	小学	三明市三元区莘口镇莘口大街后池二路6号	周宇蓿
22	三元区莘口中心幼儿园	幼儿园	三元区莘口镇后池二路5号	周宇蓿
23	三元区岩前中心小学	小学	三元区岩前镇育英路11号	曾齐鑫
24	三元区岩前中心幼儿园	幼儿园	三明市三元区岩前镇岩前村四角亭116号	曾齐鑫
25	三元区星桥中心小学	小学	三明市三元区岩前镇星桥村东街70号	邓应友
26	三元区实验幼儿园	幼儿园	三元区崇荣路8幢	张敏敏
27	三元区东霞幼儿园	幼儿园	三明市三元区东霞新村22幢	郑小洁
28	三元区第二实验幼儿园	幼儿园	三元区工业中路20号	吴晓燕
29	三元区第三实验幼儿园	幼儿园	三明市新市中路176号50幢	严琬明
30	三元区青少年学生校外活动中心	活动中心	三明市工业南路173号	林　恳

科技创新

【科技创新资金补助】 2020年，三元区科技局组织5家企业申报省级科技创新券补助资金8.7万元，组织2家企业申报科技小巨人领军企业研发费用加计扣除奖励资金11.6万元，组织8家企业申报2019年研发费用分段补助资金337.86万元；兑现落实2家企业高新技术企业出入库奖补资金60万元和6家企业2018年研发费用分段补助资金150.86万元。

【科技项目立项】 2020年，三元区工信与商务局立项省、市科技计划项目11项，其中吉兴竹业的“高强度户外耐候重组竹建材板”、冶金轧辊的“高硼低合金高速钢复合轧辊”2个科技型中小企业技术创新资金项目被省科技厅立项，各获资金支持30万元。省级科技选派员高浩的“高品质气缸套绿色数字化制造关键技术与示范应用”、省级科技选派员邓孝琪的“桑葚绿色种植及深加工技术示范”2个科技选派员后补助项目被市科技局立项，分别获资金支持8万元、5万元。

【市级引导性项目】 2020年，三元区工信与商务局7个科技计划引导性项目被市科技局立项，有澳工塑胶的“HDPE大口径内肋（缠绕）增强结构壁管材”、三农公司的“六氟丙烯二聚体的合成研究、全氟丁基乙烯提纯工艺研究、全氟烷基乙醇提纯工艺研究、改性聚四氟乙烯分散树脂改进工艺研究、全氟烷基烷氧基硅烷的合成研究”、和众生物的“带状疱疹病毒中药治疗的研究”等。

【科技人才】 2020年，三元区工信与商务局开展以“科技战疫 创新强国”为主题的2020年科技活动周活动。与区科协联合开展全国“科技工作者日”和全国科普日活动。全年选认各级科技特派员96人（个），其中省级科技特派员42人、省级科技特派员团队10个、省级法人科技特派员1个、市级科技特派员14人、区级科技特派员29人。

（张鸿儒）

文体　旅游

综　述

【概况】　2020年，三元区文旅局利用重大节庆、传统节日、集市墟日、周末舞台等时间，通过“半台戏”“流动舞台”“百姓大舞台”文化科技卫生“三下乡”等各种形式，广泛开展文艺进社区、进乡村、进企业、进学校、进敬老院等系列文艺演出活动170余场。同时举办美术、书法、乐器、舞蹈等各类培训班，受训人员达1200多人次，接待各类展览观众3000余人。本年度，三元区接待游客96.13万人次，实现旅游经济总收入11.84亿元。

【迎春文艺晚会】　2020年，三元区文旅局举办迎春文艺晚会。文艺晚会所有演员都来自全区各界文艺精英和“百姓大舞台”才艺大赛的获奖选手，有100余名演员参演。晚会在三元区腾飞广场举行，节目内容丰富，时长2小时。

【举办艺术培训班】　2020年，三元区文旅局发挥文化馆艺术培训、辅导等优势，免费举办艺术培训班及暑期艺术培训班，开办美术、书法(少儿书法、中老年常年书法)、长笛、古琴、二胡、电子琴、瑜伽、形体、舞蹈(含少儿舞拉丁舞、成人舞蹈)等面向社会的艺术培训。区文化馆举办的免费培训辅导，辅导社会文艺人才达1200人次，有群众3000多人次受益。

【提供演出活动服务】　2020年，三元区文旅局为社会文艺队伍和文艺爱好者演出排练提供后勤服务，开展各项服务保障有近3000人次。为了迎接第四十四届世界非物质遗产大会和双拥模范城创建，文化馆编排2个舞蹈节目和1个综治平安进社区节目，利用国家免费开放资金这一优势，做到针对不同年龄段的培训免费开放。

【业余文化建设】　2020年，三元区文旅局推动相关单位业余文化建设，提升节目质量、参加人数、活动频率、演出规模等，提高公办文艺队伍的演出水平，活跃三元区城乡人民群众的精神文化生活，利用中国传统节日开展活动。

红色文化保护

【红色遗址保护工程】　2020年，三元区文旅局向上争取文物保护资金1022.46万元，其中红色文物保护修缮资金879.27万元，全部用于各文物点修缮。并根据迎接第44届世界遗产大会的要求，在实施文物本体修缮保护工程的同时，加强文物保护等级升格申报工作，松阳鹅湖祠、沙阳锡庆堂、底曹源松庆堡、沙阳东峰邓公祠已申报为第三批市级文保单位。同时对红色文物忠山红军战地医院、忠山乡农会、红七军团指挥部、岩前郎官第、工农红军西际物资转运站进行修缮。完成省级文物保护单位垂裕祠安防工程建设。

【非物质文化遗产研究】　2020年，三元区文旅局引导区非物质文化遗产研究学会组织各类传统文化爱好者、民间艺人广泛开展本土特色传统文化的研究整理，推动农民诗社精品工程、龙船调传承发展，先后出版《三元民俗风情》《沙溪民俗情》《三元方言说趣》《垂裕祠保护之路》，编印《千年古寨》《海西绿明珠南方周口店》等内部书刊，区非物质文化遗产研究学会组织编写《民间建筑工艺》《三元民间歌谣》《读懂三元》等系列书刊。

【传承红色基因】 2020年，三元区文旅局按照《三明红色文化保护、传承和弘扬“六个一”工程实施方案》的部署和要求，三元区挖掘和传承红色基因，大力弘扬红色文化。在西际村以“工农红军西际物资转运站旧址”为红色旅游主题，举办“体验红军生活、穿越竹海露营田野”活动；忠山村2020年春节期间组织开展红色记忆和乡村文化相融合的旅游活动。

【开展传统特色文化活动】 2020年，三元区文旅局支持基层开展传统特色文化活动。投入资金为松阳村、顶太村、吉口村的地方戏剧团以及居阳村大鼓、蓬坑村山歌表演队添置设备，并邀请曲艺专家进行指导；推动“龙船歌”传唱活动，成立三元区民乐队，组织本地青少年参加“说本地话、唱本地歌”暑期夏令营；收集、整理并审核、公布“龙船调”“谢祐信俗”等七项区级非物质文化遗产，且向市、向省逐级申报。策划龙舟港（或三元非物质文化遗产观光园）项目；结合乡村独特的自然人文景观，培育发展特色文化旅游，举办格氏栲森林文化节、回瑶桃花节、莘口龙灯节、松阳八鹭塔文化节等。

【公共文化服务体系建设】 2020年，三元区文旅局把传统文化传承与公共文化服务体系建设、文明城市创建工作相衔接。广泛开展童谣传唱、“邻里节”文艺会演、“中华经典诵读”等群众性文化活动，并以重大节庆日、邻里节以及农村墟场为契机，以“半台戏”公共文化服务配送活动为载体，组织开展猜谜、古诗词创作、诗词朗诵、书法比赛等活动。

【讲好红色三元故事】 2020年，三元区文旅局开展红色文化旅游。市自行车协会举办西际“红色行”活动，吸引近300名骑友参加。忠山村组织开展红色记忆和乡村文化相融合的旅游活动。扩大红色文物的影响力。完成红色遗址，启动红色陈列馆建设，打造红色旅游+乡村体验+研学教育产品线路和红色教育基地，谋划摄制《血战深坑岭》红色院线电影，讲好红色三元故事。

文物保护

【加强文物保护】 2020年，三元区文旅局通过强化城乡规划协调决策机制，按照“多规合一”的要求将文物保护规划相关内容纳入城乡规划。根据区里统一部署，各乡镇、街道也相应明确工作职责和岗位分工，安排分管领导和工作人员具体负责这项工作，确保文物保护职责落实到岗、工作落实到人。

【做好文物“四有”工程】 2020年，三元区文旅局根据省、市文物主管部门要求做好辖区内三普点“四有”工作。对数据进行整理和分析，建立不可移动文物分布电子地图系统，建立不可移动文物普查档案，建立不可移动文物信息管理系统，出版不可移动文物资料汇编等。加强消防演练及消防安全培训，提高文保单位管理人员安全应急能力。

【文物保护点定线落图】 2020年，三元区文旅局完成26处市级以上文物保护点定线落图。确保强化文物保护部门的职能，依法监管文保单位保护范围和建设控制地带的建设活动，对辖区的高速公路、铁路、工业园区等重点建设项目，积极介入，严格把关，出具相关证明，提出建设性意见。对岩前忠山新村建设中涉及文保单位四贤祠保护范围和建设控制地带问题，向岩前镇政府提出合理建议；对岩前眉山三教堂的搬迁问题，向兴泉铁路指挥部提出意见；对南部新城建设中涉及台江村文物普查点保护问题提出建议等等。

【落实文物安全检查】 2020年，三元区文旅局规范各级文保单位的消防标准化管理，定期开展文物安全检查。明确各级文保单位安全责任人和日常管理人员，要求责任人对照“消防四个能力”开展自查自纠。针对检查中发现的问题，要求文保单位负责人对照整改意见落实整改，通过图片反馈、整改报告等方式保障隐患的整改落实。

文化市场监督

【文化市场管理】 2020年，三元区文旅局加强文化市场安全生产监督管理。做好节假日的安全生产保障工作，强化重点时段、重点区域、重点部位的监管，重点做好文化市场安全生产工作，联合公安消防等有关部门对文艺演出、歌舞娱乐、电子游艺、网吧等场所进行全面生产安全检查，消除安全隐患，防范文化经营场所重大安全事故发生。2020年开展消防演练1次，开展安全生产会议4次。

【“扫黄打非”专项行动】 2020年，三元区文旅局开展“扫黄打非”专项行动（净网、清风、清源、秋风、固边、护苗），严查各类违禁非法书籍、报刊、音像制品，配合区广电站做好查禁非法架设卫星接收器的工作。

【强化网吧管理】 2020年，三元区文旅局开展护苗、清风、清源、秋风、固边五大专项行动。区执行网吧日常巡查记录日志和检查频度最低标准制度，坚持严管重罚，严查网吧接纳未成年人、不实行实名登记等违规经营行为。强化市场退出机制，严格审批程序，提高办事效率。2020年审批文化经营许可证17件，江滨无证照经营“KTV”，立案4件。

（姜若君）

体育健身

【组织赛事】 2020年，三元区文旅局组织开展福建省全民健身运动会新年登高活动，开展三明市2020年夏季围棋定级定段赛、庆祝中国农民丰收节2020年福建省“运动健身进万家”系列赛事活动。开展“万寿岩杯”全民健身百村行（三明三元站）、三明市第六届围棋棋王赛、第十三届“丰润杯”篮球联赛、“九日杯”三明市第十八届冬泳联赛、“简朴”杯三明市第四届社区健身运动会、教育系统教职工比赛、莘口传统龙舟邀请赛、美丽乡村健身跑等活动。

【老年人健身活动】 2020年，三元区文旅局组织老年人健身活动。组织老年男子气排球赛19场，计1万人参与，5万人次参观。

【赛事成绩】 2020年，三元区优秀运动员叶兵在全国帆板锦标赛获得男子RS:X级长距离赛第一名、男子RS:X级场地赛第三名、男子RS:X级全能赛第三名。

（姜若君）

旅 游

【文旅康养带开发】 2020年，三元区文旅局重点围绕“万寿岩——格氏栲”文旅康养带开发建设和万寿岩文旅小镇创建国家4A级旅游景区项目建设。其中投资1600万元的远古文化交流中心已完成主体建设，投资近200万元的岩下花海和停车场建成面向游客开放；投资390万元的鱼塘溪龙鳞坝竣工投入使用；古人类起源与仿真远古生物雕塑群和古人类生产生活互动体验园两个项目已上报省文物局和国家文物局，野人部落基地已建成投入试营业，秘谷研学体验园有序推进，设立高速公路出口至万寿岩景区交通指示标识牌。

【旅游服务设施建设】 2020年，三元区投资700多万元的格氏栲森林康养基地“栲林学社”竣工投入使用，改造修缮原住宿楼，新建一座生态餐厅，完成景区内步道、安全护栏等改造提升，增设儿童无动力游乐设施，丰富森林康养内容。西际、顶太等乡村旅游配套设施进一步完善。新建蕉坑村、圆初生态等2座旅游公厕。

【旅游宣传促销】 2020年，三元区文旅局围绕“中国绿都、最氧三明”和“闽人之源、福地三元”这一主题，先后举办“莘口龙舟文化节”“相约万寿岩，赏姜荷花海”“橘颂三元，西际蜜橘采摘节”等文化旅游宣传活动，组团参加厦门旅游博览会、厦门文化博览会、银川闽宁特色展等旅游宣传推介活动。

【旅游安全监管】 2020年，三元区文旅局向辖区旅游企业颁发2020年旅游安全工作责任书，制定下发全区旅游行业扫黑除恶专项斗争工作方案；结合综治“三率”进村入户宣传教育和国庆“黄金周”“安全生产宣传月”等关键节点，联合区消防、交通、卫生、质监、综治、安监、物价等部门对辖区重点旅游企业进行安全生产和旅游质量大检查，发出整改意见128条，落实整改128条。

【旅游从业人员培训】 2020年，三元区文旅局加大旅游从业人员培训。组织辖区导游人员参加三元区导游培训。

【文明旅游的督导】 2020年，三元区文旅局加强文明旅游的督导。定期组织人员深入各旅游企业开展文明旅游督导工作，确保各旅游企业达到文明城市相关行业的标准要求。落实挂包社区、挂点路段的文明劝导，巩固文明创建成果。定期组织人员深入各旅游企业开展文明旅游督导工作。

【旅游品牌创建】 2020年，三元区文旅局进一步宣传国家AAAA级旅游景区万寿岩文旅小镇。提升全国首批森林康养基地格氏栲森林公园的档次，把荆西村列入省级乡村旅游特色村、回瑶村列入省级乡村旅游扶贫村。

（姜若君）

卫生　健康

综述

【医疗机构及团队】　2020年，三元区有医疗卫生健康单位133家，其中专业公共卫生机构3家（疾控中心、妇幼保健院、卫生计生监督所），卫生消毒站1家，乡镇卫生院4家（莘口、岩前、中村、星桥），社区卫生服务中心4家（城关、白沙、富兴堡、荆西），社区卫生服务站14家（含6家医养结合卫生服务站），村卫生所51家（含19家延伸举办的村卫生所），学校卫生室18家，民营医院4家，门诊部1家，个体诊所33家，其他医疗机构2家（社会福利院医务室、中西结合医院驻看守所卫生所）。全区执业（助理）医师298人、注册护士341人。医共体内8家基层医疗机构有编制数140人，在编人员110人，临聘人员66人。其中，执业（助理）医师36人、主治医师16人、副主任医师8人、主任医师2人；护士20人、护师24人、主管护师10人，副主任护师1人；医技人员17人；其他人员42人。

【行政审批】　2020年，三元区卫生健康局审批696件，其中行政许可类已受理605件，办结605件；公共服务类，已受理88件，办结88件；行政确认类，受理3件，办结3件；按时办结率100%。

【行风建设】　2020年，三元区卫生健康局开展医疗行业作风建设专项整治行动。已办结行政执法案件25起，收缴罚款8.4万元，没收违法所得0.91万元。

【项目建设】　2020年，三元区卫生健康局区疾控中心新建基因扩增（PCR）实验室。

新冠疫情防控

【疫情防控】　2020年，三元区卫生健康局组建三元区疫情防控及学校组、医疗救治组、后勤保障组等6个工作小组。参与防控、救治相关预案、技术方案、工作指导，落实疫情监测分析研判。抽调7人启程赴厦门开展历时15天的三元区驻厦门疫情防控现场工作。三元区集中收治确诊病例2例，均已治愈出院。

【疫情监测预警】　2020年，三元区卫生健康局依托“大数据+网格化”管理。汇总落实境外入三元人员，对到三元的人员进行排查管控，并做好点对点接回。摸排管理非法入境人员7人，派出80车次点对点接回126人。

【疫情冷链监测】　2020年，三元区卫生健康局严格落实进口冷链食品监测与预防性消毒工作。及时处置名成冷冻公司与天津涉事冷冻食品事件，对涉事人员、食品、场所全面检测，并销毁全部涉事食品，全面消毒运输车辆及涉事场所。

【疫情防控应急演练】　2020年，三元区卫生健康局对辖区内学校进行秋季复学疫情防控知识大培训，组织实操演练。9月30日组织开展三元区应对秋冬季新冠肺炎疫情应急综合演练，参演单位涉及20余个，参演人数100余人。

【核酸检测】 2020年，三元区卫生健康局实施重点人群精准排查，做到应检尽检，全力排查疫情感染传播风险隐患。核酸检测采集39603人，对境外到元人员266人全部按规定落实核酸检测。

【疫苗接种】 2020年，三元区卫生健康局开展新冠疫苗接种，构建群体免疫防线，2020年接种疫苗1399支。

【防疫消杀】 2020年，三元区卫生健康局对重点区域进行环境卫生整治。投放各类消杀药物原液4650公斤，消毒面积487万平方米。其中，消毒动车站144场次、汽车站146场次、农贸市场66场次、各类办事大厅650场次、学校162场次、消毒车辆5243辆次。

医疗服务

【慢病管理】 2020年，三元区卫生健康局针对辖区内35岁以上的慢病患者，创新慢性积分制网格化管理，开展全人群"拉网式"慢病筛查工作。辖区内高血压规范管理率71.52%，血压控制率82.61%；糖尿病规范管理率70.79%，血糖控制率69.52%。

【健康扶贫】 2020年，三元区卫生健康局对辖区内7个贫困村的村卫生所情况进行排查，全面实际医保"村村通"或"就近通"，落实"一站式"即时结算和先诊疗后付费服务。全区建档立卡农村贫困人口117人，享受一站式医疗救助结算155人次，总费用100154.76元，报销比例97.51%。

【家庭医生签约服务】 2020年，三元区卫生健康局组建"1+1+N"家庭医生签约服务团队48个，摸清辖区贫困人口重点人群及慢性疾病患者底数，规范签约服务内容。全区建档立卡农村贫困人口99户187人，应签尽签率100%。

【爱国卫生】 2020年，三元区卫生健康局持续深化村庄清洁行动，统筹推进农村户厕无害化改造建设、验收及整改工作。实现无害化户厕普及率超过90%，已完成农村厕所改造544户，开展除"四害"技术培训5场，到辖区各单位和社区监督指导72次，消除"四害"孳生场所310处，全区25个社区已完成二轮大消杀。

计生服务

【计生优补】 2020年，三元区卫生健康局落实特殊家庭的扶助关怀措施，确保奖励政策全面覆盖，促进人口与家庭健康发展。2020年为6897人发放计生奖励扶助金1105.57万元。

【计生服务】 2020年，三元区卫健局做好计划生育技术服务。开展妇科病的诊治，男、女不孕不育症的咨询等。门诊咨询2065人次，上门咨询209人次。

【妇幼服务】 2020年，三元区卫生健康局开展辖区内孕产妇健康管理、农村孕产妇住院分娩补助和"两癌"筛查，完成增补叶酸预防神经管缺陷项目507人、免费孕前优生健康检查154对、免费产前筛查诊断109人、完成育龄妇女"两癌"筛查扫尾工作。其中乳腺癌初筛1600例、宫颈癌筛查样本提取1600例、任务完成率100%；孕产妇艾滋病病毒检测1795人，未发现阳性；孕产妇梅毒检测1795人，临床确诊8人，感染率0.45%。

卫生监督

【疫情监督检查】 2020年，三元区卫生健康局累计监督企业108家次，各级各类医疗机构304家次、各类公共场所3458家次，消毒产品经营使用单位105家次，学校及托幼机构283所次。下达《监督意见书》407份，并对检查中发现问题的单位责令整改。对检查中存在违法违规问题的25家医疗机构（个人）进行立案处罚。

【医疗服务监管】 2020年，三元区卫生健康局开展医疗服务"双随机"综合监督管理。2020年，审批办理卫生许可证125家，开展从业人员健康体检1002人。

【卫生行政处罚】 2020年，三元区卫生健康局组织开展医疗市场、传染病、公共场所、消毒产品、职业卫生、放射性卫生等各类督查。已办结行政执法案件24起，案件罚款7.3万元，没收违法所得0.91万元。

【监督协管服务】 2020年，三元区卫生健康局对辖区4家卫生院、4家社区卫生服务中心及所属村卫生所、社区卫生服务站进行督查，开展卫生监督协管督查4次，督查户次数64家次。

【职业卫生检查】 2020年，三元区卫生健康局收到三元68家企业完成职业病危害申报。职工总人数4134人，从事职业病危害工种人员1644人。对18家用人单位进行职业健康检查，检查人数1102人，其中重点职业病职业健康检查235人。

传染病及特殊病例管理

【传染病管理】 2020年，三元区报告法定传染病12种816例，报告发病率为398.04/10万；死亡0例；其中乙类传染病报告7种510例(按审核日期)，报告发病率为248.77/10万；发病例数为新冠肺炎2例（按甲类管理）、肝炎319例［其中甲肝3例、乙肝303例、丙肝8例、戊肝2例、肝炎(未分型)3例］、肺结核65例、猩红热5例、淋病42例、梅毒73例、艾滋病4例、HIV1例。报告丙类传染病5种306例（按审核日期），报告发病率为149.26/10万，其中手足口病146例、流行性腮腺炎14例、其他感染性腹泻病49例、急性出血性结膜炎5例、流感92例。其他传染病148例。三元区现有艾滋病病例60人(当年新发病例8人)，其中感染者28人，病人32人，接受抗病毒治疗54人，治疗率90%，病人随访率90%。

【麻风病防治】 2020年，三元区卫生健康局开展福建省消除麻风病危害规划终期评估，进行麻风“五查”工作。发放线索调查表48份，收回48份。

【地方病监测】 2020年，三元区卫生健康局开展碘缺乏病监测工作，随机抽取210名8～10岁非寄宿学生，进行就餐地点和含碘食品食用情况问卷调查。已完成横坑村改水工程，并开展饮水型地方性氟中毒监测工作，采集1份末梢水水样测定水氟含量为0.19毫克/升。2020年横坑村当地出生并居住的8—12周岁儿童有4人，检查未发现氟斑牙病人。

（胡凌蓝）

三明市中西医结合医院

【概况】 2020年，三明市中西医结合医院继续深化以“治病为中心”向以“健康为中心”转变，推动医院高质量发展。2020年全院总收入34825.41万元，医疗收入23721.08万元，同比增长2.49%。门急诊诊疗人次44.87万人次，同比下降1.51%；出院人数2.15万人次，同比下降1.87%。手术台数5186台，同比增长18.73%。全省二级以上公立医院第三方满意度调查总体得分91.87分，排名第38名。2020年，全院职工投入抗击疫情的战斗中，医院党委获福建省抗击新冠肺炎疫情“先进集体”称号，院团委获“福建省五四红旗团委”称号，医技后勤团支部获“市五四红旗团支部”称号。田荣茂获2020年福建省“最美医师”称号，王小梅、吴婕梅获“先进个人”称号。40余人获省最美劳动者、省“最美护士”称号（援鄂专项）、三明市第一批疫情防控突出贡献代表记功奖励、三明市三八红旗手称号等。医院在全省中医经典知识大赛获得团体优秀奖和团体组织奖，其中参赛队员李小兰获得全省中医药经典知识大赛笔试一等奖。青年药师徐晖在“第二届药健康科普中国行”比赛中荣获三等奖。

【全力防控疫情】 2020年，三明市中西医结合医院收治全市首个武汉返乡输入性新冠肺炎疑似病例。面对突发的新冠肺炎疫情，全院职工投入防控疫情战斗中，3名医务人员驰援湖北，2名医师支援三明市第一医院感染科。守好“疫情哨点阵地”，将预检分诊“关口”前移，实行入院体温检测、查验健康码。

【推进医防融合】 2020年，三明市中西医结合医院研发“治未病”健康与慢病信息化平台。建立总院、疾控、分院“三位一体”的家庭医生服务团队，为辖区内的居民建立居民健康档案，将筛查出来的慢病病人进行分级、分类、分标，并采用积分制进行管理。

【慢病一体化管理】 2020年，三明市中西医结合医院纳入慢病一体化管理人数12669人，参加积分制管理的人数9609人，占比75.85%，比上年增长51.47%。由疾控机构、总院、分院与街道社区的工作人员共同组成九支慢病筛查工作团队，以下洋、新龙、富文三个社区为试点，对全人群开展“拉网式”慢病筛查工作。

【疫苗处方】 2020年，三明市中西医结合医院医嘱系统新增“疫苗处方”。医生们可根据患儿的实际情况开具疫苗处方，引导家长到合法合规的疫苗接种门诊接种疫苗。城关分院预防接种门诊，7月起开通智能预约服务，是三明市首家开通智能预约的接种单位。

【下沉医疗资源】 2020年，三明市中西医结合医院下派医生219人次，完成诊疗1593多人次。组织由内、外、妇、儿等专业骨干组成专家组，下分院、进社区、进校园、下乡义诊10余次，参加下乡义诊专家100余人次，诊病人数2000余人次。组织医联体业务知识培训25场次，培训1266人次。2020年，医联体内上转病人2789人次，总院下转病人2036人次。基层分院门急诊诊疗20.06万人次，比2019年增加6059人次，增长3.1%；业务收入2117.61万元，同比增加13.8万元，增长13.8%。

【改善就医环境】 2020年，三明市中西医结合医院精诚楼正式投入使用，对厚德楼、大医楼、中和楼等基础设施进行维修改造，改造院区道路、停车场、美化院区环境，规范病区名称和导引标识。

【重点专科建设】 2020年，三明市中西医结合医院新增与厦门市儿童医院建立儿科医联体合作医院，与福建省妇幼保健院建立紧密型医联体。睡眠医学中心、康复治疗中心被三明市政府确立为闽西北区域医疗中心建设项目。两个薄弱学科，儿科及妇产科经过3年的建设，通过市薄弱学科的评审。2020年，确立肾内科、重症医学科为院内薄弱学科建设科室。

【“专科”治未病】 2020年，三明市中西医结合医院把院中的医疗服务拓展到院前、延伸到院后。成立治未病健康与慢病管理中心，把中医“治未病”理念融入健康管理，为百姓提供有中医药特色的健康管理服务。全院每个专科及医联体都参与治未病。

【中医文化】 2020年，三明市中西医结合医院创建福建省中医药文化宣传教育基地。2020年，中医文化广场建成。更换各科室候诊区、病房楼道装饰，制作宣传中医药知识和方法的展板；全院的建筑、装饰、各类标识牌、指示牌统一色彩，注入中医传统元素。

【医疗教学】 2020年，三明市中西医结合医院接收本专科实习生124人，规范化培训助理全科医师28人，规培中医住院全科医师16人。邀请福建中医药大学专家到医院开展临床教学查房、临床教学带教及管理等培训。

【中医师规范化培训】 2020年，三明市中西医结合医院与福建省中医药管理局，对医院创建国家级“中医住院（全科）医师规范化培训基地”进行现场评估。取得国家级中医住院（全科）医师规范化培训基地资格。11月，承办2020年国家医师资格考试中医执业医师分阶段总结会。

【科研论文与继续教育】 2020年，三明市中西医结合医院申报科研课题22项，其中三明市科技局12项，福建中医药大学校管课题10项，获得福建省医学科技三等奖1项。在省级以上期刊发表论文39篇。开展3项省级继续教育项目、5项市级继续教育项目。举办三明市中医药学会肝病学分会年会。

【启动等级医院复评】 2020年，三明市中西医结合医院成立等级评审领导小组，制订并下发等级评审工作实施方案和任务分解表。建立院、科两级评审目标任务及有效的评审工作考核评价机制，定期召开评审工作推进会，举办评审知识考试，开展五次院内自查，以评促建、以评促改，建立健全符合三级甲等中西医结合医院发展需要管理体系。

【提高医疗技术】 2020年，三明市中西医结合医院启动胸痛中心认证建设、医学实验室质量与能力认可（ISO15189）项目。介入导管室正式投入使用，全面开展介入微创治疗技术。组织院内多学科讨论34次，医师外出会诊近12次，申请上级医院会诊32人次，参加抢救近10次。2020年申报73项新技术新项目，15项新技术、新项目被认定2020年度三明市医疗新技术、新项目。在保证医疗质量同质化的情况下，通过优化诊疗流程，节约医疗资源，全年开展日间手术254例。

【临床路径管理】 2020年，三明市中西医结合医院有20个专业开展310个病种临床路径，其中中医临床路径133个，西医临床路径177个，使用临床路径管理病历占出院病历的54.97%。每个临床科室至少开展2个中医临床路径管理。修正临床路径工作管理制度，严格控制病种变异率，依从路径中诊疗项目、药物使用规范，定期分析导致未依从路径开展诊疗的原因，进而制定针对性的改进措施。

【院感管理控制】 2020年，三明市中西医结合医院制定疫情防控工作制度和工作流程、应急预案。严格落实标准预防，加强消毒隔离措施。不定期检查发热门诊、预检分诊、急诊科等医务人员防护用品穿戴情况及防护用品储备情况，并指导消毒液配制方法，制定各项工作指引和各项消毒灭菌隔离措施。依据岗位类别不同制定相应的培训内容，对防控工作相关业务知识，业务技能，个人防护等知识进行全方位、分层次的培训。

【规范医务人员的行为】 2020年，三明市中西医结合医院为降低发生新型冠状病毒医院感染的风险。做好院感监测。2020年监测病例22003例，医院感染病例344人，感染发生率1.56%，与上年相比下降0.5个百分点。医院感染病例微生物标本送检率为84.74%。开展医院感染现患率调查显示医院感染现患率为3.09%。

【人才队伍建设】 2020年，三明市中西医结合医院组织15场招聘面试，招聘80人，其中研究生7人。派出医师15人、护理6人到全国大型医院进修学习。开展医护技能培训及各种应急医疗救援演练等活动5次。邀请23名国家及省医学专家教授进行讲学、会诊指导和手术示教。举办72场次院内讲座、学习培训。

（林惠芳）

三明市皮肤病医院

【概况】 2020年，三明市皮肤病医院促进医院各项工作持续健康发展。全年医院门诊就诊66480人次，门诊住院422人次，总业务收入1757.04万元，较上年同期增长3.6%，其中药品耗材占医药总收入的38.12%，检查、化验收入占医药总收入的16.79%，门诊次均费用为195.83元。全市梅毒、淋病报告准确性达95.8%，麻风患病率发病率仍然控制在基本消灭范围指标之内。

【新冠肺炎疫情防控】 2020年，三明市皮肤病医院落实落细院内疫情防控措施。组建“党员志愿服务队”，党员干部职工踊跃报名参加新冠肺炎医疗救治后备队，并有1人入选，1名职工的家庭被评为“福建省最美抗疫家庭”。

【院感管理和预检分诊】 2020年，三明市皮肤病医院加强院感管理和预检分诊，根据工作实际制定疫情防控工作方案和预检分诊流程，做好疫情防控物资储备工作，落实“应检尽检”等工作，医院工作人员、住院病人全部纳入核酸检测范畴。本年度，采集住院病人咽拭子202份，11月起每半个月对职工进行一次核酸检测。

【麻风病性病防治】 2020年，三明市皮肤病医院相关单位深入全市各县（市、区）医疗卫生单位对麻风病、性病防治工作开展情况进行业务指导。重点对麻风病、梅毒终期评估工作进行指导，确保国家终极评估自查材料如期上报。2020年，医院完成国家级HIV监测性病门诊男性就诊者哨点监测工作任务400例，HIV自愿咨询检测200例，淋球菌耐药性监测31例。完成国家级性病区域监测点监测任务。组织邀请到沙县虎跳麻风康复部开展慰问活动，给十几名麻风休养员送去慰问品和慰问金。麻风节期间，沙县虎跳麻风村收到慰问金和慰问品折合价值8.19万元，人均约4500元。举办三明市麻风病防治工作培训班和三明市性病防治培训班，部署2020年的麻风病、性病防治工作，会议还邀请省疾控中心专家到会授课，全市近120名防治工作人员参加培训。

【医院学科建设】 2020年，三明市皮肤病医院完成福建中医药大学科研平台《应用VISIA动态观察火针联合药物治疗白癜风临床疗效及其对血清Th1、Th2的影响》的开放课题。11月，医院加入中国“一带一路”皮肤病学专科联盟。12月，医院举办全市皮肤分会学术年会暨皮肤病诊疗新进展培训班，邀请省、市知名专家到会为全市50多名皮肤科医生讲解相关知识。

【医护人员培训】 2020年，三明市皮肤病医院做好人员培训工作。全年开展院内继续教育20次，组织“三基”考试1次，1名医生到上海华山医院进修，组织开展徒手心肺复苏、穿脱防护服、规范戴口罩、手卫生和预检分诊处理流程等演练，提高医务人员的应急操作技术水平。

【医院人才引进】 2020年，三明市皮肤病医院通过校园招聘、网络视频招聘、院内宣讲会等多种形式招聘人才。招聘大中专毕业生11名，其中硕士研究生1人、本科9人、大专1人。

【医院业务用房建设】 2020年，三明市皮肤病医院对新建业务用房项目进行重大调整。项目建设用地规模扩增至4610.27平方米，规划拟分期新建2幢业务综合楼，其中一期拟建综合楼计容建筑面积6948.97平方米，二期拟建综合楼计容建筑面积4534平方米，总建筑面积14897.97平方米。

（邓登辉）

三明市妇幼保健院

【概况】 2020年，三明市妇幼保健院有干部职工79人，其中卫生专业技术人员68人。三明市妇幼保健院全面落实上级有关妇幼健康工作要求，履行妇幼卫生公共职能。本年度，各助产技术机构分娩活产数21312人，孕产妇死亡4人，孕产妇系统保健管理率92.27%，产前筛查率90.05%，住院分娩率100%；3岁以下儿童系统保健管理率90.82%，7岁以下儿童健康管理率95.14%，“两纲”重点指标控制在省定标准。孕产妇系统保健管理率和3岁以下儿童系统保健管理率持续保持平稳水平。

【母婴安全行动】 2020年，三明市妇幼保健院开展母婴安全行动和健康儿童行动。妇幼保健院高度重视母婴安全工作，组织实施母婴安全行动计划项目，规范妇幼健康服务，整合孕前保健、孕期保健、住院分娩、产后避孕、儿童保健等内容，规范有序开展产前筛查与产前诊断服务，提供系统的孕产妇及儿童保健全程管理服务。严格落实预防艾滋病、梅毒和乙肝母婴传播等综合防控措施，提升孕产妇系统管理和儿童保健系统管理的工作质量，保障母婴安全。

【妊娠风险筛查与评估】 2020年，三明市妇幼保健院全面实施妊娠风险筛查与评估工作。严格进行高危专人专案管理，强化全市危重症孕产妇转诊救治网络管理，提高危重症孕产妇救治能力，完善市级产科质控管理，落实孕产妇及新生儿死亡评审制度，加强母婴安全工作指导。2020年1月，妇幼保健院和沙县卫健局、总医院、妇幼保健院的有效合作协调下，当地一名“红色”危重贫困孕妇得到及时救治，母婴平安。2020年，全市危重症孕产妇540人，其中40名危、急、重症孕产妇通过危重症孕产妇转诊救治网络顺利转诊，得到有效救治。

【妇幼健康公共卫生服务】 2020年，三明市妇幼健康公共卫生服务受益人群扩大。妇幼健康公共卫生服务对象按照城乡一体、受益均等化原则，提供妇幼健康公共卫生服务。妇女“两癌”筛查项目，从农村妇女和城市已婚“低保”妇女，扩大到35—64岁城乡居民医保妇女，筛查目标人数增加到5万人，较上一年增长51.5%。2020年全市超额完成“两癌”筛查任务，其中HPV检测50237例，完成率100.47%，乳腺癌筛查52900人，完成率105.8%；免费产前筛查诊断服务对象从农村孕妇和城市“低保”孕妇扩大到城乡居民医保孕妇，筛查目标人数增加到2.15万人，较上一年增长91.96%。

【新生儿免费筛查】 2020年，三明市妇幼保健院增加新生儿遗传代谢性疾病和先天性心脏病免费筛查项目。通过免费提供健康教育、新生儿遗传代谢性疾病和先天性心脏病筛查以及咨询随访等服务，促进疾病的早发现、早诊断、早治疗，提高三明市出生人口素质，服务对象为在三明市各级各类助产技术服务机构（包括社会资本举办助产机构）住院分娩的所有新生儿，政策覆盖面达100%。全市已完成新生儿遗传代谢性疾病免费筛查9266人，先天性心脏病免费筛查5272人。

【提高出生人口素质】 2020年，三明市妇幼保健院完成新生儿疾病筛查21270人，筛查率达98.6%，确诊患儿375人（其中CH 25人，高TSH血症28人，高苯丙氨酸血症1人，葡萄糖-6-磷酸脱氢酶缺乏症 311人，可疑CAH 2人，遗传代谢性疾病8人），对2020年确诊葡萄糖-6-磷酸脱氢酶缺乏症的311名家属提供医学建议；对历年来所有新筛中确诊先天性甲低患儿，均在进行跟踪、随访及提供医学治疗，患儿智能发育和体格发育均达到同龄儿发育水平，未发现因先天性代谢性疾病造成生长发育障碍儿童。全市听力筛查率达92.55%。

【预防各类传染病】 2020年，三明市妇幼保健院推进预防艾滋病、梅毒和乙肝母婴传播工作。加强对预防艾梅乙母婴传播工作的组织、协调和管理，明确各级医疗保健机构工作职责，健全项目领导小组及专家技术指导小组人员，制定管理措施和相关制度，将项目工作与孕期保健有机结合，加强重点人群宣教，全面实行免费咨询检测及干预措施等服务，确保早发现、早确诊、早干预。

【组织专题培训班】 2020年，三明市妇幼保健院统一制订并印发新版《工作实施方案》及相关表簿卡500本，组织到全市各医疗保健机构进行专项项目指导2次。市、县两级组织专题培训班17次(其中市级培训2次)，参训或复训学员778名，培训率达99.1%。全市艾滋病、梅毒孕期检测率分别为99%、99.9%，其中梅毒感染的孕妇71人，治疗率100%。

（张青溪）

三明市台江医院

【概况】 2020年，三明市台江医院是市属唯一一所集医疗、科研、教学、预防保健和康复于一体的精神疾病防治专科医院，是全市精神卫生工作的指导机构，全省强制收治易肇事肇祸严重精神障碍患者的指定医院。医院占地面积2.67公顷，开放床位370张，设有精神科病房、强制医疗病房、儿童老年康复病房、心理调理区、戒毒专区、戒酒专区、医技科及药械科等业务科室。2020年门诊总量29560人次，入院总数837人次，出院总数831人次，床位使用率90.6%，智力残疾鉴定517例，精神残疾鉴定397例。

【落实首诊负责制】 2020年，三明市台江医院落实首诊负责制、三级医师查房、疑难病例讨论、会诊交接班制度、查对制度等，保障医疗质量和安全。

【病历质量控制】 2020年，三明市台江医院对各临床科室出科病历做好终末病历质量控制工作，查缺补漏，有效降低临床出科病历的错误，保障市台江医院归档病案的质量水平。医务科牵头举办病历书写规范的培训，对《病历书写规范》进行细致的解读，对临床检查过程中发现的常见病历书写问题进行点评和指正。按照《医疗机构病历管理规定》《三明市台江医院病历安全管理办法》《三明市台江医院病案借阅和调阅制度》等规定，对归档病案资料进行管理，按规定做好病历资料的复印、调阅等工作。

【处方规范化管理】 2020年，三明市台江医院执行《医院处方点评管理办法》。加强处方规范化管理，联合药房开展处方点评工作，登记并通报不合理处方。每月对用药情况及大处方问题进行检查，对处方量较大的药品及处方量较大的医师进行排名，对开方用药情况进行分析，查找原因。

【精神专科患者“三防”】 2020年，三明市台江医院加强精神专科患者的“三防”防范，合理安排护理班次，护理部每周定期督促护理检查安全及病房巡视监测，科室每日进行安全检查，增强护理人员防范意识，杜绝事故隐患。

【应急预案演练】 2020年，三明市台江医院加强危重症患者、“三防”患者、护理不良事件管理。落实护理安全工作制度，不断健全护理应急预案与流程，护理部每半年、科室每季度进行一次相关应急预案演练，做到全员参与；落实“非惩罚性护理不良事件上报制度”，护士对其的知晓率达100%，鼓励护士上报护理不良事件。2020年上报护理不良事件12人次。

【代币奖酬疗法】 2020年，三明市台江医院促进患者社会功能康复，增强其治疗依从性，早日康复回归社会，开展代币奖酬疗法。通过代币奖励使患者在训练中获得物质和精神奖励，从而提升患者的自我价值，提高其生活质量、工作技能及社会适应能力。同时为丰富患者的住院生活，增强体质、提高防御能力，开展各项娱疗活动，如康复仪器锻炼、乒乓球、羽毛球等室内外有氧活动。

【感染数据监测】 2020年，三明市台江医院按照上级部门要求做好各项质控工作，对医院感染监测数据、传染病病例及时进行网络直报。加强各科室消毒管理，排查安全隐患，发现隐患及时沟通解决，减少院内感染及传染病的发生，预防医院感染及传染病的暴发流行。加强医疗废物的管理，严格按国家推行的《医疗废物管理条例》进行分类、收集、运送、储存及处置；对全院医务人员进行医院感染及传染病相关知识培训2次。进行医疗废物流失、泄漏、扩散和意外事故的应急处置演练1次。

【染病病例报告检查】　2020年，三明市台江医院加强医院感染及传染病病例报告的检查。全年自查运行病历430例、出院病历511例、门诊日志26968人次。上报医院感染病例58例次，院感例次率7.1%；无漏报病例，院感率及漏报率均符合院感质控要求。上报传染病例20例，未发现有传染病漏报、迟报现象，传染病疫报告卡完整率、准确率达100%。

【把控药品购进质量】　2020年，三明市台江医院对供货商的管理，建立供货商信息档案，索要三证，签订供货质量保证协议书；药品购进管理，制定一套从计划、审核、采购到验收的完整相关程序，对购进药品名称、批准文号、生产日期、失效期等基本信息审核、记录，有质量问题的一律不予入库。

【药品有效期动态管理】　2020年，三明市台江医院对药品有效期实行动态管理。以先进先出为原则，近效期药品及时报告并通知临床科室，从而保证临床用药安全，减少医院损失；搜集药品相关信息，时刻关注药品不良反应，做好药品不良反应记录及上报工作。药剂科全年发出药品1172.52万元，采购发放耗材53.18万元，审核发放门急诊处方36436人次，调剂发放门急诊处方39909张，审核调剂病区单剂量药品处方218454餐次，上传药品不良反应39例，器械不良反应3例。

【临床应用和管理培训】　2020年，三明市台江医院对新入职、新获得执业医师资格证的临床医师，进行麻醉药品、精神药品和抗菌药品临床应用和管理培训。做好进修生、实习生和见习生的临床教学工作，接收福建医科大学临床、应用心理学专业学生，顺利完成带教任务，其中进修生3名，实习生3名，见习生60名；承担市第一医院全科医学住院医师精神科轮转规范化培训，接受并完成出科学员17名。

【提供技术支持】　2020年，三明市台江医院实施分片包干制度。负责梅列区、三元区、明溪县、清流县、宁化县、大田县、泰宁县等7个县（区）的业务指导，承担对永安市第六医院、尤溪县中医院、沙县医院、将乐县医院、建宁县医院等5家单位的业务指导。定期分派专科医师到各县、乡镇，配合当地卫生部门和基层精防工作人员，做好严重精神病人的随访指导。

【严重精神障碍患者发病报告】2020年，三明市台江医院完成严重精神障碍患者及暴力危险等级3级以上患者的“一历五单”和发病报告，完成应急处置等相关数据资料的及时上报工作，确保出院病人相关信息能够及时准确地下放。全年上报对接单512份，住院发病报告389份，门诊发病报告58份，应急处置单99份，等级评估表71份。

【精防人员社区管理】　2020年，三明市台江医院定期培训，加强基层精防人员的社区管理能力。市台江医院通过定期举办培训班等方式，重点针对精神科常见病的识别与处理，精神病社区随访技巧，家庭护理康复教育等内容，对基层精防人员进行培训，通过陪同入户指导，示范随访技巧等方式，提高基层精防人员的社区管理能力。

【实施健康教育】　2020年，三明市台江医院采用多层次、多渠道、多形式实施健康教育，为患者提供优质的健康教育。对门诊患者发放健康教育处方和随诊健康宣教；对住院患者采用宣传栏、发放健康教育处方、集中健康宣教，责任护士对所分管患者进行宣教；对出院后的患者开展家庭护理教育，采用电话随访健康宣教，2020年第一至第三季度出院电话随访率达88%。

【继续教育讲座】　2020年，三明市台江医院邀请院外专家到市台江医院进行授课，交流专业新理念、新发现及学术动态，鼓励医务人员学习专业文献，设计科研课题，撰写科研论文。全年发表ISSN论文4篇。派遣人员外出学习先进工作经验，参加省内精神科年会等学术活动，举办为期2.5天的心理危机干预能力培训班，参训人员达到100多人。

【学科交流】　2020年，三明市台江医院协调邀请院外会31例、受邀到其他医院会诊59例，清流监狱会诊1次，戒毒所会诊1次，与其他学科进行交流学习，为市台江医院非精神科疾病及外院精神科疾病的诊治提供流畅的协调沟通渠道，使患者疾病能够得到及时有效的诊治。

【护士“三基三严”培训】 2020年，三明市台江医院加强在职护士“三基三严”培训。各病区每月、每季度进行层级培训及考核；护理部举办13期继续再教育讲座；选送参加院外培训38人次；开展“精神科护理学”“基础知识”理论考试及“氧气筒给氧法”和“心肺复苏”等6项技能考试，通过率为100%。

【护士队伍建设】 2020年，三明市台江医院全院护士岗位98人，取得本科学历20人，取得大专学历51人，参加通信教育11人，参加远程继续再教育36人次。

【疫情防控】 2020年，三明市台江医院主动参与新冠肺炎抗疫阻击战，80%职工第一时间报名请战，并组建一支5人援鄂后备队，随时待命出发。为严防境外疫情输入，台江医院两名护理人员于3月19日至6月2日支援晋江国际机场。开展主题为“新型冠状病毒肺炎疫情防控心理疏导小课堂”的心理危机干预讲座，在全市首次进行网络直播，累计观看突破31万人次。

【心理干预主题讲座】 2020年，三明市台江医院指导一线医务人员对确诊患者进行心理危机干预和心理疏导。提出专业化、人性化的管理建议，为一线抗疫医务人员开展心理干预主题讲座，缓解广大职工的心理压力。全年多次组织学习新冠肺炎诊疗方案及疫情防控知识，常态化抓紧抓实疫情防控工作。

【心理热线】 2020年，三明市台江医院增设心理援助热线，规范心理援助热线服务。已接有效心理热线2722人次，其中成功干预包括3起自杀事件的危机干预。2月20日，湖北心理机构协助中国心理学会临床心理学注册工作委员会对台江医院心理热线进行电话调研，对三明市台江医院的热线规范化工作的努力给予肯定。

【心理健康预防服务】 2020年，三明市台江医院开展多种形式心理健康科普宣传。为社会提供心理健康服务9次，面向群体包含公务员和企事业干部职工；举办科普宣讲活动4次，宣讲活动受众人数3000多人次；播放科技广播、影视节目30分钟；举办青少年科普宣讲活动23次；网络与新媒体宣传41.76万人次。

【志愿服务】 2020年，三明市台江医院常态化开展志愿服务活动。关注心理健康、关爱特殊儿童，突出平安建设、社区共建等主题，经常性开展心理健康服务、义诊、健康宣教、环境卫生整治、综治三率宣传等志愿活动。全年组织80次志愿服务活动，参与580人次，服务时长达1384.8小时。

【树立先进典型】 2020年，三明市台江医院张海涛、王龙、江坤鸿3位同志及家属在疫情防控工作中有突出表现，被评选为“福建省抗疫最美家庭”；詹巧珠、林洁两位护士长荣获“三明市优秀护理工作者”称号。“三明市台江医院疫情防控心理援助青年突击队”被评为2020年度“三明市优秀青年突击队”。

【平安医院建设】 2020年，三明市台江医院做好消防安全排查及隐患整改工作，完善消防各种制度，人员密集场所及重要岗位做到日防火巡查并做好巡查记录。全年开展两次消防安全知识讲座及指导现场灭火实战演练；各科室组织培训“四个能力、三懂一会”消防知识合计20次；微型消防站组织12次微型消防站人员培训消防知识及应急演练；开展1次防恐防暴应急演练。

（陈玉清）

2020年三元区卫生部门一览表

表11

序号	名称	类型	地址	电话	负责人
1	三元区卫健局	卫生	三元区新市南路142号绿都大厦2楼	8336589	林春发
2	疾控中心	卫生	三元区红旗新村32幢	8321671	颜添宝
3	妇幼保健院	卫生	三元区新市中路176号53幢5层	8336401	罗永明
4	卫生计生监督所	卫生	三元区红旗新村32幢	8313643	苏艳莉

384人，通过电话协调196次，协调金额158.4万元。受理投诉案件32件，其中协调处理29件、立案处理3件，涉及劳动者199人，追发劳动工资150.54万元。

【企业劳动保障诚信评价】　2020年，三元区人社局根据省市文件要求，结合本区劳动保障监察执法工作，给予17家企业劳动保障守法诚信等级A级评价。

【处理劳动人事争议】　2020年，三元区人社局受理各类劳动人事争议案件129件，其中不予受理16件，立案受理113件，涉及人数达122人，区仲裁委已审结112件，结案率99%，中止1件，调撤结案82件，调撤率达72.6%。

【严格工伤认定】　2020年，三元区人社局受理工伤认定案件162起，依法作出工伤认定结论150起，不予认定2起。

（方建国、黄恒兆）

职业技能培训

【职业技能提升行动】　2020年，三元区人社局大力开展职业技能提升行动培训，完成职业技能培训2406人，占全年任务2100人的115%。

【春潮行动培训】　2020年，三元区人社局提升农民工职业技能，完成春潮行动培训1217人，占全年任务1000人的122%。组织开展农村富余劳动力转移就业。开展姬松茸烘烤培训80人。与辖区企业联合开展在岗农民工岗位技能提升培训1137人，其中：酒店服务人员培训118人，商品营业员培训188人，精细木工培训117人，建筑工培训50人，彩绘工培训124人，食品加工培训250人，饮料加工培训30人，铸造造型工培训98人，水泥生产加工培训162人。

【社会力量办学】　2020年，三元区人社局统筹做好线上线下培训工作，联合社会力量办学，实现线上线下融合发展。组织城镇各类人员参加就业技能职业培训1189人，其中花卉绿化工中高级培训2期298人、电工培训3期99人、保育员培训3期151人、育婴员培训1期20人、月嫂培训2期158人、烟草加工培训463人。

【职业技能鉴定】　2020年，三元区人社局完成职业技能鉴定279人，完成全年任务140人的199%，其中汽车维修工鉴定66人，电工鉴定42人，保育员鉴定151人，育婴员鉴定20人。取得中级以上职业资格证书260人（含高级工21人），占全年任务的650%。

【开展技能竞赛】　2020年，三元区人社局以参加技能竞赛活动为契机，先后组织企业技术工人11名选手，参加市人社局、市机械协会、市总工会等部门联合举办的钳工、电工、烹饪职业技能竞赛，其中三元区翰博大酒店黄小君、罗晓杰两名选手分别获得中餐热菜金奖、银奖。在钳工技能竞赛中，三元区代表队荣获优秀组织奖，获得前三等奖的选手，经有评定资格的机构组织认可，符合条件的可晋升国家职业资格高级工。

【技能大师工作室】　2020年，三元区人社局推荐范振武汽车维修工技能大师工作室、曾凯华烹调技能大师工作室，参加并获得“市级技能大师工作室”称号。技能大师工作室，为三元区用人单位及社会培养技能骨干，加快高技能人才集聚，形成技术创新团队，每年形成一批有价值的成果，通过搭建高技能人才研修平台，发挥具有绝招绝技的高技能人才和技能带头人在传承传统技能技艺和推动现代高技能人才培养工作中的作用。

【推荐并获评“三明工匠”】　2020年，三元区人社局推荐的福建汇华集团东南汽车缸套有限公司张清伟获评“三明工匠”。通过“三明工匠”的社会影响力和示范引领作用，大力弘扬工匠精神，培育高技能人才。

【助力企业复工复产】　2020年，三元区人社局根据《福建省阶段性减免企业社会保险费实施办法》的文件通知，在疫情防控期间防控期间，2020年1—9月累计减免养老保险单位缴费部分金额1058万元，减免工伤保险费312万元，减轻个体工商户和中小微企业的负担，纾解企业的困难。

（方建国、黄恒兆）

社会救助体系

【概况】　2020年，三元区民政局围绕开展“项目提速年”“服务提升年”“干部提振年”活动，在具体工作实践中，重点抓好民生保障、养老服务、社会治理等重点工作。对照年终市对区考评指标以及市对区平安建设考评指标，开展社会救助、养老服务、组织人才、救助流浪人员、重点人群服务管理、参与平安建设、城乡社区治理等项工作。

【临时救助政策】 2020年，三元区民政局在疫情防控期间，重点对困难特殊群体开展全覆盖走访摸排。为1071人行动不便、独居老人等贫困群体发放生活保障金10.71万元；实施临时救助政策，为因疫情影响导致基本生活陷入困境建档立卡，贫困户每户发放1000元临时救助。为决战决胜脱贫攻坚筑牢兜底保障网，2020年，全区累计实现临时救助1511人次，累计发放各类临时救助金78.79万元。

【落实最低保障】 2020年，三元区民政局开展农村低保专项治理工作，解决贫困老年人、残疾人、儿童等特殊困难群体“脱保”“漏保”问题。城乡低保标准由2019年580元/月，提高到708元/月，增长5%。人数由991人增加到1158人，增加167人，增长17%。全区城市低保对象419户585人，累计发放城市低保金358.6万元；农村低保对象366户574人，累计发放农村低保金334.1万元；特困人员救助供养76户76人，累计发放保障金136.54万元。

【家庭精准帮扶】 2020年，三元区民政局设立三元区城市困难家庭精准帮扶中心，配备专人负责做好城市困难家庭精准帮扶工作。建立城市困难家庭精准帮扶云平台，通过帮扶政策公开、帮扶信息宣传、就业岗位推送、慈善资金走向等方法，做到“规划到户、因户施策、责任到人”。

（邓晓敏、陈琦、王璇、林达）

农村养老

【农村区域性养老服务】 2020年，三元区投资120万元提升改造岩前镇敬老院，打造成既能集中供养城乡特困老年人，又能为老年人提供康复保健、生活照料、精神慰藉等服务的农村区域性养老服务中心，建筑面积1000平方米。

【改建农村幸福院】 2020年，三元区民政局充分运用革命老区政策，努力向上争取项目资金102万元，新改建6个农村幸福院项目。推进楼源村、增坊村、富源村、眉山村、欧坑村及居阳村等6个农村幸福院项目建设，其中5个幸福院建成投入使用，眉山村幸福院按序时进度正在建设。全区建成34家农村幸福院，养老服务设施覆盖67%的建制村。

【养老服务日间照料中心】 2020年，三元区民政局投资150万对群一社区养老服务日间照料中心进行提升改造，打造成为社区老年人提供康复保健、精神慰藉、日间照料、喘息服务、短期托养等服务的嵌入式社区养老服务机构。投资40万元在城关街道建设长者食堂，为老年人提供用餐方便，解决老年人助餐配餐的生活问题，建筑面积300平方米。

【落实老年人福利待遇】 2020年，三元区民政局做好智慧城市“互联网＋医养”暨“一键通”信息服务平台。为2543名老人提供线上信息服务，为302名特困供养、低保、重点优抚、计生特殊家庭、重度残疾、建档立卡及80岁周岁以上的六类老人提供线下实体援助服务。计发放60.18万元。开展老年人意外伤害保险工作，为5783人60周岁及以上特殊家庭老人以及80周岁及以上高龄老人购买老年人意外伤害保险。第三季度为5196名80周岁及以上老人发放高龄补贴，发放补贴249.83万元。

（曹燕华）

社区治理

【行政区划调整】 2020年，三元区民政局根据区委、区政府安排，开展城东乡撤乡并街工作，6月17日，省政府正式批复，整项工作比原计划提前2个月完成。完成7个村统一挂牌以及城东乡人、财、物、事等方面工作的交接。配合区委、区政府做好三元、梅列两区同城化工作，与省、市民政部门沟通协调，扎实做好各项工作，完成省级关于三明市部分行政区划调整实地调研工作。

【基层社区治理】 2020年，三元区民政局推动基层社区治理，新增社区工作人员编制11人；面向社会公开招聘社区党群工作者13名；高校毕业生服务社区9名。组织招聘选考优秀人员到社区工作，加强社区党建党务工作力

动为他们办理手续，维护退役军人的合法权益。

【组织退役老兵开展活动】 2020年，三元区退役军人事务局引导广大退役军人以志愿服务的方式加入贡献社会的队伍中。由退役老兵组成的“疫情防控劝导巡逻队”在城区进行巡逻劝导。同时，三元区各个乡（镇）、街道的老兵也相应自发组成防疫志愿服务队，开展疫情防控工作，在疫情防控期间全区退役老兵参与防疫志愿服务队。

【优待抚恤工作】 2020年，三元区退役军人事务局督促各乡（镇）、街道做好优抚对象的各种抚恤补助金的发放工作。严格执行重点优抚对象抚恤补助标准，落实重点优抚对象抚恤补助4%自然增长机制；根据市文件精神，每月落实物价上涨挂钩联动机制补贴。

【优抚对象保障服务】 2020年，三元区退役军人事务局执行《军人抚恤优待条例》和《烈士褒扬条例》，努力提高优抚对象保障服务水平。本年度有多名优抚对象及其家庭被纳入城市居民最低生活保障和农村低保对象，享受最低生活保障救助。

【退役士兵安置工作】 2020年，三元区退役军人事务局完成2019年秋冬季退役士兵的接收及2020年安置工作。对自主就业退役士兵发放一次性经济补助。在安置工作上，已对符合政府安置条件的2020年4月退役的士官进行妥善安置。

【退役军人事务数据统计工作】 2020年，三元区退役军人事务局采集三元区退役军人事务有关数据，发挥统计数据对退役军人服务管理工作的支撑作用。开展退役军人事务专项统计工作。调查内容涵盖退役军人思想和政治权益维护、移交安置、就业创业、军休服务管理、拥军优抚、褒扬纪念、退役军人机构七个业务领域。

【烈士墓迁移工作】 2020年9月23日，三明市退役军人事务局将原三明市妇幼保健院旁（好当家超市背后）烈士墓，迁移到三明市富兴城市公益性公墓英烈园（三明市殡仪馆后山）。

（叶琪瑶）

宗教与少数民族工作

【宗教工作】 2020年，中共三元区委统战部开展宗教活动场所“四进”活动，引导三明圆通寺、道山基督教堂开展创建“和谐寺观教堂”活动。动员宗教界为三元区新冠肺炎防疫捐款，全区宗教界捐款5.948万元。深入推进依法治理基督教私设聚会点工作，取缔三明学院周边基督教私设聚会点2处，关停荆东、中村、莘口3处，将道山教堂崇荣路、东霞沙洲路、吉口村3处“以堂代点”批准为临时活动地点。

【宗教场所安全检查】 2020年，中共三元区委统战部联合公安（国保大队）、消防、文旅、住建等有关部门开展宗教场所（含重点民间信仰点）安全整治综合执法检查3次，建立问题整改台账并逐一销号，确保宗教领域安全稳定。

【少数民族工作】 2020年，中共三元区委统战部推动少数民族地区加快发展。推进白水畲族村创建第四批全国少数民族特色村寨的规划和项目建设，争取中央及省市民族资金30万元，支持白水村特色村寨建设。争取2万元支持岩前白叶坑畲族自然村改善基础条件。开展第十三个民族团结进步宣传月活动，召开座谈会2次、培训1次，发放宣传材料600份，户外宣传条幅（含LED）35条，咨询及文体活动2次。

（黄宗祥）

乡镇　街道

岩前镇

【概况】　三元区岩前镇辖12个村，2个社区，53个自然村，138个村民小组，人口20447人。辖区面积330平方千米，其中耕地面积0.13万公顷，林地面积2.38万公顷，森林覆盖率79.04%。岩前作为闽王入闽第一站，辖区内文化旅游资源丰富，有万寿岩、百阶冢等国家、省、市、区级文物保护单位16处，其中万寿岩旧石器时代文化遗址公园为全国考古发现之首。2020年，岩前镇获评万寿岩文旅小镇国家AAAA级旅游景区，连续4届荣膺“全国文明村镇”，纳入省级森林城镇行列，忠山村获评省级乡村振兴实绩突出村，岩前、乌龙入选省级乡村治理试点示范。

【大项目开展】　2020年，三元区岩前镇签约台氟、安辰、安美、研一含氟新材料等6个氟化工产业链上下游关联项目；LNG气化站、三钢脱硫渣等重点项目顺利进场施工；增资5691万元，完成厦钨，吉兴，金牛水泥等项目技改，元福氟化氢项目顺利达产。

【新项目建设】　2020年，三元区岩前镇瞄准“3+2+1”重点产业。在万寿岩、氟新材料、新能源等产业链建设上精准发力，外出上海、昆山、厦门、泉州、漳州等地招商10余次，谋划储备全镇“十四五”项目65项。

【四大板块征迁】　2020年，三元区岩前镇全力攻坚市经济开发区、兴泉铁路、万寿岩、岩梣线等四大板块征迁工作。吉口循环经济产业园累计完成征地43.93公顷、拆迁16户，协助市经济开发区开展土地农转用报批；兴泉铁路剩余项目累计签订塔基、便道、连接线建设等用地征迁协议46份4.25公顷；万寿岩片区28户1公顷，完成用地协议签订，拆除构筑物58处，流转大丰收提子园地块25.32公顷；岩梣线完成618户30.2公顷用地征迁。

【特色农业】　2020年，三元区岩前镇克服旱灾和疫情影响，加大农田基础设施建设力度，新增吉口大吉溪高标准农田33.33公顷，辖区粮食产量达到7760吨；扶持做大特色农业，持续打响“万寿岩”区域公共品牌，培育新型农业经营主体7家，新增吉仁百香果种植面积6.67公顷、乌龙脐橙3.33公顷、乌龙蓝莓4公顷；稳定生猪产能，强化龙头企业培育，年出栏突破14万头，完成明顺农牧、吉口农牧、育生农牧、强胜农牧和峰佑农牧5家养殖场畜禽养殖污染资源化利用，以及4家养猪场排污权交易；加快农村集体产权制度改革，试点推进岩前村21.6公顷“林票”改革；富源村入选省级“一村一品”示范村。

【文旅产业】　2020年，三元区岩前镇争取提前批和第三批专项债券1.3亿元，推进万寿岩遗址保护研究利用三大类62个项目建设。岩下花海、野人部落、山地户外拓展基地、龙鳞坝、“学习强国”新华书屋建成运营；远古文化广场和交流中心、三钢学院、瞭望塔修缮及夜景工程、吕厝桥改造、一河两岸景观提升等在建项目有序推进；三明市植物园、远古生态森林、三钢旧厂房改造利用工程、滨水古街等项目完成规划设计。完成“万寿开源”“闽王开闽”“闽王颂典”等舞蹈编排，举办最氧三明四季行、中国农民丰收节、全民健身运动会、七夕节庆，花海开园等活动30余场，接待游客近20万人次，促进村民增收近百万元。

【老区苏区建设】　2020年，三元区岩前镇整合辖区红色文化资源，盘活红色文化资源，依托忠山红七军团司令部、红军战地医院、苏维埃政府旧址、岩前吕厝“郎官第”苏维埃遗址等重要红色文化资源，推进红色文化遗址的修缮、保护与利用。充分发挥好忠山村中央红军村优势，依托红色文化遗址，结合雕塑、造景、还原等方式，打造一个集红色题材电视电影取景、红色艺术摄影摄像、红色主题餐厅、红色影像资料展示馆等多功能于一体的红色文化影视基地。

【乡村振兴规划】　2020年，三元区岩前镇开展农村住宅规划建设和管理。编制《万寿岩文旅融合总体规划》《岩前村省级传统村落保护发展规划》《岩前镇乡村建筑立面改造图集》等文件，启动岩前、眉山、星桥、横坑等7个村控规修编，完成眉山村上坂、门头坂3批次21户宅基地选房，实现岩前村 6.15公顷土地增减挂钩，眉山“三规合一”村庄规划通过专家评审并获批。

【村镇建设】　2020年，三元区岩前镇投入721万元，完成眉山村三教堂主体封顶；深化龙文区山海协作对口帮扶，贫困户年人均收入超1.5万元，实现净水设备全覆盖；开展农村人居环境整治，发动村民实施“门前三包”，依法拆除和制止违规建设6处，拆除旱厕8个、有碍观瞻构筑物90余处9.33余公顷，全年拨付考评资金17.6万元，探索“以奖代补”人居整治新途径；完善基础配套，立面改造集镇18栋房屋3900平方米，新增公厕5个，停车场4处138个车位，污水管网4.5千米，新建增坊、富源、忠山污水处理站3个，完成星桥村污水处理站修复，改造三格化粪池430户。

【垃圾分类试点】　2020年，三元区岩前镇以岩前集镇为试点，在全区率先启动农村生活垃圾分类试点工作。

【生态治理】　2020年，岩前镇结合“乡村振兴”“生态环境保护督察”“人居环境整治”“路长制”“河长制”等工作，将原有的下单式任务，变成智能巡查、动态监管。依托“雪亮工程”、重点河段路段监控大屏、河段面水质在线监测系统掌握负责片区情况，通过电脑和手机实时查看回放异常情况，通过“三明河长巡查”“路掌通”“农交安”“钉钉”等手机App定位打卡、拍照记录方式上传巡查工作和上报事件，镇生态综合管护办通过“钉钉”App监督生态综合管护队工作开展情况。

【成立生态综合管护队】　2020年，三元区岩前镇生态综合管护队成立以来，累计清理河道、公路边垃圾200余处，制止非法排污52次，拆除违建养猪场3家、非法采砂洗砂点7处、禁养区鸭场15家。配合市、区环境监察部门调查取证非法堆放铝灰渣2处，配合渔政大队立案处罚3起非法电鱼案件。

【完善交通水利设施】　2020年，三元区岩前镇实施水利惠民工程，总投资6500万元的闽江上游沙溪流域防洪四期工程吉口堤段完成建设，投资353.1万元的乌龙安全生态水系全面完工，头桥水库完成修缮加固，并争取山水林田湖草资金901.98万元，启动溪源溪流域沿线村庄污水收集处理、水质在线监测、农村饮用水巩固提升工程，有序推进下寨、星桥、欧坑、增坊、忠山、富源、眉山等7个村自来水管网建设，解决农村饮水安全问题；推进路网配套，投资1.1亿元，岩桍线全长18.7千米全线通车，并实现客运公交互通互联。

【完善公共服务】　2020年，三元区岩前镇加快公共基础设施建设，投资160万元建成吉口乡村振兴服务站、岩前镇便民服务中心，提供一站式办公服务；新建增坊、眉山、富源、欧坑等4个村幸福院，改造岩前镇区域性养老服务中心。

【推进“七五”普法】　“七五普法”工作启动以来，岩前镇充分运用新兴媒体开展普法活动，努力打造“互联网+法治宣传”平台；以“12·4”国家宪法日为契机，大力开展法治宣传周系列活动；利用村民圩天赶集等时机开展法治文化“综治三率”“扫黑除恶”法治文化“三下乡”等专项活动。出动普法宣传车、发放普法资料和宣传品，开展现场法律咨询解答、法治名词猜谜、法治春联现场书写发放等活动。岩前万寿岩每年吸引各地游客八万人次，岩前镇充分利用这一优势，在各旅游高峰期开展普法专项活动，大力宣传《中华人民共和国宪法》《中华人民共和国民法典》《三明市万寿岩遗址保护条例》等法律法规。

【廉政建设】 2020年，三元区岩前镇履行全面从严治党主体责任，受理转办信访件3件，党纪立案5人，处分5人；以“孝廉”文化品牌为引领，推动廉政文化建设，7月完成“荷风清韵”孝廉文化馆升级打造，接待市、区两级单位和党员干部参观荷风清韵孝廉馆20批次，总计300余人。

（张丽娟）

莘口镇

【概况】 三元区莘口镇位于三明市区西南郊，辖14个村、2个社区，人口15162人，其中农村人口14186人；有26个党支部，党员671人。辖区面积234平方千米，其中耕地面积0.14万公顷，林地面积1.56万公顷。本年度，莘口镇实现规模以上工业总产值106.86亿元，同比增长4.97%；5000万元以上项目完成固定资产投资4.31亿元，5000万元以下项目完成固定资产投资2.79亿元，计7.1亿元，同比增长25.66%；限上批发业销售额2.37亿元，同比增长7.94%；社会消费品零售总额5261万元，同比增长21.56%；其他规上营利性服务业营业额为3296万元，同比增长119.79%。

【疫情防控】 2020年，三元区莘口镇发现两例新冠肺炎确诊病例，病例发现地——蓬坑村被确定为封村医学观察村。三元区莘口镇创新“3+X”联动和三级网格化管理模式，精准阻断疫情传播，2例确诊病例均治愈出院，医学观察村按期解除医学观察，未发生传染性和聚集性病例。本年度，三元区莘口镇党委获评“全省先进基层党组织”“福建省抗击新冠肺炎疫情先进集体”。

【重点项目】 2020年，三元区莘口镇在建省市重点工业项目7个，单项位居三元区乡街第一。其中三元区五氟化碘及氟氮气生产项目、三元盛达化工水玻璃和白炭黑扩建项目、三元烟叶生产技术中心科研试验基地和三元盐业公司物流中心已投产，三明（永安市、沙县）生活垃圾焚烧发电厂二期工程9月投产，三元铝钛硼合金金属生产项目10月投产，三元毅君关键零部件绿色铸造智能制造新模式项目10月投产。

【招商引资】 2020年，三元区莘口镇转换招商思维，创新引资办法，开展招商活动40余次，签约项目28个，落地开工项目23个，其中超亿元项目4个。总投资6.3亿元的三元安美奇铝钛硼合金金属项目，为三元区唯一实际使用外资的项目，一期正在建设；总投资3.2亿元的金利亚垃圾焚烧发电二期项目已入场建设，总投资3.2亿元的三明盛达集团物流园建设项目正在进行落地整体评估，总投资2.65亿元的金氟化工三期项目明确供地选址。

【乡村振兴】 2020年，三元区莘口镇沙阳村获评2020年度福建省乡村振兴实绩突出村、高山村获评省级“一村一品示范村”。同年，莘口镇成立柑橘黄化病综合防控科技工作室，在西际村、高山村、龙泉村实施三元区柑橘黄化病防控及高品质栽培项目，筹措资金40.5万元。

【脱贫攻坚】 2020年，三元区莘口镇通过产业扶贫项目建设，获得收益14万元，扣除精准扶贫户应急救济等支出10536.3元，剩余的12.9万元全部用于贫困户直接分配，人均收益达2200元以上，当年度贫困户家庭年人均可支配收入达15326元，所有贫困户实现稳定脱贫。龙泉村精准扶贫户陈兆期养鸡脱贫事迹被央视等主流媒体报道。

【特色农产品】 2020年，三元区莘口镇围绕“一村一品”产业结构，以产业培育、营销创新和特色打造为方向，重点培育西际蜜橘、炉洋脐橙、竹洲豆腐皮等优势产业，打造西际、高山万亩市级柑橘现代产业园，打造三明市无公害绿色蔬菜基地。推进西际蜜橘、莘口熏鸭、竹洲豆腐皮、炉洋脐橙等特色农产品品牌提升工作。西际蜜橘被评为“全国名特优新”农产品。

【为民办实事】 2020年，三元区莘口镇实施各类为民办实事项目总计111个，总投资约1.36亿元，民生问题持续改善，群众获得感日益增强。落实各项惠民政策，2020年，发放重度残疾人护理补贴2617人，计25.09万元；发放困难残疾人生活补贴1654人，计13.23万元；发放60周岁以上无固定收入残疾人补贴601人，计4.81万元；发放临时救助446户，计14.35万元。

【和谐征迁】　2020年，三元区莘口镇推进辖区各项征地拆迁任务。于6月底完成莆炎高速东、西互通主线征迁，完成互通改线扩征，完成三明市飞灰填埋场建设项目征迁及毅君竹洲地块21户收储工作。全年累计完成征迁310户57.78公顷，房屋7座，禽舍330平方米，调处征地矛盾纠纷20余件，化解征迁衍生的群体性上访、诉求件6起。

【人居环境整治】　2020年，三元区莘口镇坚持以“绿水青山就是金山银山”为引领，走好生态治理路。三元区莘口镇薯沙溪水库供水的水质达标率达100%。市生态环境局在莘口镇组织召开乡镇生态综合管护模式现场会进行全市推广。

【文明创建】　2020年，三元区莘口镇通过狠抓农村生产生活环境整治。继续对违法建设保持高压态势，拆除违法占地建筑18处40户，拆除面积达3800平方米。2020年，莘口镇获评2018—2020年度省级文明镇，楼源村获评2018—2020年度省级文明村和福建省文明乡风联系点，西际村被评为第六届全国文明村。

【基层治理】　2020年，三元区莘口镇建成390平方米的便民惠企服务中心，整合民政、精准扶贫、劳动保障、农村建房规划审批、企业服务等15个办事窗口，实行“136”工作机制，建立健全首问负责制、制定一次性告知、限时办结、特色服务等规范，提高办理实效。本年度，办结“e三明”诉求件222件；协助4800余人次完成领取养老金生存资格认证、公共缴费、一二孩生育登记、城乡居民养老保险、低保申请等各事项。

【平安建设】　2020年，三元区莘口镇落实镇村集中办公制度，本年度累计受理矛盾纠纷119起，调处116起；受理信访案件97件，办结97件，化解信访积案4件；办结“e三明”诉求件222件；深入开展扫黑除恶专项斗争，处理上级转办线索22条，自主摸排线索10条。

【社会事业】　2020年，三元区莘口镇结合镇情实际，完成第七次全国人口普查。加强国防建设，输送优质新兵力量。

（刘思宇）

中村乡

【概况】　三元区中村乡位于市区饮用水源——东牙溪水库上游，地处三明市三元区东南部，东与大田的广平镇、沙县的大洛镇和湖源乡毗邻；西与本区的城东乡、莘口镇接壤；南与永安市的槐南乡交界；南北长17.2千米，东西宽为11.7千米。中村境内群山起伏，南有普禅山（海拔1510米），北有莲花峰（海拔1501.9米），东有大众山（海拔1204.9米），西有真人旗（海拔1275.6米），各村平均海拔679米，海拔600米以上的村有10个，是一个典型的高山乡。辖区面积201平方千米，其中山林面积1.47万公顷、耕地面积0.18万公顷；辖18个村、1个社区。其中自然村39个，111个村民小组。全乡总户数3832户，总人口数14725人（其中农业人口3679户，14466人），所辖区域除南坑村、草洋村外已全部被列为饮用水源保护区。乡域内主要河流有东牙溪，全长约32千米（中村乡境内约27千米），其支流分布全乡16个村，自从被列为三明市饮用水源保护区后，肩负着保障市区30万群众饮用水安全的责任。

【水源保护】　2020年，三元区中村乡推进水库水体生态修复四期及林分修复项目，实施生物多样性及生态系统质量提升工程，安装生物指示装置，实现水体污染的实时监测与早期预警。建立水源地生态综合管护队，全面铺开“一革命四行动”，83%建制村旱厕全拆除，无害化厕所普及率达96.3%；完成农村污水处理系统提标改造工程，新增完善居阳、中村、米洋、�竹等村污水处理设施。继续实施笋水收集转运工作，减少直排进入东牙溪水库的高浓度煮笋水近1800吨。探索开展毛竹林赎买及林下经济发展试点建设，完成第一批回瑶、米洋村约166.67公顷毛竹林赎买。

【特色农业】　2020年，三元区中村乡重点培育以火焰蔘、金花茶、顶太红老酒、高山有机茶、兰花、中药材等为代表的富硒农产品。整合松阳零散茶农，成立三明市八度茶叶有限公司，“万寿岩红茶”获上海旅博会“中国名优茶”红茶类金奖；米洋火焰蔘基地获中国中医药科学研究院授牌“富硒火焰蔘产学研示范基地（福建三明）”，并与中国食品报社签约成为全面战略合作伙伴，“水源福地”富硒品牌初步形成。

【生态项目提质增效】 2020年，三元区中村乡完成注册7大类70小类“中村·水源福地”商标；成立中村乡商会以及绿中农业发展有限责任公司，着力整合生产、分配、流通、消费等多个环节，推动生态项目提质增效；引导群众从以往的笋竹产业向富硒农产品及林下经济转变；通过紧抓政策红利，推进顶太村入选第三批省级传统村落名录。

【村域治理】 2020年，三元区中村乡以米洋村为试点，探索建立村民积分制管理机制。完善乡贤调解平台，将党员示范与人民调解工作相融合，创新“调解+公众评理”模式。2020年，调解矛盾纠纷115件，其中山林土地纠纷44件，婚姻家庭和邻里41件，合同纠纷2件，损害赔偿14件，其他纠纷14件。完成视频监控体系100%覆盖，打造“农村天网”，搭建“雪亮工程”监控平台，启用乡村共通视频监控系统，并针对重点区域开展无人机巡查。

【河道生态修复】 2020年，三元区中村乡完成东牙溪流域河道及库区清淤、筠竹溪河道治理（二期）生态修复、杜水溪、筠竹溪、松阳溪生态护岸建设等项目；建设东牙溪水源保护文化展厅，实施建档立卡贫困村安全饮水巩固提升工程；推进松阳、筠竹村100公顷高标准农田建设。

【道路设施建设】 2020年，三元区中村乡完成米大线杜水至草洋三个标段计10.242千米道路拓宽及附属设施建设，完成安马线、杜后线、杜吉线等11条乡道35处零星水毁提升修复以及乡域18个村89.7千米道路养护。

【就业培训班】 2020年，三元区中村乡举办月嫂、农业技术等实用技能培训班3期，培训423人次，举办专场就业援助招聘会，累计提供就业岗位500余个，达成就业意向100余人。

【“幸福工程”项目】 2020年，三元区中村乡新建村级幸福院1个，完成养老保险扩面人数380人，实现社保扩面率100%；开展“红十字博爱周”“小候鸟”慰问活动10余次，发放“幸福工程”项目帮扶资金24万元，救助贫困家庭6户，发放“生育关怀”慰问金2.84万元，基金慰问675户。

【扶贫资金池】 2020年，三元区中村乡通过整合上级各类政策性资金采取整体入股、投资等方式，保障18个建制村自有经营性收入稳定达10万元以上，其中6个建档立卡贫困村年均村财收入达17万元，设立“扶贫资金池”的做法，在《海峡通讯》刊发推广。

【人居环境整治】 2020年，三元区中村乡实施道路、农村饮用水、人居环境整治等基础设施建设项目10个计219.1万元，通过提供公益性岗位及种养殖产业扶贫，解决9户贫困户就业难题，通过消费扶贫解决滞销农产品超2万元。并通过上级脱贫攻坚成果验收。

【疫情防控管理】 2020年，三元区中村乡常态化推进疫情防控工作。以村居为网格，小组及居民片区为单元、微单元，落实村居疫情防控网格化管理机制，组建由党员、返乡大学生、退伍军人、村民及妇女代表组成的30支志愿服务队伍221人，配合乡“健康护卫队”重点做好村庄清洁行动、疾控消杀、流调协查及劝导等工作。

【抗疫网格化巡查】 2020年，三元区中村乡联合三明三中开展“战疫情，送书接力”课本进村活动。有序落实幼儿园复学准备及开园资格评估；创新实行“望闻问切”四步工作法，依托大数据+网格化巡查搜索，强化重点场所及重点人员的摸排、跟踪，落实辖区内人员健康码申领8100人，常住人口申领覆盖率达118%；使用各类消杀药品243千克，出动防疫车辆57次，清理蚊虫孳生地50处，开展卫生消杀130368平方米。

（胡俊晖）

城关街道

【概况】 三元区城关街道辖区面积5.6平方千米，辖10个社区、1个村。街道党工委下属36个党支部，2020年接收企业退休党员712人，共有党员1517人。街道先后获平安家庭创建示范社区先进单位、福建省街道之星、省社区建设示范街道和省级“文明单位”等荣誉称号。

【经济发展】 2020年，三元区城关街道深化“五比五晒”，推动“项目攻坚年”优服务、保进度、出战果。2020年，辖区规模以上工业总产值完成92.9亿元，占年计划的101%，同比增长8.6%；规模以上工业增加值完成21.98亿元，占年计划的101%，同比增长9.8%；限额以上零售总额完成9.6亿元，同比增长-3.6%；限额以上批发总额完成26.15亿元，同比增长2.5%。

【项目建设】　2020年，三元区城关街道扎实推进重点项目，大相房屋、佳禾机械、恒凯设备等新项目正有序推进。2020年“五个一批”开工项目3个，完成投资2.23亿元，投产项目5个，完成投资7.18亿元；企业升规入统工作，完成申报批发业企业2家、服务业企业3家；立足三元区产业优势和街道实际，主动出击、主动服务，着力抓好城区商会联盟总部、三元饭店改造项目招商引资工作。

【疫情防控】　2020年，三元区城关街道通过大数据和联防联控及时发现、快速处置、做到早发现、早报告、早隔离。压实社区常态化管控，累计摸排境外人员969人，建立人员信息档案外省入三元人员3178人，对重点人员全部建立健康档案，对省外入三元人员进行核酸检测，做到应测尽测，不漏一人。

【城市建设】　2020年，三元区城关街道聚焦城市短板，推进老旧小区微改造，完善小区基础设施，增进百姓获得感和幸福感。紧抓三个老旧小区改造，总投资300万元的新市南路已基本完成；总投资2600万元的步行街一期已完成主体工程80%；红旗新村一期项目已基本完成。

【和谐征迁】　2020年，三元区城关街道树立“一盘棋”思想，对照攻坚清单，坚持“五心”工作法（用心、细心、耐心、公心、暖心）和“一线工作法”，保持“5+2”“白+黑”“晴+雨”工作常态，全力推动征迁历史遗留问题突破和征迁任务“清零”。2020年先后完成马道山新田巷剩余地块、701台地块、下洋花园剩余地块、省一建后山道路工程、左岸名都二期、东霞C地块等6个征迁项目。

【社会秩序】　2020年，三元区城关街道实施“雪亮工程+”行动，强化与辖区派出所对接联系，新增老旧小区40处视频监控，实现视频监控“全域覆盖、全时可用、全程可控”的目标，建立健全一套治安防控体系；深入推进扫黑除恶专项斗争，完善社会矛盾多元化解机制，推进信访问题化解息访，提升平安建设成效，全力维护居民合法权益及辖区安定稳定。辖区实现“一居一法律诊所”，调解社会矛盾257余件，完成息诉息访3件，办理答复“e三明”投诉件924件，办结率100%、满意率均为100%。

【社会事业】　2020年，三元区城关街道完善各类应急预案，加强应急避难场所建设，提高防灾减灾水平。书香世家后山滑坡、263号区域地质灾害治理工程主体已完成验收，新亭路223号治理工程主体已完成。

【党建工作】　2020年，三元区城关街道深化落实区委平时工作法，科学划分社区治理网格，将挂点部门、街居干部纳入网格管理，健全“社区大党委—小区党支部—楼院党小组—党员中心户”的组织架构，重新调整村居划分73个网格平时工作网格，推动实现党员“五网合一”，建立健全社区“大党委”制，召开居民夜谈会70余场，收集居民社区治理意见和建议，打造“党员提事+网格议事+会议定事+联动办事+群众评事”模式，及时解决群众诉求，确保“小事不出小区，大事不出社区”。2020年，收集群众反映问题700余个，已解决690余个。

【人居环境】　2020年，三元区城关街道结合落实“双报到”“街呼区应、上下联动”等工作机制，探索“五携手”工作模式，开展“清沟行动·助力创城”、创城“大走访”等志愿活动，通过发放创城宣传手册31600余册。对占道经营、乱扔垃圾、随地吐痰、高空抛物等现象进行劝导11300余人次。

【发展活力】　2020年，三元区城关街道开展人民武装、妇联、民政、残联等工作。按照“政府主导、政策支持、社会参与、居民主体”的原则，建立多元化投入机制，破解资金瓶颈。社会应急管理工作机制不断健全，“平安三元”建设工作扎实推进，信访突出问题不断化解，“留守儿童”和“留守老人”的安全法制意识教育不断加强。安全生产责任制得到落实，餐桌污染治理、食品安全长效管理扎实推进，防寒防冻、森林防火、动物防疫、防汛抗旱等防灾减灾工作有效落实。

（陈　双）

白沙街道

【概况】 三元区白沙街道地处沙溪河西岸，辖区总面积21平方千米，总人口5.1万人，其中流动人口1.66万人，辖7个社区、2个村。2020年，辖区党组织42个（党总支3个、党支部39个）、党员1147名、新发展党员5名。2020年，白沙街道获得省级文明单位和综治平安建设先进单位等荣誉。

【经济发展】 2020年，三元区白沙街道完成规模以上工业总产值111.11亿元，同比增长4.8%；完成规模以上工业增加值24.6亿元，同比增长6.2%；完成限上批发135.9亿元，同比增长7.9%；完成限上零售总额21.1亿元，同比增长0.4%；完成固定资产投资17.16亿元，同比增长49.5%；新增限上消费品批发企业1家，限额以上零售企业1家，规模以上服务业2家。新引进福建三明锐宝物资贸易有限公司、福建华拓医药科技有限公司、三明市东鑫工程检测有限公司、三明市三元区劳务派遣有限公司4家企业。

【征收土地】 2020年，三元区白沙街道负责三元区长安路周边地块征迁项目，涉及房改房住户86户（套），自建房3户，企业5家，单位1家。征收土地总面积4.14公顷，征收房屋建筑面积6424平方米。2020年，三元白沙街道负责三元区台溪板二期征迁项目，需征收村民私有自建房112户，建筑面积约37106.514平方米。国有土地上房屋115套，建筑面积约7300平方米。

【老旧小区改造】 2020年，三元区白沙街道将桃源社区老旧小区、长安社区铁路新村、泰源花园小区列入本年度市区老旧小区微改造的重点项目。推动桥西社区的微改造项目，拆除柴火间50余间，建设小区停车位408个。强化“日巡查、周督查、月通报”制度，二级环卫工作质量普降的问题得到遏制；继续结合“三供一业”移交，对长安、群二、桥西、白沙、桃源、群一等社区管网、道路等基础设施进行全面改造。

【卫生保洁网格】 2020年，三元区白沙街道划分卫生保洁网格133个，清理街巷125条，清除乱涂乱贴15000处、乱堆放85处，清理无证摊点112处；协调区城管办新增设路灯12盏，修复路灯36盏。街道做好“e三明”公众投诉平台的工作。2020年解决“e三明”平台的投诉案件87起，巡察案件4552件，结案率达100%，满意率达90%以上；拆除“两违”建设11处，拆除违建面积30209平方米，完成年度任务数的100%，通过巡查及时制止3起违建违法占地现象。

【社区基础建设】 2020年，三元区民政局投入10万元用于台江社区办公场所建设，总建筑面积120平方米；群一社区投入15万元建设群一社区办公场所，总建筑面积110平方米。福建省文体厅投入30万元建设群二社区新（改）建社区健身设施项目，总建筑面积1700平方米。

【环境保护】 2020年，三元区白沙街道推进沙溪白沙段滩涂地改造，清理河滩种菜5120平方米。抓好省环境保护督察反馈问题整改和第二轮中央生态环境保护督察信访件整改及“销号”工作。加强对城区面源污染治理，清理台溪、焦溪流域沿线垃圾18650立方米，焦溪边坡建筑垃圾治理400平方米。

【社区党建】 2020年，三元区白沙街道全力做好台江、长安、群二等3个社区党支部提档升级党总支；全面推进“红色管家”工程，成立4个小区党支部、2个物业党支部；扎实开展国企退休党员组织关系转接工作，对接20家国有企业接收761名退休党员；全面开展排查整顿村居发展党员违规违纪问题工作，对白沙村1名异地发展党员作出重新履行入党手续的处理。同时，配合市委、区委组织部，顺利完成全省非公企业和社会组织党务工作者培训。2020年，辖区党组织42个（党总支3个、党支部39个）、党员1147名、新发展党员5名。

【党风廉政建设】 2020年，三元区白沙街道党工委严格落实党风廉政建设“两个责任”和省委“八个坚定不移”要求，研究党风廉政建设和主体责任整改等有关事项10次，制定下发《白沙街道党工委落实全面从严治党主体责任清单》，组织学习十九届中央纪委四次全会及省、市、区纪委全会精神，结合《中华人民共和国公职人员政务处分法》开展1次专题授课，组织党员干部100余人参加廉政知识测试，组织观看警示教育电教片4次；通过微信公众号推送典型案例20个。全年落实廉政谈话80余人次，对干部苗头性问题开展提醒谈话15人次，主动约谈17人次。处置问题线索

4条，开展函询1人次，党纪立案4起，党内警告2人，留党察看1人；开展违纪党员回访教育1次。

【安全生产】　2020年，三元区白沙街道将安全生产纳入街道考核，全年发生1起安全生产事故（死亡1人）。与7个社区、辖区企业签订安全生产责任书65家、消防安全责任书120家、危险化学品责任书10家；检查生产经营单位182家，自查自改辖区生产经营单位安全隐患62项，整改率100%；开展烟花爆竹行业、化工医药行业、涉氨制冷、“安全生产三年整治专项行动”、燃气安全等专项整治行动；联合教育、公安、市场监管等部门联合开展校园及周边安全大检查行动；开展“安全生产月”活动，张贴安全生产方针政策、法律法规、“全面落实企业安全生产主体责任”等横幅、宣传标语、海报157张；召开安全生产会议16次，发放宣传资料3000份；组织开展8场安全应急演练、业务知识培训。

【卫生与健康宣传】　2020年，三元区白沙街道开展“5·29”计生协会会员活动日、“7·11”世界人口日等一系列宣传活动。本年度累计出宣传栏80多期，举办各类培训班14期，举办大型宣传教育活动4次，发放各类宣传资料2000多份。落实城镇居民部分独生子女家庭奖励1360人163.2万元、独生子女伤残死亡救助68人133.11万元，各项奖扶兑现率100%。由街道出资4400元为44户特扶家庭购买意外伤害保险，为1220户计生家庭办理意外伤害保险；在节日期间对78户的特殊家庭进行走访慰问并发放慰问金1.75万元。进一步落实计生协会“六项任务”，推进计生基层群众自治，深化生育关怀行动，利用金秋助学、计划生育家庭意外伤害保险、计生法律援助等服务载体，为计划生育群众排忧解难，做计划生育群众的贴心人。2020年，街道有3名家庭困难的大学生享受省、市、区的结对帮扶。

（叶君杰、范慧敏）

富兴堡街道

【概况】　2020年，三元区富兴堡街道辖区面积81.2平方千米，辖5个社区、2个村，总人口4.5万人；辖区现有企事业单位180多家，其中市级以上文明单位29家。街道是三明市老工业基地之一，辖区现有规模以上工业企业32家。拥有三明一中、十二中、东霞小学、东霞幼儿园、东霞幼儿园第一分园等14所学校，社区被授予全国青年文明社区示范点，福建省文明单位、福建省城市体育先进社区、三明市文化先进街道、三明市先进基层党组织、精神文明共建先进集体等荣誉称号。2020年，三元区富兴堡街道东霞社区精神文明“六联六建”、富文乐龄家园“医养结合”，被《求是》《人民日报》及新华社、中央广播电视总台等多家中央主流媒体以及《福建日报》等省媒密集报道。

【经济建设】　2020年，三元区富兴堡街道完成规模以上工业产值108.16亿元；工业增加值完成22.89亿元，同比增长6.9%；社会消费品零售额实际完成5.6亿元，增长6.4%；限上批发业销售额完成25.6亿元，增长16.1%。完成新入盘5000万元以上固定资产投资项目7个、总投资11.75亿元（其中产业3.55亿元、非产业8.2亿元），完成“十四五”谋划项目53亿元；全社会固定资产投资完成9.04亿元。

【园区建设】　2020年，三元区富兴堡街道在全区10个重中之重项目中富兴堡街道有3个，兄弟物流产业园建设项目1期6栋厂房建设已完成验收，二期17#、18#楼桩基工程已经验收；三明名佑低温西式肉制品生产扩建项目正在办理农转用手续；2020年，谋划生成“五个一批”项目28个，其中谋划项目4个，签约项目17个，开工项目2个，投产项目5个。

【招商引资】　2020年，三元区富兴堡街道组织招商活动31场，完成新签约项目19个，其中新签约亿元以上项目6个，转化为开工项目13个。“9·8”洽谈会上，四轮一带铸锻件精加工项目、生产环保设备余热回收发电设备项目作为签约项目，均在按计划进行土地清表工作。

【依法和谐征迁】　2020年，三元区富兴堡街道完成制鞋厂、通用机械厂、五金厂等3个地块的征迁工作，以及岩仔角城南地块大部分任务，收储住房332户、店面3间、办公用房6间及4家企业，征收土地15.04公顷、总建筑面积10.5万平方米。

【疫情防控】　2020年，三元区富兴堡街道在疫情期间排查国内中高风险区域和境外到三元人员2789人。配合做好疫情集中医学隔离点观察服务工作，为解决

"缺人、缺物、缺经验"的问题，在南方大酒店成立区集中安置点临时党支部，指派2名班子成员专门负责协调后勤保障工作，送三餐、供日需；清污物、收垃圾；勤消杀、保安全；相关工作受到《福建日报》、三明电视台、学习强国等主流媒体报道。

【服务企业】 2020年，三元区富兴堡街道疫情期间对辖区85家工业企业、408家商贸服务业进行全覆盖、无遗漏走访，全力打通企业用工、原材料、物流、资金等断点堵点问题。为澳工塑胶转贷500多万元，帮助兄弟物流申请3000万元银行授信，发出倡议书120份，呼吁房东为服务业经营者减租16.2万元。

【文明创建】 2020年，三元区富兴堡街道为创建全国文明城市总评年，街道通过"我们的节日""清沟行动""步行查创城、骑行看文明"等具有时代特色的载体，创新工作制度，在全区率先采用各社区之间"交叉自查"，确保创城迎检工作不走样、问题整治高标准。开展"交叉检查"10余次、查摆并整治问题65个。

【社会治理】 2020年，三元区富兴堡街道通过强化要素保障，形成联动创建、齐抓共管的"六无"社区建设格局，先后化解新市南路165号18户居民20余年无法办理产权证、碧水蓝天二次供水不顺、永兴社区管道漏水引发纠纷等问题。排查调处各类矛盾纠纷115起，调处成功115起，调处率达100%，调处成功率达100%。东霞社区不断完善安防设施，安装监控探头62路、一键报警器3个、平安广播9处、智能音箱5个、智能化电子收费设备2套。

【禁毒工作】 2020年，三元区富兴堡街道东霞社区作为禁毒工作品牌社区，创新工作方式方法，发挥党员联系群众作用，全力打造"党建+禁毒"工作模式，将禁毒工作纳入日常工作议程，明确职责任务，不断强化禁毒工作队伍建设，成立禁毒志愿者队伍，建立巩固相关部门齐抓共管、全民共同参与的禁毒工作社会化格局，把东霞社区打造成一个禁毒工作的品牌样板，把禁毒的"东霞模式"向纵深推广。

【社区管理】 2020年，三元区富兴堡街道东霞社区于5月1日开始垃圾分类试运行。创新推行"六化+一平台"管理模式，运用党建宣传平台将垃圾分类制作成动漫片，让居民通过动漫来体验垃圾分类的流程及带来的实惠，接受垃圾分类，支持垃圾分类，共同营造绿色环保健康的生活大环境。东霞社区垃圾分类知晓率达92%，垃圾投放精准投放率达90%，相关工作得到市、区有关单位的好评和肯定，同时被三明电视台宣传报道。街道做好"e三明"公众投诉平台的工作，2020年，累计解决群众诉求600余件。

【安全生产】 2020年，三元区富兴堡街道召集辖区企业召开防范重特大生产安全事故专题会议，并开展安全生产培训4次。街道检查辖区生产经营单位148家，三合一场所36家，查处安全隐患68条，整改68条，与社区以及辖区各单位、重点企业签订安全生产责任书389份，签约率达到100%。

【"两违"治理】 2020年，三元区富兴堡街道结合房屋安全隐患大排查大整治，始终对"两违"保持制止和打击的高压态势，实行零容忍，拆除"两违"11处37600平方米，制止"两违"23起，涉及面积8000余平方米。

【卫健工作】 2020年，三元区富兴堡街道做好生育关怀"金秋助学"项目工作，经社区调查摸底，张榜公示以及班子会研究符合条件有1户，获得慰问金400元。开展生育关怀——计生家庭意外伤害保险工作，街道积极开展，宣传落实政策，办理计生意外保险1175户，投入经费5.875万，其中免费为36户计生特殊家庭购买保险，投入资金1800元。推进计生家庭精准帮扶。开展计生失独家庭住院护理补贴保险工作，为19户计生失独家庭购买住院护理补贴保险24份，投入资金7200元。春节走访慰问计生特殊家庭36户，慰问金12000元。

【"河长制"工作】 2020年，三元区富兴堡街道全面推行河长制工作。全年河长累计巡河206人次。一级抓一级，层层抓落实的河长常态化巡河制度全面形成。责任落实从严从实。完善公示牌的制作设立，明确乡级河长的工作职责，推动乡村河长责任落实到位。制作设立河长公示牌4块。

【社区干部选拔】 2020年，三元区富兴堡街道做好正向激励和干部选拔任用工作。在全区创新推行"主任助理"模式，已培养5名社区主任助理，用好一批年富力强社区干部，树立“干好干坏不一样、干多干少不一样”的导向，为2021年换届做好充分的准备。

【老旧小区改造】　2020年，三元区富兴堡街道投入600万元完成闽西地质大队及周边老旧小区微改造项目。通过增设规范停车位、雨污等管网改造、绿化提升以及配套公共服务设施，改变小区现状，重点解决老旧小区居民安居的问题，在此基础上改造环境，提升品质。总的设计面积约7.8万平方米，预留66个电梯位，增设9个垃圾分类收集点。

（庄美珍）

荆西街道

【概况】　2020年，三元区荆西街道区域面积18.4平方千米（城区）。辖2个社区、2个村。辖区有三明学院、中央储备粮三明直属库、三明粮油储运站、三明市福利院、三明市救助站以及荆东工业园区等10多家中央、省、市属企事业单位。及明兴饲料、华灿制药、昌明铸造等40多家民营企业。2020年，辖区内规模以上工业总产值154788.4万元，同比增长4.9%；工业增加值33737.6万元，同比增长6.9%。限上批发销售额18992万元，社会消费品零售总额1719万元，新入统5000万元以上产业项目2个。发挥荆东工业园属地优势，新开工项目3个，完成投资3.1亿元；投产项目3个，总投资2.9亿元。

【网格化管理】　2020年，三元区荆西街道实施网格化管理。建立网格联络员制度，入户摸排与大数据、智能化相结合，分类落实精准管理，2020年登记管理外省人员1374人，安全对接境外返元人员51人。

【校地、居企联防联控】　2020年，三元区荆西街道建立校地、居企联防联控工作机制，服务和指导辖区企业、三明市福利中心、三明学院等开展常态化疫情防控工作。强化基层应急处置能力，组建网格化核酸检测工作小组、流行病学调查行动小组、疫情防控消杀队伍等工作队伍，面对各类涉疫防控突发事件，第一时间排查处置，确保各项防控措施落实到位，有效防范化解疫情扩散风险。

【服务企业发展】　2020年，三元区荆西街道在疫情期间协调解决华灿口罩生产线调试人员出行及莆炎高速项目建设人员返元等问题，促进企业复工，员工返岗，项目开工。帮助解决防疫物资短缺问题，协调36路公交运行线路至园区，提高公交线网的覆盖面，改善园区交通环境。

【项目对接】　2020年，三元区荆西街道主动对接谋划项目。重点服务推进智能环卫设备、格锐PVC膜生产及天龙化工迁建、昌明铸造增资选址、落地工作等生产项目。开展“以商招商”帮助三元顶峰智能环保设备生产项目分析落户优势条件，与园区管委会一同协调推进对接项目21个，谋划项目7个，签约6个。解决省重点项目三明学院艺术楼主体建设及工科楼室内装修遇到的问题。

【项目谋划】　2020年，三元区荆西街道谋划综合交通项目9个，市政建设项目7个，水利项目2个，工业项目8个，服务业项目7个，教育项目5个，文化项目6个，体育项目2个，卫生项目3个，托育、养老、综合服务中心项目2个。

【撤乡并街】　2020年，三元区荆西街道配合区委撤乡并街重大举措，提前参与荆东村底洋剩余约6.67公顷土地征迁以及市郊林场26.67多公顷林地征迁。在撤乡并街后，做到工作无缝衔接，全面完成公建综合体和西大门的征迁及底洋交地工作。做好205沿线及其荆东村环境综合整治等工作。支持荆东片区项目建设。

【开展“居民夜谈会”】　2020年，三元区荆西街道开展“居民夜谈会”，搭建党群干群互动交流的平台，畅通群众反映问题的渠道。召开居民夜谈会28场，参与夜谈的各类代表达1200多人次，从收集到的建议中梳理108个突出问题，着重改善荆西老城区基础设施破旧缺失问题，已解决98个。借助华侨大学建筑学科优势，引入设计小区微改造，重点围绕“城市双修”“五难治理”，推进荆西车队小区、贮木场一区、贮木场二区3个老旧小区微改造。

【校企共建】　2020年，三元区荆西街道发挥三明学院、荆东工业园区资源优势，开展“大手牵小手”、校企共建等特色主题活动6次，为园区企业用工与学院毕业生就业搭建良好的平台，使“校企活动”成为街道党建的特色活动。

（华梦妍）

三元区乡镇行政区划一览表（2020年）

表12

乡镇街道名称（驻地）	行政区划代码	驻地地址	社区和建制村名称	社区（村）合计
城关街道（山水社区）	350403001	三元区新市南路206号4幢1层	崇宁、复康、凤岗、建新、芙蓉、新亭、新龙、下洋、红印山、山水、城东村	11个社区（村）（10个社区1个村）
白沙街道（长安社区）	350403002	三元区工业南路157号	长安、台江、白沙、群一、群二、桃源、桥西、白沙村、台江村	9个社区（村）（7个社区2个村）
富兴堡街道（富文社区）	350403003	三元区富文新村1幢	富兴、富文、永兴、新南、东霞、城南村、村头村	7个社区（村）（5个社区2个村）
荆西街道（荆西社区）	350403004	三元区新建路26号	荆东、荆西、荆东村、荆西村	4个社区（村）（2个社区2个村）
莘口镇（杉口社区）	350403100	三元区莘口镇后池2路26号	杉口社区、溪口社区、莘口、沙阳、黄沙、曹源、西际、高山、龙泉、后溪、炉阳、蓬坑、清溪、中央溪	16个社区（村）（2个社区14个村）
岩前镇（阳岩社区）	350403101	三元区岩前镇育英路1号	阳岩社区、吉口社区、岩前、吉口、乌龙、下寨、星桥、欧坑、增坊、眉山、富源、忠山、横坑、白叶坑	14个社区（村）（2个社区12个村）
中村乡（思源社区）	350403201	三元区中村村105号	思源社区、中村、南坑、居阳、松阳、前村、张坑、米洋、吉峰、蕉坑、坑源、顶太、草阳、�竹、杜水、回瑶、白水、埔头城、大培坑	19个社区（村）（1个社区18个村）

注：行政区划代码：350403。区政府驻地：三元区崇宁路10号。面积800.23平方千米，人口136678人，4个街道2个镇1个乡29个社区51个建制村。

（2020年6月17日，城东乡撤并7个村分别并入相联的街道。城东村并入城关街道；白沙村、台江村并入白沙街道；城南村、村头村并入富兴街道；荆东村、荆西村并入荆西街道。）

三元区街道社区基本情况表（2020年）

表13

街道乡镇	居委会	常住户数（户）	常住人口（人）	区域面积（平方千米）	享受低保户数（户）	享受低保人口（人）	低保补助金额（月/元）	医保情况（人）	支部书记	居委会主任
富兴堡街道5个	永兴	1073	2836	1.1	9	16	708	1094	邓春莲	李秋梅
	富文	1931	4992	1.6	16	20	12174	1636	葛红英	葛红英
	新南	1070	2777	0.8	12	17	9831	1039	王　芳	王　芳
	富兴	1496	3566	5.6	17	20	11852	1304	吕渊渊	吕渊渊
	东霞	1097	2755	4.6	12	19	9676	987	叶淑芳	彭伟莉
白沙街道7个	台江	1073	2727	5.3	8	12	7370	468	童雅惠	童雅惠(代)
	长安	1680	3571	0.5	25	41	24749	1455	钟群英	钟群英
	桃源	550	1273	5	6	7	4306	1960	林招英	陈桂丽
	白沙	2205	6674	0.5	9	15	708	1783	卢艳萍	王　霞
	群一	2261	4517	0.64	12	17	10688	684	郑　珂	郑　珂

续表13

街道乡镇	居委会	常住户数（户）	常住人口（人）	区域面积（平方千米）	享受低保户数（户）	享受低保人口（人）	低保补助金额（月/元）	医保情况（人）	支部书记	居委会主任
白沙街道7个	群二	3386	11086	1.5	5	6	4248	1153	康丽飞	康丽飞
	桥西	1167	2660	0.36	3	3	2120	1036	蔡合政	蔡合政
荆西街道2个	荆西	593	1346	2	20	26	15682	638	李贵芳	李贵芳
	荆东	235	741	3.5	15	19	12648	467	姜　立	姜　立
城关街道10个	新龙	1930	4012	0.5	20	26	15256	1018	何忠英	黄丽梅
	复康	1569	4293	0.5	18	26	15818	1711	揭月华	罗　容
	下洋	1485	3806	1	21	27	16770	1140	李民兴	钱丽珍
	芙蓉	1303	3448	0.4	24	37	20153	1284	张秀美	张秀美
	凤岗	1056	2639	0.7	23	30	17544	1030	严艳红	严艳红
	崇宁	1725	4267	0.6	15	27	13159	1809	陈艺容	陈艺容
	新亭	1659	3897	0.6	20	24	14008	1376	高春梅	高春梅
	红印山	1903	4976	0.5	22	31	18153	1090	王兰英	王兰英
	山水	1580	3393	0.4	7	7	3605	1525	揭雅芯	徐秀香
	建新	2980	8907	0.8	20	31	803.7	2246	黄翠霞	黄翠霞
莘口2个	杉口	350	768	1	17	21	708元/人/月	436	余天寿	余天寿
	溪口	94	208	0.5	1	2	708元/人/月	145	伍圣木	李国鸿
岩前2个	阳岩	67	138	0.55	4	6	3254	257	吴志华	黄娟英
	吉口	389	870	0.12	11	14	9192	384	邓玉明	兼
中村1个	思源	153	259	0.18	8	10	5796	254	刘秀红	刘秀红

三元区乡镇基本情况表（2020年）

表14

乡镇街道	行政村	村民小组（个）	户数（户）	人口（人）	耕地（亩）	集体经济收入（万元）	党支部书记	村委会主任
岩前镇	岩前村	20	763	3641	3250.81	490.15	王远秋	吕吉宗
	吉口村	16	627	2219	2577.565	114.87	邓建珍	邓清祥
	乌龙村	10	391	1429	2377.39	68.84	吴连光	杨木兴
	下寨村	12	300	970	1330.648	46.92	陈太平	陈太平
	星桥村	26	997	3699	4452.502	107.23	黄柱荣	苏海洋
	增坊村	16	601	1801	2504.8	27.87	苏世友	李义盛
	横坑村	4	103	407	179.23	66.73	肖贵华	肖贵华
	白叶坑村	6	149	531	1333.318	17.48	周瑞仙	周瑞仙

续表14

乡镇街道	行政村	村民小组（个）	户数（户）	人口（人）	耕地（亩）	集体经济收入（万元）	党支部书记	村委会主任
岩前镇	欧坑村	8	294	976	1919	34.91	陈如懿	刘桂标
	眉山村	6	371	1376	1455.277	13.89	胡先福	林道平
	富源村	8	386	1347	2795.81	5.45	庄顺招	林福参
	忠山村	9	495	1907	2910	57.15	庄述兴	邓庆华
莘口镇	楼源村	13	450	1493	1660.05	14.85	姜友海	林国伟
	曹源村	7	220	806	837	10.37	罗庄江	陈福年
	黄砂村	6	288	1130	780	125.06	邓　涛	王新明
	莘口村	13	401	1371	1108.95	50.29	范有生	姜永财
	沙阳村	21	507	2047	1537.95	25.06	邓运金	邓应周
	柳城村	5	163	635	1200	10.02	邓承根	邓承根
	西际村	6	186	695	1279.95	34.79	余扬炳	余扬炳
	高山村	9	346	1335	2320.05	5.02	范崇铭	范崇铭
	龙泉村	14	361	1352	180	17.41	陈志成	陈兆锌
	蓬坑村	7	237	918	600	10.04	姜洪有	李荣清
	炉洋村	5	213	834	1486.05	10.39	吴振彬	练暖兴
	清溪村	5	147	514	1021.05	10.07	张必树	张昌宾
	后溪村	5	210	832	1900.05	13.83	林启鸿	林启鸿
	中央溪村	2	60	228	700.05	10.15	陈得榛	陈得榛
中村乡	中村	4	342	1055	1630	18.14	罗朝勇	梁茂荣
	白水	2	75	340	673	16.45	钟建南	钟建南
	回瑶	2	250	640	63	17.79	沈建明	沈建明
	南坑	8	222	940	1899	17.30	林伟明	林桂东
	埔头城	5	125	564	1160	10.24	罗　韧	庄金如
	居阳	12	324	1431	3033	12.39	罗坦迁	罗裕火
	松阳	19	678	2794	4823	31.27	庄孝淼	庄灿平
	前村	4	129	480	718	19.02	陈金财	陈金财
	张坑	4	104	441	743	13.59	庄建良	庄建良
	米洋	4	95	388	639	15.70	张焕坤	张焕坤
	筠竹	12	341	1415	2126	24.35	罗家棋	罗永裕
	大焙坑	5	104	505	680	12.16	罗秀革	罗秀英
	吉峰	6	144	567	1170	10.96	林家仁	林家仁
	杜水	7	181	676	1617	14.02	邓尔智	邓尔智
	蕉坑	3	122	502	1271	16.63	王有崇	王有崇
	坑源	5	169	652	1461	10.15	张树榴	张木发
	顶太	2	91	344	817	10.08	张钟徵	张钟徵
	草洋	7	183	732	2080	10.47	张志熹	张裕前

续表14

乡镇街道	行政村	村民小组（个）	户数（户）	人口（人）	耕地（亩）	集体经济收入（万元）	党支部书记	村委会主任
白沙街道	白沙	2	98	234	林地2730亩	290	黄乐裘	郑树祯
	台江	2	136	501	22	272	吴钟清	毛咸钟
富兴街道	城南	6	610	1823	99	1039	林仁滨	林桂珍
	村头	1	59	104	80	85	蔡源荣	蔡源荣
荆西街道	荆东	10	333	1075	433	95.17	姜先旗	黄建明
	荆西	7	198	854	300	45.87	官先涵	官炳生
城关街道	城东	8	371	1126	30	1442.942	林正康	李扬富

附 录

2020年三元区机关事业单位领导名录

中国共产党三元区委员会

书 记：杨国昕
副书记：廖卫国 王怀斌
常 委：王秀文（女） 詹承钎
李 德 张治平
洪 彬 戴陈凌
朱建平

办公室：
主 任：黄小荣（兼）
副主任：王 华（兼） 张 林
陈晓兰（女） 王 侃
许昀川

机要局（保密局）
局 长：王 侃

党史和地方志研究室
副主任：吴锦生

组织部
部 长：王怀斌
副部长：范晓玲（女）（兼）
陈岩新 陈善鸿

公务员局
局 长：陈善鸿（兼）

非公企业和社会组织工委
书 记：陈岩新

宣传部
部 长：詹承钎
副部长：谢加俊 肖俊杰（兼）
张 伟（女） 庄万强

融媒体中心
主 任：庄万强（兼）

统战部
部 长：王秀文（女）
副部长：陈培菊（女）
曾钦平 陈志华

区民族与宗教事务局
局 长：曾钦平

政法委
副书记：李显辉 叶志铭
委员、政治处主任：李金富

机构编制委员会
主 任：杨国昕
副主任：廖卫国 王怀斌
委 员：黄小荣 龚小平
陈岩新 黄特杰
王文鉴 施泽斌

办公室
主 任：黄特杰
副主任：黄 英（女）

区事业单位登记中心
主 任：陈 文

区直机关党工委
书 记：王怀斌
常务副书记：叶小锋
党工委委员：程晓茵（女）
赖云燕（女）

老干部局
局 长：范晓玲（女）
副局长：庄晋芳（女）
苏榕芝（女）

离退休工委
书 记：范晓玲（女）（兼）
专职副书记：庄晋芳（女）

关心下一代工作委员会
副主任：苏榕芝（女）

精神文明建设办公室
主　任：肖俊杰
副主任：伊泽学

档案馆
馆　长：王　华
副馆长：范丽珍（女）

三元区人民代表大会常务委员会

主　任：邓秀忠
副主任：林　冰（女）　周金涛
　　　　黄小荣　　　　苏奕泰

人大常委会办公室
主　任：张　斌
副主任：苏世伟

人事代表工作室
主　任：黄剑舾（女）

监察与司法工作委员会
主　任：杨大建

财政经济工作委员会
主　任：张龙辉

农业与农村工作委员会
主　任：邓长荣

教育科学文化卫生工作委员会
主　任：方荔红（女）

环境与城乡建设工作委员会
主　任：伍志华

人大常委会信访室
主　任：苏世伟（兼）

人大常委会专职委员
　　　　何　玉（女）

三元区人民政府

区　长：廖卫国
副区长：洪　彬　朱建平
　　　　林镇斌　张景明
　　　　温永有　范丽琴（女）
　　　　李顺亮（挂职）

办公室
党组书记、主任：龚小平
副主任：宁新华（兼）
　　　　杨　静（女）
　　　　林新查　廖明航

金融办
主　任：黄国章

发展和改革局
党组书记、局长：许伟钢
副局长：苏锡燕　潘建华
　　　　周培瑞　温程燕（女）

粮食和物资储备局
局　长：许伟钢

三产发展服务中心
主　任：周　毅
副主任：李基飘

教育局
党委书记、局长：王贵荣
副局长：陈诗泳　尤鹏辉（聘任）

三明三中
校　长：胡川华

三明四中
校　长：黄仲庆

三明十二中
校　长：叶　臻

实验小学
校　长：潘　玲（女）

工信与商务局
党委书记、局长：陈长海
党委副书记：刘锦堂　池传锥
副局长：池传锥　赖朝晖
　　　　王光明　吴新光
　　　　吴梦青（女）　陈昌标

科学技术局
局　长：刘锦堂

民政局
党组书记：翁国荣
局　长：胡艳华（女）
副局长：何　斌　林民发

革命老根据地建设办公室
主　任：胡艳华（女）（兼）

司法局
党组书记、局长：林志豪
副书记：黄　嫦（女）
副局长：吴群红（女）　牛圣岩
政治处主任：康　怡（女）
岩前司法所所长：王　旭
莘口司法所所长：杨原忠
中村司法所所长：陈莉莉（女）
城关司法所所长：王玉艳（女）
白沙司法所所长：蔡美凤（女）
富兴堡司法所所长：董露沙（女）
荆西司法所所长：　邓贵华（女）

财政局
党组书记、局长：王文鉴
副局长：　严宏斌　林新有

人力资源和社会保障局
党组书记、局长：施泽斌
副局长：魏成宝　陈宗献　曾焕森

机关事业单位社会保险中心
主　任：郑子礼

自然资源局
党组书记、局长：官炳辉

副局长：陈　盛

住房和城乡建设局

党委书记、局长：张龙马

副局长：余克斌　孙安山

人防办

主　任：张龙马

交通运输局

党组书记、局长：雷炎林

副局长：林昌荣　张崇清　陈　乾

国防交通战备办

主　任：雷炎林

运输发展中心

主　任：邓光福

农业农村局

党委书记、局长：邓光明

副局长：林　瑜　王朝阳
　　　　蔡春艳（女）（聘任）

总工程师：陈珍炜（聘任）

库区移民开发局

局　长：颜盛华

水利局

局　长：邓光明

副局长：林　瑜　王朝阳
　　　　蔡春艳（女）（聘任）

河长办

常务副主任：陈文吉

文体和旅游局

党组书记、局长：李春萌

党组副书记、副局长：饶悌亮

副局长：郭　胜

新闻出版广电局

局　长：李春萌（兼）

旅游发展中心

副主任：郑　烨

卫生健康局

党组书记、局长：林春发

副局长：陈继东　王玉香（女）
　　　　何　珍（女）

老龄工作委员会办公室

主　任：林春发（兼）

疾病预防控制中心

主　任：颜添宝

消毒站

站　长：苏桂月（女）

卫生监督所

所　长：苏艳莉（女）

退役军人事务局

党组书记、局长：罗武文

双拥共建工作领导小组办公室

主　任：罗武文

应急管理局

党组书记、局长：丁代生

副局长：林　健　张洪信　肖　鑫

审计局

党组书记、局长：林丽珍（女）

副局长：洪国荣

林业局

党委书记、局长：黄　亮

副局长：谢金良　张本恒

总工程师：王生华（聘任）

格氏栲自然保护区服务站

站　长：沈彩霞（女）

市场监督管理局

党组书记、局　长：陈建军

副书记、副局长：李世成

副局长：王　强　黄　僒　徐明敏

食品安全总监：徐　鹏

药品安全总监：张　蕾（女）

统计局

党组书记：郑宝生

局　长：张淑丹（女）

副局长：魏荣根

城市社会经济调查队

队　长：姜莲花（女）

城市管理局

党组书记、局长：李建闽

副局长：吴求昶　李　欣

城市管理综合执法大队

教导员：吴曙波

副大队长：陈郭剑（聘任）　邓享华

环境卫生服务中心

主　任：范崇镇

政府信访局

局　长：宁新华

副局长：肖其韬（聘任）

行政服务中心管理委员会

主　任：李圣惠

副主任：王　莎（女）

三元经济开发区管理委员会

党工委副书记、主　任：张苏明

副主任：王　昊　尤观鑫（挂职）
　　　　刘天龙

城镇集体工业联合社

副主任：徐　谨

城市建设投资有限责任公司

董事长：张为习

党委组织委员：李吉鹏
副镇长：卓智华 许兴明

莘口镇
党委书记：李　强
党委副书记、镇长：夏祖奎
人大主席：张现国
党委副书记（挂职）、政法委员：陈晓文
党委副书记：刘慧芳（女）
党委组织委员：陈玉奇（女）
党委宣传委员：郑晓宁
党委委员、副镇长：林洪木
党委委员、纪委书记、区监委莘口镇监察组组长：钟辉荣
党委统战委员、人武部长：邓佳敏（女）
副镇长：林向成（科技）　赵小弟

中村乡
党委书记：张浏佳（女）
党委副书记、乡长：郑晨毅
人大主席：张河钰
党委副书记、统战委员：王从生
党委副书记（挂职）、政法委员：张晓亮
党委委员、纪委书记、区监委中村乡监察组组长：段文静（女）
党委宣传委员：李思宁
党委组织委员、人武部长：邓小龙
党委委员、副乡长：林世开
副乡长：邓长华　张淋玲（女）
（说明：以上领导名录资料由三元区委组织部提供，以2020年12月底在职为准。）

中共三元区委　三元区人民政府
关于表彰2020年度纳税先进企业的决定

各乡镇、街道，区直各部、委、办、局，辖区各有关单位：

2020年，三元区深入学习贯彻习近平新时代中国特色社会主义思想和党的十九大、十九届四中、五中全会精神，认真落实中央、省、市经济工作会议部署要求，牢牢把握“项目提速、服务提升、干部提振”的工作要求，沉着应对新冠肺炎疫情的冲击，积极推动企业复工复产，努力营造经济发展的良好环境，全力推动三元经济高质量发展超越。为表彰经济工作中的先进典型，营造奋力赶超的发展氛围，促进民营经济“两健康”发展。经研究，决定对2020年度为三元区经济发展作出突出贡献的纳税先进企业进行表彰。授予三明金牛水泥有限公司等18家企业“纳税大户”称号；授予三明市榕三建筑工程有限公司等79家企业“纳税先进企业”称号。

希望受表彰的企业，把握新发展阶段的历史机遇，深入贯彻新发展理念，努力开拓新发展格局，为加快新时代新三元建设，全方位推动高质量发展超越，作出新的更大的贡献！

附件：1. 三元区2020年度纳税大户名单
　　　2. 三元区2020年度纳税先进企业名单

中共三元区委　三元区人民政府
2021年4月1日

附1：

三元区2020年度纳税大户名单（纳税千万元以上）

序号	纳税人名称
1	三明金牛水泥有限公司
2	福建省磐石房地产开发有限公司新天地分公司
3	三明市丰润化工有限公司
4	福建三明市第一建设工程有限公司
5	福建城建建设有限公司
6	海翼瑞都（福建）房地产开发有限公司
7	福建三农新材料有限责任公司

续表

序号	纳税人名称
8	福建汇天生物药业有限公司
9	福建明海鑫资源再生利用有限公司
10	海翼地产（三明）有限公司
11	名佑（福建）食品有限公司
12	三明厦钨新能源材料有限公司
13	福建一建集团有限公司房地产开发分公司
14	福建一建集团有限公司
15	三明市鑫都房地产开发有限公司
16	福建一建明盛工程有限公司
17	三明轩辉置业有限公司
18	杜甫乐房地产（三明）有限公司

附2：

三元区2020年度纳税先进企业名单（纳税百万元以上）

序号	纳税人名称
1	三明市榕三建筑工程有限公司
2	福建华联建设有限公司
3	福建省三明市盛达化工有限公司
4	福建三明竹洲水电有限公司
5	三明顺发矿业有限公司
6	三明市顺丰速运有限公司
7	三明台江水电有限公司
8	三明富丽礼品有限公司
9	三明市滨江置业有限公司
10	福建地矿建设集团公司三明分公司
11	三明育鑫工程技术劳务有限公司
12	三明市鼎晟源房地产开发有限公司
13	福建省海盛交通投资有限公司
14	福建东南设计集团有限公司
15	三明市毅君机械铸造有限公司
16	福建三明金明农资有限公司
17	三明市融城投资有限公司
18	福建省三明三高阀门销售有限公司
19	福建百泰达医药科技有限公司
20	福建三明金氟化工科技有限公司
21	国药控股三明有限公司
22	三明市鸿业交通工程有限公司

重要文件及调研报告选编

三元区人民政府2020年法治政府建设情况报告

三明市三元区人民政府

2021年1月20日

2020年，三元区以习近平新时代中国特色社会主义思想为指导，全面贯彻党的十九大及十九届二中、三中、四中、五中全会和中央全面依法治国工作会议精神，认真落实省市有关工作部署，自觉运用法治思维和法治方式深化改革，狠抓工作落实，严格工作考评，以“法治三元”为抓手，促进政府工作的规范化和法治化，现将有关情况报告如下：

一、加强党的领导，履行法治政府责任人职责

（一）强化党对法治政府领导。区委、区政府高度重视法治政府工作，成立了以区委书记为主任、区长为副主任的中共三元区委全面依法治区委员会，下设办公室，由区委常委、政法委书记任主任，并组建执法、司法和守法普法协调小组，负责法治政府建设各项工作的统筹、协调、督促、检查、推动，进一步细化政府法治建设工作目标。各乡镇（街道）成立了由党政主要负责人担任组长的推进法治政府建设工作领导小组，统筹和整体推进法治政府建设工作各项事务。

（二）认真学习贯彻会议精神。区委、区政府积极开展以党的十九大精神和习近平总书记全面依法治国新理念新思想新战略作为重要内容的专题学习，在三元新闻网上开设“习近平新时代中国特色社会主义思想”“学习贯彻十九届四中、五中全会精神”等专题报道。今年7月，三元区委全面依法治区委员会召开第一次会议，传达学习中央全面依法治国委员会第三次会议、省委治省办、市委治市办相关会议主要精神，并审议通过《中共三元区委全面依法治区委员会2020年工作要点》。

（三）切实履行第一责任人职责。区委、区政府认真贯彻落实《党政主要负责人履行推进法治建设第一责任人职责规定》，将主要负责人履行法治建设第一责任人职责列入年终述职内容。将法治政府建设纳入三元发展总体规划和年度工作计划，区委常委会和政府常务会年初听取法治宣传教育和法治建设工作汇报，及时研究解决工作中的重大问题，为推进法治建设提供保障、创造条件。

（四）全面落实领导干部学法制度。区委、区政府坚持把主要领导干部带头学法、模范守法、依法执法作为全面推进法治建设的关键，坚持落实区政府常务会会前学法的“一会一法”制度，各级党委（党组）书记认真履行第一责任人职责，带头讲法治党课，做学法表率。今年来，区政府常务会落实“一会一法”会前学法7次。12月2日邀请省司法厅法治调研处副处长黄丽云作法治政府建设专题辅导讲座。

（五）严格法治工作考核制度。制定区管领导班子和区管领导干部考核办法，定期对履行推进法治建设第一责任人职责情况开展定期检查、专项督查。严格执行领导干部述法制度，区管领导班子和领导干部年终考核、撰写科级述职述廉报告时，均增加述法内容。加大对初任公务员法律知识的培训力度，把行政法律法规培训情况作为干部选拔任用具备的条件之一。

二、推进体制改革，健全依法行政体系

（一）深入推进审批制度改革。一是开展权责清单梳理编制工作。为全面落实《三元区机构改革实施方案》和区直部门“三定”规定，完善权责清单，促进规范履职，目前全区已有22个部门完成了2832项权责清单的调整及公开工作。二是大力压缩审批时限。梳理“一趟不用跑”和“最多跑一趟”事项783项，占总事项数100%，将各类审批服务事项办理法定时限从12217个工作日缩至1652个工作日，减少10565个工作日，压缩率达86.5%，达到全省最短要求。三是推行收费清单管理。按照“四级四同”要求，细化量化办事指南和收费标准，明确办理时限、工作流程、申报条件向社会公开，实行动态管理，推进同一事项实行无差别受理、同标准办理。

（二）全面推进政务服务改革。一是建设三级政务服务体系。2020年8月18日，新的三元区行政服务中心正式揭牌，已有26个部门的623项行政审批和公共服务事项入驻中心，基本实现“三集中、三到位、一站式”的目标要求。全区7个乡镇（街道）已设立便民服务中心，76个村（社区）相继设立便民服务代办点。二是优化12345便民服务。推行“四联四办”工作服务机制，采取及时催办、部门联办、补缺复办、提级督办等办法畅通群众 发声渠道，今年来，“e三明”平台已受理各类诉求件7576件，受理率、查阅率、回复率均为100%，满意率达99.5%。

（三）持续优化法治营商环境。一是大力开展普法宣传活动。依据“谁执法谁普法”责任制，引导各部门加强对《优化营商环境管理条例》等法律法规的宣传。结合法律六进活动，为辖区企业提供法律咨询、法治宣传、矛盾纠纷调处等法律服务。二是抓好项目审批和服务。以“六最”营商环境对标活动为抓手，进一步完善网上办事大厅和工程审批系标准化建设，支持项目建设和企业发展。2020年以来，累计审批政府投资项目立项、可研、初设共65项，总投资58.96亿元；核准企业投资项目3项，投资0.87亿元。三是加强工程项目招投标领域专项整治。严格督促招投标行政监督部门依法履职，消除招投标过程中对民营企业设置的各类不合理限制和壁垒，维护公开、公平、公正的招投标市场秩序，开展对2018年6月1日以来需进行招标项目的自查和全面核查工作，目前尚未发现存在问题。

三、聚焦行政立法，完善依法行政制度

（一）积极配合开展重点领域立法。完善立法工作程序，加强立法前广泛征求立法建议，推进立法中公开征求意见、专家论证，不断提高立法质量。区法治办分别于今年6月和9月向全区各单位征集市政府五年立法规划建议项目，已征集若干关于古村落保护的立法建议。积极配合上级部门做好《中华人民共和国行政复议法》《福建省行政规范性文件管理办法（征求意见稿）》《三明市市区环城山体保护条例》等立法调研工作，组织区政府及相关部门召开征求立法意见座谈会。

（二）完善规范性文件管理制度。严格落实国务院办公厅《关于加强行政规范性文件制定和监督管理工作的通知》及《关于全面推行行政规范性文件合法性审核机制的指导意见》，制定《三元区人民政府办公室关于进一步加强规范性文件备案审查工作的通知》，明确不得以征求意见、会签、参加审议等方式代替合法性审核，未经合法性审核或者经审核不合法的文件不得提交集体审议，要求相关部门自规范性文件印发之日起15日内进行报备。2020年，三元区共报备规范性文件34份。

（三）坚持文件立改废释并举。推进规范性文件清理工作，及时修改和废止不适应的规范性文件，清理结果通过网站及时向社会公布。今年来，按照“谁制定，谁清理”的原则先后开展了关于食品药品安全领域规范性文件专项清理工作、野生动物保护规范性文件专项清理工作及民法典涉及行政法规、规章和行政规范性文件清理工作，经清理，全区尚未发现有与相关法律法规等上位法相抵触的规范性文件。

四、坚持依法决策，健全重大行政决策机制

（一）严格规范行政决策程序。三元区严格落实《重大行政决策程序暂行条例》及政府常务会议议题会前协商沟通和合法性审查机制，区政府常务会议题需先经区司法局进行合法性审查方可上会，并邀请相关单位参会讨论决定。今年来，共审查14个单位共计62份议题，提出41个审查建议。

（二）严格执行集体讨论制度。重大项目建设、重要干部任免、重大项目投资决策、大额资金使用、重要文件制定等方面都由区政府常务会议集体讨论决定，其余决策事项通过区政府专题会议讨论决定。2020年，区政府召开常务会议10次、专题会议114次，审议了涉及《三元区关于促进现代化服务业发展优惠政策》《机械制造产业培育方案》《新能源产业培育方案》《三元区工程建设项目砂石土余渣利用管理方案》等55个议题。

（三）建立专家参与论证决策制度。研究制定《三元区顾问团组建工作方案》，成立区顾问团工作领导小组，充分发挥法律顾问在参与决策中的积极作用。探索组建以公职律师为主体、社会律师为补充的“1+1”政府法律顾问团队，完善“公众参与、专家论证、风险评估、合法性审查、集体讨论”的审查机制。

（四）强化公众参与决策机制。多渠道征集人民群众和社会各界对区政府重大决策事项的意见和建议，综合运用政府门户网站、群众座谈会和公开听证会等方式沟通社情民意，对涉及企业和特定群体、行业利益的，充分听取企业、行业协会商会、人民团体、社会组织、群众代表等的意见。

五、完善行政执法，规范公正文明执法

（一）深化行政执法体制改革。全面梳理、规范和精简行政处罚、行政强制事项并实行清单化管理。深入推进城市管理等其他跨领域、跨部门综合执法，区执法主管部门与执法队伍实行“局队合一”的执法体制，统一以主管部门名义执法，压实主管部门对履行行政执法职责和加强队伍建设的责任。全面厘清全区执法队伍情况，按照“市区只设一个执法层级”的要求，三元区农业、交通、文化、生态环境、市场监管5个领域的执法层级已全部上收市级，目前已上收事业编制共计32名、在编在岗人员18名。

（二）推进基层综合执法改革。严格贯彻《关于推进基层整合审批服务执法力量的实施意见》精神，在全市率先开展“乡呼区应”工作。在各乡（镇）内设股室设置综合执法办公室，建立“乡呼区应、上下联动”工作机制，印发《关于明晰区乡职责规范“属地管理”的意见（试行）》和《明晰区乡职责规范“属地管理”八个配套文件》，并编制“属地管理”事项责任清单，推进行政执法权限和力量向基层延伸和下沉，强化乡镇和街道的统一指挥和统筹协调职责。截至目前，各乡镇（街道）累计呼叫区级相关部门22次，涉及11个事项。

（三）落实行政执法“三项制度”。认真贯彻落实《福建省司法厅关于印发福建省重大行政执法决定法制审核办法的通知》《三明市行政执法公示办法》《三明市行政执法全过程记录办法》和《三元区全面推行行政执法公示制度执法全过程记录制度重大执法决定法制审核制度的贯彻落实方案》。开展行政执法主体和行政执法人员资格清理确认工作，我区现持有省级行政执法资格证人员338人。继续执行行政执法统计年报制度，要求全区各行政执法部门于今年1月31日前在政府门户网站公开本单位上年度行政执法总体情况。今年4月，由区司法局牵头举办《福建省行政执法条例》专题讲座，切实提高我区依法行政水平和依法办事能力。

（四）加强行政执法与刑事司法有机衔接。加强行政执法部门与司法部门沟通，搭建公、检、法、司案件交流平台，进一步规范案件移交移送、证据收集和执法监督流程，提高办理效率。同时，建立交流平台并建立联络员制度，及时对接和反馈各部门行政执法过程或司法部门法律监督过程中发现的问题，针对问题及时落实整改，不断理顺协调机制，切实形成工作合力。

六、加大监督力度，强化行政权力制约

（一）自觉接受人大、政协监督。定期向人大及其常委会报告财政预算编制，今年4月已向区人大汇报法治政府建设情况，严格执行人大及其常委会决议、决定，自觉做好人大跟踪监督。主动接受政协民主监督，广泛听取民主党派、工商联、无党派人士、人民团体意见，认真办理政协委员提案，今年来，已办理人大代表建议57件，政协提案66件。

（二）依法接受司法监督、法律监督。支持人民法院依法受理行政案件，尊重并执行人民法院生效判决，依法接受检察机关的法律监督。2020年，全区各级各部门共办理一审行政应诉案件37件，其中败诉6件。今年来，全区下发司法建议书1份，检察建议书35份，监察建议书2份，行政复议意见书1份。

（三）推进政务公开工作。严格贯彻落实《信息公开条例》及《福建省政府信息公开办法》，拓宽政府信息公开渠道，完善信息公开发布体系，加大信息公开力度，全面实施市场准入负面清单管理制度。全区各级行政机关建立政务公开网站专栏28个，共制作政府信息473条，发布政策解释稿15份。

七、强化治理手段，提高社会治理能力

（一）依法科学开展疫情防控。成立了以区委书记、区长为组长的应对新型冠状病毒感染的肺炎疫情工作领导小组，下设9个工作组，组织全区干部职工投入疫情防控各项工作，坚决打赢“新型冠状病毒”防控战。先后下发28号防疫指挥部令，并制作43条宣传音频，利用宣传车在各村（社区）广播定点播放，同时通过挂横幅、LED显示屏、书写大字报、发放宣传单等形式在全区各村（社区）宣传防疫知识，引导辖区村（居）民广泛了解疫情防控有关法律法规，促进疫情防控工作依法有序开展。

（二）有序助力复工复产。一是开展防疫指导。组建督查小组持续对易发生输入性疫情和聚集性疫情的各类医疗机构、企业、学校等重点场所加强防护措施指导与督导检查工作。共检查公共场所1591家次，下达卫生监督意见书309份。二是推动政策落地。区政府及时制定《关于应对新型冠状病毒感染的肺炎疫情支持中小微企业共渡难关的十二条措施的通知》《关于应对疫情全力支持企业加大招聘力度稳就业的十二条措施的通知》等帮扶政策，营造有利于企业和项目复工复产的良好环境。三是提供法治保障。开展“民营企业法治体检”活动，带领律师团队走进莘口黄砂和荆西工业园区等，针对企业在疫情防控期间面临合同违约、租赁解除、延迟复工工资争议、隔离期间工资支付等法律问题给予解答，为企业复工复产提供贴心法律服务和法律保障。

（三）推进行政复议体制改革。在整合行政复议职责的基础上，以提高行政复议公正性和公信力为导向，依法规范办理行政复议案件。探索行政复议“1+N”模式，通过“行政复议+以案说法”、政策宣传、调解、行政复议建议书、专家论证等形式，不断提高办案质量。加强行政复议工作信息化建设，运用全国行政复议工作平台等信息化手段，增强复议工作的透明度。2020年，全区共办理行政复议案件10件，其中不予受理1件，维持行政机关具体行政行为2件，确认行政机关具体行政行为违法4件，申请人撤回复议申请1件，正在审理案件2件。

（四）健全矛盾纠纷化解机制。坚持发展新时代“枫桥经验”，全力构建人民调解、行政调解、司法调解的大调解工作格局，制定矛盾不上交三年行动方案。全面推广“公调对接”。落实社会矛盾排查预警、矛盾纠纷多元化解机制，截至2020年12月底，三元区共排查调解、依申请化解各类矛盾纠纷857件，调处857件， 成功855件，调解成功率为99.7%，及时把矛盾化解在基层，消灭在萌芽状态，切实维护了三元的社会稳定。深入开展人民调解“三争”活动，在全市2017—2019年度的“争写金牌调解书、争当金牌调解员、争创金牌调委会”活动中，荣获五个金牌调委会（调解室）、五个金牌调解员、十份金牌调解书。

（五）和谐妥善处理劳动关系。积极探索劳动关系三方协调机制建设，坚持调解为主、调裁结合工作原则，扎实推进案件“快立、快调、快审、快结”，依法化解矛盾纠纷。强化劳动人事争议仲裁效能建设，充分发挥劳动人事争议调解仲裁机构建立和谐劳动关系的积极作用，妥善处理劳动人事争议案件。今年来，全区共受理各类劳动争议案件133件，涉案金额153.8万元，结案率86.7%。

（六）深化基层社会治理。坚持法治宣传教育与法治实践相结合，深入开展以“四民主、两公开”为主要内容的“民主法治示范村”“民主法治社区”创建活动，助力乡村振兴。依托司法所设立公共法律服务工作站，公共法律服务网络进一步健全完善，公共法律服务均等化取得明显进展，80个村（居）均配备了法律顾问、法治明白人，公民公共法律服务需求和权益得到基本满足和实现。截至目前，全区已创建国家级“民主法治示范村（社区）” 1个，省级5个，市级18个。同时，各村(社区)不断深化“六无”创建（无犯罪、无涉毒、无赌博、无邪教、无失信、无群体性上访），全区共有32个村（社区）被评为“六无”村（社区）。

八、加强普法宣传，提升依法行政水平

（一）创新普法宣传教育。扎实推进法治文化阵地建设，全区已建成以法治宣传一条街暨法治文化广场的主要法治宣传阵地，依托陈景润实验小学模拟法庭建立了青少年法治宣传教育基地，各乡镇（街道）根据各地实际因地制宜建设了法治墙、法治长廊及法治宣传栏等195个（处）。同时，深化以案释法，深入开展“法律六进”，进一步加强“两微一端”等新媒体普法工作，建立法律顾问服务微信群。全区各部门、各行业按照“谁执法谁普法”工作要求，开展“互联网+法治宣传”行动，共41个公众号开设微普法专栏，通过网站、微博、微信、客户端等载体运用，增强法治宣传的主动性、互动性和生动性。

（二）广泛宣传《民法典》。三元区委依法治区办印制10000册《民法典》读本赠阅给机关企事业单位、乡镇（街道）、社区、村和普法工作者，下发《三元区关于加强<中华人民共和国民法典>学习宣传工作方案》，将民法典学习宣传重点纳入各级党委（党组）理论学习中心组学习内容，并邀请专家开展《民法典对行政执法的新要求》《中国民法典的创新与特色》等系列民法典专题讲座，助推领导干部率先学习民法。将民法典学习纳入领导干部应知应会法律知识测试，在国家工作人员学法用法统一考试中增设"民法典学习"专题，组织好全区各乡镇（街道）、区直各单位工作人员参加民法典统一考试。全区55个单位，共1182人参考，参考率和及格率均达100%，平均分97.25分。

（三）学习贯彻新出台的各项法律法规。今年来，分别组织全区干部职工学习《中华人民共和国社区矫正法》《中华人民共和国公职人员政务处分法》《福建省行政执法条例》《保障农民工工资支付条例》《三明市餐厨垃圾管理办法》《三明市公共文明行为促进条例》等新出台的法律法规。其中，区委依法治区办印制《社区矫正法》3000册、《福建省行政执法条例》2000册，全部分发给全区各行政执法单位，并运用法治宣传一条街、各大宣传栏、LED显示屏、微信公众号和"每月一法"等法治宣传阵地进行广泛宣传。同时，组织各行政执法单位在各乡镇（街道）开展面向基层、贴近群众、大力开展形式多样的普法宣传。

九、法治政府建设存在的问题

我区法治政府建设工作虽然取得积极成效，但也存在一些薄弱环节，主要包括：

（一）规范性文件备案审查不够规范。部分单位对规范性文件备案审查重视不够，甚至对规范性文件的具体含义理解不透彻，因此在制定规范性文件的过程中未能充分征求部门意见，存在规范性文件在制发前未经合法性审查、规范性文件备案不及时、不全面、不规范的现象。

（二）刑事司法和行政执法衔接机制不够完善。实践中，刑事司法与行政执法的衔接机制虽已具雏形，但是由于存在执法机关案件录入和案件移送有限、证据收集转化难、检察监督力度不足以及信息共享平台保障力度不够等问题，导致"两法衔接"信息共享平台得不到充分运用，衔接机制运作不够顺畅。

（三）法制机构队伍力量薄弱。各行政执法单位存在法制人员不足、专业素养不高的普遍问题，各行政执法部门从事法制的工作人员未取得行政执法资格证，部分法制审核人员不具有法律专业背景，所配备的专业人员知识结构不合理，严重制约了法制工作的开展和案件质量。

（四）乡镇综合执法方面存在难点。乡镇综合执法办执法工作人员偏少，大部分人员没有执法证，影响乡镇有序有效开展执法工作，部分受委托执法事项上级还未明确。

十、2021年度推进法治政府建设的主要安排

2021年，我区将围绕省、市工作大局，创新机制，狠抓落实，重点做好以下工作，全面提升依法行政工作水平，推动法治政府建设工作再上新台阶。

（一）进一步加强规范性文件备案审查。认真履行规范性文件合法性审查与备案工作职责，加强工作机构和队伍建设，明确专人负责规范性文件审查与备案工作，定期公布规范性文件目录，建立规范性文件有效期和定期清理制度，采取有力措施予以改进，切实做好规范性文件备案审查工作。

（二）进一步强化行政执法督查。严格执行依法行政相关法律法规，进一步规范有关部门的执法行为。强化行政执法资格考试，实行"亮证执法"，同时将"依法行政工作"纳入绩效考核指标体系，定期对行政执法案卷进行评查。同时，强化考核结果运用，对考核发现问题的及时整改，提升行政执法水平。

（三）进一步完善"两法衔接"机制。加强司法机关与行政执法机关的沟通与合作，完善案件移送标准和程序，建立行政执法机关、公安机关、检察机关、审判机关信息共享、案件通报、案件移送制度，落实提前介入制度，推行派驻检察官制度，提高行政执法机关的主动参与意识，充分运用"两法衔接"信息共享平台，强化检察机关的监督作用。

（四）进一步强化法治宣传教育工作。科学谋划"八五"普法规划，强化"谁执法谁普法"责任落实，持续实行政府常务会议会前学法制度，着力提高领导干部运用法治思维和法律手段的能力。积极开展法治讲座等活动，进一步提升公职人员工作实践和业务操作的能力。经常性、多渠道、全方面加强对群众的普法宣传教育，提高群众法治意识和法律素养。

（五）助力法治政府建设示范市创建工作。根据《关于争创全国法治政府建设示范市的意见》要求，认真制定我区关于创建工作的贯彻落实意见，细化分工，明确措施，做到早安排、早部署、打基础、提服务，确保到2021年底完成《任务分解表》内的各项任务指标。

关于森林康养工作情况的调研报告

区人大常委会调研组

（2020年9月29日）

区人大常委会：

根据区人大常委会2020年监督工作安排，8月5日，区人大常委会组成调研组，对我区森林康养工作进行调研。调研组听取了区林业局、文旅局、卫健局、岩前镇、莘口镇、中村乡等单位关于森林康养工作的情况汇报，深入格氏栲森林学社、曹源栲林花海、林校实训基地研学体验园三个康养项目点实地查看森林康养工作开展情况。通过听取汇报、专项问题询问、实地调研等形式，深入了解了该项工作的开展情况，现将调研情况报告如下：

一、基本情况

近年来，我区认真践行“绿水青山就是金山银山”的发展理念，努力发挥三元绿色生态优势，积极对接上级森林康养有关政策，按照“小切口、开好局、小投入、大见效”的发展思路，加快推进森林康养产业发展，相关工作取得初步成效。

（一）领导重视，健全组织机构。区政府及时成立了区森林康养专项工作组，并组建专门工作班子，制定目标任务，明确工作职责。区林业部门成立了三元区万寿岩康养发展有限公司，注册资金1000万，明确了运行主体，为我区森林康养产业的发展奠定了基础。

（二）规划科学，编绘中长期发展蓝图。区林业局、文旅局会同岩前镇、莘口镇等有关单位委托北京林业大学、北京巅峰智业有限公司、重庆理工大学规划设计院在《三元区旅游产业发展总体规划》和《三元国家森林公园旅游规划》的基础上，融入森林康养元素，进一步编制了《格氏栲森林康养基地项目建设》《万寿岩文旅融合项目建设》《横坑温泉度假区》等详细规划，突出规划先行、科学发展。

（三）资源整合，促进一批项目生成。以市、区的重点项目建设为支撑，进一步盘活格氏栲旅游公司及各国有林场生态资源，着力创新合作共建模式，优化周边人居环境，完善路网基础设施建设等，有序推动了格氏栲森林学社、森林步道修缮提升、栲林花海、研学体验园等一批“聚人气、促消费”项目的建设。今年6月，格氏栲森林康养基地顺利入选为国家首批森林康养基地。 此外，一批森林康养基地地方专项债券项目已在积极申报。

二、存在的主要问题

森林康养作为一项新兴产业在我国还处在萌芽和探索阶段，我区的森林康养产业刚刚起步，虽然取得一定成效，但还存在一些困难和问题。

（一）对森林康养认识不够到位。部分区直部门对森林康养工作重视不足，参与度不高，部分干部认为森林康养是林业部门一家的事，了解较少。部分经营业主和民众对森林康养的内涵和核心内容认识不够、把握不准，还停留在“休闲走一趟、度假住一晚、养生吃一顿”的旅游层面。

（二）康养基地建设较为滞后。目前在建的康养基地规模小、布局散、产品服务不足。森林康养行业经营人才缺乏，在开展森林康养休闲、健身、养生、养老、疗养、体验等活动方面缺乏配套要素。医疗卫生资源延伸不够，中医和传统康养设施较少，康养管理人员和专业康养师缺乏。

（三）制约康养今后发展的要素仍然较多。森林康养产业投资单一，格氏栲康养基地现有在建项目均为政府投入，今后的发展和运营还需要大量的企业人员、社会资金、医疗产品等要素的投入。但从目前情况来看，存在对外招商宣传推介渠道、手段较为单一，招商难、地方融资难、成本高、无专业机构愿意加入运营等，项目后期建设持续性存在一定困难。

三、几点建议

发展森林康养是践行“绿水青山就是金山银山”理念的重要途径，是发挥三元绿色生态优势、实现生态产业化的有效举措，意义重大。为此，调研组建议：

（一）进一步完善规划布局。要牢牢把握我区生态比较优势和潜力所在，将森林康养的产业发展融入正在编制的“十四五”经济和社会发展规划，同部署、同安排。要突出森林康养重在养生、康复疗养、健康养老等方面的作用，强化“康养”第一功能体现，多功能发挥作用。坚持森林康养全域化布局，立足保护、突出特色，避免重复和盲目建设。进一步推动康养和林业、旅游、文化等产业融合发展，力争森林康养产业成为我区经济社会发展的重要产业。

（二）加快康养项目建设。要加大投入，统筹森林康养基地水、电、路、通信等综合基础设施建设，加快推进“格氏栲至万寿岩文旅康养带”项目建设，全力推进项目建设进度。对在建格氏栲森林康养基地的森林学社、森林步道修缮提升、栲林花海、研学体验园等项目要抓紧工程进度，加快完成项目后续的各项配套设施建设，力争早日投入试运营。

（三）进一步强化要素保障。要坚持以市场为导向，以企业为主体，加强政策引导，吸引企业投资发展，积极培育壮大市场主体。要从项目谋划、招商服务、人才培养、基础设施等方面下足功夫，为森林康养产业发展创造良好的发展环境。各相关责任部门应协同共为，群策群力，积极对接中央、省市有关的康养政策，主动向上争取更多的政策资金扶持，推进森林康养产业高质量发展。

（四）加大宣传和营销力度。要依托微信、抖音、e三明、学习强国等新媒体开展系列有深度、有影响力的宣传报道，提高三元森林康养的知名度和影响力。要充分运用“中国绿都·最氧三明”和“闽人之源·福地三元”等品牌优势，打造一批有三元特色的森林康养地理品牌，扩大影响力，增强竞争力。

2020年7月21日，三明市三元区政协召开“万寿岩—格氏栲文旅康养带建设”专题协商会议

关于加强和改进三元区工业园区体制机制改革的调研报告

三元区人大常委会 政协三元区委员会联合调研组

2020年11月17日

三元经济开发区自成立以来，在推动区域产业发展、壮大实体经济、调整产业结构、引导产业集聚、增加财政收入、带动创业就业、改善投资环境等方面发挥了积极作用，但随着经济社会的快速发展，三元经济开发区在管理和服务过程中也暴露出一些矛盾和不适应性，特别是体制机制方面的不健全不完善，制约了三元经济开发区的全方位高质量发展。为此，按照区委要求，区人大常委会和政协三元区委员会共同成立联合调研组，就“加强和改进三元区工业园区体制机制改革”课题深入园区企业、相关乡镇调研，并就如何加强和改进工业园区体制机制改革进行深入探讨。现将有关情况报告如下：

一、基本情况

三元工业园区于2002年12月经市政府批准设立，2003年4月组建三元区工业园管理委员会，2006年5月经省政府批准为省级经济开发区，并更名为“福建三元经济开发区”。根据“三定方案”，福建三元经济开发区管理委员会（以下简称“园区管委会”）为区政府派出机构，机构规格为正科级，代表区政府对开发区实行统一领导、统一规划、统一建设、统一管理、统一服务。

1.*机构设置及人员情况*。开发区管委会原核定行政编制5名，科级领导职数5名，其中，主任1名（党工委书记由区委副书记兼任），常务副主任1名（正科级），副主任2名，纪工委书记1名。2017年派驻纪检机构改革后，核减行政编制1名，目前，核定行政编制4名，现已满编，其中，科级领导2名、科员2名，挂职副职领导2名。下属事业单位2个：福建三元经济开发区管理委员会公共事务服务中心（财政核拨，正股级），核定事业编制12个，实有7人；福建三元经济开发区管理委员会项目服务中心（自收自支，正股级），核定事业编制5个，实有4人。下属国有企业2家：三明市金园开发有限公司（副科级，以下简称“金园公司”）成立于2003年，经营范围主要包括园区开发、厂房、机械设备租赁、资产收购以及非融资性担保业务和销售建筑材料，内设办公室、财务部、资产经营部、开发建设部和公共管理部5个部门，现有工作人员17人，其中，总经理1人（企业编制），聘用人员14人（含3名驾驶员），借用人员2人；三明市元诚资产经营有限公司成立于2016年，经营范围主要是为辖区的园区企业资产按揭贷款提供对接和服务，无聘用人员，人员由园区管委会统筹使用，四年来已帮助6家企业办理资产按揭贷款，发放贷款8265万元，与市不动产登记中心办理企业资产二次抵押登记企业3家，共计7442万元。

2.*“一区多园”的发展格局*。为降低开发成本和实现资源高效利用，2015年，按照区委区政府“统一指挥协调、统一规划布局、统一资源整合、统一要素保障、统一管理服务”的原则要求，园区管委会对荆东工业园、黄砂新材料循环经济产业园、汇华（含竹洲）工业园和台江工业园的人员、资金等进行整合，并实施统一管理，着力打造“一区多园”发展格局。目前，园区为“一区四园”，即荆东工业园、黄砂新材料循环经济产业园、汇华（竹洲）工业集中区和台江工业集中区，另有大坂现代物流园、三明智能机械装备产业园2个在建园区。园区规划总面积9720.9亩，现已开发6005.5亩，累计投入6.9亿元，现入驻企业215家（规上以上企业59家），其中，签约入园项目109家，租赁企业106家。2019年，入园企业累计实现规模以上工业总产值220.53亿元，税收收入9631.56万元，实现就业6042人。今年上半年，实现规模以上工业总产值110.14亿元，同比增长4%；完成企业税收收入6822万元，同比增长16%。

3.*“政企合一”的管理模式*。目前，全国各地工业园区管理模式主要有三类：一是“准政府”模式，由园区所在地人民政府授权成立园区管委会，在园区内设置各行政管理部门，并具有行政管理和审批权限。同时成立独立法人的开发区公司，实现企业内部的自我管理，从而使政府的行政和企业的经营权相分离，如苏州工业园。二是企业化管理模式，由企业作为工业园区发展建设的主体，通过设立开发公司来负责规划和管理工业园区，园区不另设行政机构，不具备政府职能和行政手段，如上海闵行开发区。三是政企合一管理模式，以管委会和开发公司相结合的方式对园区进行开发建设，实行“两块牌子、一套人马”的组织架构，园区管委会具有一定的行政领导权，负责协调部门和地方政府解决园区工业经济发展方面的问题，但没有行政审批权限。我区工业园区属于第三类管理模式。

二、存在的主要问题

1.园区机构定位不够明确，管理职能权限模糊。当前，园区管委会既履行行政机构的管理职能，又承担服务园区企业的责任。在管理上，园区管委会在招商引资、项目立项、产业规划、土地开发等方面无审批权和决定权，多数事项需请示区政府并协调相关部门，造成办事效率低下；在公共管理服务上，因园区企业税收收入财政未返还园区，金园公司也无固定的经营性资产，资金紧缺导致园区在公共基础设施建设、污水处理、园区绿化等方面所提供的服务极其有限。

2.园区基础设施欠账较多，企业反映较为强烈。因基础设施配套建设资金紧缺，造成园区水、电、路、管网、污水处理等公共基础设施欠账多。如：荆东园路面破损及塌陷、管网多处脱节，公交线路太少，职工生活娱乐配套设施也几近空白；黄砂园配建的污水处理厂存在严重缺陷且运行经费无法保障；汇华园因未列入土地利用规划内，至今尚未建设污水处理设施，城市自来水管道也未铺设至园区，园区内企业汇华集团生产用水靠其自行从沙溪河抽取，企业职工日常生活用水紧缺，水源供需矛盾尤其突出；台江园土地利用规划尚未获批，雨污未分流，污水处理设施待建，且进出园区道路存在严重瓶颈。

3.园区高质量发展缺抓手，发展潜力后劲不足。一是主导产业关联性差、集群性弱。各园区均存在早期入驻的企业及现有自行租赁的企业与区内主导产业不匹配问题；氟硅新材料下游企业少，生物医药产业发展缓慢；机械铸造、食品加工产业虽有一定知名度，但产业关联性、集聚性、互补性不高，对外依附度强，抵御市场风险能力弱，存在有“龙头”缺“链条”现象。二是园区企业体量小，竞争力弱。目前，园区中小型企业居多，多为简单加工制造项目，用工规模小，科技含量低，综合竞争力不强，园区未能形成较为完善的生产体系，企业转型升级和产出效益有待进一步提升。园区企业整体税收贡献不高，税收为1万以下或者没有税收的企业达121家，税收1万至10万企业33家，而税收超十万、百万、千万企业分别仅有61家、10家、2家。三是土地资源不足。主要体现在：土地开发不足，资源紧张，供需矛盾大，承载大项目能力弱；土地利用率不高，部分园区存在企业多供少建、未批先建及零星地块难以使用等问题；“僵尸”企业多，园区共有停产倒闭及半停产企业12家，用地面积201.2亩，无法为周边企业扩大再发展腾出空间；汇华园、台江园因历史原因未规先建，产业定位及土地利用性质不明确，新项目因无法出具规划条件导致无法入驻；市开发区吉口工业园区地处我区，受市、区体制限制，其土地指标无法单列，挤占我区指标，造成我区发展用地指标更为紧张。

4.园区运营机制不够通畅，下属公司效率较低。金园公司主要资金来源为财政拨付的土地基金及企业银行融资，因其主要承担园区基础设施建设及日常公共管理等非营利性项目，无法产生经济效益，也没有固定的经营性资产，园区内企业税收归入财政也未返还园区用于开发建设，导致公司长期处于亏损负债状态，目前公司负债总额2.2136亿元，资产负债率达29.87%。资金管理上，专业财务人员的缺乏，导致财务预算和资产管理工作欠缺，造成优质资源低效利用；经营管理上，公司融资资金和财政投资混为一体，对投入资金缺乏运作能力，资金发挥效益不高；管理队伍上，公司缺乏现代企业管理所需的诸多专业人才。以上诸多因素，导致金园公司的企业化、市场化、实体化运营能力都偏低。

5.园区融资引资能力较低，缺乏有效融资渠道。一是促进园区发展的配套措施还不完善，仍然存在“以地引资、以地养园”为主的粗放发展模式，各部门从政策、资金、制度上聚焦园区发展的局面还未形成。二是传统融资难以为继，存量债务消化难度大。金园公司投融资渠道狭窄，对金融机构依赖程度高，缺乏有效固定资产和经营性现金流。同时，根据中央要求“各地政府和园区的平台公司必须剥离融资职能实现市场化转型”和政府隐性债务管理要求，金园公司面临着无法继续承担地方政府融资功能的困境，融资成本不断升高。三是由于园区基础设施建设项目投入大、周期长、回款慢，投入产出严重倒挂，加之金园公司缺乏“造血机制”，导致园区的总体开发、配套建设速度缓慢，要素保障跟不上，难以吸引高品质企业入驻。

6.人员机构设置不尽合理，干部工作热情不高。一是人员配备不足，规划建设、招商引资、财务管理等专业人员比较缺乏，目前规划建设岗位在编人员仅3人，负责招商引资的人员兼任财务工作，聚焦招商主责主业的时间、精力难以保障。此外，在职人员除了日常事务性工作外，还要应对区里各职能部门交办的各项工作以及名目繁多的督查考核。二是缺乏高水平、高层次、具有创新能力的管理型、经营型人员。现有的干部主要偏行政管理型，对新常态下的经济运行规律、新兴产业发展趋势缺乏深入细致的研究，较难承担园区引领创新发展的重任。三是没有形成系统的干部岗位培训制度，干部能力的欠缺无法得到专业体系的帮扶和提升。四是园区干部多数为事业编制，行政编仅4名，受管理体制制约，事业干部流动困难，不利于对干部形成有效的正面激励。

三、加强和改进工业园区体制机制改革的对策建议

三元经济开发区改革与发展，要紧紧围绕全方位高质量发展超越的总目标，以加快转变园区经济发展方式，加快企业转型升级为主线，以“壮大园区规模、提升企业效益、加强产业集聚、增强园区实力”为目标，着重在优化园区产业布局、加快园区转型升级、推动园区机制体制创新、提升园区要素保障方面下功夫，努力把三元经济开发区建设成更具有经济实力和竞争力的特色园区、开放型经济和体制创新的工业园区。

（一）理顺管理体制，高位推进园区建设

1.加强组织领导。根据《三明市委办公室、三明市人民政府办公室关于印发<三明市深化开发区体制机制改革推进开发区高质量发展的十二条措施>的通知》（明委办发明电〔2020〕77号）文件精神，建议开发区党工委书记、管委会主任实行“一肩挑”，高级别配备，由区委或区政府主要领导兼任，区政府分管领导任第一副主任，以便更好地统筹资源、协调区级相关职能部门工作，同时设立一名常务副主任，具体负责园区的日常工作。

2.规范机构设置。在原有“三定方案”规定内设机构的基础上，结合园区发展实际，以“提升行政效能、提高服务水平”为目标，合理调整内设机构，科学划分职责职能，着力破解多头管理、职能交叉、衔接困难、效率低下等问题，形成构架合理、运转高效的机构运行体系，实现“小政府、大服务”的新格局。同时，根据工作需要进行人员配置，分近期、远期两个阶段逐步配备到位，确保园区机构和人员设置适应园区高质量发展和市场化运行的新形势、新要求，从而提高园区整体工作效率。

3.提升服务功能。着力改善营商环境，在区级层面建立联席会议制度，由区党政一把手担任召集人，区发改、工信、自然资源、应急管理、住建、生态环境、行政服务中心等相关职能部门为成员单位，定期召开联席会议，研究制定推动园区经济发展的政策措施，解决在部门层面无法解决的问题。同时，深化“放管服”改革，本着能放则放的原则，结合园区发展需求，全面清理责任权力清单，并逐步建立完善的中介服务体系，以进一步降低行政成本，提高行政效率，为企业提供专业化、规范化的服务。

（二）创新运营机制，探索园区多元化发展

4.鼓励园区平台建设。大力支持建设一批企业技术中心，在有条件的园区企业优先布局工程（技术）研究中心、工程实验室、重点实验室、联合创新平台、制造业创新中心等。鼓励园区加快发展众创空间、大学生科技园、科技企业孵化器等创业服务平台，构建公共技术服务平台，完善融资、咨询、培训等创新服务，优化创新创业环境。积极推进实施“互联网+”“大数据”行动，加快建设智慧园区、智能园区。

5.提高公司运营水平。按照“产业相近、业务相关、管理协同”的原则，通过资产划转置换、资产剥离、授予特许经营权等方式对金园公司和园区国有资产进行整合重组优化，在此基础上，根据园区产业发展状况，围绕产业链延伸，积极探索资产运营、产业投资等经营性业务，增强造血功能和经济竞争力。要建立现代企业制度，规范开发区和下属公司“三重一大”决策程序，逐步建立和完善以绩效为导向的内部薪酬分配制度。要加强债务管理，推进投融资创新，全面核实清理存量债务，分清经营性债务、政府债务和隐性债务，合理安排偿债计划，进一步规范融资行为。

6.探索园区多元化开发。支持园区引入战略投资者、专业化运营商开展合作，布局建设一批专业园、园中园；大力支持新能源及智能机械装备制造、生物医药、绿色食品、电子信息、新材料产业发展；主动对接“闽西南协同发展”，加强与三明市经济开发区、三明生态工贸区开展合作共建，承接产业转移；探索专业化、实体化等多元化的园区运营模式，鼓励社会资本参与园区基础设施建设、运营特色产业园。

7.创新园区用人机制。健全园区人才管理机制，建议借鉴先进地区的经验，建立与园区发展相适应的干部聘用、绩效考核、薪酬管理等制度。对金园公司临聘人员全面实行市场化管理，如综合性岗位按照“一岗多能”的原则，采取末位淘汰制度，保留工作能力强的工作人员并实行“定岗定责”，适当提高薪酬待遇；对专业技术岗位推行市场化的用人机制，通过市场化薪酬向社会公开招聘工作人员，高薪吸纳专业性强、综合素质高的人员进入园区。同时，根据园区产业发展规划，制定园区人才培养计划，重点加强对咨询服务、投融资、企业管理、工程建设、安全、环保等方面专业人才的培养。要建立合理的用人机制和人才激励机制，坚持做到公开选拔、择优录取、竞争上岗，形成灵活的人员进退机制和干部选拔机制。在干部选用过程中，对有园区工作经验的干部优先录用，积极拓宽干部交流渠道，优化干部队伍结构，加大干部培训力度，全面提高干部队伍整体素质。要进一步建立完善容错纠错机制，引导干部在工作实践中敢想敢试，敢于探索创新、勇于担当作为。

8.加大产学研合作。以中央苏区（三明）大学生科创园为平台，整合发挥学校（含校友）、政府和园区及其企业的资源作用，共同构建完善的科技创新生态系统和服务体系。突出三明学院与荆东工业园区的融合发展，着力推进文化创意园、科创园的建设，在机制创新、资金整合、人才互助、政策帮扶、企业转型、科技研究等方面深入融合，打造中央苏区（三明）大学科创核心区，并辐射周边园区，带动园区业态调整升级。

（三）优化产业布局，提高园区竞争能力

9.科学功能定位。坚持以经济建设为第一要务，突出全方位高质量发展超越任务，强化园区聚产业、壮经济、强支撑的职能和责任，着重在科技创新、龙头企业培育、重点产业集聚、产业链条延伸、招商引资等方面实现新突破。本着“有所为有所不为”的原则，制订《三元区“十四五”工业产业布局规划》，加强对荆东、黄砂、汇华、台江、荆西以及大坂等园区的产业规划，着力建设产业集聚、经济繁荣、颇具特色的现代工业园区。

10.实现特色发展。各园区要因地制宜发展主导产业，突出特色、错位发展，避免同质化竞争，实施“一园一（或二）主导产业”，走差异化、特色化、品牌化发展道路，调整并量化工业园区准入体系，各园区的主导产业集聚度应当超过80%，突出发展先进制造业、战略性新兴产业、高附加值加工贸易、现代服务业等产业，建设具有较强竞争力的特色品牌园区、高端产业聚集区、大众创业万众创新的示范区、开放型经济和体制创新的先行区。

11.培育产业集群。依托园区现有优势产业，大力实施龙头企业培育计划，通过政策倾斜、审批优先、要素保障、资金支持等方式，推动园区龙头企业做大做强，并按照“成链发展”“抱团发展”的思路，大力发展和引进一批产业链上下游配套或关联的中小企业，加快推动形成生物医药产业集群、绿色食品产业集群、化工新材料产业集群和智能机械装备产业集群。支持科技研发、“腾笼换鸟”等措施，逐步压缩、淘汰低端产业，更新替代传统产业，形成新兴产业集群，提升园区整体竞争力。

12.推进自贸区融合发展。充分利用福建自贸区对区域经济的辐射带动作用，主动承接自贸区的产业布局、转化和产业链延伸。通过政策协同，建立园区及辖区企业与自贸区对接机制，并着重在管理制度创新、商事制度改革、贸易便利化、投融资体制改革等方面主动融入、协同发展。要统筹资源配置，共同开展招商引资和重点项目合作，促进园区产业整合提升。

（四）强化园区要素保障，完善园区服务功能

13.推进标准化园区建设。加快推行“多规合一”，结合三元区“十四五”经济社会总体发展规划、产业规划以及生态保护红线、环境质量底线、资源利用上线、环境准入清单等，加快推进企业转型升级，引导工业园区向创新型、集约型、生态型发展。加快园区标准化建设，从园区规划、基础设施、土地集约、投入产出、园区配套、管理服务、安全生产等方面加强建设，完善园区教育、住宿、文体等设施配套，建设功能完备、宜居宜业的标准化园区。

14.调整收入分配方式。参照市里和其他一些工业园区的相关办法，探索新型园区收入分配方式，

用足用好上级允许园区公共生活服务设施用地比例放宽至30%的政策，园区配置一定比例商业服务用地，园区规划范围内形成的土地（含工业用地和商住用地）出让金收入在扣除中央和省级规定的上缴或计提的各项资金（基金）后，按规定用途安排园区用于债务还本付息、基础设施建设、征地补偿、土地开发等。建议制定相关制度，对新入驻园区的企业在当地缴交税收地方实得部分，5年内专项安排园区，用于支持园区建设。

15.提高园区土地利用率。要强化“以亩产论英雄”的理念，既要注重投入又要注重产出，既要注重数量又要注重质量，既要注重成本又要注重效益，提升园区对GDP、对就业、对税收的贡献，各园区要根据实际制定相对较高而又切实可行的入园标准，对项目开工时间、建设期限、产出规模等进行严格规定，确保入园项目质量。严格项目退出机制，对一些“圈而不建”或产业层次过低、投资强度过小的项目进行清理整合，对“零增地”扩张、利用闲置厂房等节约用地的项目给予支持，提高园区产出强度。

16.实行综合考核评价。按照省商务厅每年度的开发区综合发展水平考核评价工作，结合三元实际，实行园区综合考核评价。突出土地集约、财税收入、创新能力、生态环保等效益指标的考核，并考核园区管理机构党政领导干部落实生态环保、安全生产责任情况。对工作表现突出、成效显著的有关人员，按规定予以表彰奖励。对连续两年排名末位，且在全国、全省位次后退的开发区予以警告、限期整改，限期内未整改到位的，视情况对其相关负责人实施问责。

2020年8月25日，三明市三元莘口工业园区内的三明市盛达化工厂厂区一角

索 引

说 明

一、本索引采用主题词分析法，按主题词首字汉语拼音字母顺序排列。

二、栏目、分目标题用黑体字。“重要报告”“纪实”“大事记”“附录”“重要文件及调研报告选编”内容不作索引。

三、索引主题词后的数字表示页码，数字后的 a、b、c 表示栏别左中右。

四、空一字起排的款目为上一主题的“附见”。

C

D

E

F

G

H

J

K

L

M

N

P

Q

R

S

T

W

X

Y

Z